Flüchtlingsland
Schleswig-Holstein

Gewidmet
dem Land
Schleswig-Holstein

Flüchtlingsland Schleswig-Holstein

Erlebnisberichte vom Neuanfang

herausgegeben von
Willy Diercks

Redaktion:
Anke Joldrichsen
Martin Gietzelt

BOYENS

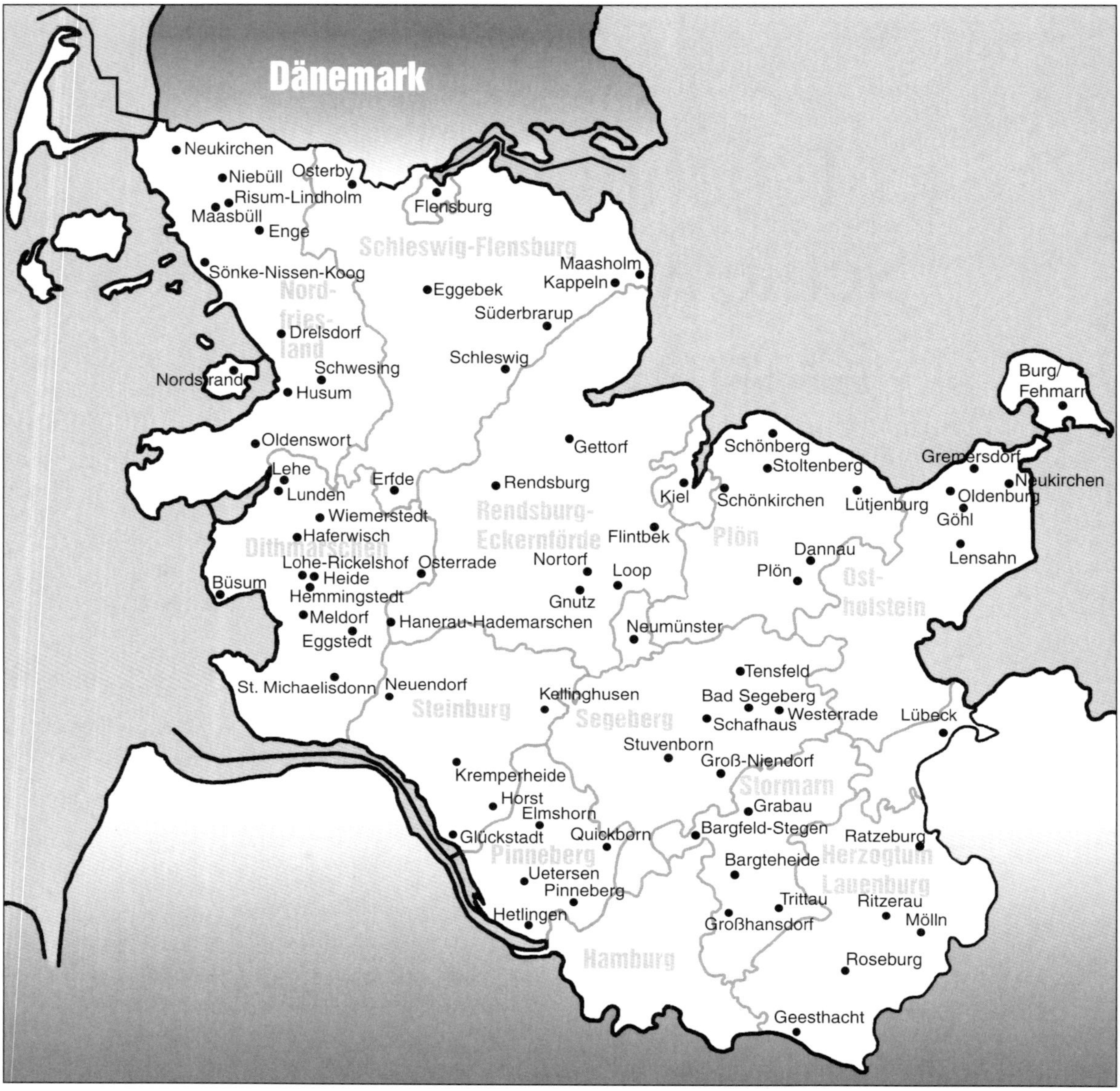

Dänemark

Neukirchen
Niebüll · Osterby
· Risum-Lindholm
Maasbüll
· Enge
Flensburg

Schleswig-Flensburg

Sönke-Nissen-Koog
Maasholm
Kappeln
Nord-fries-land
· Eggebek
Süderbrarup
· Drelsdorf
Schweising
Schleswig
Nordstrand
· Husum

Burg/Fehmarn

Oldenswort
Lehe
· Lunden · Erfde
Rendsburg
Gettorf
Schönberg
Stoltenberg
Gremersdorf
Kiel
· Neukirchen
Schönkirchen
Oldenburg
Lütjenburg
Göhl
· Wiemerstedt
Rendsburg-Eckernförde
Flintbek
Plön
· Haferwisch
Lensahn
Lohe-Rickelshof Osterrade
Nortorf
Loop
Dannau
Dithmarschen
· Heide
Plön
Büsum
Hemmingstedt
Gnutz
Ost-holstein
· Meldorf
Hanerau-Hademarschen
Neumünster
Eggstedt

St. Michaelisdonn Neuendorf
Tensfeld
Kellinghusen
Bad Segeberg
Westerrade
Lübeck
Steinburg
Segeberg
Schafhaus
Stuvenborn
Groß-Niendorf
Stormarn
Kremperheide
Horst
Grabau
Elmshorn
Bargfeld-Stegen
Ratzeburg
Glückstadt
Quickborn
Bargteheide
Herzogtum
Pinneberg
Uetersen
Lauenburg
Pinneberg
Trittau Ritzerau
Hetlingen
Großhansdorf
· Mölln
Hamburg
Roseburg
Geesthacht

Orte der Erlebnisberichte

Fotonachweis: Alle nicht in Bildunterschriften nachgewiesenen Abbildungen stammen aus dem Privatbesitz der Autoren. Titelbild: Stadtarchiv Schleswig

ISBN 978-3-8042-0802-5

4. Auflage 2007
© 1997 by Boyens Medien GmbH & Co. KG.
Alle Rechte vorbehalten.
Karte: Antje Bratz
Herstellung: Boyens Buchverlag
Druck: Boyens Offset
Printed in Germany

BOYENS BUCHVERLAG

Inhaltsverzeichnis

Pinneberg

Plön

Rendsburg-Eckernförde

Schleswig-Flensburg

Dr. Willy Diercks, SHHB

Geleitwort

Vor mehr als 50 Jahren, vor fast zwei Generationen, veränderte sich mit dem Kriegs-
ende die Bevölkerungssituation in Schleswig-Holstein vollständig. Millionen von
Flüchtlingen und Vertriebenen kamen aus Ost- und Mitteldeutschland in den deutschen Westen. Schleswig-Holsteins Einwohnerzahl verdoppelte sich fast. Kriegs-
zerstörungen, Mangel an Nahrungsmitteln, Wohnungsnot, fehlende wirtschaftliche
Perspektiven, politische und moralische Verunsicherung, eine schier verzweifelte
Situation. Viele Menschen waren am Ende ihrer Kräfte, viele waren hoffnungslos. Ihre
Ankunft in Schleswig-Holstein, ihre erste Unterbringung und die ersten Begegnungen
mit der hiesigen Bevölkerung, die auch unter den Kriegsfolgen zu leiden hatte, werden in diesem Band noch einmal in Erinnerung gerufen. Gute wie schlimme Erinnerungen werden festgehalten. Die Berichte zeigen, wo Integration stattfand und wo sie
schwierig war. Die Nachkriegsgeschichte unseres Landes belegt, daß es möglich war,
die Vertriebenen und Flüchtlinge in Schleswig-Holstein zu integrieren. Heute spricht
kaum einer mehr von der Gruppe der Hiesigen bzw. der Vertriebenen und Flüchtlinge.
Die Bevölkerung hat die Integration vollzogen. Der Schleswig-Holsteinische Heimatbund hat sehr früh zu dieser Integration beizutragen versucht. Seine Mitgliedsinstitu-
tionen standen den neuen Bürgern offen, und mit den Vertriebenenorganisationen
wurde ein guter Kontakt gepflegt. Unter kulturellem Aspekt wollte der SHHB Heimat
für alle sein.

Nachdem im Jahre 1990 das Projekt „Kindheit und Jugend in Schleswig-Holstein –
op Platt vertellt" abgeschlossen wurde, schien es uns sinnvoll und gerecht, ein zweites Projekt durchzuführen, in dem nun die Vertriebenen über ihre ersten Eindrücke von
Schleswig-Holstein erzählen. Auch einige Schleswig-Holsteiner berichten über die
Ankunft der Vertriebenen.

Der Landesverband der Vertriebenen Deutschlands und der NDR erklärten sich zur
Unterstützung des Projekts bereit und machten es zu ihrer eigenen Sache, so daß viele
Texte von Vertriebenen und von Einheimischen bei uns eintrafen und eine Auswahl zu
diesem Band gesammelt werden konnte.

Der SHHB will damit Augenzeugenberichte sichern, historisches Material, besonders aber das persönliche Erleben dieser frühen Nachkriegsgeschichte festhalten und
an die jüngeren Generationen weitergeben und damit an das Zusammenwachsen der
Bevölkerung des Bundeslandes Schleswig-Holstein erinnern.

Ernst Christ, NDR-Welle Nord

Geleitwort

Ausgehungert und erschöpft standen die Flüchtlinge vor den Türen der Schleswig-Holsteiner und suchten zunächt ein Unterkommen und später eine neue Heimat. Die Türen wurden ihnen geöffnet. Teils mürrisch, teils warmherzig teilten die Einheimischen ihre Wohnung und manchmal sogar ihr Schlafzimmer mit den Fremdlingen. Hunderttausende fanden eine Unterkunft. Das Land zwischen den Meeren verdoppelte annähernd seine Einwohnerzahl!

Ein halbes Jahrhundert später sind die Unterschiede verwischt, bedeutet es im Alltags- und Berufsleben keinen Unterschied, ob ein Schleswig-Holsteiner seine Wurzeln hier oder in den Ländern im Osten hat. Aber die Erlebnisse jener Zeit sind unvergessen.

Die Welle Nord des Norddeutschen Rundfunks und der Schleswig-Holsteinische Heimatbund waren sich einig in dem Ziel, diese Erinnerungen festzuhalten. Dem gemeinsamen Aufruf, sie niederzuschreiben oder am Mikrofon zu erzählen, folgten 257 Menschen. Nach den zahlreichen Radiosendungen erscheint jetzt das Buch mit den Erzählungen, die jede für sich Teil eines Menschenlebens und in ihrer Gesamtheit Teil der Geschichte dieses Landes sind.

Martin Gietzelt

Schleswig-Holstein – Flüchtlingsland Nr. 1

Die Bevölkerung Schleswig-Holsteins betrug am 17. 5. 1939 rund 1 589 000 Personen. Am 29. 10. 1946 war sie auf 2 590 000 Menschen angewachsen. Mit dieser Zunahme von über einer Millionen Menschen hatte Schleswig-Holstein, gemessen an seiner Bevölkerungszahl, die größte Last in der Aufnahme, Unterbringung, Versorgung und beruflichen Integration der Flüchtlinge zu tragen. Wie schwierig sich dies gestaltete, wird in den Berichten der Zeitzeugen in diesem Band deutlich.

Der Flüchtlingszustrom

Wenn im folgenden von Flüchtlingen gesprochen wird, dann sind damit alle Personen deutscher Herkunft gemeint, die ihr angestammtes Wohngebiet verlassen mußten und in Schleswig-Holstein Aufnahme gefunden haben. Die größte Gruppe unter ihnen waren die Vertriebenen.

Die Evakuierten aus den vom Bombenkrieg besonders betroffenen Großstädten, vor allem aus Hamburg, waren die ersten, die in Schleswig-Holstein Zuflucht suchten. Ab dem Jahr 1943, das im Juli die großen Bombenangriffe auf Hamburg brachte, nahmen die Evakuierungsmaßnahmen nach Schleswig-Holstein sprunghaft zu. Nach Schätzungen des Statistischen Landesamtes waren im Jahre 1944 etwa 200 000 Evakuierte im Land untergebracht worden. Diese Zahl war im Mai 1946 auf 229 000 gestiegen und sank in der Folge nur allmählich, da der Wiederaufbau der Städte zunächst nur langsam voranschritt.

Der Hauptzustrom der Flüchtlinge nach Schleswig-Holstein kam aus dem Osten als Folge des Vorrückens der Roten Armee. Der größte Teil dieser Flüchtlinge war bereits im Frühjahr 1945 vor der Kapitulation angekommen. Aber auch anschließend hielt der Zustrom an, der neben der unorganisierten Zuwanderung durch folgende Aktionen gekennzeichnet ist:

1. Die Entlassung der in zwei Internierungslagern gesammelten deutschen Soldaten zwischen Juni 1945 und Anfang 1946. Durch das dafür geschaffene Barleycorn-Lager in Bad Segeberg gingen etwa 335 000 Soldaten, die sich, wenn eine Rückkehr in die Heimat nicht möglich war, zum Teil nach Schleswig-Holstein entlassen ließen.

2. Die sogenannte Aktion „Influx", die zwischen der Britischen und der Russischen Besatzungszone einen Austausch der Bevölkerungsteile vorsah, die wegen der Kriegsereignisse ihren ursprünglichen Wohnort verlassen hatten. Diese Aktion, die über die Flüchtlingsdurchgangslager Bad Segeberg und Pöppendorf (Lübeck) organisiert wurde, lief zwischen September 1945 und November 1946. Während dabei etwa 300 000 Menschen nach Schleswig-Holstein wanderten, verließen das Land weniger als die Hälfte dieser Zahl.

3. Die Aktion „Schwalbe", die die Ausweisung Deutscher aus den polnisch besetzten deutschen Ostgebieten aufgrund des Potsdamer Abkommens beinhaltete. Dadurch kamen zwischen Ende Februar und Juli 1946 etwa 215 000 Flüchtlinge in das Land.
4. Zuwanderungen im kleineren Maßstab wie die Entlassung von Flüchtlingen aus den Internierungslagern in Dänemark oder die Rückkehr von deutschen Kriegsgefangenen aus alliiertem Gewahrsam oder illegale Zuwanderungen.

Die Lage in Schleswig-Holstein hatte sich daraufhin so verschlechtert, daß die Britische Militärregierung am 26. 7. 1946 einen Aufnahmestop für weitere Flüchtlingstransporte erließ. Damit kam der Zuzug zwar nicht vollständig zum Erliegen, brachte jedoch keine wesentliche Steigerung der Flüchtlingszahlen mehr. Im März/April 1949 war mit 2,762 Millionen Personen der Bevölkerungshöchststand erreicht.

Schleswig-Holstein nach der Kapitulation

Der Kapitulation Deutschlands war in Schleswig-Holstein am 5. Mai 1945 eine vorzeitige Waffenruhe vorausgegangen. Die preußische Provinz wurde Teil der Britischen Besatzungszone und durch eine Militärregierung geführt. Diese stützte sich jedoch auf eine intakt gebliebene deutsche Kommunalverwaltung, die den britischen Weisungen Folge zu leisten hatte. Die Führungspositionen der Verwaltung, angefangen vom Oberpräsidenten über die Landräte und Oberbürgermeister bis zu den Bürgermeistern wurden jedoch von den Briten neu besetzt. Diese eingesetzten Entscheidungsträger hatten die Hauptlast zu tragen bei der Bewältigung der mit dem Flüchtlingszustrom entstandenen Probleme. Aus der Sicht der Flüchtlinge stellten sie die wichtigste Anlaufstelle für ihre Sorgen und Nöte dar.

Die unmittelbare Nachkriegssituation in Schleswig-Holstein ist wie überall in Deutschland geprägt vom Mangel: es mangelte an Wohnraum, es mangelte an Kleidung, Lebensmitteln und Brennstoffen und es mangelte an Arbeitsplätzen. Diese Entwicklung setzte nicht erst mit dem Tage der Kapitulation ein, verschärfte sich aber in der Folge für Teile der Bevölkerung in eine existenzgefährdende Dimension. Die Gründe hierfür liegen zum einen in der bereits erfolgten Ankunft eines großen Teils der Flüchtlinge bis zum Mai 1945, zum anderen in der durch Zerstörung und Auflösung zentraler Lenkungsinstanzen darniederliegenden deutschen Wirtschaft. Verschärft wird diese Situation in Schleswig-Holstein durch die in zwei großen Internierungslagern festgesetzten deutschen Soldaten.

Die Entwicklung der Flüchtlingssituation

Unterkunft

Die erste Frage, die bei Ankunft der Flüchtlinge gelöst werden mußte, war die des Wohnraums. Abgesehen von den Städten hat es in Schleswig-Holstein zwar kaum größere Zerstörungen von Wohnraum durch den Bombenkrieg gegeben, der anhaltende Flüchtlingszustrom stellte jedoch an Quartiergeber und Quartiernehmer immer neue Anforderungen. Dies zeigt eine Untersuchung des Landessozialministeriums. Dort ergibt sich für den 30. 9. 1948 eine statistische Durchschnittszahl von fünf Quadratmetern Wohnraum pro Person in Schleswig-Holstein.

Rechtliche Grundlage für die Inanspruchnahme privaten Wohnraums zur Unterbringung von Flüchtlingen bildete das Reichsleistungsgesetz aus dem Jahre 1939, bis es durch das Kontrollratsgesetz Nr. 18, das sogenannte Wohnungsgesetz, am 8. 3. 1946 ersetzt wurde. Geregelt wurde die Erfassung, Beschlagnahme und Zuweisung des vorhandenen Wohnraums durch die Wohnungsämter, die auch Zwangsmaßnahmen ergreifen konnten.

Aus der Unterbringung der Flüchtlinge in Privatquartieren entwickelte sich die zentrale Belastungsprobe im Zusammenleben von Einheimischen und Flüchtlingen. Dabei waren es unter anderen so unausweichliche Situationen wie die gemeinsame Küchen- oder WC-Benutzung, die zur gereizten Atmosphäre und Zunahme von Streitigkeiten führten.

Ein weiteres gravierendes Problem war das Beheizen der den Flüchtlingen abgetretenen Räume oder Notunterkünfte, da eine Heizmöglichkeit vielfach nicht vorhanden war. Häufig wurde den Flüchtlingen dadurch geholfen, daß eine sogenannte Brennhexe aufgestellt wurde, die zugleich als primitiver Herd dienen konnte. Da in den Räumen nicht immer ein Schornsteinanschluß existierte, wurde das Ofenrohr häufig aus dem Fenster herausgeführt.

Damit war das Heizproblem nicht gelöst, da für Brennmaterial gesorgt werden mußte. Das gelang nur mit großen Schwierigkeiten und auch dann zumeist nur unzureichend. Da weder Kohle noch Holz in ausreichendem Maße vorhanden waren, wurde dort, wo dies möglich war, verstärkt Torf zum Heizen verwendet.

Trotz dieser Probleme darf nicht übersehen werden, daß das Zusammenleben in vielen Fällen durchaus harmonisch war. Die Zeitzeugen-Berichte in diesem Band geben davon Zeugnis.

Eine zügige, umfassende Lösung des Problems durch Bau von Wohnungen war zunächst unmöglich, da weder Kapital noch Baustoffe zur Verfügung standen. Erst Anfang der 50er Jahre entwickelte sich im Wohnungsbau, begleitet von Wohnungsbaugesetzen des Bundes, die Dynamik, die für eine spürbare Verbesserung der Wohnraumsituation sorgte.

Über die Einquartierung in den privaten Wohnraum hinaus fand die Unterbringung der Flüchtlinge in der gesamten Provinz Schleswig-Holstein in Sammelunterkünften, den Flüchtlingslagern, statt. Eine verläßlich Angabe über die Anzahl dieser Lager fehlt zwar, allerdings kann von einer Zahl zwischen 500 und 900 Lagern ausgegangen werden mit einer Belegung von weit über 100 000 Menschen. Das Lagerleben bedeutete für die Bewohner, Einschränkungen vielerlei Art ausgesetzt zu sein. Dabei dürfte vor allem das Zurückstehen der Privatsphäre (in extremem Maße bei denjenigen, die in Mehrfamilienunterkünften leben mußten) gegenüber den Bedürfnissen der Gemeinschaft eine wesentliche Beschneidung der persönlichen oder familiären Entfaltungsmöglichkeiten bedeutet haben. Ein Blick auf die Lagerordnung eines Barackenlagers in Heide bestätigt dies. Wenn für alle Bewohner verbindlich vorgeschrieben war, die

„Stuben bis spätestens 10 Uhr aufgeräumt und möglichst naß aufgewischt zu haben", wenn der Benutzung von Waschräumen Pläne zugrunde lagen, wenn sich Besucher nur in der Zeit von 9 bis 21 Uhr im Lager aufhalten durften, entwickelte sich das tägliche Zusammenleben nur zum Teil in selbstbestimmten Bahnen. Eine weitere Einschränkung war die Versorgung über eine sogenannte Volksküche, da eine individuelle Zubereitung des Essens in der Regel nicht vorgesehen war. Zudem waren die Lager in den allermeisten Fällen für eine Dauerwohnnutzung aufgrund ihres baulichen Zustandes und ihrer ungenügenden hygienischen Verhältnisse ungeeignet. Der Standort der Lager war meist an den Rändern der Ortschaften gelegen, was aus ihrer ursprünglichen Nutzung durch Reichsarbeitsdienst oder Wehrmacht erklärlich ist. Diese Randlage förderte die soziale Isolation der Flüchtlinge. Über die Flüchtlingslager hinaus gab es in Schleswig-Holstein in den ersten Jahren eine Reihe von Notunterkünften wie Wohnlauben, Bunker, Wohnwagen oder Schiffe.

Versorgung

Die Versorgung der Bevölkerung mit Lebensmitteln in Deutschland wurde schon seit dem 28. 8. 1939 durch ein Lebensmittelkartensystem geregelt. Waren zunächst nicht alle Lebensmittel rationiert, so wurde das System im Laufe der Zeit bis ins kleinste verfeinert.

Die Versorgungslage in Deutschland kann bis 1944 als befriedigend bezeichnet werden. Seit Anfang 1945 verschlechterte sie sich jedoch dramatisch. Die Inanspruchnahme der Vorratslager der Deutschen Wehrmacht in Schleswig-Holstein und Hamburg brachte nur kurzfristig eine Entlastung. Danach bewegte sich die Versorgung der Bevölkerung bis in das Jahr 1948 hinein auf dem Niveau des Existenzminimums. Hunger wurde der ständige Begleiter vieler Menschen.

Allerdings war der Versorgungsgrad für die Teile der Bevölkerung, die die Möglichkeit einer teilweisen oder vollständigen Selbstversorgung besaßen, ungleich günstiger. Dieses traf in der Regel auf die landbesitzende Dorfbevölkerung zu. Den Flüchtlingen war zunächst keine Möglichkeit zur Selbstversorgung gegeben. Dies änderte sich durch die erfolgreiche Initiative zur Steigerung der Nahrungsmittelproduktion durch die Ausweitung der Flächen für Kleingärten.

Für diejenigen, die etwas zum Tauschen besaßen, gab es auf dem Schwarzmarkt die Chance zur Aufbesserung der Lebensmittelversorgung. Darüber hinaus waren Ernteeinsätze, die von den Landwirten mit Naturalien „bezahlt" wurden, das „Nachstoppeln" bereits abgeernteter Felder und als letzte Möglichkeit der aus der Not geborene Felddiebstahl häufige Methoden, an Nahrungsmittel zu gelangen.

Die Schulspeisungen waren für die Schulkinder in den ersten Nachkriegsjahren ein notwendiger Bestandteil ihrer Ernährung.

Aus dem Ausland kam zusätzliche Hilfe durch Paketsendungen wie die Care-Pakete aus den USA und die Standardpakete aus der Schweiz und aus Schweden. Zu erwähnen sind aber auch Hilfsleistungen, die durch inländische Sach- oder Geldspenden möglich wurden.

Neben der unzureichenden Nahrungsmittelversorgung herrschten schwere Versorgungsmängel im Bereich der Bekleidung und in der Ausstattung mit Schuhwerk. Das vielfach benannte Sammeln der Wolle von den Zäunen versinnbildlicht das Ausschöpfen aller Möglichkeiten zur Gewinnung von Kleidung. Aber auch der Ideenreichtum im Zuschnitt und in der Stoffwahl der Garderobe ist Kennzeichen der Zeit.

Arbeit

Die Eingliederung in den Arbeitsprozeß war für die Flüchtlinge begleitet von einem Umschichtungs- und Unterschichtungsprozeß und von dem Schicksal der Arbeitslosigkeit.

Vom Umschichtungsprozeß besonders stark betroffen waren die ehemals Selbständigen. Nur jeder fünfte der 69 000 selbständigen Flüchtlinge in Schleswig-Holstein konnte auch nach der Flucht die selbständige Existenz fortsetzen. Die Ursache dafür liegt in der Tatsache, daß innerhalb dieser Gruppe die landwirtschaftlichen Berufe dominierten. Die Chancen zur Weiterführung dieser Selbständigkeit waren aufgrund des hohen Kapitalbedarfs und des Mangels an freier landwirtschaftlich nutzbarer Fläche nur gering. Durch das Flüchtlingssiedlungsgesetz vom 10. 8. 1949 und durch das sogenannte 30 000-Hektar-Abkommen, in dem sich der schleswig-holsteinische Großgrundbesitz zu einer Abgabe von Land in dieser Größenordnung verpflichtete, konnte die Zahl der Flüchtlinge mit landwirtschaftlichem Besitz zwar gesteigert werden, der aber oftmals nicht zum Vollerwerb reichte.

Viele derjenigen, die ehemals als mithelfende Familienangehörige am Berufsleben teilhatten, schieden demzufolge aus dem Berufsleben aus.

Leichter hatten es die selbständigen Handwerker unter den Flüchtlingen, da sich in der Reparatur von Gebrauchsgütern ein weites Betätigungsfeld ergab. Im Bereich der Handwerkskammer Flensburg waren beispielsweise von den 1946 zugelassenen 2368 Handwerksbetrieben mehr als die Hälfte von Flüchtlingen geführt.

Unterstützt wurden diese Betriebsgründungen von Flüchtlingen durch den Flüchtlingsfonds, der ab 1948 an Flüchtlinge Darlehen ausgab.

Im Bereich der abhängigen Beschäftigung stand das Problem der Arbeitslosigkeit für alle Bevölkerungsteile in den ersten Jahren im Vordergrund, wobei die Flüchtlinge allerdings überproportional betroffen waren.

Diejenigen, die in den Arbeitsprozeß integriert werden konnten, waren häufig einer beruflichen Neuorientierung ausgesetzt. Dies bedeutete, daß der erlernte Beruf nicht ausgeübt und stattdessen eine nicht der Aus- und Vorbildung angemessene Tätigkeit ausgeübt wurde. Auch in dieser Hinsicht waren die Flüchtlinge stärker betroffen als die einheimische Bevölkerung.

Erst mit dem Beginn der 50er Jahre veränderte sich die Lage auf dem Arbeitsmarkt. Waren im März 1951 135 144 Flüchtlinge arbeitslos, so fiel ihre Zahl bis März 1957 auf 22 143. Ihr Anteil an der Arbeitslosigkeit im Land sank in diesem Zeitraum von 53,4 auf 34,5 Prozent.

Ansätze zur Lösung der Flüchtlingsproblematik

Alle mit dem Flüchtlingszustrom entstandenen Probleme waren von der deutschen Verwaltung zu lösen. Eine entscheidende Voraussetzung war daher der politische Neuaufbau Schleswig-Holsteins und Deutschlands. Dieser Prozeß begann in Schleswig-Holstein auf der institutionellen Ebene mit der Ernennung von Beiräten, die auf Gemeinde-, Kreis- und Landesebene den ernannten politischen Repräsentanten zur Seite gestellt wurden. Er setzte sich fort mit den ersten Kommunalwahlen im September und Oktober 1946 und fand einen ersten Abschluß mit der ersten Landtagswahl vom 20. April 1947.

Parallel hierzu wurden auf allen Ebenen Flüchtlingsausschüsse gebildet, denen die Beschäftigung mit den Flüchtlingsproblemen oblag.

Mit dem „Gesetz zur Behebung der Flüchtlingsnot" vom 27.11.1947 wurde in Schleswig-Holstein der Flüchtlingsverwaltung eine Grundlage geschaffen. Absicht des Gesetzes war es, den Interessen der Flüchtlinge durch die neuen Institutionen ein Sprachrohr zu schaffen.

Anstrengungen, den Flüchtlingsdruck durch Umsiedlungsmaßnahmen zu vermindern, wurden erst nach Gründung der Bundesrepublik und der Initiierung des Ersten Umsiedlungsprogramms wirksam. Bis 1960 siedelten über 400 000 Menschen aus Schleswig-Holstein in andere Bundesländer, vor allem nach Nordrhein-Westfalen und Baden-Württemberg, um. Der Schwerpunkt lag dabei in den Jahren von 1950–1954.

Der zweite wesentliche Aspekt, der die Integration der Flüchtlinge erleichterte, war der wirtschaftliche Aufschwungsprozeß in den 50er Jahren.

Es darf dabei nicht vergessen werden, daß gerade die Flüchtlinge durch ihre Mobilität und durch ihren Aufbauwillen diesen wirtschaftlichen Aufschwung stützten.

Kurt Schulz

Der Anfang aus der Hoffnungslosigkeit

Es sind mehr als fünf Jahrzehnte seit Ende des schrecklichen Zweiten Weltkrieges vergangen. Durch ihn wurde die größte Völkerwanderung unseres Jahrhunderts ausgelöst. Bis in die 60er Jahre kamen mehr als 12 Millionen Flüchtlinge und Vertriebene in das Gebiet der (damaligen) Bundesrepublik.

Am 1. 4. 1947 betrug in Schleswig-Holstein die Zahl der Flüchtlinge aus den Gebieten ostwärts der Oder/Neiße, der von der Sowjetunion besetzten Zone und der Evakuierten aus den Westgebieten ca. 1,1 Millionen. Zusätzlich war das Land in den ersten 4 Monaten nach Kriegsende ein großes Kriegsgefangenenlager mit fast 1,2 Millionen gefangenen Soldaten und Internierten, die eine weitere Belastung bedeuteten. Die Vertreibung war ein Unrecht, so wie jede Vertreibung von Menschen aus ihrer angestammten Heimat ein Unrecht bleibt. Ich sage das nicht, um unser Unrecht gegenüber anderen zu verwischen, sondern weil es meine Auffassung von Wahrhaftigkeit und Ethik ist.

Die Frauen und Männer, die in diesem Buch ihre unterschiedlichen Erlebnisse dokumentieren, gehören zu den vom Schicksal geschlagenen Menschen. Ich als gebürtiger Pommer bin einer von ihnen. Meine letzte Verwundung brachte mich wenige Tage vor Kriegsende ins Lazarett Eckernförde. Meine Generation ist um ihre Jugend betrogen worden – Schule, Krieg, Verwundung, Kriegsende im Lazarett oder in Gefangenschaft und schließlich Verlust der Heimat. Alles schien damals hoffnungslos. Diese Hoffnungslosigkeit ist mir heute noch gegenwärtig und wird es auch immer bleiben. Viele suchten ihre Angehörigen – einige suchen noch heute.

Ich hatte Glück. Mit meinen Eltern und mit meiner Großmutter erhielten wir, nachdem wir uns gefunden hatten, einen kleinen ausrangierten Eisenbahnwagen als Wohnstätte. Damals ahnte ich noch nicht, daß ich später einmal 20 Jahre lang Bürgermeister dieser schönen Stadt Eckernförde sein würde. Ich habe diese Region auch als Abgeordneter im Landtag vertreten. Beruflich habe ich die damalige Zeit als „Persönlicher Referent" des bereits an verantwortlicher Stelle politisch tätigen, späteren Ministers Kurt Pohle erlebt. Durch Kurt Pohle gewann ich Einsichten in die Tätigkeit der ernannten und der folgenden Landtage. Ich lernte die Legislative und die Exekutive sowie die Arbeit der Regierung und der Opposition kennen. Dadurch ist mir vieles bekannt geworden und auch erinnerlich geblieben. Kurt Pohle zeigte mir neue Wege zur Zusammengehörigkeit und zur kulturellen Gemeinsamkeit unseres geschlagenen Volkes. Er diskutierte mit mir über die Notwendigkeit einer sozialen Gerechtigkeit im Inneren als wesentliche Voraussetzung für Solidarität nach außen. Solidarität nach innen und nach außen brauchte aber eine neue politische Moral und ein neues Bewußtsein. Er lehrte mich, daß man auf Haß keine neue Welt aufbauen kann und persönliche Rache kein Garant für den Seelenfrieden ist. Ich habe oft darüber nachgedacht. Heute weiß ich, er hatte recht!

Die Situation damals war sehr schwierig: Hunger, Schwarzmarkt, Brenn- und Heizstoffmangel, keine Wohnungen. Viele Straßen und Bahnanlagen waren zerstört. Die Post nahm nur sehr zögernd ihre Arbeit auf. Die Presse war verboten. Schulunterricht gab es nicht. Elternlose Jugendliche drohten zu verwahrlosen. Die Kommunen waren teilweise noch intakt, standen aber vor unlösbaren Aufgaben. Die Besatzungsmacht ordnete Sperrstunden an. Ich erinnere mich, daß Frauen und Mädchen, ohne Rücksicht auf ihr Alter, in den Straßen zusammengetrieben und zwangsweise auf Geschlechtskrankheiten untersucht wurden. Heute fühle ich mich bestätigt, daß ich mich dagegen auflehnte und der Bitte meiner Freunde und Kollegen folgend den britischen Stadtkommandanten um Aufhebung dieser Maßnahme ersuchte. Ich weiß nicht, ob es mit darauf zurückzuführen war, jedenfalls wurde diese würdelose Behandlung der Frauen und Mädchen eingestellt.

Am 26. Februar 1946 wurde der erste Landtag durch die Militärregierung ernannt. Ich nahm als Gast im Kieler Schauspielhaus daran teil. Die Eingänge waren für Engländer und Deutsche getrennt. Auf der Bühne saßen die ranghöchsten Vertreter der Militärregierung und ganz am Ende des Tisches der spätere Ministerpräsident Steltzer.

Während die Vertreter der Militärregierung von einem „gemeinsamen Kraftakt zum demokratischen Neuanfang" sprachen, rief Oberpräsident Steltzer zum „menschlichen Zusammenstehen" auf. Nachdem die Engländer den Saal verlassen hatten, begann die eigentliche Arbeitssitzung der ernannten Abgeordneten. Es wurde ein Ausschuß gebildet, der eine Geschäftsordnung und eine Verfassung erarbeiten sollte. Die vorläufige Verfassung wurde nach ihrer Fertigstellung durch den Landtag angenommen, die Militärregierung versagte aber ihre Zustimmung. Im Mai 1946 erfolgte die Umbenennung der Gremien in Landtag und Landesregierung. Die Landesbehörden wurden Landesverwaltung genannt.

Deren Aufgaben bestanden in Maßnahmen zur Vermeidung von Seuchen, in Überlegungen, den Zustrom der Flüchtlinge und Vertriebenen zu lenken und eine gerechtere Verteilung vorzunehmen, sowohl im eigenen Land als auch unter den Ländern der westlichen Besatzungszonen. Bereits im Mai 1946 erfolgte auch die erste Initiative zur Bodenreform. Betriebe von 30–150 ha sollten gegen Entschädigung an Siedler abgegeben werden, um Flüchtlingen eine eigene Existenz zu schaffen. Güter über 150 ha sollten meiner Erinnerung nach aufgesiedelt werden. Obgleich es sich um einen Kompromiß handelte, versagte die Militärregierung auch hierzu ihre Zustimmung. Alle Überlegungen und die Arbeit waren vergebliche Bemühungen. Ein Datum ist mir sehr genau erinnerlich – der 23. August 1946. An diesem Tag erhielten die preußischen Provinzen die Stellung von Ländern zugesprochen. Obwohl die Verfassung von der Militärregierung erneut nicht gebilligt wurde, arbeitete der Landtag danach. Die in der vorläufigen Verfassung eingeführte Bezeichnung „Landespräsident" wurde in „Ministerpräsident" umgewandelt.

Die Bildung des Landes erfolgte damit nicht von unten nach oben als Willensvollzug der Bevölkerung – und ist damit nicht die Erfüllung eines alten geschichtlichen Traums –, sondern als Anordnung der Militärregierung, um in dem überschaubaren Raum zwischen Nord- und Ostsee ein politisches Selbstverwaltungsrecht zu erlassen. Hiermit sollte ein „Modelland" in der britischen Zone geschaffen werden.

Die deutsch-dänische Grenzpolitik zieht sich wie ein roter Faden durch die Geschichte des Landes Schleswig-Holstein. In der Regierungserklärung vom 8. Mai 1947 erkannte die Landesregierung unter Hermann Lüdemann die durch Volksabstimmung festgelegte Grenze zwischen Schleswig-Holstein und Dänemark als gerecht und endgültig an. Die SPD bezog sich intern auf die Protokollerklärung der Vorsitzenden der sozialdemokratischen Parteien Otto Wels und Staatsminister Thorvald Stauning aus dem Jahre 1923. Nach dieser Erklärung wurde die Grenze als gesetzlich geltend anerkannt. Ich glaube sogar, daß die dänische Reichsregierung trotz des zeitweise erforderlichen Taktierens eine Grenzverschiebung nie ernsthaft anstrebte. Es entwickelten sich zwischen den Regierungen beiderseits der Grenze freundliche Konsultationen, deren Ergebnis 1948 die Ernennung Jens Nydals zum Landesbeauftragten für Schleswig war. Er war mein erster Vorgänger im Amt als Grenzlandbeauftragter.

Die britische Seite unternahm keine Anstrengung, die Grenze zu ändern; sie erwartete eine Regelung der Minderheitenfrage, die mit der sogenannten „Kieler Erklärung" 1949 gegeben wurde. Darin erklärte die Landesregierung, die berechtigten Belange der dänischen Minderheit zu gewährleisten und ein gutnachbarschaftliches Verhältnis zum dänischen Volk herbeizuführen. Es wurde aber auch der Erwartung Ausdruck gegeben, daß die dänische Regierung der deutschen Minderheit in Dänemark dieselben Rechte und Freiheiten einräumte und garantierte. Die Kieler Erklärung hatte historisch eine begrenzte zeitliche Funktion. Nach den deutsch-dänischen Minderheitenverhandlungen in Kopenhagen unterzeichneten Bundeskanzler Konrad Adenauer und Staatsminister H. C. Hansen die Bonn-Kopenhagener Erklärungen am 29. 3. 1955. Dem Inhalt nach gleichen sie in vielen Teilaspekten der Kieler Erklärung, waren aber, das ist das Bedeutsame daran, beidseitig verpflichtend und gaben der deutschen Minderheit in Dänemark die gleichen Rechte wie der dänischen in der Bundesrepublik. Diese Erklärungen auf übergeordneter Ebene lösten die Kieler Erklärung ab. Die Bonn-Kopenhagener Erklärungen von 1955 und ganz besonders die Kieler Erklärung von 1949 entspannten die Verhältnisse im Grenzraum. Heute ist das Zusammenleben von Minderheiten und Mehrheitsbevölkerung so gut wie nie zuvor. Dazu haben auch und vor allem die Minderheiten auf beiden Seiten der Grenze ganz erheblich beigetragen.

Im September/Oktober 1946 fanden die ersten demokratischen Wahlen statt. Es ging um die Kreistage und Gemeindevertretungen. Die SPD erreichte leichte Vorteile. Nach diesen Ergebnissen wurde der zweite ernannte Landtag zusammengesetzt. Aus 17 Kreisen und 4 kreisfreien Städten wurde je ein Vertreter von den Gremien ernannt. Dazu ernannte die Militärregierung noch weitere 39 Vertreter. Ministerpräsident einer großen Koalition blieb Theodor Steltzer. Dieser Landtag war nur etwa vier Monate im Amt. Ministerpräsident Steltzer ließ in seiner Regierungserklärung keine Zweifel aufkommen, daß eine Katastrophe eintreten würde, wenn die Besatzungsmacht Regierung und Parlament nicht bald größere Vollmacht zugestände. Die Lage des Landes wurde immer dramatischer. Ich denke noch oft an die harten Winter 1946/47 und 1947/48. Dazwischen lag der heiße Sommer, der die Ernte auf den Feldern verbrannte.

* Für zwei Tage gab es noch Lebensmittel im Land. Wir warteten sehnsüchtig auf die Schiffe aus England. Es war dem britischen Unterhausabgeordneten Victor Gollancz zu verdanken, daß die benötigten Lebensmittel und Medikamente rechtzeitig ein-

trafen. Neben der Hungersnot wurden Seuchen befürchtet, denen wir damals kaum hätten begegnen können.

* Durch die Aufnahme von Flüchtlingen und Ausgebombten hatte sich die Bevölkerung fast verdoppelt. Für die meisten von ihnen gab es keine Wohnungen. Sie hausten in Baracken, Nissenhütten und anderen Notunterkünften. Die einheimische Bevölkerung mußte immer wieder zusammenrücken. Dies vollzog sich allgemein in einem großen solidarischen Akt. Es gab aber auch viele Probleme und große Schwierigkeiten. Ich selbst hatte Glück, auf gute und verständnisvolle Menschen zu treffen, die mir Freunde für das ganze Leben geworden sind. Viele meiner Leidensgefährten trafen aber auf Unverständnis und Ablehnung. Seien wir ehrlich: Wären die Schleswig-Holsteiner zu uns gekommen, wäre die Einstellung unserer Landsleute zu ihnen anders gewesen als ihre zu uns?

* Schulunterricht gab es am Anfang nicht. Selbst wenn die Schulen frei gewesen wären und genügend Lehrkräfte zur Verfügung gestanden hätten – die Kinder hatten keine Schuhe und konnten im Winter die Wege nicht zurücklegen. Auf Bezugscheine gab es keine Ware. Sie wurde gehortet. Der Schwarzmarkt blühte, die Währung war die Zigarette. Wer nichts hatte, der konnte auch nichts eintauschen.

Unbestritten stand das von Kurt Pohle geführte Gesundheitswesen vor schwierigen Aufgaben. Krankheiten vermehrten sich schnell, insbesondere Tbc. Die Beschaffung einer Glühbirne war eine ministerielle Angelegenheit. Die Kranken hatten sehr oft keine Eßgeschirre. Diese wurden durch umgefalzte Blechdosen ersetzt. Ärzte und Pflegepersonal leisteten unter primitiven Verhältnissen ein enormes Arbeitspensum. Im Nachhinein darf man jedoch feststellen: In dieser schwierigen Zeit gab es Frauen und Männer, die den Mut aufbrachten, Parteien zu gründen, anzupacken, ganz gleich, ob sie aus Konzentrationslagern oder aus Kriegsgefangenschaft kamen, Einheimische oder Flüchtlinge waren. Sie arbeiteten ehrenamtlich in kommunalen Vertretungen und in den ernannten Landtagen.

Oft bin ich gefragt worden, ob die ernannten Landtage als positive Zeichen eines Aufbruchs in eine neue Zeit von den Menschen im Lande begriffen wurden. Ich meine, von politisch Interessierten und in Parteien Organisierten schon. Den meisten Menschen, insbesondere den Müttern, war es jedoch wichtiger, ihre Familien über die Runden zu bringen. Dies bedeutete, Lebensmittel zu organisieren, Brennstoffe zu besorgen und Bekleidung zu beschaffen. Diese Haltung war zwar verständlich, half aber beim Aufbau nicht weiter. Politiker hatten andere Sorgen.

Schleswig-Holstein hatte den höchsten Anteil an Flüchtlingen im Verhältnis zur Gesamtbevölkerung, den höchsten Bevölkerungszuwachs aller Länder, dadurch den geringsten Wohnraum je Kopf der Bevölkerung, eine untragbare Belastung durch Fürsorgeausgaben – so hieß die heutige Sozialhilfe damals. Die Finanz- und Wirtschaftskraft war enorm schwach; das Land hatte eine ausgeprägte agrarische Struktur. Ihm fehlte das so notwendige Hinterland, insbesondere für Lübeck. Zusammengenommen waren das keine idealen Bedingungen für die Lebensfähigkeit eines Landes.

Am 20. April 1947 wurde der erste Landtag durch die Bevölkerung gewählt. Die 43 Abgeordneten der SPD, 21 der CDU und 6 des SSW traten am 29. April erstmals zusammen. Der Ministerpräsident wurde vom Zivilgouverneur ernannt. Dessen moderate Einführungsrede fand in ihren Grundzügen Anerkennung bei den Abgeordneten, wenngleich die Ernennung des Ministerpräsidenten durch die Besatzungsmacht von ihnen nur mit Unwillen aufgenommen wurde. Trotzdem muß hinzugefügt werden, daß die Ernennung Hermann Lüdemanns zum Ministerpräsidenten dem Mehrheitswillen des Landtages entsprach. Er verkörperte in seinem Amt eine erhebliche Machtfülle, da er zugleich Innenminister war und der Justiz vorstand. Lüdemanns Steckenpferd war die Bildung eines Nord-West-Staates, der aber niemals Wirklichkeit wurde.

Nachdem die Engländer das Plenum bis auf einen Beobachter verlassen hatten, wurde der Landtag offiziell eröffnet. Karl Ratz wurde Landtagspräsident. Dreizehn Ausschüsse für die einzelnen Arbeitsgebiete wurden gewählt. Nach englischem Vorbild gab es „Parlamentarische Vertreter" für die Minister und einen besoldeten Oppositionsführer. Diese letzte Regelung ist bis heute beibehalten worden.

Die Arbeit des ersten gewählten Landtags und der Regierung war durch die große Not der Bevölkerung festgelegt. Alle zur Verfügung stehenden Kräfte und Mittel mußten zu ihrer Bewältigung eingesetzt werden. Es ging um die Ämterneuordnung, die Hoheitsgewalt über die Polizei, die Entnazifizierung, die Verlagerung des Oberlandesgerichts nach Schleswig und vor allem um die Entwicklung der Wirtschaft. Umstritten war die Überführung der Großindustrie in Gemeineigentum; sie erlangte keine Gültigkeit. Die Opposition war gegen die sechsjährige Grundschule und gegen die Landreform. Sie boykottierte die Landessatzung und blieb den Beratungen und der Schlußabstimmung fern.

Zur Eingliederung der Flüchtlinge wurde das Flüchtlingsnotgesetz verabschiedet, ein Fonds zur Eingliederung der Flüchtlinge in die Wirtschaft geschaffen und die Hilfs- und Notgemeinschaft Schleswig-Holstein gegründet.

Der hohe Bevölkerungsdruck erforderte besondere Anstrengungen zum Abbau der Arbeitslosigkeit. In dieser Legislaturperiode wurden immerhin 160 000 neue Arbeitsplätze geschaffen – eine Zahl, die bei früherem Einsetzen der Währungsreform noch höher hätte sein können. Zwar lag trotz dieses Fortschritts die Arbeitslosenquote im Mai 1950 immer noch bei 30 %, dennoch bedeutete die Schaffung der Arbeitsplätze einen erfreulichen Fortschritt.

Wie gering nahmen sich auch die 35 000 neuen Wohnungen gegen den festgestellten Fehlbestand von über 300 000 Wohnungen aus! Noch immer lebten fast eine Million Flüchtlinge, Vertriebene und Einheimische im nicht zerstörten Wohnraum zusammengepfercht in drangvoller Enge. Weitere 200 000 hausten unter menschenunwürdigen Bedingungen in Massenquartieren und Baracken. Dessenungeachtet mußten eine größere Zahl von Einfamilienhäusern für Angehörige der Besatzungsmacht und ganze Siedlungen für die „displaced persons" geräumt werden. Dies waren während des Krieges aus anderen Ländern verschleppte Personen, im wesentlichen aus Polen, die in ihre Heimat zurückgeführt werden sollten. Diese Maßnahmen verschärften die Wohnraumsituation noch erheblich.

Auch von der Demontagewelle war Schleswig-Holstein betroffen. Die Bevölkerung und ihre gewählten Vertreter mußten ohnmächtig den sinnlosen Zerstörungen zusehen. Es handelte sich dabei nicht um die Zerstörung von Kriegspotential, sondern um die Vernichtung der für den Frieden benötigten Betriebe und Einrichtungen. Arbeiter streikten, Politiker gingen auf die Straße und demonstrierten, allerdings ohne sichtbaren Erfolg. Andreas Gayk, Oberbürgermeister von Kiel, sagte im September 1947: „Wer heute in Deutschland Friedensbetriebe demontiert, der demontiert in Wahrheit die deutsche Demokratie." Zusätzlich beklagte er die absolutistische Besatzungsverfassung. Er erhielt Redeverbot. Dennoch verstummte er nicht, sondern schrieb weiterhin seine Reden, und wir haben sie in vielen Veranstaltungen vorgetragen. Als alle Proteste gegen die Demontagen nichts halfen, brachen die Politiker alle privaten und gesellschaftlichen Kontakte zu Angehörigen und Institutionen der Besatzungsmacht ab. Dies wirkte sich für beide Seiten empfindlich aus, da sich nach Aufhebung des Fraternisierungsverbots zwischen Deutschen und Engländern persönliche und oft sogar freundschaftliche Annäherungen angebahnt hatten.

Zur Bewältigung der Flüchtlingsnot hatte der Minister für Arbeit, Wohlfahrt und Gesundheitswesen, Kurt Pohle, im August 1947 den Entwurf eines Flüchtlingsnotgesetzes im Parlament eingebracht. Das Flüchtlingsnotgesetz sollte die unerträgliche Notlage dieses Bevölkerungsteiles beseitigen helfen. Um einiges aus dem Inhalt zu benennen: Es wurde ein Existenzminimum für alle festgelegt. Bis zur Schaffung eines neuen Mietrechts sollten in besonderen Fällen, unter Abwägung der Interessen aller Beteiligten, Hauptmietverhältnisse vom Staat umgeändert werden können. Bei Genehmigung von Handwerker- und Handelsbetrieben sollten Flüchtlinge gleichberechtigt berücksichtigt und Einheimische den Flüchtlingen nicht vorgezogen werden. Das Gesetz gab dem zuständigen Landesminister die Möglichkeit, schnell und ohne Zustimmung des Parlaments Erlasse und Verfügungen auszusprechen, soweit es sich nicht um die Bewilligung zusätzlicher finanzieller Mittel außerhalb des Haushalts handelte.

In vielen Versammlungen haben wir den Gesetzentwurf dargestellt. Die Säle waren kalt, Mikrofone gab es nicht. Als der Minister wegen Krankheit ausfiel, mußte ich seine noch ausstehenden 30 Veranstaltungen zusätzlich übernehmen. Die Menschen kamen. Sie waren interessiert, weil es um ihr Schicksal ging.

Unter den Flüchtlingen befanden sich viele Schwerkriegsbeschädigte, für die der Minister bereits Heime eingerichtet hatte. Ein Teil dieser unglücklichen Menschen kam wegen der Entstellungen nicht mehr in die Öffentlichkeit. Ich habe meine Kameraden oft aufgesucht und mich mit ihnen unterhalten. Erschütternd war, daß einige für ihre Angehörigen gestorben sein wollten, um in deren Erinnerung so weiterzuleben, wie sie vor ihrer schweren Verwundung ausgesehen hatten. Dies gehört zu meinen traurigsten Erinnerungen.

1948 wurde der Wirtschaftsfonds für Flüchtlinge zur Bereitstellung von Mitteln zur Eingliederung von Flüchtlingen in die Wirtschaft Schleswig-Holsteins beschlossen. Aus ihm wurden zinsgünstige Kredite gegeben, um Handwerk und Mittelstand Hilfen zu gewähren, neue Betriebe zu gründen und weitere Arbeitsplätze zu schaffen. Bankmäßige Sicherheiten konnten nicht gegeben und sollten auch nicht verlangt werden.

Allein die Aussicht auf Erfolg war entscheidend für die Bewilligung eines Kredits. Heute wäre eine solche Handlungsweise undenkbar, damals war es ein Weg aus der Not. Eine weitere wichtige Maßnahme war die Gründung der Landesgarantiekasse. Was für Handwerk und Kleinbetriebe galt, war auch für die übrige Wirtschaft notwendig. Da Sicherheiten nicht vorhanden waren, teilte sich das Land mit den Banken das Risiko der Kreditgewährung.

Erfreulich war die Expansion des Handwerks. Die Zahl der Betriebe stieg von 30 000 auf 135 000. Die Regierung hoffte, daß bei verbesserter Wirtschaftslage noch erheblich mehr Beschäftigungsmöglichkeiten im Handwerk und Handel entstehen könnten, von deren sicherem Bestand alle überzeugt waren. Das Problem bestand nur darin, daß die Regierung die ständig wachsenden Mittelanforderungen nicht erfüllen konnte.

Auf dem Sektor des Gesundheitswesens wurde 1947 u.a. das Gesetz über die Röntgenreihenuntersuchungen erlassen. Die Notwendigkeit ergab sich aus dem Anwachsen der Tbc, die sich zur Volksseuche entwickelte, die wiederum Folge des Krieges und der mangelhaften Ernährung war. Jeder, der in Schleswig-Holstein wohnte, mußte sich alle zwei Jahre für eine Untersuchung zur Verfügung stellen. Die Gesundheitsämter wurden mit der Durchführung beauftragt. Angehörige von Betrieben mit einer Belegschaft von mehr als 1000 Personen wurden in ihren Betriebsstätten untersucht. Wer der Aufforderung zur Untersuchung nicht folgte, mußte mit Bestrafung rechnen.

Ein großes und zunächst ungelöstes Problem blieb die Eingliederung der Flüchtlinge. Es war für jeden zu erkennen, daß die große Zahl der Menschen nicht im kleinen Land Schleswig-Holstein unterzubringen war. Die generelle Zuzugssperre nach Schleswig-Holstein, die die Besatzungsmacht anordnete, hatte nicht allzuviel geholfen, da in der Folgezeit wöchentlich noch tausende Flüchtlinge aus dem Osten und aus Dänemark einströmten. Die auf der Flüchtlingskonferenz von Bad Segeberg vereinbarte Einsetzung einer „Arbeitsgemeinschaft der Flüchtlingsverwaltungen der westlichen Länder" bewirkte ebenfalls nichts. Schleswig-Holstein mußte die schmerzliche Erfahrung machen, daß freiwillige Vereinbarungen unter den Ländern erfolglos blieben. Die Landesregierung kritisierte hart und anklagend die Ministerpräsidenten der Länder und die Besatzungsmächte der Westzonen. Auf dem Prüfstand stand die neue deutsche Demokratie, die durch den Egoismus einzelner Länder erheblich belastet wurde. Erst nach Gründung der Bundesrepublik kamen die Verhandlungen über den Flüchtlingsausgleich wieder von der Stelle. Bei der Ablösung der Regierung Diekmann 1950 waren seit Beginn der organisierten Umsiedlung im April 1949 ca. 100 000 Flüchtlinge und Heimatvertriebene in andere Länder gelenkt worden. Beendet wurde die Aktion erst Anfang der sechziger Jahre, nachdem ca. 90 % der vorgesehenen 450 000 Personen in anderen Ländern der Bundesrepublik eine neue Heimat gefunden hatten, was nicht bedeuten soll, daß die alte Heimat in Vergessenheit geraten wäre.

Schicksalhaft für die positive Nachkriegsentwicklung war natürlich die Währungsreform im Juni 1948. Nach dem Ausfüllen diverser Formulare gab es ein „Kopfgeld", vierzig neue Deutsche Mark sofort und zwanzig nachträglich. Einige Zeit später wurden auch die Konten umgestellt, allerdings nicht 1:1 oder 1:2, sondern 1:10. Ein Ansturm auf die über Nacht auftauchenden Warenbestände setzte ein. Sie waren bis dahin gehortet worden und wurden auch nicht gegen Bezugscheine ausgegeben. Die Deutsche Mark war gutes, ehrliches Geld für gute, ehrliche Arbeit, die bisher nur mit der wertlosen Reichsmark bezahlt worden war. Wir alle haben das mit Sorge gesehen und bedauert. Der folgende wirtschaftliche Aufschwung war nicht die Tat eines Einzelnen und nicht das Ergebnis überlegter Politik, sondern Anstrengung eines ganzen Volkes, das aus seiner Lethargie erwachte und in Solidarität zusammenstand.

In der Sowjet-Zone wurde eine Währungsreform erst einige Tage später durchgeführt. Am 24. 6. 1948 verhängten die Sowjets eine totale Blockade der Westsektoren Berlins. Die westliche Antwort war die Luftbrücke nach Berlin. Deutschland brach wieder ein Stück weiter auseinander.

* * *

Man kann in einem kurzen Rückblick nicht alles darstellen, was nach dem Krieg an Kriegsfolgen beseitigt worden ist. Manchmal ist es wie ein Sehen in die Vergangenheit, manches verwischt sich auch in 50 Jahren. Geben wir zu: 50 Jahre lassen in der Erinnerung eines Menschen Lücken entstehen, die trotz intensiven und systematischen Nachdenkens nicht geschlossen werden können. Sicherlich geht es jedem von uns so. Man kann auch nicht alle Bemühungen der damaligen Landtage und Landesregierungen beschreiben. Jede Maßnahme verbesserte aber die Situation der Menschen. Wenn alle Regierungen, Parlamente und Parteien nichts weiter bewirkt hätten: Die Hoffnungslosigkeit wurde überwunden und den Menschen neuer Lebenswille vermittelt.

Gretel Bohn

Geretteter Doornkaat

Am 5. Mai 1945 stellte mein Mann, schwerkriegsbeschädigter Marineoffizier und aus anderthalbjährigem Aufenthalt im Marinelazarett Stralsund entlassen, einen Konvoi seetüchtiger Fahrzeuge zusammen, um mit ihnen die Fahrt über die Ostsee, in den Westen, anzutreten. In jedem Boot konnte, wenn vorhanden, die Familie eines Besatzungsangehörigen mitfahren. Mein Mann war der einzige mit Familie am Ort. Deshalb waren unsere einjährige Tochter und ich die einzigen neuen Besatzungsmitglieder auf dem Führungsboot.

Nachdem wir die schreckliche Geräuschkulisse der Stalinorgel und die Bombeneinschläge auf Rügen hinter uns gelassen hatten, erreichten wir die dänischen Inseln. Mit viel Glück entgingen wir Tieffliegern und Minen.

Alle ■■■ *umrahmten Bilder in diesem Buch zeigen die Ankunft von Flüchtlingen in Schleswig-Holstein im Rahmen der Aktion „Schwalbe", die die Ausweisung Deutscher aus den polnisch besetzten deutschen Ostgebieten aufgrund des Potsdamer Abkommens vorsah. Zwischen Februar und Juli 1946 kamen dadurch 215 000 Flüchtlinge in das Land.*
Die Bilder stammen aus dem Privatbesitz von Kurt Schulz.

Am 9. Mai erreichten wir endlich deutsche Hoheitsgewässer und waren in Sicherheit. Mein Mann überließ der Besatzung, zu der ja auch ich gehörte, die Entscheidung über den Zielort unserer Odyssee. Nach Neumünster, meiner Geburtsstadt, konnten wir in Ermangelung eines Wasserweges nicht gelangen. Kiel lag in Schutt und Asche. Als Alternativen blieben nur Schleswig oder Flensburg. Obwohl ich Schleswig-Holsteinerin bin, war ich noch nie in der Grenzstadt. Ich kannte sie nur aus den begeisterten Erzählungen meiner Großmutter, die aus Hadersleben stammte. So schlug ich vor, nach Flensburg zu fahren. Unsere aus dem gesamten Großdeutschen Reich stammenden Mariner waren einverstanden, und so nahmen wir am Feuerschiff vorbei Kurs auf Flensburg. Vor Holnis warfen wir noch einmal Anker, um den nächsten Morgen abzuwarten.

An Bord befanden sich noch einige Flaschen „Doornkaat", die auf keinen Fall den Engländern in die Hände fallen sollten und irgendwie geleert werden mußten. Da die Seeleute befürchteten, daß Alkohol für Fische nicht bekömmlich sein könnte, fanden die Männer sich schließlich „bereit", für die Beseitigung des Flascheninhaltes zu sorgen.

Am nächsten Morgen lag unser Schiff dann aus unerfindlichen Gründen in überraschender Nähe einer Wiese und erstaunt dreinblickender Kühe. Nachdem wir uns ohne größere Schwierigkeiten aus dieser befremdlichen Situation befreit hatten, hieß es: „Zivilisten unter Deck!" Damit waren meine Tochter und ich gemeint. Wir pirschten langsam in Richtung Innenförde weiter. Obwohl uns kaum noch etwas erschüttern konnte, war die Spannung sehr groß, was uns wohl in Flensburg erwarten würde.

Nach, wie mir schien, ziemlich langer Zeit hörte ich einige Kommandos. Die Geräusche der Schiffsmotoren erstarben. Mein Mann erschien am Niedergang und sagte mit unverkennbarer Erleichterung in der Stimme: „Wir liegen an einer Brücke im Hafen von Flensburg. Kommt an Deck, ihr beiden!" Ich erklomm mit unserer Tochter auf dem Arm das Deck, und der Anblick des Hafen-Ostufers mit seinem Wahrzeichen, der St.-Jürgen-Kirche, hieß uns willkommen. Liebe auf den ersten Blick! Daran änderten nichts die hinter der Schiffbrücke die Norderhofenden herunterrasenden englischen Panzer. Auch nicht die Schwierigkeiten, die durch die Zwangseinquartierungen kaum zu vermeiden waren, zumal sie fast immer mit gegenseitiger Rücksichtnahme bewältigt wurden.

Der Krieg war vorbei, alles andere war zweitrangig!

So waren wir in diese Stadt gekommen. Ich war schon 24, als ich zum erstenmal einen Blick auf sie werfen durfte. Sie ist meine Heimat geworden. Ich möchte nie mehr woanders zu Hause sein.

* * *

Wera Hansen

Aufnahme im zweiten Anlauf

Im Februar 1945 kamen meine Mutter, unsere Büroangestellte und ich mit einem
großen Schiff in Flensburg-Mürwik an. Ich erinnere mich nicht genau, aber ich glaube, unser Schiff hieß „Antonia Delphino". Von Elbing waren wir im Januar im Treck
und Zug nach Gotenhafen oder Danzig geflüchtet. Dort erlebte ich am 27. 1. 45 meinen zehnten Geburtstag.

Tagelang versuchten wir, auf ein Schiff zu gelangen. Die „Gustloff" hatte leider
gerade abgelegt. Eines Tages klappte es, und wir bestiegen die „Antonia Delphino".

Nachdem wir Tage und Nächte unterwegs waren, hieß es „Land in Sicht". Angst vor
nächtlichen Bombenangriffen hatte uns begleitet.

Es herrschte große Freude! Wo aber waren wir angekommen?

Matrosen halfen uns die lange Leiter hinunter. In der Marineschule empfing man
uns mit langen, weiß gedeckten Tischen! In Goldrandtellern dampfte und duftete eine
Nudelsuppe. Auf dem Schiff hatten wir unsere Suppe aus Blechdosen gelöffelt.

BDM-Mädchen begleiteten uns zur Straßenbahnstation „Seewarte". Von dort fuhren
wir zum St.-Jürgen-Platz zur damaligen St.-Langemark-Schule! Jeder bekam ein Feldbett. Dies war im Gegensatz zum Schiff sehr gemütlich, da wir dort auf dem Boden
geschlafen hatten.

Bald bekam meine Mutter eine Adresse, wo man uns aufnehmen würde.

Als wir vor der Etagentür standen, die eine ältere Dame geöffnet hatte, meinte diese: „Nein, mit Kind – nein." Nebenan war auch die Tür geöffnet worden, da hatten wir eine Dame mit Kind gesehen.

Meine Mutter, unsere Büroangestellte und ich gingen traurig die drei Etagen hinunter, zur Schule zurück. Traurig saßen wir auf unseren Betten.

Am anderen Tag gingen wir noch einmal zu der Adresse. Die Dame erschien uns doch sympathisch, und mit dem Kind von nebenan könnte ich wohl spielen. So dachten wir. Die Dame öffnete uns und war froh, daß wir noch einmal gekommen waren. Unsere Büroangestellte bekam ein kleines Zimmer, meine Mutter und ich ein größeres. Beide waren möbliert. Meine Mutter dankte und meinte, daß es sicher nur für ein paar Tage wäre, bis wir wieder in unsere Heimat zurückkämen.

Ein kleiner eiserner Ofen spendete uns spärliche Wärme. So saßen wir auf dem Sofa. Die roten Inletts der Ober- und Unterbetten stachen uns ins Auge, da wir keine Bettwäsche hatten. Uns fröstelte beim Gedanken an unsere Armut. Ein Klopfen an der Tür riß uns aus diesen Gedanken! Unsere Wirtin stand in der Tür, Bettwäsche auf ihren Armen. Mit Tränen in den Augen bedankten wir uns herzlich!

Wir waren aufgenommen.

* * *

Dr. Ottfried Hennig

Ankunft in Flensburg

Am 23. Januar 1945 konnten meine Eltern und ich das vorher schon von der Roten Armee belagerte Königsberg verlassen. Ich war damals knapp acht Jahre alt.

Am 16. Mai 1945 gingen wir in Flensburg an Land. Mein Vater eröffnete sofort eine Arztpraxis in einem Zimmer, das er in der Rathausstraße 16 im ersten Stock mieten konnte. Praktisch die erste Begegnung mit Einheimischen war mit Henny G. Sie wurde Vaters erste, sehr freundliche Sprechstundenhilfe und lebt heute noch in Flensburg. Sie ist uns zu einer guten Freundin geworden. Ihre gastfreundliche Aufnahme war der erste Eindruck, den wir gewinnen konnten.

Privat kamen wir nach einigem Hin und Her in der Moltkestraße 14 unter, wo wir zwei Zimmer zur Untermiete zugewiesen bekamen. Einen freien Wohnungsmarkt gab es nicht. Man bekam, wenn man Glück hatte, etwas zugewiesen. Unsere Vermieterin war das betagte Fräulein Ada K. Damals sagte man noch „Fräulein", weil sie unverheiratet war. Meine Schwester und ich schliefen zunächst in einer Mansarde unter dem Dach, in der es durchregnete. Bei Regen mußten wir im Bett Regenschirme aufspannen. Gekocht wurde auf einer kleinen Brennhexe im Wohnzimmer. Da wir zunächst keinen Keller hatten, mußten wir das Holz für die Brennhexe an den Wänden stapeln, was den Tapeten natürlich nicht sonderlich gut bekam. Fräulein K. – wir Kinder nannten sie die „Kohle" – gefiel dies natürlich nicht, aber was wollte man damals anderes tun?

Zu essen gab es wenig. Es gab mehrere Steckrübenwinter, und wir lernten auch richtigen Hunger kennen. Seitdem kann ich in keiner Gaststätte mehr etwas auf dem Teller liegen lassen. Es gab eigentlich nur etwas auf Lebensmittelkarten, deren Abschnitte einzeln aufgerufen wurden. Da das nicht besonders viel war, organisierte man sich im Tauschhandel gegen verbliebenen Schmuck der Eltern oder Zigaretten etwas hinzu. Zigaretten waren damals überhaupt eine richtige Währung. Ein Pfund Butter kostete 250 Mark und war damit praktisch unerschwinglich.

Ich erinnere mich, daß wir auf dem Friedenshügel, dem großen Friedhof, auf dem meine Eltern heute begraben liegen, damals reife Hagebutten ernteten, um Marmelade daraus zu machen. Im großen Wald bei Wallsbüll sammelten wir Pilze, die eine Patientin meines Vaters anschließend begutachtete, um die Hälfte als giftig wegzuwerfen. Der Rest ist uns immer gut bekommen.

Eines Tages bat meine Mutter Fräulein K. um einen Topf, um Gurken darin einlegen zu können. Die Antwort war kurz und eindeutig: „Nein!" An diese klare schleswig-holsteinische Aussprache mußten wir uns zunächst gewöhnen. Ansonsten kann ich mich an Schwierigkeiten mit den Einheimischen nicht erinnern. Sie taten ihr Möglichstes, um den Flüchtlingen zu helfen, konnten aber deren psychologische Situation nicht immer voll erfassen. So erinnere ich mich, daß es eines Tages am Flensburger Hafen eine schwere Explosion gab, die mehrere Menschenleben forderte. Obgleich wir Kilometer entfernt wohnten, bekamen wir die Explosion deutlich mit. Fräulein K. meinte: „Schlimmer kann es doch beim Bombenangriff auf Königsberg nun wirklich auch nicht gewesen sein!" Das entsprach natürlich keineswegs unserer Erinnerung.

Ein negatives Erlebnis war meine Einschulung. Ich kam zunächst in die zweite Klasse, da ich in Königsberg bereits eingeschult worden war. Ein Herr vom Schulamt meinte dann aber, daß ich dann ja durch den Krieg einige Tage gewinnen würde, was nicht angängig sei. Kriegsgewinnler dürfe es nicht geben. So kam ich, obgleich ich im Unterricht einige Tage gut mitgekommen war, eine Klasse zurück und konnte erst mit 20 Jahren 1957 mein Abitur in Flensburg machen. Die Grundschulzeit verbrachte ich auf der Waldschule, die nach englischem Modell sechsjährig war. Anschließend ging ich sieben Jahre lang aufs Alte Gymnasium. Zu beiden Schulen habe ich viele schöne Erinnerungen, obgleich ich nicht sonderlich gerne zur Schule ging und in „Betragen" meist „im ganzen gut" hatte.

Insgesamt muß ich sagen, daß die Einheimischen mit den Flüchtlingen, von denen mehr als eine Million nach Schleswig-Holstein gekommen war, erstaunlich gut ausgekommen sind. Ich weiß nicht, wie man umgekehrt reagiert hätte, wenn schleswig-holsteinische Flüchtlinge in so großer Zahl nach Ostpreußen gekommen wären. Man wuchs gut zusammen, und große Unterschiede gab es bald nicht mehr. Das besonders starke Heimatvertriebenen-Element blieb aber ein wichtiges Kennzeichen des neuen Schleswig-Holstein nach 1945. Mich erfüllt Dankbarkeit für viele kleine und große Hilfen, die wir erhalten konnten.

* * *

Elisabeth Thomsen

Freundliche Aufnahme in der Schule

Meine Eltern, meine Tante und ich kamen am 30. Mai 1946 in Flensburg auf dem Güterbahnhof an. Dort standen Lastwagen für den Weitertransport auf umliegende Orte bereit. Zu unserer Enttäuschung erhielten wir keine offizielle Begrüßung.

Wir wollten auch aufs Land. Aber obwohl mein Vater sich abmühte, für uns einen Platz auf einem der Laster zu ergattern, wurden wir abgewiesen.

Wir und weitere zwei Familien blieben zurück. Einsam und verlassen standen wir da. Niemand kümmerte sich um uns. Da inzwischen einige Regentropfen fielen, zogen wir uns auf die Güterrampe zurück und harrten der Dinge, die da kommen sollten. Zunächst kamen zwei Männer, Ostpreußen, die schon seit 1945 hier waren. Von ihnen hörten wir, daß die Einheimischen froh wären, wenn sie uns hier nicht sehen würden. Das war bitter zu erfahren.

Schließlich kam ein Laster, um uns und die restlichen Familien abzuholen. Er brachte uns zur Voigtschule in der Schloßstraße.

Wir waren sehr erschrocken, daß es dort so „bergab" ging, wie wir es bezeichneten. In die Schule durften wir zunächst noch nicht. Wir befürchteten schon, daß wir keinen Platz mehr bekommen würden. Mittlerweile begann es, noch mehr zu regnen. Endlich durften wir hinein.

Wir waren die ersten, und erst am nächsten Tag wurde die Schule voll belegt.

Der Klassenraum war ringsherum mit Stroh ausgelegt. Es war ein unbeschreiblich herrliches Gefühl, sich auf dem Stroh auszustrecken und schlafen zu können.

Wir waren froh, hier in Ruhe und Frieden zu leben, ohne um unser Leben bangen zu müssen, obgleich wir viel gehungert haben. Zeitweilig waren wir zweiunddreißig Personen in einem Raum. Das Stroh wurde allmählich Häcksel. Unsere Betten wurden tagsüber zu einer Sitzgelegenheit zusammengerollt. Ich war damals vierzehn Jahre alt und mußte mir mit meiner Mutter ein Oberbett zum Zudecken teilen. Nicht alle in unserem Zimmer waren in der glücklichen Lage, ein Bett zum Zudecken zu besitzen.

In der Schule wurde ich zu meiner großen Überraschung sehr freundlich aufgenommen. Die Klassenkameradinnen, es gab damals noch reine Mädchenschulen, waren alle sehr nett zu mir. Ich stand im Mittelpunkt. Sie wollten von mir wissen, wie es uns ergangen war, und waren sehr teilnahmsvoll. Mit Schreibutensilien wurde ich auch versorgt. Zu kaufen gab es damals ja kaum etwas. Das hat mich sehr tief beeindruckt, und es tut gut, es hier lobend zu erwähnen.

Eines Tages stand ich vor dem Schaufenster eines Fischgeschäftes und überlegte, ob ich wohl hineingehen und um einen Dorschkopf fragen sollte. Ich gab mir einen Ruck und ging hinein. Die Fischverkäuferin bot mir auf meine Frage einen Dorsch an. Da erwiderte ich kleinlaut, daß ich dafür keine Lebensmittelmarken hätte. Wir bekamen ja Lagerverpflegung und keine Fischmarken. Sie sagte, ich dürfte ihn auch ohne Marken haben, nur sollte ich zu niemandem sagen, wo ich ihn bekommen hätte.

30

Ich hatte nicht mal genügend Geld, damals Reichsmark, bei mir, um ihn zu bezahlen. Aber auch da vertraute sie mir, daß ich das Geld noch bringen würde.

Das war für mich ein eindrucksvolles Erlebnis.
Übrigens habe ich später einen Schleswig-Holsteiner geheiratet.

Lilli Ehlers

Wohnung beim fünften Versuch

Wir fuhren mit einem Personenzug Richtung Westen, standen dann einige Stunden auf dem Kieler Güterbahnhof, bis wir mitten in der Nacht in Rendsburg landeten. Auffanglager war der Conventgarten. Wir fragten uns durch die menschenleere, dunkle Stadt. Der große Saal des Conventgartens war voller Stroh und voller Menschen. Wir fanden auch ein Plätzchen. Wir Kinder und eine Mutter konnten schlafen, die andere mußte unsere wenigen Habseligkeiten bewachen. Am nächsten Tag war „Führers Geburtstag", also der 20. April. Wir bekamen Frühstück und eine wunderbare Erbsensuppe zu Mittag und hatten einen schönen Blick auf den Kanal und die alte Drehbrücke.

Am folgenden Tag ging es weiter nach Melsdorf. Von dort fuhren wir bei strömendem Regen auf einem offenen Leiterwagen weiter nach Mettenhof, damals Gemeinde Melsdorf, Kreis Rendsburg. Die Siedlung war eine 1938/39 gebaute Leichtbausiedlung für kinderreiche Familien. Die Häuser hatten $1\frac{1}{2}$ Zimmer und eine Wohnküche sowie Stall und Waschküche. Viele hatten inzwischen das Dachgeschoß mit zwei Zimmern ausgebaut.

Wir wurden vom Siedlungsleiter verteilt. Doch unser Gastgeber war ein SS-Mann und ließ uns gar nicht auf sein Grundstück. Nach vielem Suchen fanden wir den Siedlungsleiter. Er schickte uns nach einem anderen Haus. Dort machte niemand auf. Der Mann war zur Arbeit und die Frau mit den Kindern bei ihren Eltern auf dem Lande. Doch die freundliche Nachbarin hatte einen Schlüssel. Sie bezog uns ein Bett im Kinderzimmer und nahm uns erst einmal mit in ihre warme Wohnküche. Wir konnten unsere nassen Sachen trocknen und bekamen warmes Essen und warme Getränke. Wir durften uns jeden Tag bei ihr aufhalten und bekamen auch zu essen. Bei den nächtlichen Fliegerangriffen fanden wir Halt in der Familie. Sie hatten leider das Dachgeschoß nicht ausgebaut, so daß wir dort nicht wohnen konnten.

Als der Krieg zu Ende war, kam die Frau mit ihren Kindern zurück. Wir mußten ausziehen. Wir fragten uns, wohin wir jetzt sollten. Unsere Nachbarin wußte Rat. Ihre Mutter bewohnte in Kiel-Hasseldieksdamm eine Haushälfte und war pflegebedürftig. Wir zogen zu ihr, und beiden war geholfen. Meine Mutter konnte sich auch im Garten nützlich machen.

Zu meinem zehnten Geburtstag bekam ich von der Tochter eine zwölf Zentimeter große Puppe und von der Freundin eine Puppenwiege aus Pappe. Ich war glücklich! Eine Nachbarin, von Beruf Schneiderin, erkannte meine Lust am Nähen. Sie gab mir viele Stoffmuster und Garn und zeigte mir, wie ich mit dem passenden Schnittmuster umgehen mußte. Meine Puppe bekam die schönsten Kleider exakt genäht.

Doch auch diese Idylle dauerte nicht lange, denn die Stadt Kiel war nicht bereit, uns eine Zuzugsgenehmigung zu geben. Wir mußten wieder zurück nach Mettenhof. Dort bekamen wir ein 8–9 Quadratmeter großes Zimmer mit einem Bett, einem Schrank, Frisierkommode, kleinem Tisch, zwei Stühlen und einem eisernen, runden Ofen. Man konnte sich darin kaum noch bewegen. Gekocht wurde auf dem Ofen. So war das Zimmer auch gleich warm. Meine Mutter half in der Ernte auf Gut Rothenhof. So bekamen wir etwas Korn, Kartoffeln, Rüben und Zuckerrüben, aus denen wir im großen Waschkessel Sirup kochen durften.

Vor Weihnachten begann auch wieder die Schule. In Pommern hatten wir schon lange keinen Unterricht mehr gehabt, weil in allen Schulen Lazarette eingerichtet worden waren. Wir mußten zweimal die Woche Aufgaben holen und die erledigten Arbeiten abgeben. Unsere Lehrerin machte privat in ihrer Wohnung „Begabtenförderung". Wir hatten uns dreimal die Woche bei ihr einzufinden. Sie hatte uns in zwei Gruppen geteilt. Dann wurde der Unterricht ausgesetzt. In Melsdorf konnte die zweiklassige Schule die vielen Kinder gar nicht fassen. Aber die beiden Lehrer führten den Unterricht trotzdem irgendwie durch. Wir gingen jedenfalls den ganzen Winter bei hohem Schnee und mit schlechter Kleidung die zwei Kilometer nach Melsdorf. Mittags gab es Schulspeisung. Jeder hatte ein Gefäß und einen Löffel mitzubringen. Die Suppe schmeckte manchmal ekelhaft. Trotzdem mußten wir alles aufessen, vorher durften wir nicht gehen.

Im Sommer 1946 wurden dann in einer Baracke in Mettenhof zwei Schulklassen eingerichtet. Was die Möbel anging, war es ein Provisorium. Bücher gab es auch nicht. Deshalb mußten wir alles mitschreiben, und das bei vier Jahrgängen in einer

Klasse. Die Lehrer gaben sich sehr viel Mühe. Auch sie waren Flüchtlinge und hatten kaum Unterrichtsmaterial. Eine große Freude war es jedesmal, wenn eins der Kinder vorzeitig aus der Schule geholt wurde, weil der Vater aus der Gefangenschaft gekommen war. Auch ich hatte im Winter 1946 das Glück, daß mein Vater zurückgekehrt war. Meine Mutter hatte zuvor gehört, daß er in Munsterlager entlassen würde und war mit einem Kohlenzug hingefahren. Doch die Enttäuschung war groß. Sie kam sehr traurig zurück. Einige Tage später war er dann bei uns. Viele Familien fanden zueinander, weil sie an irgendwelche Verwandten geschrieben hatten und diese vermittelten.

Doch nun trat für uns ein neues Problem auf. Das Zimmer war für drei Personen zu klein. Ich mußte auf dem Fußboden schlafen.

Uns wurde ein anderes Zimmer zugewiesen. Es war zwölf Quadratmeter groß und hatte zwar einen Schornstein in der Mitte, dafür aber auch eine Wasserleitung im Zimmer. Der Ausguß war auf dem Flur. Wir hatten ein Bett und ein altes Sofa, Schrank, Tisch und drei Stühle. Auch wurden wir Eigentümer einer „Brennhexe", so daß wir nun zwei Flammen zum Kochen zur Verfügung hatten. Gleichzeitig wurde die Stube warm. Mein Vater bemühte sich um einen Garten, als eine Koppel urbar gemacht werden konnte.

Im Spätsommer erfuhren wir, daß meine dreizehn Jahre ältere Schwester von den Polen ausgewiesen worden war und im Rheinland wohnte. Meine Eltern bemühten sich sofort um eine Zuzugsgenehmigung für sie. Ein neues Problem trat auf. Wir mußten mit zwei Personen auf dem alten Sofa schlafen. Die Lösung war, daß alle drei Stühle davorgestellt wurden. Wenn man sich nicht bewegte, konnte man auch schlafen.

Meine Eltern hatten in dieser Zeit Silberhochzeit. Wir waren froh und glücklich, wieder zusammen zu sein. Mit viel Mühe gelang es meiner Mutter, einen einfachen Kuchen zu backen, denn es fehlte an den Zutaten wie Eiern und Mehl.

Der Winter 1946/47 war sehr kalt. Die Wasserleitung war eingefroren, obwohl wir Tag und Nacht heizten. Die Kartoffeln, die unter dem Bett gelagert wurden, weil wir keinen Keller hatten, waren verfroren. Die Außenwand des Zimmers hatte eine dicke Eisschicht und das eiserne Bettgestell war am Fußboden festgefroren. Alle diese Widrigkeiten sind damit zu erklären, daß das Zimmer über der Waschküche und dem Hühnerstall lag. Die Türen standen ständig offen. Über dem Hühnerstall war auch keine Isolierung, sondern nur die Fußbodenbretter. Das hatte zur Folge, daß wir jeden Abend vor dem Zubettgehen auf „Flohjagd" gehen mußten, um nicht völlig zerstochen zu werden.

Die Harmonie mit den Vermietern ließ sehr zu wünschen übrig. Ganz schlimm wurde es, als mein Vater im Sommer 1947 tödlich verunglückte. Die Schikanen nahmen überhand. Es ging soweit, daß eine Nachbarin angepöbelt wurde, als sie nach meiner schwerkranken Mutter sehen wollte.

Im Jahre 1948 zogen wir dann zu der Nachbarin, die auch vier Kinder hatte. Sie gab uns das sonnige Zimmer im Dachgeschoß. Auf dem Flur konnten wir eine Küche einrichten. Wir haben dort über fünf Jahre im besten Einvernehmen gewohnt und noch viele Jahre guten Kontakt gehabt. Die jüngste Tochter hielt sich sehr viel bei uns auf und besuchte meine Mutter noch, als sie selbst schon verheiratet war.

Sehr schwer wurde es für uns, als im Juni 1948 die Währungsreform kam. Nun hatten wir nicht einmal mehr Geld. Meine Mutter bekam zu der Zeit ganze DM 45,– Rente, wovon wir DM 20,– Miete zahlen mußten. Meine Schwester hatte ein Einkommen von monatlich DM 100,– und freies Mittagessen. Sie brachte die Reste vom Mittag mit nach Hause. Unsere erste Gönnerin unterstützte uns auch, denn ihr Mann arbeitete zu der Zeit in einer englischen Offiziersmesse. Er hatte als Kind mit seinen Eltern in Amerika gelebt und konnte ausgezeichnet Englisch sprechen. Auch er brachte die Essensreste nach Hause und die alten Brotkanten. Außerdem hatten wir noch unseren Garten.

Eine höhere Schule konnte ich nicht besuchen, denn ich hatte Tuberkulose bekommen und konnte nicht täglich zwei Stunden mit der schweren Schultasche zu Fuß laufen. Für die Aufbauschule in Rendsburg fehlte das Geld, denn die Bahnfahrt mußte bezahlt werden.

Wir strickten aus alten Zuckersäcken Strümpfe, aus Baumwollgarn Wäschegarnituren mit den schönsten Mustern und aus aufgeräufelter Wolle Pullover, Mützen und Handschuhe. Wir hielten in der Familie sehr zusammen.

Zum Konfirmandenunterricht mußten wir nach Kiel zur Vicelin-Kirche. Dies bedeutete einen Fußmarsch von einer Stunde hin und einer Stunde zurück. Zur Konfirmation bekam ich aus einer Amerikaspende vom Pastor ein schwarzes Kleid und ein Paar getragene Schuhe. Diese habe ich nur zur Konfirmation getragen und war froh, als ich sie wieder ausziehen konnte. Zur Konfirmation 1950 hatte die Elternschaft einen Bus organisiert, so daß wir nicht zu Fuß laufen mußten. An Geschenken bekam ich einen Wollschal und drei behäkelte Taschentücher. Und wir hatten einen schönen Kuchen.

***

Anna Homm-Lemm

Karpfen und Maiglöckchen

Auch meine Eltern flüchteten mit uns Kindern, vier und zehn Jahre alt, von Ostpreußen nach Schleswig-Holstein, und zwar nach Kiel. In einer großen, geräumigen Wohnung in Kiel-Gaarden wurde uns ein Zimmer zugewiesen. In diesem Zimmer befanden sich ein Schrank, ein Tisch, drei Eisenbetten, ein durchlöchertes Sofa, drei Stühle und ein kleiner Ofen. Wir durften uns nur in diesem Zimmer aufhalten. Es war uns verboten, das Bad und die Küche zu benutzen. Die Zentralheizung war in unserm Zimmer abgestellt worden. Dafür hatten wir ja den kleinen Ofen, den wir hätten heizen können, wenn wir Brennstoff gehabt hätten. So mußten wir im Winter sehr frieren, und ich kann mich entsinnen, daß wir oft in unsern Kleidern und abgewetzten Mänteln schlafen mußten. Es war für uns Kinder ein Genuß,

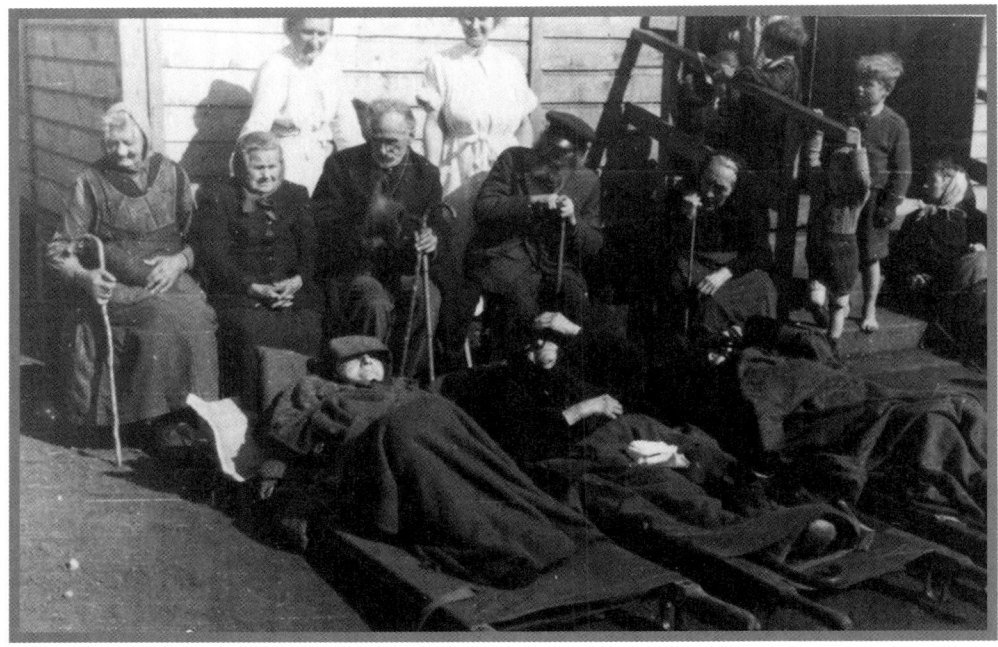

wenn wir das Zimmer verließen und in den mollig warmen Flur kamen, den wir jedesmal, wenn wir auf die Straße wollten, betreten mußten.

Meine Mutter war trotz ihrer Krankheit und Unterernährtheit so erfinderisch, daß sie den Raum, den wir bewohnten, irgendwie gemütlich gestalten konnte. Mit Hilfe des Schrankes und dem übrigen Mobiliar gelang es ihr, kleine Ecken zu schaffen, damit jedes von uns Kindern einen ruhigen Platz hatte. So gab es auch eine Kochecke und eine, in der wir uns waschen konnten. Wir durften zwar das kalte Wasser aus der Küche holen, sonst aber war sie für uns tabu. Die Mieter der Wohnung wußten um unsere Not, versuchten aber nichts dagegen zu unternehmen. Ich entsinne mich gut an den Tag, als mein Bruder und ich unser Zimmer verließen, um draußen zu spielen. Die Mieterin fing uns im Flur ab und führte uns ins Bad. Wir trauten unsern Augen nicht. In der Badewanne, die wir nicht benutzen durften, schwamm munter ein Weihnachtskarpfen. Außerdem erzählte sie uns, die wir immer Hunger hatten, daß der Fisch am Heiligen Abend von ihrer Familie verspeist werden würde.

Es kam vor, daß die Familie über das Wochenende wegfuhr. Diese Gelegenheit nahm mein Bruder wahr, ein kaltes Bad in der verbotenen Badewanne zu nehmen, als er schwer unter Rheuma litt. Damit die über und unter uns wohnenden Mieter das Wasserlaufen nicht hören konnten, versuchte er mit Handtüchern den Wasserlauf zu dämpfen. Dies erzählte er uns aber erst später.

Ich kann mich entsinnen, daß mein Bruder häufig weinend von der Schule kam, weil selbst die Lehrer ihn und andere Flüchtlingskinder mit den Worten aufzogen: „Ihr kommt doch von dort, wo sich die Wölfe ‚Gute Nacht‘ sagen."

Ich weiß, daß wir Kinder betteln gingen, vor allem um Obst, denn meine Mutter war sehr krank, und der Arzt hatte ihr Obst verordnet. Hinter dem Haus, in dem wir wohnten, gab es noch echte Gemüsehallen. Eines Tages kam mein kleines Kindergehirn auf den Gedanken, dort hinunter zu gehen in der Hoffnung, etwas Obst zu bekommen. Mein Betteln nützte nichts, ich mußte etwas dafür tun.

Ein Mann fragte mich, ob ich bis sechzig zählen könne. Ich war vier Jahre alt und konnte natürlich nicht so weit zählen, aber ich verschwieg es. Auf meine Bitte hin zählte er mir sechzig Kohlrabi in eine Kiste, die damit voll war. So füllte ich also jede Menge Kisten voll Kohlrabi.

Als ich damit fertig war, bekam ich zwar kein Obst, dafür aber einen Kohlkopf, den ich stolz meiner Mutter brachte. Am nächsten Tag versuchte ich das gleiche wieder. Dieses Mal bekam ich dafür angeschlagene Äpfel, aus denen meine Mutter sich noch das beste ausschneiden konnte.

Wenn mein Bruder und ich von Tür zu Tür gingen, um nach einem Teller, Tassen oder ähnlichem zu fragen, bekamen wir meistens angeschlagenes Geschirr.

Eine erfreuliche Begegnung in dieser Zeit hatte ich allerdings auch. Es war Frühling und ich stromerte durch die Gartenanlagen. In einem Garten sah ich ein riesiges Beet voller Maiglöckchen, die Lieblingsblumen meiner Mutter. Ich wollte meiner Mutter unbedingt eine Freude bereiten. So faßte ich all meinen Mut zusammen und ging in den Garten. Mir kam auch gleich ein Mann entgegen. Ich war mir schon fast sicher, daß er mich wegschicken würde. Doch irgendwie hatte er so ein freundliches Gesicht, daß ich ihn fragte, ob er mir nicht drei oder vier Maiglöckchen für meine Mutter schenken würde. Ich traute meinen Augen nicht, als er mir einen großen Strauß zusammenband und mich mit freundlichen Worten zu meiner Mutter schickte. Als ich meiner Mutter den Strauß gab, schien es mir, als hätte sie für einen Augenblick alle Sorgen vergessen. Inzwischen bin ich verheiratet und selbst Mutter. Mein Mann ist kein Flüchtling, sondern gebürtiger Flensburger. In der damaligen Zeit wurden auch seinen Eltern, die in Schleimünde wohnten, Flüchtlinge zugewiesen. Der Vater der Flüchtlingsfamilie ging jeden Tag zum Angeln. Jeden Tag brachte er tatsächlich eine ganze Menge Dorsche mit. Der Flüchtlingsfamilie ging es weitaus besser als uns, denn sie durfte die ganze Wohnung meiner Schwiegereltern mitbenutzen, so auch die Küche. Mein Schwiegervater konnte alles ertragen, nur keine gebratene Dorschleber. Ihm wurde geradezu schlecht, wenn der Flüchtling anfing, fast täglich seine Dorschleber zu braten. Dennoch überwand er seinen Ekel und ließ die Flüchtlinge walten.

Leider zeigten nicht alle Flüchtlinge, denen durch die Einheimischen Gutes zuteil wurde, Dankbarkeit. Wie überall gab es auch unter ihnen Gute und Schlechte. Mein Mann erzählte mir, daß in Schleimünde einem Flüchtling von allen Seiten geholfen wurde, sein Boot umzubauen. Als es fertig war, verschwand er klammheimlich in der Nacht, ohne zu bezahlen.

* * *

Helga Bianka Kränicke

„Pollackenvolk"

Meine Eltern, meine Großeltern und ich kamen am 20. Juni 1946 auf dem zerbombten Kieler Hauptbahnhof an. Wir waren nur notdürftig bekleidet, da man uns alles
genommen hatte.

Vom Hauptbahnhof ging es mit Lastwagen in eines der größten Flüchtlingslager
im Wehdenweg. Ich war zu dieser Zeit ein Kind von knapp sieben Jahren. Im
Flüchtlingslager mußten sich mehrere Familien einen kleinen Raum teilen. Das
Fenster bestand aus Drahtgeflecht. Überall regnete es durch, da das Dach undicht
war. Am schlimmsten war das viele Ungeziefer in dieser Behausung. Die Wanzen,
die am Tag zwischen den Holzritzen verschwanden, tauchten nachts auf. Die Verpflegung aus der Gemeinschaftsküche war sehr mangelhaft. Ich war dadurch derart
geschwächt, daß ich anfänglich den Schulweg kaum zu Fuß bewältigen konnte.
Meine Grundschullehrerin Fräulein F. hatte Erbarmen und teilte oft ihr Schulbrot mit
mir.

Meine Eltern und Großeltern fragten bei Bauern in Klausdorf um Arbeit nach. Sie
wurden jedoch fortgejagt, da es zu viele waren, die nach Arbeit Ausschau hielten.
Eines Tages hatte ich in Klausdorf einen auf den Weg gefallenen Apfel aufgehoben
und hineingebissen. Daraufhin war der Besitzer hinter dem Zaun aufgetaucht, nahm
eine Harke und schlug auf meinen Großvater ein. Mir wurde der Apfel entrissen, und
ich erhielt Ohrfeigen. So schleppten Großvater und ich uns blutend wieder zurück in
das Lager. Man nannte uns damals „Pollackenvolk" und „Habenichtse", die zurück-
gehen sollten, wo sie herkamen. Sagten meine Eltern und Großeltern, sie hätten in
ihrer Heimat Geschäft und großen Bauernhof zurücklassen müssen, so wurde ihnen
geantwortet: „Ja, ja, von diesem Pollackenvolk hat jeder ein Rittergut besessen, dabei
waren sie arm wie die Kirchenmäuse."

Auf meinem Schulweg folgten die Wanzen mir in der Schultasche oder Kleidung.
Dies führte zu Streit mit einheimischen Kindern. Ich sammelte auf dem Schulheim-
weg fortgeworfene Kartoffelschalen und röstete sie im Lager auf Steinen. Das Feuer
entfachte ich mit zwei sogenannten „Kuckuckssteinen" und trockenen Gräsern. Zu
späterer Zeit gingen meine Eltern, meine Großmutter und ich zum „Stoppeln", wie
man damals sagte. Dies bedeutete, daß wir auf den abgemähten Kornfeldern den
ganzen Tag nach Kornähren suchten, oder die Äcker „nachbuddelten", wenn die Kartoffeln vom Bauern aufgenommen waren. Meine Eltern nähten unsere Bekleidung aus
den Felddecken selbst. In die Schuhe, die riesige Löcher hatten, kam Pappe hinein. Es
wurden auch Bucheckern, Hagebutten, Brennesseln und anderes mehr gesammelt. So
hielten wir uns am Leben.

Meine Mutter nahm dann eine Hauswirtschaftsstelle in Klausdorf an. Der damalige
Bürgermeister verweigerte allerdings eine Aufnahme. Deshalb pachteten meine Eltern
und meine Großmutter einen Schrebergarten von der Stadt Kiel. Dort bauten sie aus
Steinen der zerstörten Häuser, von denen der Mörtel in mühevoller Arbeit abgeklopft

werden mußte, ein kleines Eigenheim. Es war weder Wasser noch Strom vorhanden, aber wir waren überaus glücklich.

Heute bin ich auch schon Großmutter. Eltern und Großeltern sind verstorben. Sie hofften immer auf die Heimkehr nach Pommern, wo sie viele Wertsachen in großen Behältern in die Erde versenkt hatten. Ich war zu der Zeit Zeuge und könnte noch einige Stellen identifizieren. Meine Heimat aber ist Schleswig-Holstein geworden, oder um es genauer zu sagen, Klausdorf/Schwentine, der Ort, wo man uns nicht haben wollte. Hier haben mein Mann und ich uns ein Haus in Eigenleistung gebaut. In den ersten Jahren warf man uns sogar die Scheiben ein, weil man die „Pollacken" nicht wollte. Sogar unsere Kinder wurden als „Pollacken" beschimpft, obwohl sie echte Klausdorfer bzw. Kieler sind. Erst jetzt, nachdem die ältere Generation zumeist verstorben ist und Klausdorf durch Neuankömmlinge größer geworden ist, ist dieses Feindbild zum Teil verschwunden.

Margarete Bendig-Tandetzke

Sommer 1947

Der Rest unserer Familie, Mutter mit zwei Töchtern und einem Enkelkind, hatte das große Glück, eine kleine Wohnung gefunden zu haben.

Den Verlust des Schwagers, er fiel in Ungarn, erfuhren wir Weihnachten 1944. Mein Vater, Streifen-Kommandeur für Ostpommern, geriet in den letzten Kriegstagen bei Schneidemühl unter russischen Beschuß. Wir hofften immer noch auf ein Lebenszeichen von ihm.

Ich war Lehrerin an der Burg-Volksschule. Mutter versorgte uns alle, das Enkelkind Heide eingeschlossen. Zur letzten Konferenz vor den Sommerferien 1947 hatte sich das Kollegium noch einmal versammelt. Es bestand aus drei älteren Lehrerinnen, zwei pensionierten Lehrern, dem Lübecker Rektor, ein paar Schulhelferinnen und mir, der einzigen Flüchtlingslehrerin. Da erschien der Hausmeister mit einem Zettel in der Hand: „Das Schulamt fragt an, ob sich jemand morgen am Erbsenpflücken auf einem Gut in der Nähe beteiligen möchte. Als Lohn gibt es Kartoffeln! Ein Bus steht um 6 Uhr auf dem Kohlmarkt. Teller, Löffel und Becher sind mitzubringen!" Nach einem

40

Blick in die Runde sah ich, daß niemand sich meldete. Da hob ich mutig meine Hand: „Bitte, melden Sie mich!" Darauf folgte Schweigen! Lange weilte der Blick des Rektors auf mir, dem Flüchtlingsmädchen in einem Kleidchen aus einer geschenkten Kittelschürze und in Holzpantinen mit einem Deckblatt aus einer alten Nabelbinde.

Am nächsten Morgen stand ich pünktlich auf dem Kohlmarkt.

Ein alter Lastwagen mit Brettersitzen war schon gut besetzt. Ein buntes Häufchen hatte sich da zusammengefunden: Hausfrauen, die ihre Kinder mitgebracht hatten, Frauen, die des Geldes wegen pflückten und sich den Verdienst auszahlen ließen, ein paar Rentner, ich – und mein Rektor, der mir fröhlich zuwinkte!

Der LKW ratterte zum Gut Tüschenbek. Ein harter Arbeitstag begann.

Ich hatte noch nie Erbsen gepflückt. Ein Blick zur Nachbarin zeigte mir, wie es zu machen war. Man mußte die Staude links in den Arm nehmen und rundum sauber abernten. Dann war die nächste Staude dran!

Für jeden gefüllten Korb gab es eine Blechmarke, die ich sorgfältig in meinem Brustbeutel verwahrte! Die Sonne brannte heiß, und der Rücken begann zu schmerzen. Doch der Gedanke an frisch gekochte Pellkartoffeln, deren Schale, ein wenig geplatzt, den köstlichen Duft freigibt, ließ mich alles überstehen. Es gibt nichts Köstlicheres als Pellkartoffeln mit einer Prise Salz und einer Winzigkeit Butter.

Zur Mittagszeit kam eine Gulaschkanone. Es gab einen Eintopf mit „Nachschlag" und auch etwas zu trinken. Plötzlich stand die Aufseherin neben mir und sagte: „Sie haben wohl schon öfter Erbsen gepflückt?" Ich antwortete: „Nein, heute zum ersten Mal!"

Der Tag neigte sich dem Ende zu, und etwas besorgt hielten wir nach dem versprochenen Kartoffelsegen Ausschau! Wir befürchteten, daß es vielleicht doch Erbsen als Lohn geben sollte. Da brachte ein Trecker die ersehnte Last! Viele Säcke, prall gefüllt mit Kartoffeln, wurden abgeladen. Es war genug für alle. Ich gehörte zu den fleißigsten Pflückerinnen. Daher konnte ich einen großen Sack Kartoffeln mitnehmen!

Wieder saßen wir dicht gedrängt auf dem rumpelnden Laster, und eine milde Abendsonne legte ihren Glanz auf Lübecks so arg geschundene Kirchtürme! Auf dem Markt standen Mutter und ihr Enkelkind mit Nachbars „Bollerwagen".

Ich habe mit dem Rektor nie über diesen Tag gesprochen. Ich erfuhr dann, daß er selbst einen großen Hausgarten besaß. Weshalb war er mitgekommen? Er wurde bald an eine andere Schule versetzt. Aber trafen wir uns zufällig, erzählte ein wissendes, vertrauliches Lächeln in den Augenwinkeln von einem in großer Solidarität gemeinsam verbrachten Tag.

* * *

Klara Böhmert

Allmähliche Eingewöhnung

Am 21. Januar 1945 kamen wir nach vier Wochen langer, abenteuerreicher Flucht aus Ostpreußen in Lübeck an. Wir, das sind: meine Eltern, meine beiden Schwestern und ich. Unser Flüchtlingszug sollte in Schwerin enden. Weil Schwerin aber schon mit Flüchtlingen überfüllt war, wurden wir nach Lübeck gefahren. Dort angekommen, mußten wir zunächst wegen eines Fliegeralarms in den Bunker. Anschließend brachte man uns mit der Straßenbahn nach Lübeck-Moisling in eine Schule. Dort wurden uns Quartiere zugewiesen. Unsere Familie kam in die Moislinger Allee. Vater, Mutter und die 15jährige Schwester Monika bekamen zwei kleine Zimmer im Hause der Gärtnerei B. Meine Schwester Elisabeth und ich bekamen auf der anderen Straßenseite ein Zimmerchen unter dem Dach in einem Siedlungshäuschen. Dort haben wir nur geschlafen. Gewohnt und gegessen haben wir bei den Eltern gegenüber.

Die Männer waren noch im Krieg oder in Gefangenschaft. Lübeck war damals „Rote-Kreuz-Stadt" und wir waren die ersten Flüchtlinge. Wir wurden von der Bevölkerung freundlich aufgenommen. Zuerst herrschte allerdings ein bißchen Skepsis vor, denn wir sahen sicher nicht sehr gut aus und rochen auch nicht gut nach der Zeit der Flucht ohne Waschen und Pflege. Aber auch wir begegneten den Menschen in Lübeck mit Skepsis, denn sie sprachen Plattdeutsch, eine fremde Sprache, die wir nicht verstanden. Aber bald war der Bann gebrochen. Frau B. brachte uns das Nötigste für den täglichen Bedarf, teils aus ihrem Bestand, teils von Nachbarn. Wir bekamen Tassen, Teller, Besteck und Kochgeschirr sowie vier Schüsseln. Außerdem brachte sie uns aus ihren Beständen Lebensmittel für den Anfang, beispielsweise ein Körbchen mit Kartoffeln, Gemüse und Konserven. Ich erinnere mich an eine Dose mit der Aufschrift: „Wurzeln". Wir rätselten herum, was da wohl für Wurzeln darin seien. Dann mußten wir sehr lachen, als wir die Dose öffneten und ganz simple Möhren darin waren! Die Bezeichnung Wurzeln für Mohrrüben kannten wir in Ostpreußen nicht! So hatten wir in der traurigen Zeit auch so manchen Spaß.

Mein Vater war Eisenbahner. Für ihn gab es in Lübeck nichts zu tun. So machte er sich in der Gärtnerei nützlich, indem er Harken und Spaten reparierte und Schäden im Treibhaus behob. Da Herr B. schon ein paar Jahre im Krieg war, war Frau B. froh, daß da ein Flüchtling zupackte.

Frau P. vom Haus gegenüber hatte zwei Kinder. Die suchte aus ihren Schränken Kleidung für uns heraus, damit wir diese für uns passend umnähten. Wir durften dafür ihre Nähmaschine benutzen, und sie half uns auch beim Nähen. Deshalb saßen wir oft in P.'s Wohnung und nähten und stopften, oder wir rippelten alte Wollsachen auf, um etwas Neues daraus zu stricken, denn zu kaufen gab es nichts.

Allmählich wurden wir in Lübeck seßhaft. Vater und ich fingen als Eisenbahner an zu arbeiten. Meine Schwester hatte Köchin gelernt.

In der Moislinger Allee gab es eine Ziegelei, deren Betrieb eingestellt worden war, weil alle Männer im Krieg waren. 1945 wurden nach und nach entlassene Soldaten in der Ziegelei ansässig. Der Ziegeleibesitzer nahm alle auf. So konnte die Ziegelei wieder arbeiten. Der Ziegeleibesitzer richtete ein Lager ein und eine Werkküche und stellte meine Schwester zum Kochen an. Dies alles sprach sich schnell herum. Es kamen immer mehr Männer, die nichts von ihren Familien wußten, in die Ziegelei, froh und dankbar, daß sie Arbeit, Unterkunft und warmes Essen bekamen.

Wir fühlten uns bald richtig wohl in Lübeck und von den „Einheimischen" angenommen. Dennoch hofften wir, eines Tages wieder nach Ostpreußen in unsere Heimat fahren zu können.

Wir haben bei Frau B. unsere Hochzeit gefeiert. Dazu wurde der Gärtnereigehilfe ausquartiert. Wir verließen unsere Flüchtlingsbehausungen erst nach der Hochzeit. Unser Zusammenleben war sehr positiv, und wir denken oft an die Zeit zurück.

* * *

Ilse Demczenko

Aufgenommen wie eine Tochter

Ich war jung verheiratet, 26 Jahre alt, und erwartete mein erstes Kind. Mein Mann war Soldat in Italien. Es war der 30. April. Das Wetter war erträglich. Am 1. Mai ging es dann Richtung Lübeck. Da wir beinahe die ganze Nacht gefahren waren, kamen wir bereits morgens um 6 Uhr auf dem Marktplatz in Lübeck an. Beim Roten Kreuz in der Baracke riet man mir ins Krankenhaus Ost zu gehen, um dort meine Entbindung zu erwarten. Unser Gepäck konnten meine Schwester und ich am Lübecker Hauptbahnhof unterbringen.

Unsere verschiedenen Versuche, eine Unterkunft zu bekommen, schlugen fehl, so daß wir wieder auf dem Lübecker Marktplatz landeten. Im Ratskeller bekamen wir unseren ersten Schlag Suppe. Es war Erbsensuppe. Dort herrschte noch ein ordentlicher Gaststättenbetrieb. Dann suchten wir Bekannte, deren Adresse wir von der Meldebehörde beim Ordnungsamt erhielten. Wir kamen zunächst in der Percevalstraße unter. Von dort aus nahm uns Frau Sch. in Bad Schwartau auf. Das Mütterentbindungsheim in Bad Schwartau war überbelegt, und folglich mußten wir mit der letzten Straßenbahn nach Lübeck hereinfahren, um das Krankenhaus Ost aufzusuchen. Die Straßenbahn endete am Hauptbahnhof, so daß ich zum Krankenhaus Ost laufen mußte. Auf diesem Wege gab es am Mühlentor Fliegeralarm. Ich war sehr erschöpft und schon apathisch. Mir war egal, was passierte. Zum Glück traf ich eine Frau, die ebenfalls schwanger war. Sie hatte ein Auto vom Roten Kreuz bestellt, daß uns zum Krankenhaus Ost brachte.

Ich wurde zunächst in die Badewanne gesteckt, da wir während der Flucht kaum Gelegenheit hatten, uns zu waschen. Daher waren wir völlig verdreckt. Mit Hilfe von Prof. Kirchhoff bekam ich dann ein Bett. Am 2. Mai gegen Mittag hatten englische

Verfasserin mit dem Säugling im September 1945

Soldaten die Stadt erreicht. Ich habe am 5. Mai 1945 entbunden. Nach meiner Entlassung am 17. Mai kam ich in die Percevalstraße. Meine Schwester hatte mir ein
Quartier besorgt.

Meine Wirtsleute, Familie R., hatten mich wie eine Tochter aufgenommen. Ich durfte mit der Tochter von Frau R. in einem Zimmer wohnen. Sie hatten bereits ein Baby-
körbchen bereitgestellt. Wir waren in der Familie eingebunden und haben gemeinsam
gegessen.

Etwas später stand uns das Zimmer alleine zur Verfügung. Wir hatten eine Brennhexe und kochten selber. Die Brennhexe war auch gleichzeitig Heizofen.

Meine Eltern waren in Danzig geblieben. Meine Mutter ist dort durch Artilleriebeschuß ums Leben gekommen. Im Juli 1945 wurde mein Vater von den Polen ausgewiesen. Im Januar 1946 hat mein Vater uns nach Umwegen in Lübeck gefunden. Wir
lebten von diesem Moment an in dem bereits beschriebenen Zimmer mit vier Personen.

Im März 1946 kam mein Mann aus Gefangenschaft. Er fand uns über die
Neubrandenburger Adresse. So lebten wir sogar eine Zeitlang mit fünf Personen in
einem Zimmer von 16 Quadratmetern. Wir haben bis 1951 dort mit der Familie R.
zusammengewohnt. Wir sagten Omi und Opi zu ihnen. Es war wie in einer großen
Familie. Eine freundlichere und menschlichere Aufnahme konnten wir uns nicht vorstellen. Wir besuchen heute noch die Grabstellen dieser Pflegeeltern.

Hildegard Heidemann

Arm aber nicht unzufrieden

Ich bin aus Danzig, war aber im Februar 1945 in Dresden, weil ich zur Nachrichten-helferin ausgebildet werden sollte. Am Tag der Kapitulation befanden wir uns in der Nähe von St. Joachimstal bei Karlsbad (Erzgebirge), nahe der tschechischen Grenze.

Wir hatten in der Familie abgesprochen, uns alle in Lübeck zu treffen, falls wir nicht in Danzig bleiben durften. Als Deutsche wollten wir jedenfalls nicht unter den Polen wohnen bleiben.

Die Züge waren nur für die Besatzungstruppen reserviert, und ich mußte den Fuß-marsch antreten. Wenn ich Glück hatte, durfte ich mit verschiedenen Pferdefuhr-werken mitfahren. Das war für mich sehr wichtig, denn jeder Kilometer, den ich nicht zu laufen brauchte, schonte meine Schuhe. Davon hatte ich nur ein einziges Paar. Es war eine abenteuerliche Wanderschaft. Ich wurde mehrmals von Wegelagerern ausge-raubt mit der Folge, daß mein Rucksack immer leerer und damit wenigstens auch leichter geworden war. Am 30. Mai 1945 kam ich dann einigermaßen verdreckt und erschöpft in Lübeck an und traf auch sehr bald meine Mutter, der ein Mansarden-zimmer zugewiesen worden war. Wir waren froh, uns gefunden zu haben.

Eine sogenannte Brennhexe, die wir auf Bezugschein bekommen hatten, diente uns als Kochstelle und Heizofen. Bezugscheine für Kleidung gab es damals nur für aus-gebombte Personen. Wir sollten uns bei den Nachbarn etwas ausborgen oder schenken lassen. Da ich noch einen karierten Bettbezug in meinem Rucksack gerettet hatte, schneiderte ich mir davon ein Kleid und von rotem Fahnenstoff den Besatz.

Als Näherin bei der Firma Kappen-Orth verdiente ich 100,– Mark monatlich. Die Monatsmiete in Kücknitz betrug 15,– Mark. Am Arbeitsplatz wunderte man sich, daß ich überhaupt deutsch sprechen konnte, zumal ich nach der Meinung von Mitarbeitern doch aus Polen kam.

Es gab wenig zu essen, und wir waren oft so hungrig, daß wir auf den nahe gelege-nen Feldern Kartoffeln und etwas Gemüse „organisierten". Einmal wurde ich von einem Gutsinspektor erwischt, der mir alles abnahm, aber dann später doch vor die Füße schüttete und mich stehen ließ. Wir waren zwar arm, aber nicht unzufrieden, weil es anderen noch viel schlechter ging.

* * *

45

Christa Howe

Notdürftiges Unterkommen

Ich wurde am 6. März 1935 in Berlin geboren. Wegen der Bombenangriffe auf Berlin hatte ich einen Nervenzusammenbruch. Aus diesem Grunde wurden meine Mutter und ich nach Bajohren in Ostpreußen evakuiert, und zwar im Januar 1944. Mein Vater war Soldat. Im August 1944 wurde es Zeit, Bajohren zu verlassen.

Zusammen mit einigen Flüchtlingen wurden wir etwa vierzehn Tage im damals geschlossenen Bahnhofsrestaurant des Strandbahnhofs in Travemünde untergebracht. Meine Mutter und eine Bekannte sind jeden Tag losgegangen, um in Travemünde für uns ein Zimmer zu suchen. Die Leute wollten allerdings nicht so gern Flüchtlinge aufnehmen. Ich mußte immer den ganzen Tag auf unseren paar Habseligkeiten sitzen bleiben und darauf aufpassen. Wir hatten nur soviel, wie wir tragen konnten, allerdings auch einen Schlitten, und es lag eine ganze Menge Schnee. Mit Hilfe des Schlittens konnten wir die paar Gepäckstücke transportieren. Endlich fand dann unsere Bekannte ein Zimmer in einer Villa. Einen Tag später hat auch meine Mutter ein Zimmer in einem kleinen Siedlungshaus gefunden.

Nach der Kapitulation im Mai begann dann eine Hungersnot. Meine Mutter hat uns recht gut über die Runden gebracht. Sie konnte gut schneidern, wobei die Nähmaschine der Wirtin mit Beschlag belegt wurde. Aus allen alten Sachen wurde irgendein brauchbares Kleidungsstück. Aus Wolldecken wurden Hosen genäht, und aus karierter Bettwäsche von Soldaten im Lazarett wurden Hemden. Zu Lazaretten wurden übrigens damals viele Hotels in der Vorderreihe umfunktioniert.

Langsam entstanden Tauschgeschäfte, und wir wurden einigermaßen satt. Unsere Wirtin hatte die beiden jüngsten Söhne zu Hause. Dafür, daß meine Mutter auch für sie nähte, durften wir mitessen. Zu dem Haus gehörte ein Garten mit Hühnern und Kaninchen. Im Sommer 1945 kam der Mann unserer Wirtin aus der Gefangenschaft, und auch die Tochter, die Flakhelferin gewesen war, traf zur Familie. Dann kamen mein Vater und ein weiterer Sohn unserer Wirtin.

Nun wurde das Haus viel zu klein. Es folgte ein Umzug in die Mansarde eines anderen Hauses in derselben Straße. Vor dem abgekleideten Zimmer befand sich noch ein Stück Boden. Wie damals überall, gab es auch hier noch keinen Abfluß. Wasser mußte von unten geholt werden. Das kleine Stück Boden wurde mit einem alten Vorhang in zwei Teile geteilt. Die Durchgangsseite war Flur, Garderobe und Küche mit einer Brennhexe. Die andere Seite war das sogenannte „Bad" mit einer Schüssel zum Waschen, einem Eimer mit Deckel als Toilette und einem Hocker, auf dem eine kleine Zinkwanne zum Wäschewaschen stand.

Im Herbst 1945 wurde im Pastorat in der Rose in Travemünde „provisorisch" die Schule eröffnet. Endlich konnte ich wieder zur Schule gehen. Wie sollte dies aber funktionieren? Es gab kein Papier. Jeder kleine Zettel oder Ränder von Zeitungspapier wurden aufgehoben, um darauf zu schreiben. Wer eine Schiefertafel mit Kreide hatte, der konnte sich glücklich schätzen. Meine war auf der Flucht zerbrochen. In dem Unterrichtsraum des Pastors drängelten wir uns mit ca. 70 Kindern. Selbst auf den Fensterbänken hatten etliche ihren Platz. Nach einigen Monaten wurde die Travemünder Stadtschule von den Besatzungsmächten geräumt und der Schulbetrieb wieder aufgenommen.

Meine Mutter nähte inzwischen für immer mehr Menschen. Dadurch bekamen wir Fahnenstoff in allen Farben, Fallschirmseide und die Schnüre von Fallschirmen. Diese wurden „aufgetroddelt", was eine fürchterliche Arbeit war. Aus dem Garn wurden Strümpfe und leichte Sommerpullis gestrickt. Ich bekam ein sehr schönes Kleid aus Fahnenstoff, welches ich noch lange getragen habe. Es hatte einen breiten Saum, der immer ein Stück „runter"-gelassen werden konnte. So wuchs dieses Kleid lange mit.

Im Winter 1945–46 wurde das Essen sehr knapp. Man mußte sich überall „anstellen". Ich mußte morgens um 5 Uhr losgehen, um beim Schlachter nach Brühe schlangezustehen. Es war sehr kalt. Schuhe hatte ich nicht, sondern lediglich Holzlatschen. Als es ganz schlimm wurde, durfte ich hin und wieder die Stiefel meiner Mutter anziehen. Wir hatten allerdings nur dieses eine Paar. Beim Bäcker gab es Maisbrot, daran werden sich viele noch erinnern. Außerdem gab es „Brotaufstrich", der fürchterlich schmeckte. Manchmal gab es auf Marken auch Butter und Weizenbrot. Mit Senf schmeckte dies köstlich.

1947 sind wir noch einmal umgezogen. Wir erhielten in einem Siedlungshaus ein Zimmer zu ebener Erde gleich neben der Eingangstür. Mein Vater baute neben der Tür einen Holzschuppen. Dies wurde unser Plumpsklo. Die Kohlen und das Holz wurden hier ebenfalls gestapelt. Kaninchen hatten wir nun auch.

In unserem Zimmer standen zwei Betten übereinander. Auf der anderen Seite befand sich eine Couch, während in der Mitte der Tisch und drei Stühle standen. An der dritten Seite stand die Brennhexe zum Kochen und Heizen. Hinter einem Vorhang konnte man sich waschen und anziehen.

* * *

Erica Weber

Travelager-Jenkel

Die Unterbringung war alles andere als komfortabel. Wir wurden in Wellblechbaracken gepfercht. In den Hütten war eine Luft wie im Backofen. Nach der Flucht aus Pommern war Pöppendorf erste Station für die damals Siebenjährige und ihre Familie.

Es war der 14. Juli 1946, wohl einer der heißesten Tage des Jahres. Mit wie vielen Menschen wir in eine der kargen Baracken kamen, weiß ich nicht mehr. Als Lagerstatt wurden uns flache, mit Stroh ausgelegte Holzpritschen zugewiesen. Die Erwachsenen jammerten oder weinten sich in einen unruhigen Schlaf. Mein Bruder Manni und ich krochen eng zusammen, aber wegen des piekenden Strohs konnten auch wir kaum schlafen.

Nachdem die Erwachsenen sich am nächsten Morgen in Listen eingetragen hatten, gab es Milchsuppe, Brot und Tee. Frauen händigten Essensträger aus Blech aus. Mit uns in der Nissenhütte waren auch Onkel K. und Sohn, die auf unsere hölzernen Wasserträger, wie der Hamburger „Hummel Hummel" ihn trug, und die Säcke, die daran baumelten, achtgaben. Wir waren überrascht, daß man uns mit so sperrigen Sachen in die Baracken ließ, aber natürlich froh, ein paar Federbetten, Kissen, Kochtöpfe, etwas Kleidung, ein paar Fotos und Andenken gerettet zu haben.

Die Wellblechbaracken lagen mitten im Wald. Meine Mutter erfuhr vom Lagerleiter, daß durch Pöppendorf von 1945 bis 1946 circa 500 000 Leute geschleust worden waren, eine unvorstellbar große Zahl. Manni und mich kümmerten Zahlen noch nicht. Wir pflückten Himbeeren, die es im Sommer 1946 reichlich gab. Ein wenig wurde der Hunger dadurch gestillt. Der Wald war ein herrlicher Tummelplatz für uns. Zu weit durften wir uns aber nicht entfernen, damit wir nicht verlorengingen. Von Mücken zerstochen, kamen wir vom Spielen zurück. Wir hatten Mühe, die richtige Baracke zu finden, denn sie sahen alle gleich aus: halbrund mit einer Tür an jeder schmalen Seite und zwei Fenstern.

Zum Glück begann bereits nach drei Tagen die Verteilung auf andere Lager. Wir landeten am Ortseingang von Schlutup im Travelager, direkt am Fluß Trave. Das Lager sollte unser vorläufiges Zuhause werden. Schlutup hatte damals etwa 8000 Einwohner. Es muß wie ein Schock gewesen sein, als wir „Rucksackgermanen" dort einfie-

len. Allein in Schlutups Baracken lebten 1946 etwa 1600 Menschen, zusammengepfercht auf engstem Raum. Es gab neben dem Travelager noch das Breitlingslager, die alten Getreidesilos „Bau Brüggen", die Flakbaracken an der Wesloer Straße, den Bunker, die alte Schule an der Kirchenstraße und Unterkünfte bei Privatleuten, die Vertriebene aufnahmen beziehungsweise aufnehmen mußten.

Das Travelager, das direkt an der Mecklenburger Straße lag, bestand aus 14 Holzbaracken, einem Büro und einer Wirtschaftsbaracke. Wir kamen zusammen mit Karl und Heinz, die uns die ganze Zeit begleitet hatten, in einen nur circa zwölf Quadratmeter großen flachen Raum. Karl und Heinz waren damals Ende 40 und Mitte 20. „Was machen wir nun?" fragte unsere Mutter die Männer, als wir den kargen, schmutzigen Raum sahen. Nur altes, stinkendes Stroh lag darin. Ich hatte Sehnsucht nach unserem Kinderzimmer, obwohl ich mir wegen der Kargheit keine Gedanken machte und wegen des Strohs eher an Abenteuer als an etwas Negatives dachte – im Moment wenigstens.

In den ersten Tagen unseres Lagerlebens blieb uns nichts anderes übrig, als uns auf das Stroh zu legen. Dann machten sich die beiden „Freunde" von uns auf die Suche nach neuem Stroh, denn Not macht erfinderisch. Nach einem längeren Fußmarsch gelangten sie zu einem Bauern, der am Waldrand ein Gehöft hatte. Der zeigte Herz und schenkte den Männern einen Ballen Stroh.

Wir hatten unsere wenigen Kleidungsstücke über einer Schnur hängen, die quer von Wand zu Wand gespannt war. Eine Decke wurde abends darübergehängt. Dahinter konnte meine Mutter sich umziehen oder abends ausziehen. Erst nach einem halben Jahr bekamen wir einen alten Schrank aus Heeresbeständen. Strohsäcke gab es erst nach einem Jahr des „Hausens" in Baracke 1 auf Bezugsschein. Was mögen die Erwachsenen gedacht haben? Oft standen die Nachbarn, darunter viele dünne und zerlumpt angezogene Witwen, vor der hölzernen Eingangstür und debattierten.

Schlimm war die Hellhörigkeit in den Baracken. Man wohnte Wand an Wand mit den unterschiedlichsten Menschen und konnte fast alles hören, was nebenan gesprochen wurde. Wenn irgendwo geschimpft wurde, hörten wir es mit. Eine Nachbarin zur linken Seite hatte ab und zu Herrenbesuch. Da sie gute Beziehungen zur „Englischen Besatzung" hatte, wurde dort schon Wein getrunken und auch gut gegessen. Oft hörten wir lautes Gerede und Lachen. Von verschiedenen anderen Geräuschen verstand ich damals nichts. Heini sagte nur manchmal schelmisch: „Hier wackelt wieder die ganze Wand."

Den ganzen Sommer 1946 war es sehr heiß. Ich glaube, 40 bis 50 Grad C im Raum waren keine Seltenheit. „Geht doch raus!" sagte unsere Mutti, „spielt doch an der Trave!" Mein Bruder Manni und ich waren knapp sechs und sieben Jahre alt, beide strohblond und dünn. Meine Haare waren zu Zöpfen geflochten. Ich trug meistens ein Hängerkleidchen, das wir noch aus Pommern hatten, und Manni eine kurze Hose und darüber eine halbrunde Schürze.

Unternehmungslustig marschierten wir bei 35 Grad im Schatten an die Trave, wateten darin umher. Bald gesellten sich andere Lagerkinder zu uns.

Die meisten Kinder waren sehr schlecht gekleidet. Viele Sachen waren zu klein, zu groß, geflickt oder gestopft. Wir liefen im Sommer barfuß, denn Schuhe zu bekommen, war fast unmöglich. Bald hatte ich viele Freundinnen. Wir waren alle gleich arm, das hielt uns zusammen wie die Kletten. Meine Freundinnen nannten mich bald „Travelager-Jenkel". Woher der Name stammt, weiß ich nicht. Ich fand ihn aber lustig. Ohne „Jenkel" lief jedenfalls bald nichts mehr. Ich war sehr munter und wild und zu jedem Streich bereit. Ich wurde immer abgeholt, wenn eine meiner Freundinnen die Idee hatte rauszugehen.

Manni fand ebenfalls schnell Anschluß. Sein bester Freund war Fritz von gegenüber aus Baracke 2, der mit seiner Mutter und „Tantchen" zusammenlebte. Unsere Mutter war froh, daß wir viel draußen spielten. So vergaßen wir unseren Hunger. Abends knurrten unsere Mägen aber umso mehr. Das Essen gab es aus der Lagerküche, und es war mehr als dürftig.

Das Schlimmste war, daß es zumeist auch noch entsetzlich schmeckte. Von Fett oder Fleisch konnten wir in der Regel nur träumen. Am liebsten mochte ich noch die Wehrmachtssuppe. Die schmeckte nach Suppenwürfeln. Ab und zu fand man ein paar Gemüsestückchen darin. Anstehen mußte man auch noch, um das schlechte Essen abzuholen. Frau B. meinte, daß einige Leute mit dem Koch unter einer Decke standen bzw. kochten. Sie hatte gesehen, daß die Waage manipuliert worden war und so pro Portion Essen ein paar Gramm für spezielle Leute abgezweigt wurden.

Trotzdem kam es manchmal vor, daß der Lagerkoch etwas mehr als üblich kochte, dann nämlich, wenn er etwas günstiger hatte einkaufen können oder sein Budget es erlaubte. Vielleicht war es auch sein schlechtes Gewissen? Wer weiß? Jedenfalls wurde dann von Herrn H., dem Oberkoch, mehrmals laut geklingelt. Alle wußten Bescheid. Wenn es uns auch so leidlich geschmeckt hatte und wir noch gern etwas essen wollten, liefen wir zu unserer Mutter und riefen: „Mutti, komm schnell; es gibt Nachschlag!" Es wollten aber immer viele Leute etwas abbekommen. So hieß es, sich zu beeilen und so schnell wie möglich zur Küche zu laufen. Wir mußten uns der Reihe nach anschließen. Mein Bruder mochte die Milchsuppe mit Keksen drin besonders gern, deren Zutaten aus Spendengeldern finanziert waren. Manni und ich bekamen dann einen kleinen Topf in die Hand gedrückt und durften selbst Suppe holen.

Wenn die Warteschlange zu groß war, überschlug Herr H. die Zahl ungefähr und teilte danach aus. Dabei hatte er die richtige Hand. Manchmal gab es dann eben statt einer Kelle nur eine halbe, aber das war doch immerhin etwas, wenn man noch so einen großen Hunger hatte. Uns Kindern gab der Koch ab und zu etwas mehr als den Erwachsenen. Er zwinkerte uns dann zu und lachte. Ein paar Ältere meckerten, wenn sie das sahen.

Die Essensausteilung muß ausgesehen haben wie die Speisung, die in der Bibel beschrieben ist. Mir fällt aus dem Lieblingslied meiner Mutter ein Vers ein: „Er weiß viel tausend Waisen zu retten aus dem Tod, ernährt und gibet Speisen zur Zeit der Hungersnot."

Fast alle meine Freundinnen und ich blieben spindeldürr in den ersten Nachkriegsjahren. Das Lageressen schlug nicht an. Etliche Erwachsene kippten beim Essenfassen vor Hunger um. Wir sahen einige Male, daß Lagerbewohner Rote-Bete-Suppe wegen ihres abscheulichen Geschmacks einfach in die Trave kippten. Ganz Hungrige sammelten sich die roten Früchte vom Sandboden wieder auf und aßen sie.

Martha Rodehau

Reichtum in Kartoffeln

Da ich in Neumünster einen Bruder hatte, der in den Vorkriegsjahren wegen Arbeitslosigkeit nach Neumünster gezogen war, hatte meine Familie nach dem verlorenen Krieg eine Adresse. Meine Familie bestand aus meiner Mutter sowie meiner Schwester mit zwei Kindern. Mein Mann kam nach fünfjähriger Gefangenschaft auch nach Neumünster. Als meine Familie in Neumünster ankam, war er schon da.

Jetzt begannen wieder schwere Stunden für uns. Da wir aber schon viel Leid während der Flucht ertragen hatten, fiel es uns nicht schwer, einen Platz zum Schlafen zu finden. Ein Frl. R., auch schon 80 Jahre alt, bot uns ein Zimmer an, wofür wir dankbar waren. Mein Mann bekam bei seiner Ankunft aus Amerika nur ein kleines Zimmer gestellt. Dort fand ich dann auch Unterkunft. Bei meinem Bruder konnten wir nicht wohnen. Er war mit seiner Familie selbst bei fremden Menschen untergekommen, da sie in den Bombennächten ihr Hab und Gut verloren hatten. So begann unser neues Leben.

Mein Mann hatte schon Arbeit im Ausbesserungswerk Neumünster gefunden. Das Werk war durch den Krieg zu 50 Prozent zerstört worden. Für mich hatte dieses etwas Erfreuliches, da wir vom Werk einen Bezugsschein für einen Kochtopf bekamen, und mein Mann für eine Woche ein Brot mitbrachte.

Im Herbst zur Kartoffelernte hatte ich das Glück, gegen Bezahlung zu arbeiten. Sie können sich vorstellen, wie groß meine Freude war, als ich am Schluß einen Beutel Kartoffeln mitbekam. Genauso groß war die Freude bei meiner Ankunft in der Familie. Wir kamen uns alle ganz reich vor. Vom Lande holten wir uns Zuckerrüben, und meine Mutter kochte Sirup. Eine Siruppresse haben uns liebe Menschen geborgt. Meine Familie bestand aus zufriedenen Menschen, und so sind wir mit allem, was schwer war, fertiggeworden. Wir waren darauf stolz, daß wir beim Aufbau dieser zerbombten Stadt ein wenig mithelfen konnten.

In dem kleinen Zimmer war ein Kochherd, welcher Brennhexe genannt wurde. Es ist heute nicht mehr zu glauben, wie wir gelebt, gelacht und für fünf Personen die notwendige Wäsche gewaschen haben.

In Wikdorf konnte ich jeden Tag bei einem Bauern arbeiten. Die Arbeit bestand darin, Gemüse zum Wochenmarkt zu fahren. Mit dem dabei verdienten Geld konnten wir nach der Währungsreform einkaufen, was uns große Freude machte.

Später klappte es mit einer größeren Wohnung für uns. Damit begann ein neues Leben.

* * *

Christel Struve

Das gespendete Kleid

Wir wurden mit einem Personenzug bis nach Lübeck gebracht. Bevor wir einstiegen, bekam jeder eine Handvoll Zucker und ein Stück trockenes Brot. Den Zucker habe ich in meine Jackentasche getan und immer etwas davon geleckt während der Fahrt. Das Brot wurde sofort gegessen. Lübeck konnte uns nicht aufnehmen, da dort alles mit Flüchtlingen belegt war. Ich sehe noch die Kirchtürme in der Abendsonne leuchten, und viele Menschen waren auf dem Bahnsteig. Einige reichten etwas zum Essen durch die Abteilfenster. Wir waren sehr enttäuscht, daß wir weiter mußten. So kamen wir nach Bad Segeberg. Es war schon fast dunkel, als wir dort ausstiegen.

Es gab sofort, nachdem man uns in Baracken eingeteilt hatte, wunderbares Essen. Wir konnten nicht begreifen, daß es so etwas noch gab. Wir kamen uns vor wie im Schlaraffenland. Es gab eine herrlich duftende, dicke Fleischsuppe mit viel Gemüse und Fleisch darin – und dann noch eine wunderbare süße Milchsuppe.

Wir mußten einige Wochen im Lager bleiben und ärztlich behandelt werden. Wir hatten Kopf- und Kleiderläuse und die Krätze.

Wir hatten eine gute Zeit in Bad Segeberg und haben uns auch gut erholt. Nach der Gesundung wurden wir nach Neumünster gebracht. Es ist meine zweite Heimat geworden.

Zuerst wohnten wir in einer Schule, in einem Klassenzimmer mit sechs anderen Familien zusammen. Dort wurden wir auch aus einer Gulaschkanone verpflegt, welche auf dem Schulhof stand. Jeder hatte eine Aluminiumschüssel, die vollgefüllt wurde. Aber das Essen reichte trotzdem nicht. So ging meine Mutter „über Land" betteln. Hatte sie etwas bekommen, wurde draußen in den Trümmern vor der Schule gekocht. Leider waren die Anwohner der umliegenden Häuser wegen des Qualmes damit nicht einverstanden. Es gab Ärger.

Nach einiger Zeit wurden wir dann auf Privatquartiere verteilt. Wieder wurden wir auf einen Wagen geladen. In dem Tafelwagen mit davorgespannten Pferden waren wir wie zu einer Besichtigung freigegeben. Wir kamen zu einer schon alten Frau und ihrer älteren Tochter, welche gehbehindert war, und wurden eisig empfangen. Sie standen beide in der Diele steif wie Schaufensterpuppen. Das erste, was sie uns fragten, war, ob wir Läuse hätten. Wir bekamen dann doch ein gutes Verhältnis zu ihnen, erhielten meine Mutter und meine Oma doch hin und wieder ein Carepaket aus den USA. Schließlich mußten wir dennoch in ein anderes Quartier, weil die gehbehinderte Tochter ihr eigenes Zimmer beanspruchen durfte.

Von dieser anderen Wohnung aus bin ich auch wieder zur Schule gegangen, allerdings unter schwierigen Verhältnissen, da wir keine richtigen Sachen zum Anziehen hatten. Außerdem hatten wir kein Holz zum Heizen oder Kochen und keine Gelegenheit zu baden. Man mußte bis ins Ricklinger Gehölz gehen und Sträucher holen, welche dann nicht in unserer kleinen Brennhexe brannten. Später bekamen wir von der Kirche oder dem Caritasverband einige Kleidungsstücke.

Ich weiß noch genau, daß sich darunter ein hell geblümtes Sommerkleid befand. An einer Straße wurde ich immer wieder von ein paar Mädchen angeschaut, die miteinander tuschelten. Später stellte sich heraus, daß eines von diesen Mädchen das Kleid gespendet hatte. Ich habe mich sehr geschämt.

Schließlich erhielten wir eine eigene Wohnung, und wir waren über jedes Stück stolz, das uns gehörte.

Büsum – Eva Will

Vom Schiffsbauhelfer zum technischen Betriebsleiter

Die Tage bis zum Frieden waren fürchterlich. Nur mein Kind gab mir die Kraft zum Überleben. Danach wurde es aber nicht viel besser, und ich war glücklich, als mich mein Mann im November 1945 abholte. Er war in amerikanischer Gefangenschaft gewesen und nach Büsum entlassen worden. Dort hatte sein Onkel ein kleines Siedlungshaus. Die Familie nahm uns auf, und wir lebten dort mit sechs Personen in zwei kleinen Zimmern. Tante Anne kochte für uns alle. Unser Raum von ca. 10 Quadratmetern war mit einem Bett und einem Kinderbett ausgestattet. Eine Kommode für unsere wenigen Habseligkeiten stand im Flur. Mein Mann half bei der Fischerei, grub nach Miesmuscheln im Watt und lud Kohlen ab. Dies waren alles Arbeiten, die sehr schwer waren und nur wenig Geld brachten.

Ich lernte Krabbenpulen, was für mich eine furchtbare Arbeit war. Für zehn Pfund Krabben und drei Stunden Arbeit bekam ich 60 Pfennige. Mit der Zeit wurde ich routinierter und schaffte es in zwei Stunden. Manchen Tag habe ich 60 Pfund entschält. Hilfe vom Amt oder der Kirche erhielt ich nicht. Wenn unsere gute Tante Anne nicht gewesen wäre! Wir Flüchtlinge wurden nicht einmal auf dem neuen Friedhof beigesetzt.

Es gab auch gute Menschen. Wir bekamen 1946 ein Zimmer bei der Familie K. Endlich hatten wir einen Raum für uns und eine Brennhexe zum Heizen und Kochen. Mein Mann fischte auf dem großen Kutter bei Wilhelm K. Leider wurde auch da wenig verdient. Aber unser kleiner Peter bekam bei der Familie Essen, und Frau K. nähte für ihn aus alten Sachen Hosen und Hemden.

Wir brauchten keine Miete zu zahlen und sparten, daß wir mit Eigenleistung ein Häuschen bauen konnten. 1949 begann mein Mann als Schiffbauhelfer auf der Werft und hat es dort bis zum technischen Betriebsleiter gebracht.

* * *

Meine Geschichte

Mein Geburtsort ist Marienburg/Westpreußen. Am 24. 1. 1945 sind meine Eltern, Brüder und ich vor den anrückenden Russen geflüchtet.

Meine Mutter bemühte sich, nach dem Westen auszureisen. Sie nahm Verbindung mit den Verwandten in Berlin auf, ob mein Vater sich gemeldet hätte. Zum Jahreswechsel 1945 kam eine schlechte Nachricht für meine Mutter und uns Geschwister. Mein Vater verstarb am 31. 8. 1945 in Rickling, Schleswig-Holstein. Trotz Trauer ein Lichtschimmer für uns, mit vielen anderen Vertriebenen in den Westen zu fahren. Am 3. 1. 1946 fuhr ein Transport von Güstrow nach Lübeck/Schlutup. Die Vertriebenen wurden in Wellblechbaracken untergebracht.

Dort gab es für uns einen herzlichen Empfang vom Roten Kreuz. Aber wichtig erschien für uns alle, daß wir gut verpflegt wurden. Es war, als kämen wir in das Paradies. Am 4. 1. wurden wir alle zu den verschiedenen Bahnhofstationen eingeteilt. Von Lübeck fuhren wir dann mit dem Zug nach Schleswig-Holstein. Ein großer Teil mußte in Burg/Dithmarschen aussteigen, auch wir waren darunter.

Nun folgte die Einteilung auf die verschiedenen Dörfer. Mit dem Pferdefuhrwerk beförderte man uns nach Eggstedt/Dithmarschen. Im Gasthaus N. wurde eingeteilt, bei welchem Bauern wir untergebracht werden sollten. Der Bürgermeister R. begrüßte uns und erledigte die Formalitäten. Von Wichtigkeit waren wieder die Lebensmittelmarken, die wir ein ganzes Jahr nicht mehr kannten. Beim ersten Bäcker im Dorf R. wurde der Heißhunger nach Brötchen gestillt. Meine Mutter und wir drei Geschwister durften nicht in Eggstedt bleiben. Ein Herr V. brachte uns auf einem Kastenfuhrwerk mit zwei Pferden davor ins zwei Kilometer entfernte Eggstedterholz. Dort nahm uns ein älteres Ehepaar herzlich in Empfang. Es hatte seine Landwirtschaft verpachtet. Sohn und Schwiegersohn waren noch in Kriegsgefangenschaft.

Am Abend unserer Ankunft wurden wir von den Gastgebern zum Essen eingeladen. Für uns war es etwas ganz Neues, mit acht Personen an dem Tisch mit den Bratkartoffeln zu sitzen und uns die Bratkartoffeln mit der Gabel zu erobern. Über dem Tisch hing eine hübsche Petroleumlampe. Eine weitere Neuigkeit war, daß wir das Toilettenhäuschen mit Herz draußen aufsuchten.

Die alte Dame stellte uns immer den Kohleherd zum Kochen bereit.

Mein älterer Bruder konnte die Schule nicht weiter besuchen. So fand er zunächst bei einem älteren Bauern, Herrn H., Arbeit. Später erlernte er den Gärtnerberuf. Entlohnt wurde er mit Essen. Für uns brachte er auch etwas mit. Die Dorfschule besuchten ich und mein jüngster Bruder noch ein Jahr. Danach habe ich bei einem anderen Bauern, Herrn V., alle anfallenden Arbeiten im Haus, Garten und auf dem Feld erledigt.

Im April 1948 kam ich mit sechzehn Jahren durch Fürsprache in einen Geschäftshaushalt nach Hamburg.

Die Verbindung mit dem Ort Eggstedt besteht über die Familien W. und M. noch bis heute.

* * *

Haferwisch – Heinz Rehn

Fräulein Laumann

Viele Millionen Menschen hatte der Krieg mit Panzern und Kanonen von Haus und Hof gejagt und wie Schlachtvieh westwärts, immer weiter westwärts, vor sich hergetrieben. In Landstrichen, die noch vom unmittelbaren Kampfgeschehen des Krieges verschont geblieben waren, suchten sie dann ein Unterkommen und ein Dach über dem Kopf.

Etliche kamen in langen Trecks, mit Pferden und Wagen, auf denen sie lebten und die das Notdürftigste trugen. Auf einigen waren kleine Holzhütten gebaut, andere glichen den Planwagen der Westernfilme. Viele Leute jedoch kamen auch nur mit dem, was sie am Leibe hatten, in den Händen und auf den Schultern tragen konnten. Es waren meist alte Menschen, Frauen und Kinder, denn die Männer, soweit sie schon oder noch ein Gewehr zu halten vermochten, die standen an der Front und sollten siegen, wo nichts mehr zu gewinnen war.

In diesem großen Strom von Not und Elend trieb auch Fräulein Laumann in das Dorf an der Westküste, das dann für viele Jahre ihr Zuhause werden sollte. Sie trug Schwesternkleidung, einen Rucksack auf den Schultern und schob einen Kinderwagen vor sich her, in dem ihr Willi schlief, der noch in seinen Windeln lag.

Fräulein Laumann hatte die Dreißig schon hinter sich, war groß, grobknochig und hager. Ihre rechte Hüfte stand zur Seite heraus; das rechte Bein zog sie ein wenig nach und von Brust und Hintern war nur wenig zu sehen.

Kantig war auch ihr Gesicht. Die Backenknochen standen vor, und der kleine Mund war von schmalen, nahezu blutleeren Lippen eingefaßt. Aus tiefen Höhlen blickten zwei kleine blaßblaue Augen. Dazwischen drängte sich eine feine spitze Nase. Ihr dünnes dunkelblondes Haar trug sie glatt und streng von der hohen Stirn über die Ohren zurückgekämmt und hinten zu einem Dutt zusammengesteckt. Alles in allem hatte sie ein fast lebloses Gesicht. Wäre nicht ständig eine hilflose Scheu in ihren Augen zu lesen gewesen, hätte man meinen können, es sei aus Wachs gegossen.

Doch im Gegensatz zu ihrem kantigen Äußeren war sie im Inneren ihres Wesens weich und übermäßig empfindlich. Eine nette Geste, ein paar freundliche Worte machten sie froh, ein grober Laut aber konnte sie schon erschrecken, ein böses Wort verletzte sie tief.

Wie der Titel „Fräulein" verrät, war ihr Willi unehelich geboren, was eigentlich nicht des Erwähnens wert wäre. Fräulein Laumann war es jedoch nicht gegeben, ihr eigenes Los, ihre Mutterschaft, als eine Folge des Krieges zu sehen, was sie sicherlich war. Sie begriff nicht, daß ihr der Krieg ein Schicksal aufgebürdet hatte, mit dem sie fertig werden mußte, wie ein Mensch, der im Granatfeuer Arm oder Bein verloren hatte oder sonst sinnlos verstümmelt worden war. Denn sie lebte noch immer in einer Welt, in der Werte der sittlichen Moral noch göttliche Gebote waren. So kam es, daß sie in ihrem unehelichen Kind eine Sünde, eine Schuld gegen sich selbst sah, die wie ein dunkler Schatten auf ihrer Seele lag.

Wie das Unglück es wollte, war im Dorf kein einzelner Raum für Fräulein Laumann mit ihrem Kinde aufzutreiben. So wurde sie kurzerhand auf einem Bauernhof in einer Stube einquartiert, in der sie mit einer Frau S. zusammen leben mußte.

Diese Frau S. aber, selbst schon Großmutter, war gelinde gesagt eine bösartige Hexe. Sie sah in Fräulein Laumann und dem Kind Eindringlinge und machte ihnen darum, wo immer es möglich war, das ohnehin schon schwere Leben noch schwerer und verleidete es ihr regelrecht böswillig. Einmal, als es regnete, und Fräulein Laumann die Windeln in der Stube zum Trocknen aufhängte, kam Frau S., riß die Wäsche von der Leine, warf sie in die Ecke und fauchte: „Hier werden keine Lumpen getrocknet!" Öffnete Fräulein Laumann morgens das Fenster, um zu lüften, war es der Frau S. zu kalt. Wusch Fräulein Laumann aber vormittags den Jungen, so sperrte Frau S. das Fenster auf und stöhnte: „Mir ist es zu heiß!" Weinte das Kind, so schimpfte sie, schlief es aber zu Mittag, so machte sie soviel Lärm, daß es erwachte. Zudem fand Frau S. schnell heraus, daß das uneheliche Kind die wunde Stelle in Fräulein Laumanns Seelenleben war. Fräulein Laumann war nicht dumm, doch die Worte kamen ihr nur schwerfällig über die Lippen, und ihre Sprache war fast ein Leiern, dem jede Spannung fehlte. Und so war sie, unfähig sich im Streit zu behaupten, den giftprallen

Angriffen der Frau S. hilflos ausgesetzt. Soviel wie möglich ging sie der Alten aus dem Wege. Doch sie mußte im gleichen Raum für sich und ihren Willi kochen, die Wäsche waschen, sich selbst und den Jungen reinhalten und schließlich auch noch schlafen.

Ist ein Faß voll, so läuft es über. Schmerzen aber, die Herz und Seele nicht mehr ertragen können, die suchen ein Ventil über die Zunge. So humpelte Fräulein Lauman nun oftmals mit ihrem Wagen und dem Kind durch das Dorf und beklagte ihr Leid, wo immer sie einen Zuhörer fand. „Ach, ich weiß nicht mehr, was ich machen soll. Die Frau S. ist so gemein. Als ich neulich am Herd stand, kam sie, schob meinen Topf beiseite und setzte ihr Kaffeewasser auf das Feuer. Und einmal, als ich mittags das Kind fütterte, nahm sie den Brei, stellte ihn auf die Kommode und sagte, ich solle mich mit meinem Balg woanders hinsetzen, sie brauche nun den Tisch zum Bügeln. Sah Fräulein Laumann dann Zweifel in den Augen ihres Zuhörers, so meinte sie, man glaube ihr nicht oder denke sogar, daß sie übertreibe. Allein diese Annahme beschämte sie so sehr, daß sie den Verdacht nicht auf sich sitzen lassen mochte, und ihre Worte, zur Rechtfertigung gedacht, klangen dann wie ein Flehen. Ach, bitte glauben Sie mir, es ist wahr, wirklich wahr und noch viel schlimmer. Erst gestern mittag stieß sie den Wagen mit dem Kind beiseite und schrie mich an: „Wenn ich dies Kind der Sünde sehe, schmeckt mir kein Essen.“ Und manchmal, wenn sie nicht schlafen kann, dann schreit sie mitten in der Nacht: „O, Gott, was habe ich verbrochen, daß ich mit diesem Weib und diesem Sündenbalg unter einem Dach in der gleichen Stube leben muß.“ – Ach, ich weiß nicht mehr, was ich noch machen und wie es weiter gehen soll. Täglich läßt sie sich neue Bösartigkeiten einfallen. Das Schlimmste aber ist, daß sie mir ständig vorwirft, daß ich ein „unehrliches" Kind habe. Und dann, als müsse sie sich auch noch vor Gott und der Welt entschuldigen, schlug sie die Augen nieder und fügte hinzu: „Aber ich kann doch nichts dafür, daß ich ein unehrliches Kind habe. Ich habe es doch nicht gewollt."

Wo der Verstand fehlt, da regiert der Spott! So wurde denn auch hinter Fräulein Laumanns Rücken oftmals hämisch gelästert: „Ja, das Kind hat sie nicht gewollt, aber der Augenblick, er war so schön!" Die Lästermäuler jedoch taten ihr Unrecht, die da meinten, sie habe sich auf der Suche nach dem Glück einem Manne bedenkenlos hingegeben, um ihn hinterlistig als Vater ihres Kindes an sich zu binden.

Nun, hatte die Natur sie auch um die natürlichen Reize einer Frau betrogen, so war sie doch eine Frau. Und das ist in Zeiten, in denen Morden mit Plündern gelohnt wird, in denen Frauen Freiwild sind, schon ein Grund nach allem zu greifen, was einen Rock trägt. Möglich sogar, daß ein Mann in einer abgerissenen Uniform, der nicht einmal ihre Sprache verstand, ihr Gewalt angetan hat. Dies aber hätte sie doch niemals zugeben können.

Nein, Fräulein Laumann hat gewiß keinem Manne schöne Augen gemacht, um ihre Freude zu haben. Doch nun war das Kind da, und sie mußte damit leben. Dem stünde auch nichts im Wege, wenn sie mit sich selbst dabei im Reinen gewesen wäre oder sich doch wenigstens der eigenen Schuldgedanken und Selbstvorwürfe hätte erwehren können. Doch mit jedem Morgen, den die Sonne Tag werden ließ, stach Frau S. mit ihrem Giftstachel in diese offene Wunde, daß sie nicht heilen konnte. So durchlitt Fräulein Laumann ein langes Jahr tagtäglich Stunden, an denen sie nicht mehr wußte, was sie machen sollte. Die Frau S., so schien es, war nur darauf ausgerichtet, Fräulein Laumann zu schikanieren. Ja, man konnte annehmen, daß sie es darauf abgesehen hatte, das arme Wesen durch immer neue Demütigungen in den Wahnsinn oder gar in den Freitod zu treiben. Fräulein Laumann litt Höllenqualen. Und nur aus dieser Not heraus ließ sie sich immer wieder zu dem vielleicht sogar sündhaften Aufschrei hinreißen: „Ich kann doch nichts dafür, daß ich ein ‚unehrliches' Kind habe. Ich habe es doch nicht gewollt!"

Ihre seelische Not war so groß, daß sie selbst einem dummen Jungen von gerade dreizehn Jahren immer wieder, so sich nur eine Gelegenheit bot, ihr Herz ausschüttete und ihm von ihrem „unehrlichen" Kind erzählte, daß sie nicht hatte haben wollen.

Als er sie aber einmal, aufgehetzt von den Knechten, linkisch fragte, was es mit dem „unehrlichen" Kind denn auf sich habe und wieso sie heute schon wisse, daß das Kind einmal lügen und stehlen werde, da wurde sie verlegen wie eine Jungfrau, die unerwartet einen Mann am Baum stehen sieht. Als der dumme Junge sie dann noch mit weiteren Fragen bedrängte, wurde sie rot und stotterte verlegen: „Nein, so ist es nicht. Nein, dieses ‚Unehrlich' hat nichts mit ‚unehrlich' zu tun." Der Junge aber stellte sich weiterhin dumm, und als er dann den Unterschied der Ehrlichkeit durchaus noch genauer wissen wollte, humpelte sie verstört davon. Einem neugierigen Flegel zu erklären, was ein uneheliches Kind sei, das war ihr nun doch zu genierlich.

Mit der Zeit und dem näheren Kennenlernen begannen die Leute, Fräulein Laumann liebzugewinnen, obwohl sie sie bisher nur mitleidig belächelt hatten. Ihre stets aufrichtige Art und ihr sichtbar ängstliches Bestreben, niemandem weh zu tun, ließ auch bald die eingefleischten Zweifler und hartnäckigsten Spötter verstummen.

Wurde irgendwo auf dem Hof eine helfende Hand gebraucht, war Fräulein Laumann zur Stelle. Sie half im Haus und im Garten, ging mit aufs Feld, hackte Rüben, Kohl und Kartoffeln. In der Erntezeit stand sie mit im Vierkant und warf die Garben zu. Wohl ging ihr die eine oder andere Arbeit nicht so schnell von der Hand, doch was sie machte, machte sie ordentlich, und man konnte sich auf sie verlassen. Dann endlich wurde auf dem Hof, im Gang zwischen dem Vorhaus und dem Stall, ein Zimmer frei, in dem sie mit ihrem Willi einziehen durfte. Fräulein Laumann war froh – die Qual hatte endlich ein Ende!

War ihr Willi auch kein Wunschkind, so hat sie doch immer vorbildlich für ihn gesorgt. Erkrankte er einmal, war sie stets geduldig um ihn bemüht und hat mit ihm gelitten. Als seine ersten Zähne schmerzhaft durchbrachen, hat auch sie sich die Nächte um die Ohren geschlagen. Und das erste „Mama" aus seinem Munde, seine ersten Schritte an ihrer Hand haben sie genauso erfreut wie jede andere Mutter auch.

Schlief er des Abends, stand sie oftmals an seinem Bett und schaute still, froh und dankbar lächelnd auf ihren Jungen herab. Legte sie sich dann selbst zeitig zur Ruhe, weil sie mit ihrer Zeit nichts Besseres mehr anzufangen wußte, so faltete sie zufrieden mit sich und der Welt die Hände und dankte ihrem Schöpfer, der ihr das kleine Reich geschenkt, in dem sie friedlich leben durfte. Nie mehr hörte man sie sagen: „Ich hab' das Kind doch nicht gewollt."

Als der Junge den Windeln entwachsen, auf festen eigenen Füßen gehen konnte, waren Hof und Stall sein Spielplatz. Gewiß, er brauchte noch seinen Aufpasser, doch hatte seine Mutter ihn einmal aus den Augen verloren, mußte sie nicht gleich bangen, daß er dem Hahn die Schwanzfedern ausriß oder gar im Stroh mit Feuer spielte. Auch wußte er, wo auf dem Hof die Gefahren lauerten, und daß er die Pferde niemals erschrecken durfte, wenn er hinter ihnen ging.

So lebte Fräulein Laumann in ihrer eigenen kleinen Welt mit ihrem Willi, einfach und bescheiden und war zufrieden. Der Kreis ihrer Bekannten im Dorf wuchs, und ging sie mit ihrem Jungen nun manchmal spazieren, so wurde sie von vielen Leuten freundlich gegrüßt. Verweilte jedoch der eine oder die andere ein wenig und wechselte ein paar nette Worte mit ihr, lobte den Jungen und strich ihm behutsam über das Haar, dann leuchteten ihre Augen dankbar und verloren jede Scheu. Das Kind gehörte zu ihr, es war ihr Kind. Dafür lebte sie, dafür zu sorgen, daß es ordentlich und sittsam in das Leben hineinwuchs, das war ihre Aufgabe. Ihren Willi heranwachsen zu sehen, war ihr Trost in vielen stillen Stunden.

Willi kam in die Schule und brachte gute Zeugnisse mit nach Hause. Als nach vier Jahren die Osterferien nahten, war es klar, daß er in der nahen Kleinstadt auf die Mittelschule gehen sollte. Es würde zwar nicht leicht für die Mutter werden, aber wenn sie selbst noch ein wenig mehr zurückstehen würde, dann sollte es gehen.

In jedem Frühjahr sticht die Pferde der Hafer. Sie scharren mit den Vorderhufen, sind übermütig und nervös und wollen endlich wieder ins Geschirr und sich nach der langen Winterpause austoben. Wie jeder auf dem Hof ging auch Willi hinter den Pferden entlang, wenn er zur Schule mußte. Warum auch nicht, die Tiere waren gutmütig, man durfte sie nur nicht erschrecken. Das aber wußte der Junge auch.

Jedesmal, wenn er morgens in die Schule ging, rief die Mutter ihm nach: „Paß auf, und sei ordentlich!" Willi nickte, doch als die Brandtür zwischen dem Stall und dem Vorhaus hinter ihm zuknallte, sprang er, sich selbst vergessend, fröhlich in den jungen Morgen. Gandi, ein Holsteiner Wallach, erschrak, legte die Ohren an, schlug achteraus und traf den Jungen am Kopf. Er war auf der Stelle tot.

Die Nachricht von dem Unglück machte betroffen. Die meisten Leute schüttelten die Köpfe, suchten nach Worten und stotterten nur hilflos: „Welch ein Leid, das arme Kind, das arme Fräulein Laumann." Andere zuckten die Schultern, fragten: „Warum?" und schauten ratlos in den Himmel. „Ja, warum?" fragte auch der alte Peter Witt, sah seinen Nachbarn nachdenklich an und murmelte vor sich hin: „Ich habe das Kind doch nicht gewollt", erschrak dann aber sogleich vor seinen eigenen Worten und fluchte laut: „Der verdammte Krieg!"

* * *

Heide – Hans Carius

Haferflockenbekanntschaft

Ich gehöre nicht zu den Flüchtlingen, so nannte man Anfang 1945 die Leute, die hier fast ohne Hab und Gut aus dem deutschen Osten ankamen, sondern zu den Einheimischen.

Ich bin Jahrgang 1930, war also zu der Zeit 14 Jahre alt und wie die meisten Jungen und Mädchen Angehöriger der „Deutschen Jugend". Wir wohnten damals wie heute etwa zwei Kilometer westlich von Heide. Wir Pimpfe wurden, wenn ein Treck ankam oder wenn am Bahnhof in Heide ein Transport eintraf, damit beauftragt, diese Leute zu ihrem Bestimmungsort oder -gehöft zu geleiten. Hierbei erlebten wir so ziemlich alles, von schroffer Ablehnung bis zum herzlichen Empfang mit warmem Essen, und wir bekamen von allem etwas ab.

Am 18. April, dem Tag, an dem meine Schwester Geburtstag hat, kam unsere Tante zu uns und sagte: „Du, Hansi, geh mal zur Oma, da ist eine Frau mit drei kleinen Mädchen angekommen. Ich meine, die Älteste wäre was für dich!" Ich folgte Tantes Rat, ging zur Oma und mußte feststellen, Tante hatte recht.

Hier hatte das Schicksal schon angefangen, seine Fäden zu spinnen, denn die Frau mit ihren drei Mädchen hatte das Zimmer zugewiesen bekommen, in dem ich im Jahre 1930 das Licht der Welt erblickt hatte. Ich war zu der Zeit Lehrling im ersten Jahr in einem Lebensmittelgroßhandel und hatte daher die unerlaubte Gelegenheit, ab und zu etwas „Süßes" zu besorgen, etwas Haferflocken mit Zucker. Aus dieser „Hafer-

Ankunft von Evakuierten aus Hamburg auf dem Heider Bahnhof, 1943, Foto: Stadtarchiv Heide

flockenbekanntschaft" wurde langsam Freundschaft, und ab 1948 „gingen" wir zusammen; 1952 haben wir uns verlobt und sind heute über 40 Jahre glücklich miteinander verheiratet.

* * *

Heide – Alice Rubarth

Mehr Flüchtlinge als Menschen

Wir sind am 31. März 1945 mit einem Flüchtlingstransport in Heide in Holstein angekommen.

Damals trafen oft mehrmals am Tage diese Züge auf dem Heider Bahnhof ein. Die Neuankömmlinge wurden durch die Friedrichstraße und über den großen Markt zum Stadttheater geführt, wo sie für die erste Nacht ein Strohlager in dem großen Saal fanden. Dann wurden sie auf die umliegenden Dörfer verteilt.

Meine Mutter hatte sich geweigert, in einem Dorf außerhalb der Stadt untergebracht zu werden, da sie drei Töchter hatte, die die Oberschule besuchten. Wir konnten also in der Stadt bleiben, wurden in ein Geschäftshaus in der Friedrichstraße eingewiesen und bewohnten dort das Schlafzimmer der Familie. Das Fenster dieses Zimmers lag zur Straße. Die jüngere Tochter des Hauses, damals ungefähr sechzehn Jahre alt, hatte sich angewöhnt, des öfteren, ohne anzuklopfen, in unser Zimmer zu kommen, um hinauszuschauen, wenn es unten auf der Straße etwas zu sehen gab.

Als wieder einmal ein Transport angekommen war und sie am Fenster stand, um das vorüberziehende Elend zu betrachten, sprach sie die klassischen Worte: „O-hau-e-haue-ha! Bald mehr Flüchtlinge als Menschen in Heide!"

* * *

Hemmingstedt – Charlotte Kloß

Erinnerungen

Am 20. 1. 1945 flüchtete ich mit meinen Eltern und meinen sechsjährigen Zwillingsgeschwistern aus Thyrau, Kr. Osterode, Ostpreußen vor den anrückenden russischen Truppen.

Wir wurden in einen langen Güterzug verladen und fuhren zunächst in Richtung Hamburg und dann weiter nach Norden. Die Fahrt durch die von Bomben zerstörte Stadt Hamburg wirkte auf uns sehr bedrückend. – In langsamer Fahrt ging es über den Kaiser-Wilhelm-Kanal. Uns bot sich eine neue, ebene und weite Landschaft. Gegen Abend, nachdem wir den ganzen Tag unterwegs gewesen waren, hielten wir. Wir waren am Ziel – Endstation Meldorf – Alles aussteigen! Doch es sollte noch weitergehen. Am Bahnhof erwartete uns ein Traktor mit Anhänger. Die Menschen mitsamt ihrem Gepäck wurden aufgeladen, und der Traktor tuckerte los. Er hielt in Hemmingstedt vor der Gastwirtschaft „Peters".

Der Amtsvorsteher Herr V. und andere Männer des Dorfes begrüßten uns. Im Saal hatte man ein Strohlager hergerichtet, und darauf sollten wir erstmal „Platz nehmen". Zu essen gab es einen schmackhaften Kohleintopf, für den die Bauern Kohl und Speck gespendet hatten. Gekocht wurde der Eintopf in der „Volksküche". Wir schliefen nur eine Nacht in dem Saal.

Am nächsten Morgen hatten Leute die Bäckerei gegenüber der Gastwirtschaft entdeckt. Es verbreitete sich, daß es in der Bäckerei Brötchen gäbe. Da sah man auch schon Leute aus der Bäckerei kommen, die herzhaft in die leckeren Brötchen bissen. Solche Brötchen hatte es ja jahrelang nicht mehr gegeben. Dank des amerikanischen Weizenmehls konnten hier solche Brötchen gebacken werden. Die Bäckerin Frau B. und Angestellte hatten ausnahmsweise zur Freude und Begrüßung der armen Flüchtlinge die Brötchen ohne Marken verschenkt. Es ist unbeschreiblich, wie diese schmeckten.

Dann kamen die Männer, um uns die Unterkunft anzuweisen. Der Amtsvorsteher Herr V. und der Bürgermeister Herr D. machten sich mit den einzelnen Familien bekannt. Sie fragten nach dem Herkunftsort, dem Beruf und anderem. Herr V. sagte zu uns: „Sie fünf kommen zu mir auf den Hof." Für uns hörte es sich ganz gut an. Herr V. hatte von seinem Hof jemanden mit Pferd und Wagen geschickt, der uns in die zukünftige Wohnung brachte. Der Kutscher war ein Schüler von etwa zwölf Jahren. Mein Vater fragte den Jungen: „Bist du Flüchtling, wie geht es Euch hier?"

Das war die erste Bekanntschaft mit Erhard R., der mit Mutter, Schwester und Großeltern mit einem Treck aus Pommern geflüchtet war und nun auf dem Hof von Herrn V. wohnte. Erhard erzählte uns, daß Herr V. und seine Frau nicht mehr auf dem Hof lebten, sondern auf dem Altenteil im Dorf. Der Hof wurde von einem Vetter, Herrn L., bewirtschaftet. Die Familie L. waren selbst geflüchtet aus der Mark Brandenburg. So wohnten in dem großen Bauernhaus mit uns zwanzig Flüchtlinge.

Im Haus wurden wir in das uns zugewiesene Zimmer geleitet. Zu unserer großen Enttäuschung war es sehr spartanisch eingerichtet. An Mobiliar gab es nur zwei Feldbetten, die übereinander standen, mit Strohsäcken. Insgesamt waren vier Schlafstellen an einer Wand. Auf der Fensterseite stand eine Gartenbank, davor ein Gartentisch aus Latten und zwei Stühle. Auf der anderen Seite ein niedriger Schrank, ähnlich einer Anrichte, und in einer Ecke ein Eckbett mit Garderobenhaken. Kein Herd, kein Ofen, nur oben unter der Decke ein kurzes Rohr, das vom Nebenzimmer in den Schornstein führte. Bettdecken gab es auch nicht.

Wir hatten beim Amtsvorsteher doch etwas anderes erwartet.

Frau R., die gleich nebenan mit ihrer Familie wohnte, begrüßte uns ganz herzlich. Dann sah ich Oma R. auf uns zukommen. Sie konnte es gar nicht begreifen, daß wir so wenig Gepäck mitbrachten. „Warum habt ihr nicht eure Betten mitgebracht?" fragte sie. Im Gegensatz zu uns hatten R.s das Glück, rechtzeitig flüchten zu können. Sie sind mit vollgepackten Planwagen bis nach Schleswig-Holstein durchgekommen. Sie hatten wahre Schätze von zu Hause mitgebracht.

Wir waren enttäuscht. Mutter sagte: „Hier bleiben wir nicht. Wir fahren zurück." Es war tatsächlich zu überlegen, was zu tun war? In Mecklenburg hatten wir ein gut möbliertes Zimmer verlassen. Holz hatten wir für den Winter aus dem Wald geholt, und der Ofen heizte gut. Dort waren uns auch Federbetten zur Verfügung gestellt worden. Eine Kochgelegenheit gab es dort auch. Dies alles hatten wir aufgegeben.

Nun standen wir vor dem Nichts!

Wie wir so völlig ratlos dasaßen, kam Herr L., der Verwalter des Hofes. Er stellte sich ganz zackig vor und begrüßte uns auch ganz herzlich. Meine Eltern sagten trotzdem: „Wir haben uns doch alles anders vorgestellt und wollen uns hier erst gar nicht festsetzen." Herr L. setzte all seine Überredungskunst ein und sagte als ehemaliger Offizier ganz militärisch: „Leute, nun schmeißt man nicht gleich die Flinte ins Korn. Im Krieg ist es uns doch öfter passiert, daß, wenn wir irgendwo ins Quartier kamen, der erste Eindruck nicht der Beste war, und dann wurde es immer besser. Versucht es mal und bleibt hier." Wir blieben!

Zunächst rückten wir in den Betten eng zusammen, da es uns an Decken mangelte. Zwei Decken hatten wir auf der Straße gefunden. Die hatten offenbar Soldaten weggeschmissen. Der Krieg näherte sich dem Ende, und die Truppen lösten sich auf. So konnten wir einiges finden wie Mäntel, Socken und anderes.

Mein Vater schlief bei meinem Bruder und meine Mutter bei meiner Schwester. Ich alleine bedeckte mich mit einem Mantel. Im Januar/Februar hatten wir bis 20 Grad Frost, und es war verständlich, daß man in einem ungeheizten Zimmer gar nicht richtig warm wurde.

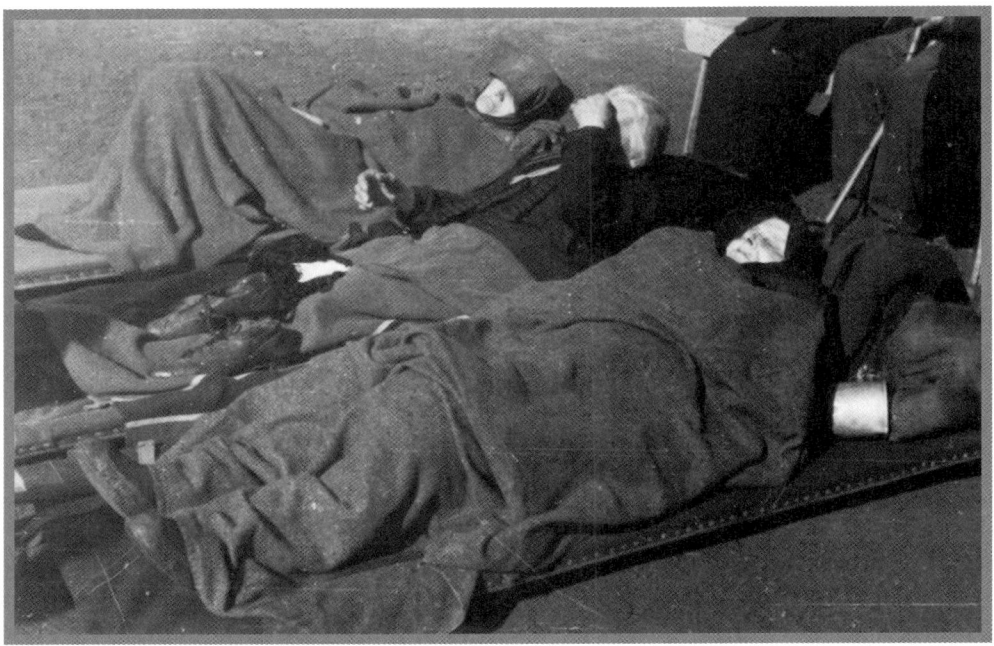

In Ermangelung einer Kochgelegenheit holten wir uns das Mittagessen für paar Pfennige aus der Gemeinschaftsküche, der „Volksküche". Das Kaffeewasser holten wir uns aus der Küche im Haus. Vater ging schließlich zum Arbeitsamt nach Heide. Er hatte gehört, daß es bei der DEA, im Volksmund „Hölle" genannt, Arbeit gab. Auf dem Arbeitsamt wurde er an das Erdölwerk direkt verwiesen. Ich bin mit Vater mitgegangen, als er zur „Hölle" ging.

Die DEA war während des Krieges stark bombardiert worden. Wir sahen es. Es lag ziemlich alles in Schutt und Asche. In einigen Behelfsbauten wurde gearbeitet. Auch gab es Büroräume. Vater wurde als Schlosser und Schmied eingestellt und leider nicht als Meister. Er fing sofort an und hat dort bis zu seinem 65. Lebensjahr gearbeitet.

Das Essen aus der Volksküche ließ oft zu wünschen übrig. Im Frühjahr mit zunehmender Wärme kam es auch vor, daß es sauer war. Dies lag sicher daran, daß es vom Tage vorher aufgewärmt war. Die vielen dicken, großen Bohnen im Essen aus der Volksküche waren schwer verdaulich. Meinem Vater bereiteten sie Magenbeschwerden. Dies war ein altes Leiden, das Mutter vor der Flucht in ihrem Küchenplan immer berücksichtigt hatte.

Wie sollte mein Vater bei derlei Beschwerden noch arbeiten können? Mutti entschied: „Ich gehe einfach zu Frau L. in die Küche an den großen Herd kochen." Mutti erklärte Frau L., daß es einfach nicht mehr so gehe. Sie müßte das Essen selbst kochen. Scheinbar paßte es Frau L. nicht, daß Mutti dazwischenpusselte, was bei dem großen Haushalt verständlich war. Eines Tages kam Herr V. zu uns und sagte: „Auf dem Dachboden steht noch ein kleiner Herd, den können Sie haben. Schließen Sie den Herd in Ihrem Zimmer an den Schornstein an."

Der Herd war ein ganz primitiver kleiner Eisenherd mit zwei Kochstellen. Mutter konnte endlich so kochen, wie sie wollte. Die Feuerung gab es von der DEA, und zwar in Form von Ölkreide. Ölkreide ist ein schmutziges Feuerungsmittel. Trotzdem mußte man froh sein, daß es überhaupt etwas gab. Die Leute, die auf dem Werk arbeiteten, bekamen die Ölkreide zugeteilt. Sie bestand aus ölgetränkter Erde. Das war praktisch ein Abfallprodukt bei der Ölbohrung. Hatte man das Feuer auf übliche Art angezündet, mußte man laufend die Kreide aufschütten und die ausgebrannte Erde entfernen. Dabei hat es etwas geräuchert. Im Zimmer war es stets dunstig.

Meine Mutter hatte viel mit dem Haushalt zu tun. Meine Zwillingsgeschwister wurden in diesem Frühjahr 1946 eingeschult. Hatte sie morgens ihrem Mann das Essen für den ganzen Tag fertiggemacht, mußte sie ein Auge auf die Zwillinge werfen, damit sie sauber und einigermaßen ordentlich zur Schule gingen. Solange ich ohne Arbeit war, half ich beim Einkaufen der Lebensmittel. Täglich nahm ich morgens die Milchkanne, um Milch zu holen. Aus einer kleinen Bude an der Molkerei wurde die Milch verkauft. Es mußte wegen der Milch lange angestanden werden. Die Schlange war immer lang. Während der Wartezeit hat man die Leute kennengelernt. Da standen sowohl Flüchtlinge als auch Einheimische aus der Nachbarschaft und aus dem Dorf. Wir wohnten etwas außerhalb des Dorfes und hatten etwa 20 Minuten Fußweg bis zur Kirche und zur Bushaltestelle. Beim Milchanstehen habe ich all die Neuigkeiten von den „neuen Bekannten" zu hören bekommen.

Ich war bemüht, eine Arbeit zu finden. Die Aussichten, in meinem Beruf als Kindergärtnerin wieder zu arbeiten, waren sehr gering. Aber ich hatte Vorkenntnisse im Schneiderinnenberuf und war auch sonst beim Schneidern talentiert. So hatte ich bei einem Schneidermeister in Heide als Näherin zu arbeiten angefangen. Täglich fuhr ich mit dem Bus nach Heide und hatte Verpflegung für den ganzen Tag mit. Sogar einen Essenstopf nahm ich mit, den ich mir während der Heizperiode auf dem Ofen der Schneiderwerkstatt erwärmen konnte. Meine Kollegen stammten aus Pommern und Ostpreußen – mit und ohne Familien. Ich habe einiges von ihnen gelernt, was das Schneidern von Herrensakkos anbetraf. Sie erzählten über ihre Familien und die Flucht. Die ehemaligen Soldaten hatten ihre Kriegserlebnisse. Nach der Arbeit in Heide ging das Nähen zu Hause weiter. Die uralte Nähmaschine stellte mir Frau L. zur Verfügung, denn sie konnte mich reichlich als Schneiderin beschäftigen. Ich wurde sogar mit Wurst und Speck entlohnt, während Mutti für die Feldarbeit im Sommer nur Speckschwarten und Kartoffeln erhielt.

Vater fragte eines Tages Herrn L., ob er eine Kaninchenbude bauen und diese in einer Ecke auf dem Hof aufstellen dürfte? Herr L. erlaubte es und versprach sogar Korn zur Mast, wenn Vater ihm die Hälfte der Kaninchen abgeben würde. So begann Vater mit der großen Kaninchenzucht. Die Jungtiere erhielt er von den Nachbarn, die bei der Bahn arbeiteten.

Nach einiger Zeit kehrte bei den Jugendlichen der Gedanke an Tanz und Vergnügen zurück, da es auf diesem Gebiet einen Nachholbedarf gab. Außerdem kehrten nach und nach unsere Soldaten aus der Gefangenschaft zurück. Es sprach sich herum, wo getanzt werden konnte, wie z.B. in Braaken in der Baracke der Sandkuhle. Heute befindet sich dort das Hemmingstedter Schwimmbad. Tanzmusik wurde auf dem Akkordeon gespielt. Ich ging zusammen mit zwei Mädchen, die auf dem Hof beschäftigt waren, ebenfalls zum Tanzen. Damals lernte ich die Jugend von Holstein kennen. Alle waren ledig. Schließlich wurde dann im Saal bei Peters zum Tanzen aufgespielt. Entlassene Soldaten konnten Geige und Trompete spielen. Kam das Akkordeon hinzu, konnte die Kapelle sich hören lassen.

Während eines Sonntagsballs lernte ich einen aus der Kriegsgefangenschaft entlassenen jungen Mann kennen. Er erzählte mir, daß er sich hierher als Ostpreuße entlassen ließ, da seine Mutter hier untergekommen sei. Als er von mir hörte, daß ich, genau wie er, aus dem Kreis Osterode in Ostpreußen stamme, wollte er dieses „Marjellchen" nicht mehr verlieren. 45 Jahre sind wir jetzt bereits zusammen. Neben dem Tanzvergnügen fuhren wir nach Heide ins Kino. Später gab es einmal im Monat eine Filmvorführung im Saal. Der Eintritt betrug eine RM.

Genau nach einem Jahr des Kennenlernens wurde bei L.s Verlobung gefeiert. Helmuts Vater war auch inzwischen aus der Gefangenschaft gekommen. Zur Verlobung hatte Mutter schöne Kuchen gebacken. Es war allerdings sehr mühevoll, bis der Kuchen auf den Tisch kam. Hatte man die Zutaten zusammengespart, mußten die Kuchenformen und Bleche erst aus dem Dorf vom Bäcker geholt werden. Danach mußten die gefüllten Formen zum Abbacken in die Bäckerei getragen und dann der fertige Kuchen wieder abgeholt werden. Es gab damals besondere Rezepte und Zutaten, die uns zur Verfügung standen. Da auf den Bauernhöfen Zuckerrüben vorhanden waren, wurde viel Sirup gekocht. Die Herstellung des Sirups hat stundenlang gedauert: Die Rüben wurden zerschnitzelt, der Saft wurde ausgepreßt und dann in dem großen Kessel, der sich in der Waschküche befand, gekocht. Das Einkochen des Saftes bis zum Sirup hat sechs bis acht Stunden gedauert. Der Sirup diente als ein Brotaufstrich, oder er wurde zum Backen der braunen Kuchen verwendet.

Verlobt war ich zwar mittlerweile, rechnete aber nicht damit, daß ich jemals heiraten würde. Die Aussichten, eine eigene Wohnung zu bekommen und einen Haushalt zu gründen, waren zu schlecht. Für Reichsmark gab es nichts zu kaufen. Einiges gab es auf dem Schwarzmarkt. Wir waren aber keine Schwarzhändler!

Zwischendurch hatte ich meinen Arbeitsplatz gewechselt. Aufgrund der Fahrten nach Heide, der mageren Verpflegung und des geringen Verdienstes lohnte sich das Arbeiten beim Schneider nicht. In Hemmingstedt hatte die Flüchtlingsfrau K. aus Königsberg sich auf die Herstellung von Strohschuhen spezialisiert. Daraus wurde ein großer Betrieb. Sie hatte die Werkstätten in den ehemaligen Flakstellungen eingerichtet. Dazu gehörten auch Erdbunker für die Mannschaft. Das Stroh hatte Frau K. von

Bauern gekauft. Im Bunker wurde das Stroh verarbeitet. Einige Mitarbeiter flochten Zöpfe und andere stellten Sohlen daraus her. Wer an Strohschuhen interessiert war, brachte Stoffreste, aus denen dann die Oberteile genäht wurden. Als Frau K. eines Tages ohne Schneiderin war, wurde ich gefragt, ob ich dazu Lust hätte. Diese Arbeit nahm ich an. Neben dem Nähen der Schuhoberteile ergab es sich, daß ich mal ein Kleid für Frau K. und deren Tochter nähte. Frau K. und ihr Mann stellten fest, daß meine Fähigkeit, Kleider zu nähen, genutzt werden sollte. Sie gaben mir den Rat, mich auf diesem Gebiet zu betätigen, indem ich mich beispielsweise selbständig mache. Das war allerdings nicht so einfach. Ich begann zunächst in einem Schneiderinnen-betrieb in Meldorf zu arbeiten, da ich eine Mindestzeit von Lehrjahren nachweisen mußte, bevor ich zur Gesellenprüfung zugelassen wurde. Dann machte ich die Gesellenprüfung. Anschließend war ich noch einige Zeit bis zur Währungsreform bei dieser Meisterin in Meldorf beschäftigt. Danach erhielt ich die Entlassungspapiere, da ja niemand wußte, wie sich die Wirtschaft mit dem neuen Geld entwickeln würde. Daraufhin machte ich mich „selbständig" und erhielt die Erlaubnis, als Hausschneiderin zu arbeiten.

Meine Eltern dachten daran, sich Hühner anzuschaffen. Vater bat Herrn L. um die Erlaubnis, einen Hühnerstall bauen zu dürfen. Diese Bitte wurde nicht abgewiesen, und der Standort wurde festgesetzt.

Auf dem Hof wurde eine Knechtekammer frei, die uns angeboten wurde. Dieses Angebot nahmen wir gerne an. Sie war nicht komfortabel, aber wir hatten nun eine Ausweichmöglichkeit. Die Kammer befand sich auf dem Gang, der die Küche mit den Stallungen verband. Sie hatte aber auch eine Tür, die von draußen in die Kammer führte. Es bestand allerdings keine Verbindung mit unserem ersten Zimmer. In diesem Raum hatten gerade zwei Betten und ein Schrank Platz. Die Betten aus unserer Küche wurden nun getrennt und dort aufgestellt. In einem Bett schlief mein Vater bei meinem Bruder, und in dem anderen schlief ich bei meiner kleinen Schwester. Mutter schlief weiter in der Wohnküche. Ihr Bett wurde am Tag zu einer Art Couch umfunktioniert. Wir taten allerlei, um es gemütlich zu haben. Unsere beengte „Wohnung", ca. 16–18 Quadratmeter für fünf Personen, in der sich ein paar Jahre lang alles abspielte, hatte alle Bewohner Nerven gekostet.

Wenn ich beispielsweise an der Nähmaschine saß und so manches Problem beim Anfertigen der Kleidung aus gebrauchten Stoffen lösen mußte, während die Zwillinge sich beim Schularbeitenmachen nicht ganz einig waren und Vater entsetzliche Feiltöne am Kochtopfboden hervorrief, war das zuviel für unsere Nerven! Da fing mein Migräneleiden an. Da wir nur alte, sehr schlechte Kochtöpfe hatten, die andere nicht mehr gebrauchen konnten, hatten sie oft Löcher. Es war zwar wunderbar, daß Vater sie löten konnte, aber vorher mußte daran gefeilt werden. Manchmal war es mit fünf Personen in einem Raum ohne Ausweichmöglichkeit zum Verzweifeln.

Meine Zwillingsschwestern gingen brav zur Schule und jede fand Freunde. Mutter mußte zwar mit den Lebensmittelkarten haushalten, dennoch war es nicht mehr so knapp. Jetzt gab es hin und wieder Krabben zwischendurch, mit denen wir Ostpreußen nichts anfangen konnten. An den Sonnabenden fuhr Mutter gerne nach Heide auf den Wochenmarkt und kam dann mit gefüllten Taschen zurück. Hauptsächlich hatte sie

Obst und Gemüse gekauft. Meine arme Mutter hatte in den Jahren von der Bushaltestelle bis zur Wohnung so allerlei herangeschleppt. Sie klagte nie und war froh, wenn sie die Familie gut versorgen konnte.

Im Laufe des Jahres 1948 wurde über eine bevorstehende Währungsreform gemutmaßt, die tatsächlich Ende Juni kam. Dies war für uns alle die Wende zum Guten. Pro Kopf wurden 40,– DM ausgegeben. Später wurden auch die Sparbücher umgetauscht, ich glaube 1:10. Für die 200,–DM, die ich für mein Sparbuch erhielt, hatte ich mir auf einer Auktion in Meldorf ein Klavier ersteigert. Obwohl wir zu dieser Zeit schon eine Wohnung hatten, war dies trotzdem verrückt!

Gebrauchsgüter hatte es bis dahin nur auf dem schwarzen Markt zu kaufen gegeben. Für die neue Währung gab es nun Kleider, Wäsche usw. Die Lebensmittelkarten gab es jedoch auch weiterhin. Das große Überlegen, was zuerst gekauft werden sollte, begann. Ich wollte mir zuerst ein Federbett anschaffen und sparte darauf.

Mein Verlobter hatte in den Jahren verschiedene Arbeiten ausgeführt. In seinem Beruf als Bäcker arbeitete er nur kurze Zeit. Er hätte gerne in der Bäckerei B. gearbeitet, aber die dort waren genug Gesellen. So arbeitete er in der Nachbargemeinde in den Sommermonaten beim Torfstechen. Die Torfwiesen waren am Kanal. Die Arbeitskolonne wurde mit dem Lastwagen dorthin gebracht und blieb die ganze Woche fort. Die Verpflegung war sehr knapp. Dafür erhielt mein Verlobter Deputat-Torf. Sogar seine zukünftigen Schwiegereltern profitierten davon.

Als die Torfstecherei zu Ende war, ist Helmut zu den Dreschmonarchen gegangen. Dies war wiederum eine sehr harte und staubige Arbeit, bei der man sich aber immerhin sattessen konnte. Jeweils zur Saison hat er diese Arbeit zwei Jahre verrichtet. Die Tage waren immer sehr lang, so daß sie mit Arbeiten und Schlafen ausgefüllt waren! Ans Tanzvergnügen war nicht zu denken. Als das Dreschen zu Ende war, hat er gestempelt. In der Vorweihnachtszeit entwickelte sich mein Verlobter zum Doppelverdiener. In der Stellmacherei wurde Holzspielzeug hergestellt. Wer einigermaßen geschickt war, konnte dort ein paar Mark verdienen. Dort also hat Helmut, obwohl er stempelte, gearbeitet. Diese Straftat ist hoffentlich verjährt.

Dann fragte man ihn von der Bäckerei B., ob er zur Aushilfe kommen könnte? Sie brauchten zur Weihnachtszeit dringend eine zusätzliche Hilfe. Dieses Angebot wurde gerne angenommen. Jetzt wurde allerdings beinahe Tag und Nacht gearbeitet. Ich verdiente als Hausschneiderin 5,– DM die Stunde und erhielt dazu noch gute Kost. Alle sparten jetzt eisern, da es sich nun lohnte.

Im Frühjahr 1949 sagte Herr V. eines Tages zu meinem Vater: „Herr Eichler, haben Sie Lust zu bauen?" Vater traute seinen Ohren nicht. Er faßte es als Witz auf. „Wo und womit sollen wir bauen?" Herr V. antwortete: „Die Gemeinde hat vom ERP-Plan (Europahilfe) Geld bekommen. Dies soll für Bauzwecke vergeben werden. Wenn sich in der Gemeinde Hemmingstedt keine Interessenten melden, gehen die Darlehnsgelder an andere Gemeinden. Außerdem bin ich bereit, Bauland an die Bewerber gratis abzugeben." „Ja", sagte mein Vater, „wenn das so ist, kann man es sich ja überlegen." Zu dem Opfer, Bauland zu verschenken, hatte sich V. wohl zwangsweise entschlossen. Es waren viel zu viele Flüchtlinge auf dem Hof!

Das Bauen war jetzt ständiges Thema. Gänge zum Gemeindeamt und zu der Siedlungsgenossenschaft in Meldorf, die erst gegründet wurde, waren jetzt zu erledigen. Mit der Einzahlung von 300,– DM wurde man Mitglied der Siedlungsgenossenschaft. Es mußten jedoch noch weitere Bauinteressenten gefunden werden, denn das Bauland war für fünf Siedler vorgesehen. Die Größe des Grundstückes betrug 1000 Quadratmeter. Die Kosten des Hauses wurden auf 11 000,– DM ausgeschrieben. Das Landesdarlehen betrug 9000,– DM. Der Rest sollte von dem Bauherrn als Eigenleistung erbracht werden. In der Eigenleistung war das Bauland angerechnet. Die meisten übernahmen die Malerarbeiten als Eigenleistung. Es hörte sich alles so gut an, und wir konnten es kaum erwarten, daß mit dem Bauen begonnen werden sollte.

Im Frühjahr 1949 sollte es losgehen, und im Herbst sollte das Haus fertig sein. Da unser Haus oben zwei Zimmer haben sollte, waren meine Eltern einverstanden, daß wir heirateten und dann bei ihnen einzogen. Wir beschlossen, im Herbst zu heiraten. Für die Hochzeitsfeier wurden Fleisch-, Butter- und Zuckermarken gespart.

Obwohl seit der Währungsreform vieles ohne Essensmarken zu haben war, wurden die Hauptnahrungsmittel immer noch bewirtschaftet. Der Sommer ging vorbei. Ich nähte inzwischen die Festkleidung, und wir bestellten das Aufgebot. Der Hausbau ließ aber auf sich warten.

Es wurde in der Wohnküche, die wir ausgeräumt hatten, Polterabend gefeiert. Nachbarn und die neuen Freunde brachten den Türkranz an. Da man nun auch schon genügend Alkohol zu kaufen bekam, konnten wir die Gäste auf die übliche Art bewirten. Es war eine tolle Stimmung! Als Frau L. von unserer bevorstehenden Hochzeit hörte, bot sie uns an, diese in ihrem großen Wohnzimmer zu feiern. Sie wollte auch Tischwäsche, Porzellan und ihre beiden Mädchen zur Bedienung unserer Gäste zur Verfügung stellen. Das Festessen durfte auch in ihrer Küche zubereitet werden. So hatten wir allerlei Gäste eingeladen. Die Hochzeitsgesellschaft bestand aus 30 Personen. Für mich und Helmut war es ein wunderschöner Tag. In der Kirche streuten die kleine Tochter von L.s und deren Freundin Blumen, und der Pastor V. fand auch die richtigen Worte. Im Hochzeitshaus war alles so, wie es sich gehörte. Am Abend sang die Liedertafel „Hoffnung", in der ich Mitglied war, einige schöne Lieder. Sogar einen Akkordeonspieler hatten wir besorgt, der die damaligen Schlager wie: „Ei, ei Maria", – „Unter der roten Laterne von St.-Pauli" sang und spielte. In unserem Zimmer wurde getanzt. Ich hatte nicht gedacht, daß Herr und Frau V., die sonst so unnahbar wirkten, so tanzen konnten. Meine Verwandten und Freundinnen, die die Flucht glücklich überstanden hatten, waren zu der Hochzeit gekommen. Es war mehr als eine Hochzeitsfeier nach der Flucht und den schlechten, schweren Zeiten, die wir hinter uns hatten.

Leider hatte das neuvermählte Paar noch keine eigene Wohnung. Es blieb alles beim alten. Mein Mann wohnte bei seinen Eltern in der kleinen Wohnung, in der gerade zwei Betten und ein Tisch Platz hatten. Er schlief weiter bei seinem Vater in einem Feldbett, das 70 Zentimeter breit war, und ich schlief bei meiner Schwester. Ein Lichtblick war, daß es mit dem Bauen nach der Hochzeit ernst wurde. Im November wurde das Land vermessen und abgesteckt. Dann ließen sich auch bald die Handwerker sehen. Den Winter über wurde gebaut und zu Ostern 1950 war das Haus bezugsfertig! Es konnte eingezogen werden.

Vorher wurde das angesparte Geld zum Möbelkauf ausgegeben. Wir richteten uns eine Wohnküche ein, in die ein Wandklappbett gestellt wurde. Dort fand natürlich auch die Nähmaschine Platz. Die Pfaff-Nähmaschine hatte ich gleich als erstes nach der Währungsreform gekauft, obwohl es die noch nicht im Laden zu kaufen gab. Sie mußte bei der Fabrik bestellt werden, hatte eine Lieferzeit von sechs Monaten und kostete 570,– DM. Im Südzimmer wurde die gute Wohnstube mit einer gemütlichen Ecke eingerichtet. Diese Ecke war mein jahrelanger Traum in der schlechten Zeit. Ich hatte sonst keine großen Wünsche. Für diese gemütliche Ecke mit zwei Sesseln, einem Tischchen davor und einer Leselampe aber hätte ich einiges gegeben.

Jetzt besaß ich meine Ecke und anderes mehr! Wir waren glücklich! Meine Eltern hatten es wieder erreicht, ihren eigenen Grund und Boden mit einem Häuschen zu besitzen!

Mein Mann hatte seit einem Jahr einen festen Arbeitsplatz in der Bäckerei. Ein Jahr vor der Hochzeit fragte ihn der Meister B., ob Helmut bei ihm zu arbeiten anfangen möchte? Mehr als 17,– DM Wochenlohn bei freier Kost könne er ihm aber nicht geben. Über dieses Angebot konnte sich Helmut gar nicht freuen, da es ein zu niedriger Lohn für die Sechs-Tage-Woche war. Trotzdem nahm er es an. Vor der Heirat bat er um Lohnerhöhung. Er erhielt 5,– DM mehr. Eine weitere Lohnerhöhung gab es, als wir die Wohnung in dem neuen Haus bezogen. Nun waren es wenigstens 30,– DM die Woche. In diesem Betrieb war mein Mann vierzig Jahre beschäftigt. Er gehörte beinahe zur Familie und arbeitete dort wie in seinem eigenem.

Mein Vater hatte seinen festen Arbeitsplatz bis zum Rentenalter bei der DEA. Meine Geschwister entwickelten sich in der Schule gut und waren gesund und munter. Auch sie fanden dann später ihren Lehr- und Arbeitsplatz beim Hemmingstedter Erdölwerk.

Viele Flüchtlinge trauerten um die verlorene Heimat im Osten. Wir haben hier in Dithmarschen unsere zweite Heimat gefunden! Meine Mutter sagte: „Wo meine Familie lebt, da ist meine Heimat."

* * *

Meldorf – Erna Zinke

Fuhrunternehmen für die Engländer

Am 2. Mai 1945, abends um 18.00 Uhr, kam ich in Meldorf an. Ich hatte eine abenteuerliche Flucht, am Steuer meines Lieferwagens, hinter mir. Ich hatte meinen Sohn von zehn Jahren dabei und war außerdem erneut schwanger. Zusätzlich hatte ich eine Bekannte mit einem Kind mitgenommen.

Einer Familie in Meldorf hatte ich ein Paket mitgebracht. Diese Familie brachte mich nun in eine Gärtnerei, wo ich meinen Wagen unterstellen konnte. Gegenüber bekamen wir dann ein Zimmer, wo wir über Nacht bleiben konnten. Am nächsten

Geschäft der Verfasserin in Meldorf, 1949

Morgen bin ich dann zum Bürgermeister gegangen, der mich mit den Worten empfing: „Was wollen Sie in Meldorf, Meldorf ist zu." Hinter seinem Rücken stand die Büste von Adolf Hitler, was mich maßlos erschreckte. Am 7. Mai wurde er dann von seinen eigenen Landsleuten erschossen, und am 11. Mai 45 rückten die Engländer ein. Wir bekamen dann ein sehr schönes Zimmer zugewiesen. Als die Wirtin erfuhr, daß ich ein Kind erwartete, war sie sehr erschrocken. Meiner Begleiterin wurde in der Bahnhofstraße ein Quartier zugewiesen.

Meine Wirtin erlaubte mir nicht, mein Kind in meinem Zimmer zur Welt zu bringen. Als ich dies meiner Hebamme erzählte, erklärte diese sich bereit, mich und meinen Sohn zu sich zu nehmen. Dort habe ich wirklich Liebe kennengelernt. Diese Frau brachte meinen zweiten Sohn auf die Welt und pflegte mich zehn Tage, bis ich wieder in mein Quartier konnte. Anschließend erhielt ich dann eine eigene kleine Wohnung.

Zum Glück fand ich dann 1946 meine Mutter, die von den Polen ausgewiesen wurde. Meinen Vater haben die Russen erschossen. Mutter kümmerte sich dann um meinen Haushalt, und ich suchte mir eine Arbeit, die ich in einer Gärtnerei fand.

Da die Engländer fahrbare Autos suchten, habe ich meines zur Verfügung gestellt, indem ich ein Fuhrunternehmen eröffnete und für die Engländer gefahren bin. Als mein Mann 1946 aus der amerikanischen Gefangenschaft kam, hatten wir schon eine Existenz.

Uns wurde dann ein Ladenraum zur Verfügung gestellt und wir eröffneten unser erstes Geschäft. Mit Unterstützung ist es uns dann gelungen, im Laufe der Jahre mehrere Häuser zu bauen und Geschäfte aufzumachen.

* * *

Lehe – Rose-Marie Tabel

Mehlbestäubte Briketts

Mit sechzehn Jahren habe ich am 4. 2. 45 mit meinen Tanten meine Heimatstadt Arnswalde/Neumark verlassen müssen, nachdem schon seit Tagen Panzer am Stadtrand aufgefahren waren und der Geschützdonner immer näher kam. Mit vier Lokomotiven und sämtlichen Waggons des Bahnhofes verließen wir Arnswalde in Richtung Stettin.

Wir landeten statt in Rostock auf Seeland/Dänemark. Vom 5. Mai '45 bis August '45 arbeitete ich als „Schwesternschülerin" im Lazarett. Als Privatperson hätte ich sonst nicht bleiben dürfen. Im August wurde das Lazarett aufgelöst, und wir kamen nach Kiel, von wo aus mein Vater ins Internierungslager kam. Ich konnte mich nach Flüchtlingslagern in Kiel, Ratzeburg und Mölln am 30. September nach vielen Schwierigkeiten, da Dithmarschen Sperrgebiet war, über Husum bei meinen Verwandten melden, die inzwischen von Vorpommern nach Dithmarschen gekommen waren.

Wir wurden zum größten Teil als Eindringlinge betrachtet. Man nannte uns „Pollacken", die „zu Hause" nichts gehabt haben konnten, da wir nur mit dem Rucksack hier ankamen. Man wußte hier nichts vom „deutschen Osten", von Ostpreußen, Pommern, Danzig oder Schlesien. Wir fühlten uns schon bald als Menschen zweiter Klasse.

Meine Tante bewohnte mit zwei Kindern und den Großeltern, die beide 80 Jahre alt waren, zwei kleine Kammern von ca. 10 Quadratmetern: zwei Betten, ein Sofa, ein Tisch, ein Stuhl und eine Brennhexe zum Kochen, mehr Platz war nicht vorhanden. Nun kam ich noch dazu, und wir lagen auf dem Boden. Von den Wirtsleuten, die ein paar Kühe hatten, bekamen wir jeden Tag einen Liter frische Milch. Ab und zu bekamen wir 20 Pfund Torf und jedes „Hölzchen" wurde von der Straße aufgehoben. Sträucher und kleine Bäume gab es bald nicht mehr, da sie über Nacht abgeholzt wurden. Die Wirtsleute bekamen des öfteren Brikett und Steinkohle, die dann mit Mehl bestäubt wurden, damit sie von uns nicht gestohlen wurden! Beziehungen waren damals sehr wichtig. Wir hatten jedoch nichts zu tauschen.

Inzwischen hatten meine Kusine und ich Arbeit gesucht, um die Familie zu entlasten. Mein Onkel kam auch aus der Gefangenschaft. Wir Stadtkinder mußten melken lernen und alles andere, was in der Landwirtschaft anfiel, sonst hätten wir keine Stellen bekommen. Mein Tag begann um halb vier Uhr morgens mit dem Melken, was zum Teil auf Feldern getan werden mußte, die drei bis vier Kilometer entfernt lagen. Er endete abends um 21 Uhr.

Anzuziehen hatte man kaum etwas. Einen Bezugschein zu bekommen, war eine Seltenheit. Auch dabei war es wichtig, etwas zum Tauschen zu haben. Meine Großmutter schenkte uns beiden ihre Kleiderpunkte, und meine Tante nähte uns davon ein Kleid. Mein Mantel war ehemals eine Wolldecke gewesen.

Da zum Arbeiten warme Sachen fehlten, bekam ich im schlimmen Winter 46/47 offene Hände, Zehen und Beine vom Frost. Deshalb aber nicht zur Arbeit zu gehen, war ausgeschlossen.

Ich schlief mit der Tochter des Hauses in einem Zimmer und hatte eigentlich nur ein Bett. Sie war zwölf Jahre, ihre beiden Brüder sieben Jahre und ich siebzehn Jahre.

Dann lernte ich meinen Mann kennen. Er war Ostpreuße und kam aus der Gefangenschaft zu seinen Eltern, die auch als Flüchtlinge im Hause wohnten. Ich blieb vier Jahre, bis zu meiner Heirat, in dem Haushalt.

In die zwei Kammern unserer Tante kamen 1946 mein Onkel und 1947 mein Vater, beide aus dem Internierungslager. In den knapp zwei Jahren, seitdem wir in Kiel getrennt worden waren, hatte der große stattliche Mann 100 Pfund verloren. Ich habe ihn nicht mehr erkannt, so elend sah er mit seinen fünfzig Jahren aus. Er mußte Torf stechen und verladen, fiel öfter um vor Schwäche und hat sich auch nie wieder richtig erholt.

Meine Tante ging zu den Bauern nähen, um ein paar Lebensmittel zu bekommen. Diese feilschten nach der Arbeit um die Bezahlung. Ich habe viele selbstherrliche, hartherzige Bauern kennengelernt, die uns Flüchtlinge ausgenutzt haben. An den Tisch oder zum Essen an den Familientisch kam keiner meiner Familie. Die Dithmarscher blieben auf Distanz.

1947 gingen wir jungen Leute am Sonntag wieder tanzen. Hier und da tanzte mal ein Bauernsohn mit uns, sonst blieben alle unter sich. Ein junges Mädchen aus meinem Heimatkreis besorgte den Haushalt eines älteren Bauern. Er war uns gegenüber aufgeschlossen und hilfsbereit und heiratete dann dieses Mädchen. Seine Brüder hatten genauso wie er große Höfe. Bei seiner Hochzeit waren sie nicht anwesend. Viele Jahre haben sie ihn nicht beachtet. Die junge Frau, die Flüchtling war und nichts mitbrachte, wurde nie anerkannt.

Erst ab 1948, als die Währungsreform kam und als die Männer aus der Gefangenschaft zurückkehrten, hatten die Flüchtlinge den alten Mut wiedergefunden. Da fingen schon die ersten an, zu bauen und in die Umgebung zur Arbeit zu fahren.

Ab 1950 begann die große Umsiedlung nach dem Süden, wo es Arbeit gab und man eine Zukunft erhoffte. Dabei wurden die Familien auseinandergerissen, was allen schmerzlich war. Wir gingen nach Büsum, da mein Mann Schiffbauer war, und fanden hier eine neue Heimat. Das Wort „Zuhause" aber steht noch immer für unsere alte Heimat im Osten!

* * *

Lohe-Rickelshof – Erika Rädel

Zu viert in einem Bett

Meine Heimat war bis zur Flucht am 30. Januar 1945 Sacherau, Kreis Samland, Ostpreußen.

In Sicherheit brachte uns ein Eisenbahnzug, in dem fast keine Scheiben heil waren. Wir kamen bis St. Michaelisdonn in Schleswig-Holstein. Eine Baracke ermöglichte uns eine Nacht ruhigen Schlafs. Für das leibliche Wohl erhielten wir eine warme Suppe.

Am frühen Morgen des 16. Februar brachte uns ein Trecker mit Anhänger nach Lohe-Rickelshof zur Schule.

Das Dorf war vorbereitet, Flüchtlinge aufzunehmen. So folgte nach der Ankunft gleich die Verteilung der Leute. Es war auch schon dunkel geworden. Alle hatten eine Herberge für diese Nacht gefunden, nur mein Verlobter und ich saßen noch da.

Es muß ein trauriges Bild gewesen sein. Er, mit seinen Handstöcken, ich, eine dicke junge Frau, denn ich hatte viel Kleidung übereinander gezogen, mit Rucksack auf dem Rücken.

Schließlich kam eine Frau auf uns zu und sagte auf Dithmarscher Platt: „Wenn keiner die jungen Leute mag, nehme ich sie für eine Nacht!" Mein Verlobter schaffte es noch, das Stück bis zum Haus zu laufen. Dunkel war es überall, da auch hier feindliche Flugzeuge ihre Bomben abwarfen.

Frau A. öffnete uns ihre Küchentür. Dort saßen ihr Mann und die drei Kinder und aßen gerade Bratkartoffeln, alle aus einer Pfanne. Wieder sagte sie auf Platt: „Ich bring hier zwei hungrige Leute." Alle vier legten sofort die Bestecke hin. Oh, dachte ich, sind das arme Leute, daß sie nicht einmal einen Teller für jeden haben. Die Küche war auch finster. Hindenburglichter, die in der Kriegszeit üblich waren, gaben uns Licht im Raum.

Nachdem wir uns gewaschen und die restlichen Bratkartoffeln gegessen hatten, kam die Frage auf, wie wir schlafen sollten? Frau A. sagte in ihrer freien Art und im Dialekt: „Wir haben kein Fremdenzimmer. Ich biete Ihnen unser Schlafzimmer an, allerdings für uns vier. Ich dachte, die Männer nehmen die Mitte, und wir Frauen schlafen an der Außenseite. Gewöhnlich stehen wir Frauen früher auf."

Das war uns schon unangenehm! Nun teilten die Leute sich noch ihr Schlafzimmer mit uns fremden Menschen.

Als ich mich entkleidete, stellte sie gleich fest, daß die Vermutung der Leute in der Schule falsch war. Denn die Annahme, ich sei hochschwanger, erwies sich als unrichtig.

Am nächsten Morgen hatte die gute Frau Maisbrot zum Frühstück besorgt. Wir hatten sehr gut geschlafen, und auch unser Magen fühlte sich wohl. Bald stand eine Pferdekutsche vor der Tür, die uns zu einem älteren Ehepaar fuhr, das uns eines seiner Zimmer überließ.

* * *

Lunden – Dr. Heinz Walsdorff und Eva Walsdorff

Ein schwerer Anfang

In Walkenried verfrachteten wir bei grimmiger Kälte unsere Habseligkeiten (einen Korbkinderwagen, eine Sportkarre mit Betten und Geschirr, einen in Pößneck erstandenen Handleiterwagen, einen großen und mehrere kleine Koffer sowie einen Holzkoffer), nach einer Bahnfahrt über Hamburg, wo wir in einem Bunker übernachteten, ging es nach Lübeck-Pöppendorf. Mit Hilfe eines Empfehlungsschreibens des Landeswohlfahrtsamtes in Kiel gelang mir die kurzfristige Aufnahme in eine der Nissenhütten des Flüchtlingsdurchgangslagers. Wir wurden für Schleswig-Holstein registriert. Zunächst fuhren wir einige Tage nach Preetz. Dort hatte mein ältester Bruder Martin in Vertretung des Pfarrers T., der noch in Kriegsgefangenschaft war, mit seiner Frau und drei Kindern liebevolle Unterkunft gefunden. Er hatte Anfang '45 mit den Seinen seine Superintendentur in Braunsberg verlassen und in Begleitung von Arthur Sch., dem Vater meiner Frau, die beschwerliche Flucht über das Haff und die Nehrung nach Stutthoff bei Danzig und von dort mit dem Schiff „Ubena" nach Kiel angetreten. Ich konnte der Familie dank der Findigkeit meiner Soldaten in der Nähe meiner Halle dort in Holtenau ein gutes Quartier besorgen.

Jetzt – im Herbst '46 – nahm Bruder Martin uns, die Flüchtlinge, gastlich auf. Einige Tage später ging es dann nach Pöppendorf. Dort wurden wir registriert, untersucht, mit der obligaten Prise DDT-Puder versehen, verpflegt und – wir hatten großes Glück – mit einem der legendären Busse nach Heide in Marsch gesetzt. In Heide übernachteten wir im Obdachlosenlager Meldorfer Straße. Am Tage darauf gingen wir zum Wohnungsamt des Kreises Norderdithmarschen. Der Leiter, Herr W., erwirkte gegen den Protest des zufällig anwesenden Bürgermeisters von Lunden eine Einweisung dorthin. Beglückt meldete ich den Erfolg dieser Etappe unserer Familienzusammenführung der Familie G. Die Resonanz – am Telefon meldet sich Frau G. – war enttäuschend. Zu groß war die Angst, wir könnten dem Hof neben all den Flüchtlingen eine zusätzliche Last werden. So erlebten wir eine kalte Nacht in der Lundener Gaststätte „Die Börse". Erst dann erhielten wir die Zuweisung eines unheizbaren Zimmers gegenüber der Kirche bei Alice F.

Barackenlager in der Meldorfer Straße in Heide; Aufnahme 1959. Foto: Stadtarchiv Heide

Beim Bezugsscheinamt fragten wir, ob ein Bezugsschein für einen Ofen oder eine Brennhexe zu bekommen sei. Wir votierten für einen Ofen und erstanden sodann ein Kanonenöfchen mit einem Loch oben in der Mitte. Gekocht wurde im „Negus", einem schwarzen Topf, oder anderen Töpfen aus Restbeständen der Wehrmacht. Die Zuteilung von Heizmaterial, Kohle, Koks und Holz war unzureichend. Einen Lichtblick brachte für mich die Aussicht, nach dem Vorbild anderer Knechte von Heinrich G. beim Entladen eines Waggons Kohle für die Meierei zu helfen. Die ungewohnte Arbeit war anstrengend, aber sehr lohnend: Als Entgelt gab es einen halben Käse und einen Zentner Kohle. Dazu noch einmal so viel von Jan, dem jungen einheimischen Knecht, gegen Entgelt. Daneben versuchten wir, die Brennstoffnot auf manche Weise zu min-

Küchenecke der Verfasser in der Lundener Wohnung, Aquarell

79

dern: mit Kohlengruß vom Bahnhof, mit Ölschiefer, hin und wieder auch mit etwas Torf und mit Sägespänen von der Sägemühle am Bahnhof. Aus dem Ofenrohr lief zwar der Teer herunter, aber es gab eine warme Mahlzeit.

Unsere Wirtschaftsführung ging in Soll und Haben nicht auf. Die Fürsorgestelle der Gemeinde ermittelte Zahlungen für die Wohnung und Lebenshaltung der Familie von 28,– Mark im Monat. Dabei hatten wir allein schon an Fräulein F. 30,– Mark zuzüglich Licht zu zahlen. Wir versuchten, das Loch durch den Umtausch selbst geernteten Tabaks gegen Zigaretten und den Verkauf der Zigaretten an Interessenten zu stopfen. Auch unsere Raucherkarten machten wir zu Geld.

Wie hatten wir uns nun eingerichtet? Die „kalte Pracht“, die völlig verwohnten Polstermöbel, deren Federn sich lösten und deren Lehnen bei einer plötzlichen Berührung abfielen, hatten wir sehr bald in einem benachbarten Raum, der nicht zu uns gehörte, abgestellt.

Einen Teil unserer Möbel hatte ich noch aus meinem Wohnraum und Leitstand der „Halle Dora“ bei einem Bauern sichergestellt: ein Bett, einen großen Schreibtisch mit Stuhl, ein rundes Tischchen mit vier Stühlen und eine Kommode. Daneben hatte ich meine Offizierskiste.

Zwei Kinderbetten hatten wir aus Königsberg nach Pößneck mitgenommen und von dort mitgebracht. Ich selbst hatte mein Schlafquartier im Lundenerkoog. Wenn ich am Wochenende zu Hause war, schlief ich auf Decken auf dem Schreibtisch. Meine Frau schlief zunächst mit den Kindern zusammen. Später schliefen die älteren Kinder in einem neuen Bett auf Decken und Stroh. Anstelle eines Kleiderschranks hatte ich durch Vermittlung des pommerschen Stellmachers bei Heinrich G. eine zwei Meter lange dicke Latte hobeln lassen, die aufgehängt wurde. Darüber konnten Mäntel und Kleider abgelegt werden. Gleichzeitig diente sie am Abend zur Aufteilung des Raumes in Wohn- und Schlafteil.

Mit Kleidern und Leibwäsche waren die Kinder noch versorgt. Meine Frau hielt unsere Kleider und die der Kinder nach Kräften zusammen und pflegte sie. Ich selbst hatte Mantel und Hosen sowie Unterzeug vom Kommis. Durch Vermittlung einer Lundener Bürgerin erhielt meine Frau leihweise eine Nähmaschine, die der Lundenerin von einer ostdeutschen Frau bis auf weiteres zur Aufbewahrung überlassen worden war. Es gelang uns, über meine in Tübingen wohnende Schwester eine Nadel für die Maschine zu erhalten und sie damit funktionsfähig zu machen. Mit dieser Maschine hat meine Frau manche Instandsetzungsarbeit erledigen können, bis wir die Eigentümerin fanden, die das gute Stück nun ihrerseits reaktivierte.

Trotz der Ärmlichkeit des Raumes machten das Geschick und der Fleiß meiner Frau und die Munterkeit der Kinder unseren Raum für mich zum „Haus an der Sonne“. Nach einiger Zeit hatten wir die Gelegenheit, eine andere, etwas größere Wohnung in der Bahnhofstraße zugewiesen zu bekommen. Es waren Büroräume des Sägewerkes in Friedrichstadt. Mit der verfügungsberechtigten Familie E. – er war Geschäftsführer der An- und Verkaufsgenossenschaft – ergab sich in zunehmendem Maße – gerade auch wegen der Kinder – eine gute Nachbarschaft.

Im Herbst 1947 wurde unser viertes Kind, unser kleiner Klaus, geboren. Der kleine Junge gedieh und wurde gleich von den Geschwistern wie von den Eltern geliebt. Um so größer der Schmerz, als das Brüderchen plötzlich verstarb. Waren es wirklich Ernährungsstörungen oder die ungesunde Wohnung?

Wiederholt hatte ich mich um erneute Verwendung im öffentlichen Dienst bemüht – vergebens. Bei einem erneuten Besuch im Ministerium für Umsiedlung und Aufbau zu Beginn des Jahres 1948 erfuhr ich, daß der Aufbau einer Flüchtlingsabteilung vorbereitet wurde.

Der Leiter der neuen Abteilung, Oberregierungsrat Dr. P., hatte selbst zeitweise in Königsberg studiert und war erstaunt, daß ich meine Zeugnisse nahezu vollständig vorweisen konnte. Mein Schwiegervater Arthur Sch. hatte unsere Papiere und Fotoalben in einem Koffer gerettet, den er dann bei einem Besuch mit nach Pößneck brachte. Herr P. war, vorbehaltlich der Zustimmung des Personalrates, bereit, mich als Mitarbeiter einzustellen.

Nach Lunden zurückgekehrt, wartete ich gespannt auf die Einberufung, die dann zum 1. 3. 1948 erfolgte. Meine neuen Arbeitskollegen waren überwiegend Heimatvertriebene und Flüchtlinge. Die Männer waren genauso wie ich durch ehemalige, zum Teil umgefärbte Uniformteile zu erkennen. Mir wurde das Referat „Vertriebenen- und Durchgangslager" zugeteilt, dazu drei Mitarbeiter. Mein erster Auftrag war eine gründliche Überprüfung des Flüchtlingsdurchgangslager Pöppendorf bei Lübeck.

Die Gesamtzahl der „Durchschleusungen" lag bei über 60 000. Zunächst waren es vor allem Soldaten vor der Entlassung, sodann Heimatvertriebene, die weitgehend über Travemünde mit Schiffen aus Ostdeutschland oder mit Trecks auf dem Landwege kamen, sodann Flüchtlinge, Dänemarkheimkehrer aus Ostdeutschland, Evakuierte und andere heimatlos Gewordene, die Verbindung mit anderen Leidensgefährten suchten.

Das Personal von Pöppendorf bestand durchweg aus ehemaligen Soldaten. Ein harter Kern von ihnen, so der Lagerleiter Sch. und sein Mitarbeiter H., wurden als „unkündbarer Stamm" in die Lager Wentorf als Lagerleiter bzw. als sein Nachfolger übernommen. Wentorf war 1952–60 ein neues Flüchtlings- und Aussiedlerlager, das von Schleswig-Holstein errichtet und für das Land Nordrhein-Westfalen verwaltet wurde.

Was geschah nach 1948 mit meiner Familie? Zunächst kam die Währungsreform. Das Umtauschgeld diente bei uns zum Ankauf eines Kleiderschranks. Die Gemeinde Lunden mahnte die Rückzahlung des Familienunterhalts an. Ich sei jetzt in Lohn und Brot. Ich erfuhr zwar von Kollegen vom Landeswohlfahrtsamt, es komme in Kürze eine Regelung, wonach in Fällen wie dem meinen von einer Rückzahlung abgesehen werde. Ich wollte mich aber nicht noch einmal mahnen lassen und zahlte.

In den Augen der Familie G. im Lundenerkoog war ich, der ich doch eine Art „junger Mann" auf dem Hof gewesen war, jetzt ein As. Meine Frau brauchte die erbetenen Zuckerrüben nicht selbst zu waschen und zu putzen, „das macht Jan!" In der Zwischenzeit wurden meine Frau und meine Tochter zu einem Plauderstündchen eingeladen, und der aus den Rübenhäckseln gekochte Sirup wurde sogar zu uns gebracht.

In Kiel hatte ich zunächst ein Zimmer bei meinem Bruder, dann suchte ich mir ein Zimmer in der Hansastraße. Im Juli 1949 konnte ich meine Familie von Lunden nach Kiel holen. Wir begannen in einer von Bomben getroffenen und reparierten Altbauwohnung.

Ein schwerer Anfang. Und doch waren wir dankbar.

Lokalderbys in Osterrade

Anfang 1946 holte mein Vater meinen Bruder und mich von Leipzig schwarz über die Grenze nach Osterrade. Es gelang ihm in einer Nacht, in einem mit Flüchtlingen überfüllten Güterwagen noch etwas Platz für uns zu erkämpfen. Mein Vater war bei Kriegsende in Dänemark und befand sich ab Mitte 1945 im damaligen „Sperrgebiet" Dithmarschen.

Unsere Aufnahme bei einem älteren Dithmarscher Ehepaar war insgesamt gesehen freundlich. Nur konnten wir viele Dorfbewohner zunächst schlecht verstehen, weil sie Plattdeutsch sprachen. Aber sie hatten mit meinem damaligen waschechten Sächsisch ähnliche Schwierigkeiten.

Im Mai 1946 heiratete Vater zum zweiten Mal. Unsere Eltern und wir beiden Jungen erhielten zu viert ein Zimmer im Wohngebäude eines größeren Bauernhofes.

Kurz vor unserem Einzug war der Bauer Paul T. in der kleinen Schneiderwerkstatt meines Vaters. Dann verabschiedete er sich von uns, hatte die Tür schon zum Gehen geöffnet, um dann noch schnell zu sagen: „Un dat mit dat Zimmer, dat löppt sik torecht."

Herr T. und seine Frau hatten 1946 teilweise bis zu dreiundzwanzig Flüchtlinge aller Altersstufen und fast aller östlichen deutschen Landsmannschaften in ihrem Wohnhaus untergebracht! Eine derartige Hilfsbereitschaft dieses einheimischen Ehepaares, das während des Krieges selbst seine beiden Söhne verloren hatte, war jedoch selten.

Für mich (zehn Jahre alt) war das Zusammensein mit Einheimischen und Flüchtlingskindern weitgehend und für meinen Bruder (vier Jahre alt) völlig problemlos.

Meinen Berufswunsch, Großhandelskaufmann bei einer großen Firma zu werden, konnte ich in Dithmarschen nicht verwirklichen. Nach der Schule mußte ich daher meine Familie verlassen, um als 17jähriger 1953 eine Lehre in Hannover anzutreten. Während meiner Lehrzeit war mein Geld fast noch knapper als schon zu Hause. Aber im Vergleich zu den fast nur schlimmen Jahren von 1943 bis 1945 war das alles nicht so furchtbar wichtig.

Große Probleme hatte ich bei meinem Gastspiel auf einer Heider Oberschule im Jahre 1949. Aber weniger mit meinen Mitschülern, sondern mehr mit einigen meiner Lehrer.

In meiner „Mittelschule Albersdorf" hatte ich dagegen viel Glück, ein paar herausragende Lehrkräfte und wenig echte Probleme. Unsere Klassenkameradschaft wurde von Jahr zu Jahr besser und die Frage „Einheimisch oder Flüchtling?" immer unwichtiger.

Im Deutschunterricht freilich wurde das gelegentlich doch noch deutlich, wenn auch die „Flüchtlinge" plattdeutsche Gedichte oder Liedtexte lernen und vortragen mußten. So erntete ich mit meinem „Lütt Matten de Has" erstaunliche Heiterkeitserfolge. Nur mit Mühe brachte ich diesen Liedtext über die Runden, weil ich mehrfach über mich selbst lachen konnte, was nicht immer das schlechteste ist.

Ein negatives Erlebnis fällt mir ein: Für einen Bauern habe ich tagelang sehr hart gearbeitet, aber nie meinen Lohn bekommen. Alle anderen Bauern haben zwar wenig, aber pünktlich gezahlt.

Auch noch ein positives Erlebnis: Fußball! Wir hätten uns dem etablierten Sportverein Albersdorf anschließen können, um dort zu spielen. Stattdessen haben wir in Osterrade (damals ca. 800 Einwohner) und den Nachbardörfern „7er Mannschaften" zusammengestellt. Die Sportplätze waren Koppeln. Richtige Tore bauten wir uns auch selbst. Es gab kleine Punktspielrunden, „Pokalturniere" und „Lokalderbys". So kam es zu so „wichtigen" Kämpfen wie Jützbüttel gegen Bunsoh oder Osterrade-Süd gegen Osterrade-Nord.

Meine drei größten Schwierigkeiten in dieser Zeit waren: 1. Steckrüben als Brei, in Würfeln oder als Scheiben zu oft essen zu müssen in den Jahren 1946 bis 1948, oder anders gesagt: häufiger Hunger; 2. Chronischer Geldmangel in den Jahren 1946-1956 und die hauptsächlich in meinen letzten Osterrader Jahren gewonnene Erkenntnis, daß unsere Schulden wuchsen. Das war besonders bedrückend, weil Vater oft vom frühen Morgen bis in die Nacht hinein gearbeitet hat. Und Mutter wirtschaftete nicht nur sparsam, sondern fast spartanisch. Gleichzeitig hat sie unserem Vater immer wieder neuen Mut zugesprochen. Ich glaube nicht, daß er damals den Berufswechsel ohne sie noch geschafft hätte. 3. Es war auch schwer für mich, von Osterrade aus eine geeignete Lehrstelle zu finden.

* * *

St. Michaelisdonn – Gertrud Abels

Hauptgericht Steckrübe

Unsere erste Station im Westen war das Auffanglager für Vertriebene und Flüchtlinge in Bad Segeberg. Viele Menschen standen bei Schneetreiben draußen Schlange, um registriert, entlaust und untersucht zu werden. Endlich wurden wir in eine Schlafbaracke eingewiesen. Es gab etwas zu essen und zu trinken.

Nachdem wir viel Hunger, Kälte und Angst erlebt hatten, erschien uns dieses Lager wie ein Zuhause. Ein großer Kanonenofen wärmte den riesigen Raum mit vielen Menschen, die in Etagenbetten schliefen. Mein einziger Gedanke war, welche wohlige Wärme dieser Ofen ausstrahlte.

Als alle Formalitäten erledigt waren und wir uns schon viel besser fühlten, ging es mit dem Zug weiter nach Süderdithmarschen. Waggonweise wurden wir den einzelnen Orten zugeteilt. Unser Ort hieß St. Michaelisdonn. Vom Bahnhof gingen wir zu Fuß zur Gaststätte W. Unterwegs schauten uns die Menschen, die an der Straße standen, unfreundlich an. Ich schämte mich für unser aller mißliche Lage.

Eine Nacht schliefen wir dort auf dem Fußboden. Am nächsten Morgen brachten uns die Bauern mit ihren Fuhrwerken in die Flüchtlingsbaracke nach Hindorf. Auf der

Eltern und Schwester der Verfasserin auf dem Heimweg mit 6 Broten, Hopen, St.Michaelis-donn, 1947 oder 1948

ganzen Fahrt sprach der Bauer kein Wort mit uns. Wir wußten nicht, ob es der holsteinischen Mentalität entsprach oder ob er uns als Eindringlinge betrachtete. Uns wurde ein Raum mit einfachen Holzbetten und Stroh und einigen Decken zugeteilt. Beheizt wurde er mit einem kleinen Kanonenofen. Es paßte gerade ein Topf zum Kochen darauf.

Für uns begann wieder eine harte Zeit. Da die Lebensmittelkarten nicht ausreichten, „organisierten" mein Bruder und ich, soviel wir konnten, beispielsweise Holz aus dem Wald und ab und zu Magermilch von einer Bäuerin sowie ein paar Steckrüben, die etwas Frost abbekommen hatten. Eine andere Bäuerin schickte uns vom Hof, als wir sie um ein paar Kartoffeln baten. Es half uns niemand.

Durch das Rote Kreuz haben wir Vater und drei Geschwister wiedergefunden. Eine Schwester blieb damals noch drei Jahre vermißt.

Später erhielten wir bei einem Bauern in Hopen eine Wohnung zugewiesen. Sie bestand aus Geschirr- bzw. ehemaligen Kornkammern. Ein junger holsteinischer Anstreicher machte sie uns etwas wohnlicher.

Unser Vater ernährte uns durch Torfstechen (mit Torf wurde der Ofen, „Hexe" genannt, geheizt), Feldarbeit und zeitweilige Arbeit in der Zuckerfabrik. Wir Kinder stoppelten Kartoffeln, sammelten Ähren, Pilze und Beeren aller Art und halfen so unseren Eltern bei der Ernährung der Familie. Die Steckrübe aber blieb. Sie war lange unser Hauptgericht. Wenn sich die Gelegenheit ergab, wurde aus Zuckerrüben Sirup gekocht.

Die Kleidung wurde zum Teil aus alten Decken hergestellt, oder es wurden alte Kleider aufgetrennt und neue daraus genäht. Aus Wollresten wurden Strümpfe, Handschuhe und Mützen gestrickt. Aus einer alten Ledertasche wurden Riemen geschnitten und auf Holzsohlen genagelt. Das ergab Sandalen, die aber leider nicht lange hielten. Meistens gingen wir den ganzen Sommer barfuß oder wechselten unter uns Kindern Kleider und Schuhe aus. Geschickte Leute sammelten Wolle von den Zäunen, die von den Schafen hängengeblieben war, und spannen sie. Als Verwandte in den USA von unserer Notlage in Deutschland erfuhren, schickten sie uns viele Pakete mit Lebensmitteln, Bekleidung und anderem. Von diesem Moment an ging es uns schon viel besser.

Inzwischen waren einige Kinder fast erwachsen. Da es uns nicht möglich war, hier eine geeignete Arbeitsstelle zu bekommen, mußten wir unsere neue Heimat wieder verlassen. Ein Bruder wanderte nach Australien aus, eine Schwester nach Amerika. Drei Geschwister zogen ins Rheinland. Die älteste Schwester war von Anfang an in Schwerin geblieben. Zwei Schwestern sind durch Heirat in St. Michaelisdonn ansässig geworden.

Unsere Eltern blieben in Holstein, weil sie nicht noch einmal umsiedeln wollten. Inzwischen sind sie verstorben und haben nach viel Not, Sorgen und Vertreibung auf dem Friedhof in St. Michaelisdonn ihre Ruhe gefunden.

Zu erwähnen ist, daß alle Geschwister noch leben und daß sich die Familie bei traurigen oder auch festlichen Anlässen immer wieder in St. Michaelisdonn trifft. Rückblickend muß ich sagen, daß es schwierig war, mit den erwachsenen Holsteinern engeren Kontakt zu bekommen. Mit der Jugend war es unkomplizierter. Wir verstanden uns von Anfang an sehr gut.

Wie war das damals?

Am 9. 2. 1945 kam ich in Heide in Dithmarschen an. Mit dabei waren drei meiner vier Kinder, die sechs Jahre, zwei Jahre und neun Monate alt waren. Seit dem 25. Januar waren wir unterwegs. Unsere Flucht hatte in unserem Heimatort Almenhausen, Kreis Pr. Eylau, Ostpreußen begonnen und war über Königsberg, Pillau, Gotenhafen und Saßnitz auf Rügen und von dort aus mit dem Sonderzug bis Heide gegangen.

Hier wurden wir von Helferinnen des DRK in Empfang genommen und zur Schule Lüttenheid geführt. Zunächst wurden wir mit gutem Essen versorgt. Die Kinder, elend und geschwächt, wurden zunächst ärztlich betreut. Von der Ärztin wurde mir versichert: „Die kriegen wir durch." Die erste Nacht schliefen wir auf einem sauberen Strohlager in dieser Schule.

Am nächsten Morgen, ich glaube, daß es ein Sonntag war, verfrachtete man uns per LKW in die umliegenden Dörfer. Meine Kinder und ich wurden auf dem Bauernhof von H. R.s in Blankenmoor ausgeladen. Die Aufnahme hier war durchaus freundlich. Von den Kindern der Familie wurden wir angestaunt wie Exoten. Wir sahen aber auch elend, übermüdet, ungepflegt und, was mich anbetraf, ziemlich apathisch aus. Man wies uns ein helles, geräumiges Zimmer zu. Unsere Odyssee war zu Ende, wir kamen zur Ruhe. Erst langsam begriff ich, daß wir heimatlos geworden waren und nichts, aber auch gar nichts besaßen. Diese Erkenntnis war niederschmetternd. Damals habe ich aber wirklich geglaubt, nach etwa zwei Jahren wieder nach Hause zu können.

Bei Familie R. wurden wir ganz in den Haushalt aufgenommen, gut mit Speis und Trank versorgt und regelrecht aufgepäppelt. Frau R., deren vier Kinder etwa im gleichen Alter wie die meinen waren, schenkte mir einen Stapel Babysachen für meinen kleinen Sohn. Dies war eine große Hilfe.

So vergingen die ersten Monate. Hin und wieder gab es Bezugscheine für den dringendsten Bedarf, z. B. für ein Kinderbett. Zum Einkaufen fuhren wir vom Bahnhof Tiebensee nach Heide. Das zusammengelegte Bettchen war sehr schwierig zu transportieren. In Gedanken daran tun mir die Arme heute noch weh. Am 15. Mai hieß es plötzlich, wir müßten unsere Quartiere räumen.

Die Engländer kamen und besetzten die schönen Marschbauernhäuser. Wir sollten nach Wiemerstedt, einem kleinen Geestdorf, gebracht werden. Mit einem kleinen Pferdefuhrwerk ging es durch die schlichte Norderdithmarscher Landschaft, durch das Weiße Moor, durch Borgholz und Weddingstedt unserem Ziel entgegen. Ich meine, daß wir vier oder fünf junge Frauen mit Kindern waren, die so umquartiert wurden. In dem völlig überfüllten Wiemerstedt ging es nun wieder ans Verteilen der Menschen. Wir kamen auf den Hof von Frau St. Im Haus lebten schon Evakuierte aus Kiel und Flüchtlinge aus Pommern. Uns steckte man in eine sogenannte „Kellerstuw" neben der großen Diele. Darin stand ein großes Bett mit einem Strohsack für meine Tochter und mich.

Die kleinen Söhne, zwei und inzwischen ein Jahr alt, schliefen zusammen in

dem neuerworbenen Kinderbett. Damit war das Stübchen voll. Zum Waschen wurde eine einfache Schüssel auf das große Bett gestellt. Nach ein paar Tagen traf meine Schwester mit ihrer Freundin bei uns ein. Sie hatte meine Blankenmoorer Adresse. Dadurch hatte sie uns in Wiemerstedt gefunden. Die beiden mußten auf dem Fußboden schlafen. Jetzt mußten wir zuerst einen Platz für unsere Füße suchen, bevor wir aufstehen und uns hinstellen konnten. Die Enge war vollkommen. Es mußte aber gehen. Für unsere Ernährung mußte ich von nun an selber sorgen. Das ging folgendermaßen: Die Bäuerin, Frau St., kochte für uns fünf Partien einen großen Topf Kartoffeln. Wir anderen bereiteten dann nacheinander unsere bescheidenen Mahlzeiten. Es lief alles ganz friedlich ab und es gab keinen Streit um den Platz am Herd. Geduldig und rücksichtsvoll teilten wir uns unsere Zeit zum Kochen zu. Gegessen wurde in der großen Küche. Kochtöpfe, Teller, Bestecke usw. stellte Frau St. uns zur Verfügung. Die Aufnahme hier war insgesamt, wie schon vorher in Blankenmoor, durchaus verständnisvoll und hilfsbereit.

Der Bauer selbst war anfangs noch interniert, und Frau St. war krebskrank. Dadurch konnte sie schwere Arbeiten, wie z.B. das Melken, nicht mehr verrichten. Ich selbst kam vom Lande und habe Kühe seit jeher geliebt. So ergab es sich, daß ich das Melken übernahm. Als Mithelfer bot sich einer der internierten Soldaten an, der sich nützlich machen wollte.

Herr St. kam etwa im September nach Hause und hat von da an mitgemolken. Frau St. ging es langsam immer schlechter. Sie ist im November 1945 mit 42 Jahren ihrem Leiden erlegen.

Die Kammer bei St.s konnte nicht beheizt werden. Wieder hatten wir das Glück, bei einer guten, verständnisvollen Bäuerin untergebracht zu werden. Frau T., bei der wir jetzt wohnten, war Witwe. Ihr Mann war vor ein paar Jahren gestorben. Zusammen mit einem Ehepaar aus Pommern wurden von uns alle Arbeiten auf dem Hof verrichtet. Ich habe wieder gemolken und auf dem Feld und bei der Ernte mitgearbeitet. Dafür bekam ich Milch, Kartoffeln und Gemüse. Wir sind immer satt geworden.

Eine große Belastung während des Sommers 1945 war für mich die Ungewißheit über das Schicksal meiner Angehörigen. Gleich nach Kriegsende hatten die Engländer eine völlige Postsperre verhängt. Dadurch gingen keinerlei Nachrichten über die Zonengrenze. Ende Oktober wurde die Sperre aufgehoben. Im November erhielt ich die Nachricht, daß meine kleine fünfjährige Tochter, die z.Z. der Flucht bei meinen Eltern in Rastenburg war, bei Verwandten in Berlin sei.

Meine Mutter, im August 1945 aus Rastenburg ausgewiesen, todkrank bis Berlin gekommen und im Oktober dort gestorben, hatte noch kurz vor ihrem Tode meine Tochter den Verwandten übergeben können. Mein Vater ist aus ungeklärter Ursache in Rastenburg umgekommen.

Am 4.12.45 machte ich mich mit allen erforderlichen Papieren auf die abenteuerliche Reise nach Berlin, um meine Tochter abzuholen. Bei Helmstedt ging ich schwarz über die Grenze, was furchtbar aufregend war. Es ging aber gut aus. Schließlich hatte ich meine Tochter wieder. Sie hatte die Zeit im Lager in Rastenburg unter den Russen und unter Großmutters Obhut einigermaßen unbeschadet überstanden.

Am 14.12. waren wir zurück in Wiemerstedt. Weihnachten stand vor der Tür. Mit meinen bescheidenen Zutaten habe ich wirklich ein paar Weihnachtskuchen backen können. Der erste Heiligabend, fern der Heimat, war ziemlich feierlich, wenn wir auch Wehmut empfanden. Ich erinnere mich dieses Weihnachtsfestes immer noch gern. Unsere gute Frau T. hat uns, meine Schwester, die Kinder und mich, zusammen mit dem pommerschen Ehepaar zu sich eingeladen. Für die Kinder gab es ein paar kleine Geschenke. Zum Festmahl gab es Kaninchenbraten, Kartoffeln und Rotkohl. Als die Kerzen am Christbaum brannten, wurden zaghaft ein paar Lieder angestimmt. Da konnte ich meine Tränen nicht mehr zurückhalten.

Der Abend klang dann mit guten Gesprächen aus. Frau T. hatte selbst schwer an ihrem Schicksal zu tragen. Ihr Sohn und Hoferbe galt in Jugoslawien als vermißt. Sie hoffte immer noch auf seine Heimkehr. Dies war aber vergebens, denn er ist nicht wiedergekommen.

Inzwischen ging das Leben mit allen Unzulänglichkeiten weiter. Zu essen hatten wir eigentlich genug. Frau T. hatte mir ein Stückchen Land zugewiesen, auf dem ich, wie zu Hause gewohnt, Gemüse anbauen konnte. Kartoffeln erhielt ich für meine Arbeit und Milch fürs Melken. An Bekleidung mangelte es aber allenthalben. Ich konnte nähen und stricken und habe aus allen möglichen Resten, Bettwäsche oder Tischdecken, für die Töchter Kleider und für die Söhne Sporthemden genäht. Von Frau T. bekam ich die minderwertigere Wolle ihrer Schafe geschenkt. Ich habe Spinnen gelernt und diese Wolle mit Fäden aufgeräufelter Pullover verbunden. Daraus habe ich wärmende Sachen für uns alle gestrickt. Manchmal gab es etwas Bekleidung aus Spenden von der AWO oder dem evangelischen Hilfswerk geschenkt.

Von meinem Mann kam das erste Lebenszeichen Ende 1946 über die Berliner Verwandten. Er war Anfang Mai 1945 verwundet in russische Gefangenschaft geraten und hatte zunächst nach Ostpreußen geschrieben. Als keine Antwort kam, wandte er sich an die Verwandten in Berlin. Nun gingen kurze Nachrichten zwischen uns hin und her. Am 27. 8. 1947 kam er elend, krank und zum Skelett abgemagert, bei uns in Wiemerstedt an. Nur langsam hat er sich erholt. Allmählich fand er den Weg zurück ins Leben.

Die kleinen Stübchen bei Frau T. wurden nun zu klein. Wir mußten noch zweimal innerhalb von Wiemerstedt umziehen, was jedesmal eine leichte Verbesserung bedeutete. Einige Möbelstücke, Haushaltsgeräte und das nötigste Geschirr besaßen wir bereits. Es mußte aber doch eine andere Wohnmöglichkeit gefunden werden. Die ergab sich durch den Bau einer Doppelhaushälfte an unserem jetzigen Wohnort. Mit Hilfe einer Wohnungsbaugesellschaft wurde 1954 mit dem Bau begonnen. Im September 1955 konnten wir einziehen. 1953 und 1958 wurden noch zwei Töchter geboren.

Mein Mann fand 1949 einen festen Arbeitsplatz. Seit 40 Jahren leben wir nun hier, haben uns gut eingelebt, sind voll integriert und haben eine neue Heimat gefunden. Ein Teil unserer Herzen ist aber in unserer ostpreußischen Heimat geblieben.

Geesthacht – Ursula Timmermann

Zusammenrücken

Als der Krieg 1945 vorbei war, kamen viele heimatlos gewordene Menschen in unsere Stadt, unter anderen entlassene Soldaten, die nicht in ihre Heimat zurück konnten. Wir hatten eine schöne Gartenlaube mit Liege, Tisch und Stühlen. Die Pumpe stand gleich daneben. Diese Laube wurde nacheinander zur Unterkunft von drei Männern. Es war ja Frühling. Sie wohnten dort, bis sie nach Hause konnten oder etwas Besseres fanden. In unserem Haus lebten meine Schwiegereltern und ich. Mein Mann war noch nicht aus dem Krieg zurück.

Meine Schwiegereltern hatten zwei Zimmer und eine Küche. Ich hatte zwei Zimmer im Dachgeschoß. Das eine Zimmer hatte ich einer Krankenschwester und einer Schwesternschülerin zur Verfügung gestellt. Sie waren mit einem Lazarett vor den russischen Truppen geflohen.

Kurz vor Weihnachten 1945 kam ein Mann zu uns und sagte: „Ihr habt ja noch Platz genug, ihr müßt eine Mutter mit zwei Kindern aufnehmen!" – „Und wo sollen sie schlafen?" fragten wir. – „Wir schütten Stroh ins Wohnzimmer", war die Antwort.

Da mein Schwiegervater sehr krank war, brauchten wir dieses Zimmer, weil es das einzige warme war. Wir waren ratlos, konnten uns aber nicht dagegen wehren. Da es Winter war und die Liege in der Laube nicht mehr gebraucht wurde, kam sie ins Wohnzimmer, da „Schwester Herta" sich bereit erklärt hatte, dort zu schlafen. Für „Irmchen" stellte ich mein Bett zur Verfügung und schlief auf der Couch.

So konnte Frau K. mit ihren Kindern in mein Schlafzimmer einziehen. Wir bekamen dann noch ein sogenanntes Luftschutzbett und eine „Kochhexe". So hatten sie es auch warm. Man darf nicht vergessen, daß es noch kein Badezimmer gab und das „Plumpsklo" hinten auf dem Hof gelegen war. Die Familie besaß nur das, was sie auf dem Leib hatte. Allerdings hatten sie Unterwäsche mehrfach übereinander gezogen, so daß sie wenigstens etwas zum Wechseln hatten. Was dann noch nötig war, bekamen sie von uns. Nach einigen Wochen mußten sie in ein Auffanglager. Es kamen noch einige „Flüchtlinge" zu uns. Als mein Mann im November 1947 nach Hause kam, wohnte noch eine vierköpfige Familie in dem Zimmer. Sie bekam dann eine Wohnung in unserer Nachbarschaft und ist nach einigen Jahren nach Westfalen gezogen.

1949 starb mein Schwiegervater. Meine Schwiegermutter gab uns ihre Wohnung und zog nach oben. Wir waren inzwischen zu dritt, 1948 war unsere erste Tochter geboren, unser Zimmer war noch immer bewohnt. Unsere letzte Mieterin „Tante Heinrich", wie die Kinder sie nannten, konnten wir woanders unterbringen, so daß wir nach etwa fünfzehn Jahren wieder über das Zimmer für die Kinder verfügen konnten.

Vor einigen Jahren bekamen wir einen Weihnachtsgruß von der Familie, die nach Westfalen gezogen war. Sie bedankte sich dafür, daß wir sie einmal so gut aufgenommen hatten, sie hätte es niemals vergessen.

Darüber haben wir uns sehr gefreut.

* * *

Mölln – Malwine Mittmann

Glückliche Verzögerung

Dann sah ich endlich das Ortsschild von Mölln, der Stadt mit der Brücke über den Elbe-Lübeck-Kanal. Diese Brücke war für mich der Schlüssel, um endlich die erhoffte Sicherheit zu bekommen. Langsam fuhr ich weiter bis zur ersten Straße. Geradezu einladend prangte mir das Straßenschild entgegen. Es war die Friedenstraße. Ich verknüpfte diesen Frieden im Straßennamen mit meinen Wünschen und Erwartungen, und es schien mir ein gutes Zeichen für mein zukünftiges Leben zu sein. Jetzt konnte eigentlich nichts mehr danebengehen. Noch einmal mobilisierte ich meine langsam schwindenden Kräfte, damit ich als krönenden Abschluß meines ersten Reisetages noch das andere Ufer erreichte. Innerlich jauchzte ich, so dicht am Ziel zu sein. Und dann lag sie vor mir – die Brücke – das Symbol aller meiner Hoffnungen.

Doch meine Freude wurde jäh getrübt, denn viele hatten denselben Wunsch wie ich und wollten auch hinüber auf die andere Seite. Also mußte ich mich hübsch hinten anstellen und geduldig warten, denn der Übergang wurde streng von einem britischen Soldaten kontrolliert. Ich muß wohl ein bißchen hilflos und ängstlich umhergeschaut haben, denn eine Frau nahm sich meiner an und gab mir zum Gelingen des Übertritts wertvolle Tips. Ich sollte einfach sagen, ich sei Breitenfelderin, hätte in Mölln entweder gearbeitet oder Besorgungen gemacht und wolle nun zurück nach Hause. Das war alles zwar gut gemeint, und ich bedankte mich auch freundlich für die Ratschläge, aber ich hatte schon Mühe, den Ort Breitenfelde zu behalten, kannte keine dazugehörige Adresse, sprach zudem noch schwäbische Mundart und war ohnehin furchtbar müde. Um jetzt noch glaubhaft klingende Lügengeschichten zu erzählen, fehlte mir zu dieser Zeit einfach die Courage. Also ging ich noch unsicherer, als ich es ohnehin schon war, auf den britischen Wachsoldaten zu. Prompt kam die Frage, woher ich komme und wohin ich wolle. Ich erklärte ihm treuherzig, daß ich mit meinen Eltern von Westpreußen nach Vellahn geflüchtet sei und große Angst vor den Russen hätte, die bald die Amerikaner dort ablösen würden. Er lachte darüber, war aber wohl gleichzeitig geschmeichelt, daß ich diese Furcht vor ihm und seinen Kameraden nicht hatte. Seine Vorschriften ließen es aber leider nicht zu, mich passieren zu lassen. Daraufhin muß ich wohl einen so erbärmlichen und verzweifelten Eindruck auf ihn gemacht haben, daß er mir anbot, mich dann doch am nächsten Morgen kurz vor 6 Uhr hinüberzulassen. Warum es dann besser gehen sollte als am jetzigen Tag, ist mir bis heute unklar. Er beauftragte dann einen deutschen Polizisten, in unmittelbarer Nähe der Brücke ein Quartier für mich zu besorgen. Kurz vor dem Dunkelwerden war ein Platz gefunden.

Ein ausgedienter Hühnerstall auf einem gepflegten Anwesen wurde mir zum Übernachten zugewiesen. Ich atmete erleichtert auf. Jedenfalls hatte ich ein Dach über dem Kopf, und auch Decken lagen bereit. Meine bleierne Müdigkeit ließen mich die Umstände und das Provisorium gar nicht richtig wahrnehmen. So machte ich es mir bequem und war auch schnell, zufrieden mit meiner erreichten Tagesstrecke, im schönsten Schlummer, als mich ein Klopfen wieder aufschrecken ließ. Vorsichtig öffnete ich, und vor mir standen ein Herr und eine kleine zierliche Dame. Irgendwie nahm ich eine große Ähnlichkeit mit meiner verstorbenen Mutter wahr, und ich empfand sogleich eine warme Zuneigung zu dieser fremden Frau. Fast entschuldigend sagten sie mir, daß sie die Hausbesitzer wären. Es täte ihnen leid, daß ich hier im Hühnerstall untergebracht wurde. Sie konnten jedoch nicht wissen, mit wem sie es zu tun haben würden. Sie boten mir ein Bett im Hause an. Ihre Söhne seien noch nicht aus dem Krieg zurückgekehrt und ein Zimmer sei deshalb zur Zeit unbewohnt. Nach anfänglicher und höflicher Weigerung packte ich dann doch meine Habseligkeiten zusammen und ging mit ihnen. Meinen wertvollsten Besitz konnte ich im verwaisten Hühnerstall einschließen.

Wir kamen ins Haus, was für mich ein Erlebnis war. Die fünfwöchige Flucht mit all ihren Entbehrungen und Gefahren und das kärgliche Unterkommen in Vellahn, das waren Gegensätze wie Tag und Nacht zu diesem gepflegten und geschmackvoll eingerichteten Haus. Dann führte man mich in mein Zimmer. Es war einfach der Himmel für mich. Ein heller freundlicher Raum mit einem schneeweiß bezogenen Bett. Dies alles sollte nur allein für mich sein. Dafür habe ich ganz schnell ein herzliches Dankeschön zum Allmächtigen geschickt. Daß ich am nächsten Morgen um 6 Uhr an der Brücke sein sollte, hatte der Polizist bereits mit meinen freundlichen Gastgebern geregelt. Ich schlief ein zweites Mal, noch viel seliger als in meiner ersten Unterkunft, mit guten Gedanken ein.

Als ich am nächsten Morgen aufwachte, saßen vor meinem Bett erwartungsvoll und freundlich lächelnd meine Gastgeber. Da durchfuhr mich ein Schreck. Hatte ich etwa den Übertritt zum anderen Ufer des Kanals verpaßt? Ich fragte unheilahnend nach der Uhrzeit, und als ich hörte, daß mein Termin mit dem englischen Wachsoldaten schon lange verstrichen war, fing ich bitterlich an zu weinen. Sie hatten mir doch versprochen, mich zu wecken. Beide waren ganz verstört, als sie mich so verzweifelt und unglücklich sahen. Sie entschuldigten sich sehr verlegen und versuchten, mich zu trösten. Sie wären zwar zur vereinbarten Zeit dagewesen, aber weil ich so friedlich und glücklich schlief, hätten sie es einfach nicht über ihr Herz gebracht, mich so früh zu wecken. Und außerdem hätten sie bei diesen schlimmen und unsicheren Zeiten große Befürchtungen, wenn ich allein die weite Fahrt nach Württemberg machen würde. Vielleicht wäre es darum besser, doch noch so lange bei ihnen zu bleiben, bis sich alles ein bißchen beruhigt habe und sich bessere Möglichkeiten bieten würden. Aber sie wollten mir selbstverständlich nichts vorschreiben, und ich könnte ja im Laufe des

Tages alles noch einmal in Ruhe überdenken. Wenn ich dann trotzdem noch ans andere Ufer möchte, versprach er mir, mich mit einem Boot überzusetzen.

Das klang so schön und einleuchtend, daß ich nun doch noch diesen Morgen richtig zu genießen begann. Alles stimmte wunderbar überein. Das schöne Zimmer, die lieben Menschen mit ihren großzügigen Angeboten, das Wissen zur gegebenen Zeit ans andere Ufer kommen zu können und zu guter letzt der Gruß der strahlenden Sonne. Ich war richtig glücklich und erleichtert, und so muß ich wohl auch nach diesen tröstenden Worten ausgesehen haben, denn beide Herrschaften schienen über meine Wandlung aufzuatmen und lächelten mir zu. Ich glaube der Funke gegenseitigen Gefallens war in diesem Moment übergesprungen, und wir machten uns endlich miteinander bekannt. Ich war Gast der Familie H.

Frau H. lud mich nach diesem näheren Kennenlernen zu einem gemeinsamen Frühstück ein. Als wir dann am Tisch saßen, gab es außer dem üppigen Frühstück natürlich sehr viel zu erzählen. Ich sprach von meiner eigentlichen Heimat Bessarabien. Erzählte, wie wir dort gelebt hatten, daß wir nach unserer Rückführung zuerst in Sachsen gelandet waren und dann wenige Monate später im Warthegau und in Westpreußen angesiedelt worden waren. Ich erzählte auch, daß mein Vater es ungerecht gefunden hatte, deshalb die Polen von Haus und Hof zu verjagen und daß so etwas nach seinem christlichen Empfinden niemals die Grundlage fruchtbarer Arbeit und friedlichen Lebens sein könnte. Denn gerade wir konnten so eine Behandlung am besten nachvollziehen. Wir hatten leider auf ähnliche Weise Haus und Hof verlassen müssen.

Es interessierte das Ehepaar H., was ein Mädchen von achtzehn Jahren, schon beladen mit so vielen Erlebnissen, sich für ihr weiteres Leben wünschte und ob es überhaupt noch irgendwelche erfreulichen Perspektiven für Deutschland und sich selber erhoffte. Wir kamen vom Hundertsten ins Tausendste und merkten gar nicht, wie die Zeit verging. Ich hatte noch so viel zu erzählen. Es mußte aber nicht alles gleich am ersten Morgen sein. Außerdem war ich sehr neugierig, etwas von meiner gastfreundlichen Familie zu erfahren. So hörte ich also gespannt zu, was mir das Ehepaar H. zu erzählen hatte.

Sie hatten drei Söhne und eine Tochter, die etwas älter als ich war. Alle Söhne waren Soldaten. Der jüngste von ihnen war schon 1941 gefallen, und die beiden anderen waren noch in Gefangenschaft. Leider habe ich noch während unseres Zusammenlebens miterlebt, daß der zweite ihrer Jungen in französischer Gefangenschaft an Entkräftung gestorben ist. Dabei habe ich oft genug gesehen, wie Frau H. jedem am Haus vorbeikommenden Soldaten etwas zu essen hinterher trug; im festen Glauben, daß dann vielleicht auch andere Mütter in derselben Weise ihren noch nicht heimgekehrten Söhnen etwas Gutes tun. Der letzte ihrer Söhne wurde ein halbes Jahr nach diesem morgendlichen Gespräch aus einem Lazarett entlassen. Er hatte nur noch ein Bein, aber er kam als einziger jedenfalls überhaupt zurück. Herr H. selbst wurde noch 1945 während seines Dienstes am Kanal von Tieffliegern angegriffen und so schwer verwundet, daß auch ihm ein Bein amputiert werden mußte. Es war eine Tragik, die heute gar nicht vorstellbar ist, obwohl es zu jener unheilvollen Zeit ein häufiges Familienschicksal war.

Eineinhalb Jahre lebte ich wie eine Tochter im Hause dieser wundervollen Menschen, bis ich einen jungen Mann kennenlernte, der krank und halbverhungert aus dem Krieg nach Hause gekommen war. Er wohnte in einem voll mit Flüchtlingen belegten Haus mit seiner noch unmündigen jüngeren Schwester. Der Vater war 1944 in Wilna gefallen und die Mutter im gleichen Jahr bei der Arbeit in der Munitionsfabrik in Mölln ums Leben gekommen. Wir haben versucht, gemeinsam die schlimmen Ereignisse der Kriegszeit aufzuarbeiten und besser zu verkraften.

Es war für mich hilfreich und gut, in einer von Not gezeichneten Zeit und persönlich bedrängten Lage so verständnisvollen Menschen zu begegnen wie meinen damaligen Gastgebern. Sie haben mir trotz ihres eigenen schmerzlichen Schicksals so viel menschliche Größe gezeigt und vorgelebt, daß das für meinen weiteren Lebensweg immer Vorbild geblieben ist. Es war ganz einfach ein Glücksfall für mich, zu dieser Zeit in diesem Haus bei diesen Menschen so herzlich aufgenommen worden zu sein.

* * *

Ratzeburg – Ingeborg Hammer

Kriegsende mit Buttercremetorte

Können Sie sich vorstellen, wie überwältigend die Freude für mich war, als ich am 7. Mai 1945, einen Tag vor Kriegsschluß, Geburtstag hatte und eine Buttercremetorte geschenkt bekam?

Nach dramatischer Flucht von Kolberg war ich nach Ratzeburg, der Stadt, in der ich glückliche Kindheitstage erlebt habe, zurückgekehrt.

„Wir dachten, du lebst nicht mehr", sagte die Mutter meiner Freundin, als sie die Tür auf mein Klingeln hin öffnete. „Komm rein, schön, daß du durchgekommen bist." Wir fielen uns überschwenglich in die Arme. Nach dem Tode meiner Eltern, ich war damals gerade acht Jahre alt, kümmerten sich die Mutter meiner Freundin und meine Freundin sehr um mich, und ich fühlte mich sehr zu ihnen hingezogen. Als ich dann mit zehn Jahren zu meiner Patentante nach Stettin geholt wurde, dachte ich in den folgenden Jahren oft voller Sehnsucht an Ratzeburg. Und jetzt war ich als junges Mädchen zurückgekehrt.

Liebevoll wurde ich aufgenommen. Und ich entdeckte, daß Tante W. noch anderen Menschen half. Das Haus lag in der Nähe des Bahnhofs. Auf den Abstellgleisen befanden sich Lazarettzüge, in denen verwundete Soldaten wohnten. Tante W. bekam abends häufig Besuch von ihnen. Sie wusch deren Wäsche und lud sie zu Bratkartoffeln ein. Sie war eine Art Mutter Courage.

Schnell lebte ich mich ein. Ich traf frühere Klassenkameraden wieder und wurde überall freudig begrüßt.

Eines Morgens fragte mich der Vater meiner Freundin: „Du hast doch im Pflichtjahr melken gelernt, kannst du es noch?" – „Das verlernt man nicht, warum fragst du?" ant-

wortete ich. „Ja, auf der Koppel in der Nähe weiden so viele Milchkühe, da fällt es sicher nicht auf, wenn du mal eine melkst, dann hätten wir Milch und auch Butter." Ich dachte nach. Ein interessantes Experiment. „Ich kann es aber nur mit Schwanz-anbinden, ich riskiere es", entschied ich mich.

Wir ließen den Abend kommen. Ein sternklarer Himmel überwölbte uns. Es war völlig windstill. Mit Hocker, Eimer und Strick zum Anbinden machten wir uns auf den Weg. Der Vater meiner Freundin hatte am Vormittag eine Kuh mit besonders dickem Euter ausgeguckt. „Die rechts neben dem Holunderbusch ist es", sagte er mit leiser Stimme. Ich pirschte mich heran, drückte den Dreibeinhocker in den Boden, setzte mich und umschlang den Schwanz der Kuh mit dem Strick. Die Kuh stand unbeweg-lich und drehte nur langsam ihren Kopf zu mir um. Ich faßte mit Melkergriff an ihre Zitzen und der erste Milchstrahl spritzte in den Eimer. Das Geräusch unterbrach die Stille der Nacht. Mein Herz begann, schneller zu schlagen. Und dann ging es wieder wie früher, ganz einfach und schnell, bis der Eimer voll war. Erleichtert stand ich auf und sagte „danke" zu der Kuh, entband sie von der Einengung des Strickes und fühl-te mich erleichtert. Wir waren übermütiger Stimmung, als wir nach Hause gingen. Nur der Mond hatte unsere Diebestat gesehen. „Ich schöpfe den Rahm ab", sagte die Mut-ter meiner Freundin voller Freude.

Es blieb etwas Einmaliges. Denn am nächsten Tag kam es heraus. Der Gutsinspek-tor wollte dem Dieb auf die Spur kommen und ließ Kontrollen einrichten. Ich hatte inzwischen ein schlechtes Gewissen.

Aber als ich Tage später Geburtstag hatte, wie gesagt, einen Tag vor Kriegsende, überraschte Tante W. mich mit einer Buttercremetorte. Können Sie sich vorstellen, welchen Wert sie damals hatte? Am liebsten hätte ich jeden Bissen dreißigmal gekaut, wie unser Physiklehrer es in der Schule als richtig empfohlen hatte. Jeder Bissen zerging auf der Zunge. Es war für mich ein unvergeßliches Geschenk.

Am Tag darauf wurde das Kriegsende proklamiert. Keine Bomben sollten mehr fallen. Überwältigende Gefühle brachen auf. Die Soldaten kommen zurück, und vielleicht gibt es mehr zu essen. In weiter Ferne wohl auch eine Zeit des Friedens unter den Völkern. Es konnte nur bergauf gehen.

Und es ging bergauf, langsam Jahr für Jahr.

Es gab irgendwann auch wieder Buttercremetorten zu kaufen.

Nie hat mir eine so gut geschmeckt wie meine Kriegsende-Torte!

* * *

Ritzerau – Gertrud Zander

Schmerz verbindet mehr als Freude

Von Travemünde aus wurden die Flüchtlinge, die Schleswig-Holsteiner Boden erreichten, auch hier im Land verteilt. Viele kamen mit der Bahn über Lübeck nach Mölln. Von dort mußten Gespanne die Flüchtlinge abholen, um sie dann in unseren Dörfern unterzubringen.

Unsere Küche sah viele Frauen in dieser Zeit und noch mehr Kinder. Eine Frau nannten wir „Mutter Hacks". Vier Kinder hatte sie, drei Mädchen und einen kleinen Jungen. Sie waren im Heim untergebracht. Der Junge hieß Gustav und hatte keine Schuhe. Bei uns lagen noch welche in einer Truhe. Nie werde ich die Augen des Jungen vergessen, als Mutter ihm die Schuhe gab. Vormittags brachte Mutter Hacks Kartoffelschalen für unser Vieh. Gustav war stets dabei und manche Kleinigkeit wanderte in seine kleine Hand. Viele Jahre kam diese kleine Familie, die auch später ohne Vater blieb, vom Heim zu uns. Dann hieß es bei uns: „Mutter Hacks kommt mit dem Gustävelchen."

Außerdem kam eine Ostpreußin zu uns, die mit dem Fahrrad geflüchtet war. Nach ihrer Schilderung der Fahrt durch unsere Knicks hieß sie bei uns „Frau Meta". Zwischen Mutter und Frau Meta spielten die Gespräche über die Post die Hauptrolle. Beide warteten, keine konnte von Post oder Nachricht berichten.

Viele Flüchtlinge und Ausgebombte hatten ihren Milchtag bei Mutter. Frau M. kam vom Forstamt, wo es voller geworden war. So lebte auch Frau Z. mit ihrem Mann dort. Sie wohnten im Chefbüro des Forstmeisters. Sie bot Schneiderdienste an.

Im Dienstzimmer lebten B.s, ein Ehepaar mit zwei Söhnen und einer Oma. B.s gingen über die große Diele zum leerstehenden Pferdestall, dort wurde ein Herd gemauert, und nun hatten sie dort ihre Küche. Im Revierförsterhaus lebte zusätzlich das Ehepaar S. Alle hatten Milchtöpfchen. Mutter verteilte die Milch für eine Familie täglich.

Im Heim lebte Familie W. Nie habe ich genau erkennen können, wie viele Köpfe zu den Familien gehörten. Es war kaum möglich, alle Menschen zu kennen, die im Heim wohnten. Immer waren es Mütter, Kinder und Omas. Selten waren Männer dabei. Der Krieg hatte schon so viel Unheil angerichtet.

Im ersten schweren Winter nach der Flucht wurde Mutter gefordert. Sie wurde ruhiger nach der grausamen Gewißheit, daß auch wir mit der Unsicherheit über das Schicksal unseres Konrads leben mußten.

Im Winter war es mir oftmals nicht möglich, aus den entfernten Dörfern nach der Abendkontrolle nach Hause zu fahren. Überall räumte man bereitwillig ein Bett für mich ein.

Unsere Dörfer waren überfüllt. Planwagen lagen in den Wäldern. Am Sonntag kamen junge Mädchen aus diesen Wagen. Sie gingen durch unser Dorf zum Gottesdienst nach Nusse. Warm angezogen, an den Füßen Pelzstiefel, so war man im Winter in Ostpreußen auf die Flucht gegangen.

Es gab die ländliche, die städtische und die Trauerkleidung, die fast alle Trauernden gleich machte. Schmerz verbindet mehr als Freude, und wir, die junge Generation, suchten nicht nach großen Freuden. Es lohnte das Suchen nicht, denn man fand kaum Freude. Es gab nichts, was wir behalten konnten. Ein Gruß, ein Kuß, es war ein flüchtiges Glück. Bevor etwas begann, wußte man schon, man würde es wieder verlieren.

* * *

Roseburg – Karl Kannieß

Behandelt wie Aussätzige

Im März 1946 wurden wir aus Schivelbein, Krs. Belgaro in Hinterpommern, von den Polen brutal aus unseren Häusern vertrieben. Ich war damals neunzehn Jahre alt. In Viehwaggons wurden wir nach Stettin gefahren. Hier wurden wir in einem Krankenhaus gesammelt. Die Quälereien der Polen möchte ich hier nicht weiter schildern. Von Stettin aus wurden wir auf ein Schiff gebracht, welches unter englischer Führung stand. Dies brachte uns dann über Bornholm nach Lübeck-Pöppendorf. Hier wurden wir mit 100–200 Personen in Nissenhütten untergebracht und leidlich verpflegt. Dann wurden wir mit einem LKW nach Mölln in Lauenburg zum Bahnhof transportiert. Hier standen wiederum Trecker und LKW bereit, die uns überland verfrachteten. So kamen wir nach Wotersen in das Schloß des Grafen B.

Im Schloß waren in zwei großen Räumen auf dem Fußboden Schlafplätze aus Stroh eingerichtet worden. Zwölf bis achtzehn Personen mußten sich einen Raum teilen. Verpflegt wurden wir von der Gutsküche. Wir wurden von den eigenen Landsleuten wie Aussätzige behandelt, obwohl wir 1943–44 in Pommern Bombenopfer aus Hamburg und Berlin aufgenommen und mit ihnen alles geteilt hatten.

Nach ein bis zwei Wochen wurden wir dann auf die umliegenden Dörfer Roseburg, Güter, Pampau und Siebeneichen verteilt. Wir blieben in Roseburg und wurden dort in die Mühle eingewiesen. Hier ging das Mißtrauen weiter. Alles wurde vor uns abgeschlossen. Wir hatten nichts zu essen und mußten betteln gehen. Dabei wurde uns gesagt, daß wir fortgehen sollten. Diese Mühle gehörte damals einer Familie H. Zur Mühle gehörte auch eine Viehhaltung. Ein Kalb hatte ein großes Gewächs am Halse und mußte notgeschlachtet werden. Hausmädchen der Müllerin brachten uns dann ein großes Stück Fleisch. Es war genau das Stück, an dem das Gewächs saß. Obwohl wir großen Hunger hatten, haben wir dieses Fleisch in den Mühlenteich geworfen.

Ich bin jetzt mit einer Pommerin verheiratet. Sie kam damals nach Mölln und wurde in Baracken, in denen vorher Russen und Polen gelebt hatten, eingewiesen. Zu essen gab es lediglich Wassersuppen. Die Vertriebenen wurden auch hier von den Einheimischen beschimpft.

Wenn wir etwas bekamen, sei es Bekleidung oder Essen, dann hieß es immer: „Ja die Flüchtlinge, die kriegen alles." Dies blieb so lange, bis wir uns durchgesetzt hatten, Arbeit fanden und darin unsere Leistungsfähigkeit zeigen konnten.

Im nachhinein betrachtet, ist unser heutiges Leben das Verdienst eigener Arbeit und nicht der Hilfe der Einheimischen zu verdanken. Die Einheimischen hatten es hingegen in allem leichter.

Ich bin mittlerweile 61 Jahre geworden, aber meine Heimat ist Schivelbein in Hinterpommern.

Drelsdorf – Günter Behling

Zwischenstation Landjugend

Abends erreichten wir Bad Segeberg. Britische Militärlastwagen brachten uns zum nahen Wellblechbarackenlager „Influx Bad Segeberg", wo wir gut verpflegt wurden und einen Tag blieben. Bei der Registrierung wurden etwa je sechzig Personen auf die Kreise der Westküste verteilt.

Mein 85jähriger Stiefgroßvater war durch die Strapazen der sechswöchigen Reise so geschwächt, daß er nicht mehr transportfähig war. Er kam in die Sanitätsstation des Lagers und sollte ins Krankenhaus Boostedt gebracht und uns nach Genesung nachgeschickt werden. Spätere Nachfragen ergaben, daß er nicht in Boostedt ankam. Alle weiteren Nachforschungen verliefen ergebnislos.

Am 16. Juli brachten uns Lastwagen zum Bahnhof und wir bestiegen bedachte Güterwagen, je mit etwa 50 Personen besetzt. Nach einer Fahrt durch Mittelholstein und an der Westküste entlang erreichten wir mittags Husum. Auf dem Güterbahnhof standen offene Lastautos, die wir mit Bündeln unserer ärmlichen Habe bestiegen. Über Hattstedt, wo etwa zehn Personen abstiegen, ging es nach Bohmstedt zum strohgedeckten Gasthof „Hohenhörn", wo wir mit der Familie unseres Bürgermeisters L. abstiegen. Im Saal, wo schon eine Anzahl Leute lag, verbrachten wir eine Nacht.

Am nächsten Morgen holte uns ein kleiner Milchwagen ins drei Kilometer entfernte Drelsdorf. Im voll belegten Saal der Gastwirtschaft Friedrichsen unweit der Kirche war nun für uns auf einem Strohlager „Endstation".

In der Waschküche hinten auf dem Hof kochte jeder mit gesammeltem Holz die auf Marken zugeteilten kargen Lebensmittelportionen. Man erbettelte sich zusätzlich in der Windmühle etwas Mehl und ein paar Kartoffeln von freigebigen Bauern. Ich war mehrere Tage zum Torfgraben in Bordelum bei Viöl.

Meine Cousine, die in Neustettin/Pommern als Telefonistin beim Fernamt war, konnte bald im nahen Bredstedt beim Postamt ihre alte Tätigkeit wieder aufnehmen. Sie wohnte dort privat in einem Zimmer.

Meine Tante und mein Bruder fanden erst nach vielen Wochen Aufnahme in einem kleinen Zimmer bei einem Bauern in Drelsdorf-Norderfeld. Sie genossen „Familienanschluß" und halfen auf dem Hof mit.

Die Buslinie von Bredstedt über Drelsdorf nach Husum wurde stark genutzt. Oft kamen nicht alle mit. Viele wollten zum Schwarzmarkt nach Husum. Es kam zu häßlichen Szenen untereinander.

Der Besuch einer weiterführenden Schule – ich war zu Hause zur Oberschule bis Obertertia gegangen – war nicht möglich. Um eine Bleibe zu haben und um mit Essen versorgt zu sein, begann ich bald bei einem Bauern in Bohmstedt als Gehilfe zu arbeiten, für monatlich 30,– Reichsmark. Da der Hofbesitzer in Rußland vermißt war, führte ein Ostpreuße mit der Bäuerin den Hof. In einem Zimmer des Hauses logierte eine mehrköpfige Familie aus Ostpreußen. Der Mann war schon aus der Wehrmacht entlassen, aber arbeitslos. Zum Anziehen gab es kaum etwas auf Bezugschein. Ich hatte nur ein Paar Schuhe und wenig Kleidung.

Später gab mir der Bauer Emil S. aus Drelsdorf in zwei Winterhalbjahren die Möglichkeit zum Besuch der Landwirtschaftsschule im sechs Kilometer entfernten Bredstedt. In meiner Klasse waren drei Vertriebene aus Pommern. Ich verdiente während der Schulzeit bei freier Kost und Logis 20,– DM monatlich und half halbtags auf dem Hof mit.

Ich lernte das einheimische Platt mühelos und engagierte mich in der Landjugendarbeit. Jüngere konnten sich leichter anpassen als ältere Landsleute aus dem Osten, die zum Teil verzweifelten aus Sorge um ihre Zukunft. Sie hofften noch lange vergebens auf eine Rückkehr in die Heimat.

Da sich für mich keine befriedigende Tätigkeit in der Landwirtschaft abzeichnete, ging ich 1956 nach Hamburg als Monteur und Busfahrer. Nach Kauf eines Einfamilienhauses in Tornesch war ich bis zum Ruhestand 1992 als Kraftfahrer tätig.

Rückblickend kann ich bemerken, daß die Aufnahme der vielen Vertriebenen in Schleswig-Holstein unterschiedlich freundlich und entgegenkommend war. Die Gegensätze schwanden allmählich und nach dem Fortzug vieler ist die Integration der hier Verbliebenen nach einigen Jahrzehnten beendet. Ich zum Beispiel bin seit über 35 Jahren mit einer Schleswig-Holsteinerin glücklich verheiratet! Ich bezweifle, ob die Einheimischen, hätten sie in den Osten ziehen müssen, besser aufgenommen worden wären, als wir es hier wurden.

* * *

Enge – Waltraut Liedtke

Zeit ohne Hoffnung

Einen ganzen Tag warteten wir auf dem Güterbahnhof in Hamburg-Eidelstedt, bevor wir, auf die Bremserhäuschen eines Kohlenzuges verteilt, die Fahrt nach Norden antreten konnten. Morgens waren wir in Flensburg und fuhren dann in einem normalen Personenzug weiter nach Leck. Der Zug war überwiegend von Polen benutzt, was uns sehr erstaunte. Noch mehr staunten wir über das zarte Weißbrot, das sie aßen. Wir müssen wohl sehr hungrig zugeschaut haben, denn einer schenkte uns ein Brot. „Wie de lewe Sonnke so hell" sagte Mutter und nahm es als gutes Zeichen. In Leck telefonierten wir mit Enge, ließen Vater benachrichtigen und warteten. Die Serviererin in der Bahnhofsgaststätte verkürzte uns die Wartezeit, indem sie immer wieder von der humanen britischen Besatzung erzählte. Besonders die Offiziere fand sie sehr human.

Dann kam mein Vater mit dem Pferdewagen. Jeder hatte den anderen für tot gehalten oder wenigstens für verschleppt und jetzt kam es zu diesem Wiedersehen. Er war betroffen, wie wenig Gepäck wir noch hatten und wie verhärmt Mutter aussah.

Nordfriesland ist das Land Theodor Storms. Hier sollten wir ein neues Zuhause finden. Es war Mitte November und das Land wirkte kalt und abweisend. Alle Farben waren düster und hart. Nichts von der Leuchtkraft, dem Glanz des Sommers, den Emil Nolde in seinen Bildern so gut festgehalten hat. Sie sollte ich erst später kennen und lieben lernen. Durch diese endlose Weite der Landschaft fand das Auge nirgends einen Ruhepunkt. Nur im Osten war der schmale Streifen des Langenberger Forstes mit der Rantzauhöhe zu erkennen. Davor war braunes Heideland. In der Heimat hatte uns die liebliche, abwechslungsreiche Wald- und Seenlandschaft des Baltischen Höhenrückens umgeben, die sich so viel freundlicher darbot.

Enge war ein langgestrecktes Bauerndorf zwischen Marsch und Geest. Wie Perlen auf einer Schnur reihten sich die Friesenhäuser aneinander. Die dunklen Reetdächer wirkten tief geduckt. Es gab kein leuchtendes Rot wie daheim. Mensch und Tier wohnten unter einem Dach.

Alle Hoffnungen zerplatzten wie Seifenblasen. Vater bewohnte nur einen unheizbaren Hausflur. Niemand wollte uns aufnehmen. Mit Polizeigewalt wurden wir bei einem alten Ehepaar einquartiert. Wir besaßen jetzt ein Zimmer für vier Personen ohne Nebenräume. Der Ofen qualmte sehr, weil er undicht und das Holz naß war. Anstelle von Kartoffeln erhielten wir nur klebriges Maisbrot, weil die Bauern ihr Soll an Kartoffeln abgeliefert hatten und keine mehr abgaben. Wir besaßen weder Teller noch Tassen. Der eine Kaufmann verkaufte uns zwei Teller und zwei Tassen, während der andere absolut nichts hatte. Doch nach der Währungsreform prangte in seinem Fenster über einem Stapel Porzellan das Schild: „Noch Friedensware". Eine Kaffeekanne lieh uns die Frau des Bürgermeisters. Wir haben sie gehütet und mit Vorsicht behandelt und wieder zurückgegeben, als es wieder etwas gab.

Irgendwie ging es weiter. Nach all diesen Anfangsschwierigkeiten lebten wir uns im Laufe der Zeit recht gut in Enge ein.

Wo sich eine Arbeit bot, griffen wir zu. Mit einem Pferd begann mein Vater einen bescheidenen Fuhrbetrieb. So fuhren wir zum Bahnhof, mit Brot über die Dörfer (für ein Brot als Entlohnung) oder Menschen zum Arzt oder zur Behörde. Da wir kein Radio und keine Zeitung hatten, ging die politische Entwicklung ziemlich unbemerkt an uns vorüber. Wir waren zu sehr damit beschäftigt zu überleben.

* * *

Husum – Luise Doormann

Tagebuchaufzeichnungen

Wir sind nun froh, daß wir nach langem Suchen endlich ein kleines Zimmer gefunden haben. So können wir doch wenigstens unsere Sachen unterstellen. Eng ist es ja, zwei Betten, ein Tisch, drei Stühle, ein Korbsessel und ein Schreibtisch, der aber ganz mit Sachen unserer Wirtsleute gefüllt ist. Vater hat seine Schlafstelle in einer Kammer, fünf Häuser weiter. Ich habe einen Strohsack zum Schlafen und liege ganz gut auf dem Fußboden. Wir wohnen Süderstraße 101 bei J. Vater schläft Süderstr. 75 bei S. Hier enden fast alle Namen mit „sen", z. B. Siewert Siewertsen, Knud Knudsen, Peter Petersen, Harmsen, Paulsen, Hinrichsen, Jensen. Der seltsamste Name, der mir hier auffiel, ist Sibbern Sibbernsen.

Die Familie J. sind nette Leute. Ein Sohn ist gefallen, einer in amerikanischer Gefangenschaft. Einen Jungen von 13 Jahren und ein Mädel von 11 Jahren haben sie noch. Husum ist eine Stadt, etwa so groß wie Belgard. Die Nordsee ist ungefähr drei Kilometer entfernt.

Mir ist alles so fremd und so neu. In der Schule lernten wir, daß die Nordsee immer 6 Stunden Ebbe und 6 Stunden Flut hat. Hier aber habe ich das mit eigenen Augen gesehen. Das ist recht komisch. Wenn man das nicht kennt, kann man es sich nicht recht vorstellen. Das Land ist völlig eben und man kann meilenweit sehen. Es gibt keinen Wald, kein Kornfeld, nur Wiesen, Wiesen und nochmal Wiesen mit vielen Schafen. Die Nordsee ist durch einen Deich abgeschlossen. Strand wie in Kolberg gibt es nicht, alles ist Gras. In der Ferne sieht man Halligen.

Husum selbst ist keine besonders schöne Stadt. So richtig eine „graue Stadt am grauen Meer", wie Theodor Storm sagt. Ich war auch am Grabe von Theodor Storm. Es hat eine ganz einfache Steinplatte ohne jeden Schmuck. Die Häuser sind hier oft winzig klein. Mit Belgard kann Husum sich nicht vergleichen.

Ich muß jetzt soviel an Gundel und die beiden Christas und alle anderen denken. Ob Gundel und Christa Schnabel noch leben? Ob Christa J. ihre Eltern erreicht hat? Hoffentlich! Sobald wieder Post geht, will ich an alle schreiben. Von Tante Lotte, Ursel und Doris fehlt jede Spur. Unsere letzte Hoffnung ist, daß sie noch in Belgard leben. Und die anderen Verwandten?

Die Langeweile ist hier auch nicht schön. Aber es gibt hier wenigstens eine Bücherei, in der ich mir was zum Lesen holen kann. J.s haben einen Garten, in dem wir manchmal sitzen können. In Husum gibt es einen schönen, großen Park. So etwas fehlte in Malchin.

Der Tagesablauf beginnt um 7.30 Uhr. Das kleine Zimmer ist schnell fertig gemacht. Dann vergeht fast der ganze Tag mit Anstehen beim Fleischer, beim Bäcker, beim Kaufmann, beim Gemüsemann, beim Fischhändler oder Milchhändler. Überall muß man stundenlang stehen. Ich kürze mir die Wartezeit mit Lesen ab. Die Hauptsache ist, daß man noch etwas bekommt. Mittag haben wir in der ersten Zeit immer in der „Volksküche" gegessen. Seit wir ein Zimmer haben, holen wir das Essen von dort. (Wir haben ja keinen Herd, keine Töpfe ...). Es gibt fast immer dasselbe: Graupen mit Wrucken, Graupen mit Gemüse, Graupen mit Rhabarber oder ähnliches. Einmal gab es Erbsen, die sehr gut schmeckten. Sonst ist man froh, wenn man halbwegs satt ist! Aber manchmal kann Mutti selber kochen. Das ist jedesmal ein Festtag!

Husum, den 27. 5. 45

Einen kleinen Ofen (Kochhexe) hat Vater uns besorgt. Das Ofenrohr geht aus dem Fenster. Aber wir haben keine Feuerung. Jedes Stückchen Holz, das auf der Straße liegt, nehmen wir mit. Kartoffeln sind hier sehr knapp. Es gibt kaum welche. Da waren wir aber in Belgard viel besser dran.

Man muß Mutti bewundern, wie sie immer noch etwas auf den Tisch bekommt! Wenn wir das Essen aus der Volksküche holen, hat sie oft noch eine Grießspeise oder Salat bereitet.

In Schleswig-Holstein sind sehr viele Schafe. Auch in Husum und Umgebung gibt es viele. Wir suchen oft Wolle, die die Schafe verlieren oder die an den Zäunen hängen bleibt. Wir haben schon fast 600 Gramm Rohwolle gesammelt. Diese müssen wir zupfen, wobei aber noch viel Schmutz zurückbleibt. Später wird die Wolle gesponnen. Vorige Woche waren Vater, Mutti und ich im Finkhaushallig-Koog. Wir wollten „hamstern" und Wolle suchen. Als wir zurückkamen, hatten wir ca. 20 Pfund Kartoffeln und 375 Gramm Wolle! Die Kartoffeln hatte Mutti „organisiert" (erbettelt), und die Wolle hatten Vater und ich gesammelt.

Vater hat ein herrliches Talent im Organisieren. In der letzten Zuteilungsperiode für Lebensmittel gab es als Sonderzuteilung Bohnenkaffee. Diesen Kaffee haben wir gegen Kartoffeln und Holz getauscht.

Mutti hilft in einem Geschäft als Putzfrau. Dafür bekommen wir manchmal einen Teller, eine Tasse oder gar einen Kochtopf. Alles hilft weiter!

Hier in Husum gibt es mehrere Buchhandlungen. In der einen ist ein netter Herr. Ich war einige Male dort und habe mit ihm über meine Ausbildung gesprochen. Einstellen kann er mich aber nicht. Es heißt, daß alle Flüchtlinge zurück sollen. Man

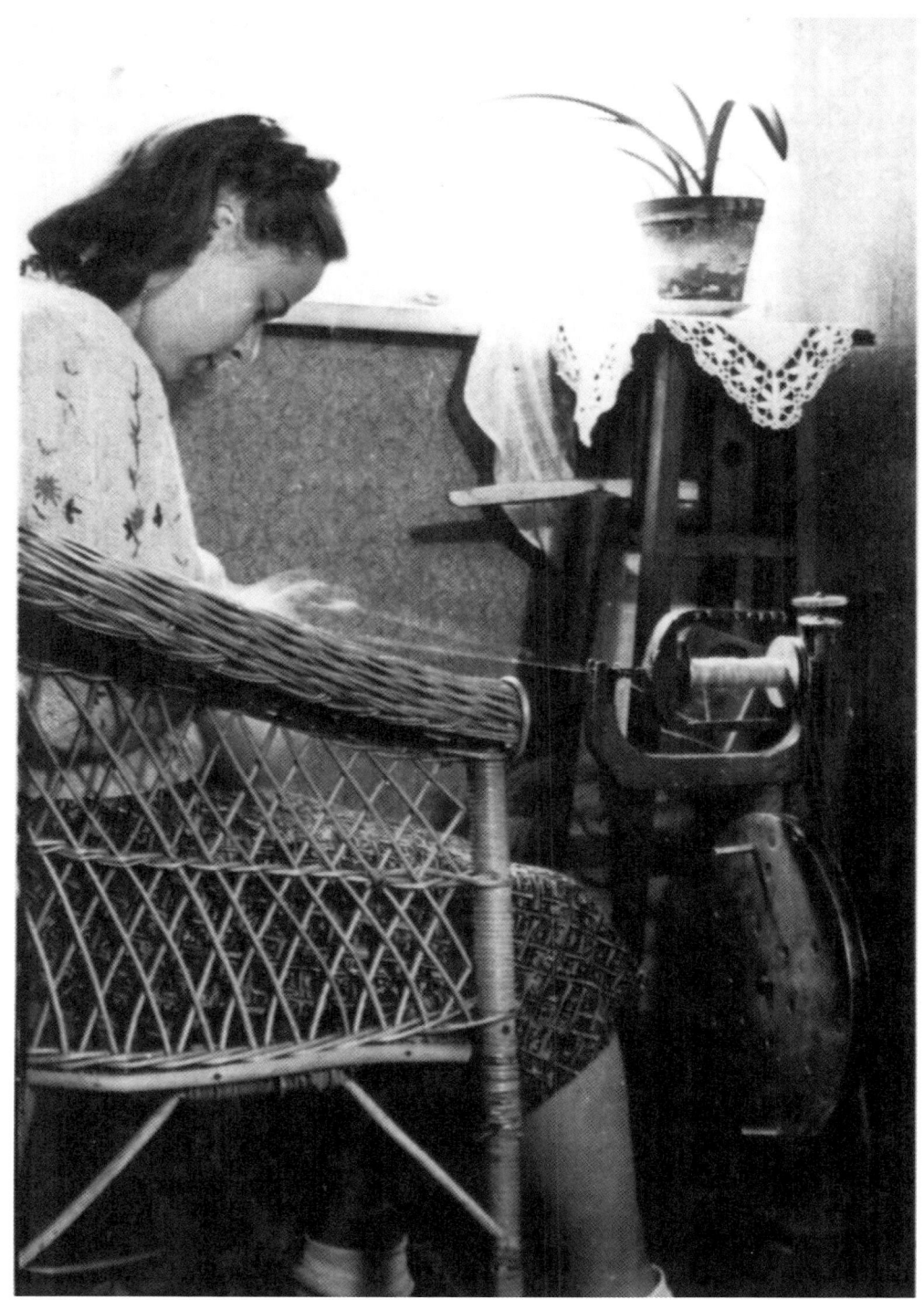

Erster Versuch am Spinnrad mit selbst gesammelter Wolle im Juni 1945

weiß nicht recht, was man davon halten soll? Ob es wahr ist? Ob Pommern polnisch wird? Man hat jetzt soviel Fragen, aber man kann nichts anderes tun, als abwarten.

Husum, den 31. 5. 45

Heute habe ich wieder zwei Stunden nach Fischfilet angestanden und gestern ebenso lange nach Flundern. Aber das ist das Schöne in Husum, man bekommt fast jede Woche Fische. Allerdings muß man dafür 2–3 Stunden anstehen. Morgen soll es vielleicht Räucherflundern geben. Die Fische helfen sehr über die schwierige Ernährungslage hinweg. Die Rationen sind wieder gekürzt worden. Für eine Person gibt es in der Woche 150 Gramm Fleisch, 100 Gramm Fett, 1 Brot, 75 Gramm Nährmittel. Dazu jeden 2. Tag 1/4 Liter Magermilch. Aber Mutti und Oma bekommen uns noch immer satt. Wie sie das machen, ist ein Wunder. Wir waren nochmal Wolle suchen und haben etwa 300 Gramm gefunden. Jetzt haben wir bald 1000 Gramm. Aber wenn der Schmutz weg ist, bleibt sicher nur die Hälfte übrig. Um die Wolle zu finden, laufen wir fast 5 Kilometer weit. Hin und zurück ergibt das eine ganze Strecke. Aber wenn schönes Wetter ist, geht man gern.

Husum, den 12. 6. 45

Jetzt haben wir schon 600 Gramm gezupfte Wolle, dazu noch eine Menge ungezupfte. Wenn wir doch jemand fänden, der die Wolle spinnt! Aber da gibt es wenig Hoffnung. Vorige Woche hatte Mutti 43. Geburtstag. Da haben wir uns eine Stachelbeertorte geleistet. Man bekommt beim Bäcker gegen Abgabe von 4 Eiern, 150 Gramm Zucker und 200 Gramm Mehl einen Tortenboden. Die Stachelbeeren hatte uns Frau J. eingetauscht: 1 Pfund Stachelbeeren gegen 100 Gramm Zucker. So hatten wir Geburtstag gefeiert. Ingrid J. hatte am selben Tag wie Mutti Geburtstag. Am Tag vorher bin ich zu dem netten Buchhändler gegangen, und er hat mir wirklich ein Buch verkauft! Ich bin ihm sehr dankbar dafür, denn ich weiß ja, wie knapp die Bücher sind. Umso mehr habe ich mich gefreut.

Am 2. Juni hatte der englische König Geburtstag. Der Tag fiel auf einen Sonnabend. Obwohl dies ein Wochentag war, wurde der Sonnabend allgemeiner Feiertag. Die Geschäfte blieben geschlossen, und jeder bekam 150 Gramm Fleisch als Sonderzuteilung!

Aus Belgard und Köslin sind verschiedene Bekannte hier. Tante Lotte ist zuletzt in Kolberg gesehen worden.

Husum, den 16. 6. 45

Wenn man doch wüßte, was aus ihr geworden ist! Frau V. und Frl. B., die beide hier sind, haben uns erzählt, daß sie dreimal am Sonnabend im Persanteschlößchen bei F.s, angerufen haben. Das erstemal hat Herr F. gesagt, „Oben schlafen alle, ich kann nicht stören", das zweite Mal sagte Herr F.: „Sie sind nicht da", und beim dritten Mal: „Sie sind schon mit P.s gefahren." Aber alles stimmt nicht. Herr F. soll total betrunken gewesen sein! Wo waren nur Tante Lotte, Ursel und Doris? Herr Dr. B. aus Bad Polzin hat einen Brief bekommen. Der war von einer Frau aus Polzin geschrieben und auf

Umwegen mit der Bahn durch einen Schaffner hier angekommen. Furchtbare Dinge standen im Brief! Davon möchte ich nicht schreiben.

Vorgestern ist die Post wieder eröffnet worden. Aber leider nur für eine kurze Strecke. Ich habe so sehr gehofft, endlich mal an Gundel schreiben zu können, aber bis dahin geht keine Post. Wie mag es ihr wohl gehen? Vielleicht sind Gundel und ihre Mutter auch an einen anderen Ort gekommen, und womöglich ganz in der Nähe von Husum? Ob wir uns nochmal sehen werden? Wir haben auch gleich nach Schwerin an Christa J.s Eltern geschrieben und hoffen nun, von ihnen Nachricht über den Verbleib von Christa zu erhalten. Malchin soll noch am Tag unserer Flucht einen schweren Angriff gehabt haben. Und wo mag Christa S. sein? Vielleicht ist sie nach Thüringen, wo ihre Mutter war. Aber in Thüringen sind auch die Russen. Ab und zu kommt eine Zeitung. Die Engländer haben sich aus Sachsen und Thüringen zurückgezogen. Dafür sind dort jetzt die Russen. In der Zeitung stand auch, daß in Deutschland noch für zwei Monate Lebensmittel vorhanden sind und daß nach Ablauf dieser Frist mit größten Schwierigkeiten zu rechnen ist.... Was wird uns die Zukunft noch bringen??? Mit dem Wollesuchen ist es jetzt leider auch zu Ende. Der Weg nach Finkenhaushallig ist für den Verkehr von den Engländern gesperrt. Wir haben 920 Gramm gesammelt. Vielleicht finden wir noch an anderen Stellen wenigstens 80 Gramm damit wir zwei Pfund haben. Wir haben jemand gefunden, der uns die Wolle spinnen will. Als Gegenleistung soll Mutti für die Frau eine Jacke stricken.

Husum, den 28. 6. 45

Wir haben an Frau S. nach Hamburg geschrieben. Es geht ihr und den Kindern gut. Frau S. verbrachte fünf Wochen bei uns in Belgard als Flüchtling mit vier Kindern. Tante Ida aus Hamburg hat keine Nachricht von Tante Lotte. Vater hatte eine Stelle als Transportarbeiter bekommen. Die Arbeit war aber zu schwer, da er an der Lunge nicht ganz gesund ist. Hoffentlich wird er nicht krank! Er hat auch immer wieder Asthmaanfälle. Ich möchte auch gerne Arbeit bekommen, weil es mir sonst zu langweilig wird. Wenn das viele Anstehen nicht wäre, würde der Tag gar nicht vergehen. Heute habe ich von 7.45 – 10.15 Uhr nach Flundern angestanden. Statt 10 Pfund habe ich zwar nur 6 Pfund bekommen, aber das hilft uns trotzdem weiter. Es gibt sehr unregelmäßig Fische. Meistens bekommen wir sie alle 8 Tage. Es ist vom Wetter abhängig.

Ich habe schon in verschiedenen Geschäften gefragt, ob sie Hilfe brauchen können. Alle Geschäfte sind aber überbelegt mit Hilfskräften. Heute kam mir ein Gedanke, wie ich vielleicht Gundel finden könnte: Alle ehemaligen Wehrmachtshelferinnen müssen sich melden. Vielleicht ist Gundel auch auf einer Liste angeführt? Es wäre schön, wenn wir uns finden würden. Nach Hause werden wir wohl nicht mehr kommen. Vater hat erzählt, daß im Radio gesagt wurde, daß Ostpreußen, Pommern und Schlesien polnisch werden und daß alle Deutschen, die noch dort sind, fort müssen. Also werden wir die Heimat wohl nicht mehr sehen. Vielleicht bleiben wir in Schleswig-Holstein. Am liebsten möchten wir dann später nach Lübeck. Aber vorläufig heißt es nur „abwarten"! Vorige Woche ließen wir uns gegen Typhus impfen. Jeder bekam eine Spritze. Das Impfen müssen wir noch zweimal wiederholen. Die Militärregierung hat in der neuen Zuteilungsperiode mehr Lebensmittel gestattet. Alle waren freudig überrascht, denn es wurde von weniger gemunkelt. Es gibt jetzt pro Woche pro Person 200 Gramm Fleisch, 125 Gramm Fett, 1 1/2 Brot, 75 Gramm Nährmittel. Gestern war ich mit Mutti am Hafen spazieren, wo englische Kriegsschiffe liegen. Ein englischer Matrose hat an Kinder Schokolade, Bonbons und Kuchen verteilt! Ob die Deutschen das auch gemacht hätten? Noch etwas anderes gibt mir zu denken: Als ich neulich in der belebten Hauptstaße war, ging eine alte Frau, die gehbehindert war und sich nur langsam an zwei Stöcken fortbewegen konnte, über die Straße. Im selben Augenblick kam aus der Nebenstraße ein englisches Auto. Die Frau wollte erschrocken rückwärts gehen, der Engländer jedoch hielt an und winkte ihr beruhigend zu, daß sie weitergehen solle! Das ist doch wirklich höflich. Wir bekamen früher hingegen nur Greuelmärchen zu hören!

Die deutschen Soldaten sollen zum Teil auch entlassen werden. Viele tragen schon das gelb-grüne Abzeichen „entlassen". Hauptsächlich Landarbeiter und wichtige Berufe werden in die Heimat geschickt. Man bemerkt allmählich, daß kein Krieg mehr ist. Die Schaufenster, die nur mit Pappe und Holz zugenagelt waren, erhalten Scheiben, und in Geschäften tauchen junge Männer auf. Am Sonntag sieht man junge Männer in Zivil bummeln statt Soldaten. Vielleicht wird mit der Zeit noch alles wieder gut. Am schönsten ist, daß man jetzt ruhig schlafen kann und nie mehr durch Alarm aufgeschreckt wird. Die letzten Tage vor der Kapitulation hatten wir nachts nur in Kleidern geschlafen.

Ich versuche jetzt, Englisch zu lernen. Man kann englische Lehrhefte bestellen, die heißen: „Lernt Englisch im Londoner Rundfunk". Ich habe sie mir bestellt. Das Englischlernen fällt mir schwer wegen der Aussprache und des Ablesens vom Munde. Aber vielleicht lerne ich wenigstens etwas lesen.

Mit dem Wollespinnen ist es auch nichts geworden. Die Frau sagte, unsere Wolle ist zu kurz. Zwei Pfund haben wir nun. Vielleicht findet sich noch jemand, der sich die Mühe mit kurzer Wolle macht? Frau J. ist jetzt immer so nett zu mir, fast jeden Tag schenkt sie mir etwas, z. B. ein Stück Kuchen, einen Teller Pudding, ein Glas Milch oder sonst etwas Gutes. Am Sonnabend hat sie mir sogar einen Teller Erdbeeren geschenkt! Das war ein echter Leckerbissen. Mutti machte dazu „falsche Schlagsahne" aus einem halben Liter Magermilch, einem Löffel Mehl und einem Löffel Zucker. Dies kochte sie und ließ es dann kalt werden. Geschlagen gibt dies einen feinen Ersatz für Schlagsahne und schmeckt auch zum Kuchen herrlich. Ingrid hat sich nach einer Kostprobe gleich das Rezept geben lassen.

Husum, den 3. 7. 45

Tinte habe ich fast keine mehr, und die Feder läßt auch zu wünschen übrig. Ich will aber trotzdem schreiben. Von Christa J. ist endlich Nachricht da. Sie ist aus Malchin gut rausgekommen und lebt jetzt bei den Eltern in Schwerin. Ein Stein ist uns vom Herzen gefallen, als wir das lasen. Wir hatten uns doch große Sorgen gemacht. Ich habe gleich zurückgeschrieben. Jetzt bin ich auf der Suche nach Gundel. Ich hoffe, daß sie noch weiter geflüchtet ist und sich in Schleswig-Holstein aufhält. Christa S. fehlt immer noch. Wo mag sie sein?

Vorgestern war Ursels Geburtstag. Wir haben viel an sie und die anderen denken müssen. – In dem Moment, in dem ich dies schreibe, kommt Vater und berichtet, daß Schwerin heute auch von den Russen besetzt wird und sich die Engländer zurückgezogen haben! Nun werde ich nicht mehr an Christa J. schreiben können. Wie wird es ihr ergehen? Vater berichtete weiter, daß in Schleswig viele Kösliner sind, unter anderen auch Frau R.

Husum, den 15. 7. 45

Gestern war mein 18. Geburtstag. Ich kann es kaum glauben, daß ich nun schon 18 Jahre alt bin. Früher habe ich mir immer gewünscht, recht bald 18 zu sein, damit ich ins Kino gehen darf. Aber jetzt wünsche ich, ich wäre noch längst nicht 18, denn nun gibt es nicht mehr die Lebensmittelkarten für Jugendliche, sondern für Normalverbraucher. Dies ist bedeutend weniger. Ich habe viel an Zuhause denken müssen und an den Geburtstag im vorigen Jahr. Da waren alle noch bei uns: Tante Lotte, Ursel, Doris, Irmgard, Helga, Ulla und Liesa. Jetzt sind wahrscheinlich alle umgekommen. Es ist furchtbar. Am anderen Tag – heute vor einem Jahr – war Gundel bei mir. Wir hatten so schön Geburtstag zusammen gefeiert. Von Gundel habe ich immer noch keine Nachricht. – Gestern gratulierte mir Ingrid J. mit einem herrlichen Rosenstrauß und einem Teller mit Stachelbeeren und Himbeeren. Später kam Frau V. mit Blumen und am Abend kamen noch D.s mit einem Blumenstrauß. Vier herrliche Sträuße schmücken unser Zimmer! Einen Streußelkuchen und eine Stachelbeertorte hat Mutti gebacken. So haben wir Geburtstag gefeiert.

Oma, Mutti und ich, wir fahren jetzt oft zum Erbsenpflücken. Alle 14–35jährigen Frauen und Mädel sollen dabei helfen. Oma und Mutti und viele andere helfen freiwillig. Wir fahren früh um sieben Uhr mit Lastwagen vom Markt ab in Richtung Nordstrand. Nordstrand ist eine Insel, etwa 12 Kilometer von Husum entfernt. Sie ist aber mit einem schmalen Deich von etwa 4–5 Kilometer Länge mit dem Festland verbunden. Es ist eine sehr schöne und große Insel von etwa 5–7 Kilometer Durchmesser. Große Bauernhöfe findet man dort. Angebaut werden Erbsen, Bohnen, Kohl, Weizen und Hafer. Wir müssen uns auf die Felder verteilen und pflücken dann die Erbsen. Jeder bekommt eine Strecke von etwa 1/2 bis 1 Meter Breite. Die Länge richtet sich nach der Größe des Feldes. Die Erbsen kommen in die mitgebrachten Taschen und Eimer und werden dann in Säcke entleert. Für einen vollen Sack (25 Pfund) bekommen wir 75 Pfennig. Dies ist eine sehr schlechte Bezahlung, denn bei schlecht zu pflückenden Erbsen, braucht man fast einen Vormittag für einen Sack. Manchmal hat man Glück und es geht besser. Dann ist der Sack schneller voll. Mittag wird auf das Feld gebracht. Wir müssen 50 Pfennig bezahlen, bekommen aber das Essen ohne Marken. Es gibt Erbsen, Gemüse, Kohl, Grütze, Graupen und ähnliches. Aber immer schmeckt es tadellos. Wir bekommen und essen reichlich. Nachmittags wird bis gegen 18 Uhr gepflückt. Danach holen uns die Lastwagen wieder ab. Die Rückfahrt ist immer sehr lustig. Wir können uns sehr viel Erbsen mitnehmen, was uns viel lieber ist als Bezahlung. Vorgestern habe ich mittags acht Eier organisiert. Die kamen gerade recht für den Geburtstagskuchen. Wir hatten das letzte Mal beim Pflücken eine Stelle dicht am Meer. Ich bin aufs Meer hinausgelaufen. Es war gerade Ebbe mit beginnender Flut. Das ist ganz komisch. Man läuft ein Stück weit wie auf einer Wiese nach

Regen. Aber überall sind große und kleine Muscheln und Pfützen. Dann kommt die Flut, und die Wasserzungen kommen sehr schnell vorwärts. In wenigen Minuten sind große Strecken wieder unter Wasser.

Husum, den 21. 7. 45

Heute kann ich etwas sehr Schönes schreiben! Am Montag, den 16. 7., hatten wir eine sehr große Freude. Von der Suchstelle in Rendsburg kam eine Karte mit der Meldung, daß sich Tante Emma mit drei Kindern in Büdelsdorf bei Rendsburg befindet! Unsere Freude kann man sich kaum vorstellen. Vater schrieb natürlich sofort. Dann kam am Dienstag eine Karte von Herrn M. Er schrieb, daß er auch unsere Adresse von der Suchstelle erfahren habe und daß Tante Emma ihm gegenüber wohnt. Vater hatte erfahren, daß am Dienstag um 13 Uhr ein Auto mit Wehrmachtshelferinnen nach Rendsburg fahren sollte. Wir haben nun lange überlegt und fragten die Führerin, ob wir wohl mitfahren dürften? Sie war so nett, uns das zu erlauben. Um 13 Uhr standen Vater und ich fertig vor dem Gasthaus „Zum alten Fritz", aber es wurde 14 Uhr, 15 Uhr, 16 und 17 Uhr, ohne daß das Auto kam! Endlich um 17.30 Uhr, als wir es nicht mehr glaubten, kam das Auto! Unsere Hoffnung mitzufahren, verflog, denn der Offizier wollte uns auf keinen Fall mitnehmen. Die Führerin ließ uns auch jetzt nicht im Stich. Heimlich wurden wir in eines der vier Autos gebracht. Vater mußte sich auf den Boden kauern und bekam eine Decke übergeworfen. Bei mir war es leichter, denn es fuhren ja nur junge Mädels mit. Der Fahrer des Autos war ein bildhübscher junger Mann. Er wurde von der Führerin eingeweiht und hielt kurz vor Rendsburg an, um uns aussteigen zu lassen. Die Fahrt war, halb stehend und halb sitzend, zwar fürchterlich, aber das machte uns nicht das Geringste aus. Kurz vor Rendsburg stiegen wir aus und fragten uns nach Büdelsdorf durch. Nach einigem Suchen – es war inzwischen halb acht geworden – fanden wir das Haus, wo Tante Emma wohnte. Über die nächsten Minuten kann ich nichts schreiben, denn das Wiedersehen war unbeschreiblich! Wir haben bis nach 22 Uhr miteinander gesprochen, dann mußten wir Schluß machen, da ab 22.15 Uhr Ausgangsverbot war.

Am anderen Morgen zeigte mir Anneliese Rendsburg und Büdelsdorf. Abends hielt ich dann mit Bärbel M. ein Plauderstündchen ab. Bärbel hat auch Buchhändlerin gelernt und wollte im März in Pyritz die Prüfung machen. So kamen wir schnell ins „Fachsimpeln". Am anderen Morgen regnete es. Während wir noch am Frühstückstisch saßen, kam Post. Anneliese nahm die Karte entgegen, las und schrie mit einmal auf: „. . . von Tante Lene!" Uns fielen beinahe die Tassen aus der Hand. Tante Lene, Onkel Gustav und Wolfgang hatten in Pahlhude in der Nähe von Heide Unterkunft gefunden. Edith ist mit dem Kleinen in Büsum! Vater schrieb natürlich sofort an alle. In Pahlhude lebt eine Bekannte von Tante Emma. Die hat Tante Lene kennengelernt und dadurch die Adresse erfahren. Von uns weiß sie noch nichts. Jetzt haben wir schon Tante Emma mit Anneliese, Herbert und Konrad, Tante Lene mit Onkel Gustav und Wolfgang und Edith mit dem kleinen Wölfi gefunden! Unsere Freude ist riesengroß!

Am Nachmittag waren Anneliese, Bärbel und ich baden. Das war herrlich. Abends haben wir noch am Fenster gesessen und uns von allem Möglichen erzählt. Am anderen Morgen gingen Anneliese und ich noch einmal zur Suchstelle. Wir fanden die

Adresse von Lehrer N. aus Belgard, Omas Nachbar beim Persanteschlößchen. Um 11 Uhr fuhren Vater und ich mit dem Bus nach Schleswig, mußten dort umsteigen und waren um 14 Uhr zu Hause in Husum. Da hatten wir viel zu erzählen. In der nächsten Zeit will Mutti einmal nach Rendsburg fahren und Tante Emma Flundern bringen. Außerdem will uns Tante Emma die Wolle spinnen! Ich habe noch eine Idee entwickelt. Ich will mit Tante Emma und M.s vereinbaren, daß ich ihnen öfter Fische bringe. Dafür müssen sie mir das Reisegeld ersetzen. Außerdem muß mich Tante Emma zum Schlafen aufnehmen. So käme ich öfter dorthin, und sie bekämen öfter Flundern. Damit wäre allen gedient.

Husum, den 3. 8. 45

Jetzt sind wir schon fünf Monate von zu Hause fort. Es kommt einem vor, als wären es fünf Wochen! Wir haben durch Lehrer N. noch Familie F. gefunden. Auch Ursels Schwager Georg Pagel aus Stolp hat sich mit Frau und Kindern gemeldet. Keiner weiß aber, wo Tante Lotte, Ursel und Doris sind. Georg P. schrieb, daß er von Ursels Mann die letzte Nachricht im März hatte. Heinz ist im Februar verwundet und lag mit Bauchschuß in Königsberg im Lazarett. Davon wußte Ursel noch gar nichts. Vater kam eben, während ich dies schrieb, und teilte mir mit, daß gestern abend im Radio gesagt wurde, daß Pommern polnisch wird. Geahnt haben wir es schon immer, aber nun ist es bittere Gewißheit geworden. Aber ich kann und will einfach nicht den Kopf hängen lassen!

Wir waren in der letzten Zeit oft auf dem Gut Süderholz zum Bohnenpflücken und Kartoffelnsammeln. Dies bedeutet 7 1/2 Kilometer laufen, acht Stunden arbeiten und 7 1/2 Kilometer wieder nach Hause laufen! Das ist ziemlich anstrengend, und abends ist man ganz kaputt und sehr müde. Der Vorteil ist aber, das wir für den Lohn Kartoffeln und Gemüse bekommen.

Als wir die Kartoffeln abholen wollten, mußten wir allerdings erst die Kartoffelmarken abgeben. Dadurch haben wir praktisch umsonst gearbeitet!

Nach Rendsburg werden wir wohl nicht mehr können, da man Bescheinigungen haben muß zum Reisen. Nun können wir nicht mal die Wolle hinbringen.

Wir haben jetzt noch ein kleines Zimmer bekommen und haben es jetzt sehr schön. Im kleinen Zimmer befindet sich noch eine Waschtoilette, ein Kleiderschrank, ein Nachttisch und ein Sofa. Jetzt schlafen Oma und ich dort und Vater und Mutti im größeren Zimmer. Es sieht jetzt viel gemütlicher aus. Nun fehlt uns bloß noch Arbeit. Anneliese hat in Rendsburg in einem Kaufhaus eine Anstellung gefunden. Auch Bärbel hofft, in Kürze eine Stellung zu bekommen.

Husum, den 2. 9. 45

Gerade vor einem Monat habe ich das letzte Mal geschrieben. Heute kann ich schon wieder soviel Neues erzählen. Zunächst das Wichtigste: Ursels Heinz hat sich gemeldet! Eines Tages kam eine Karte aus Hamburg von ihm. Er ist aus englischer Gefangenschaft entlassen und hatte Tante Ida in Hamburg aufgesucht und dort unsere Adresse erfahren. Bereits zwei Tage später kam er selber. Wir haben nun unzählige Male alle Möglichkeiten durchsprochen, wo wohl Tante Lotte, Ursel und Doris sein könnten. Wir sind zu dem Ergebnis gekommen, daß der einzige, der etwas von ihnen wissen könnte, Ernst W., Ursels Schwager wäre. Der war an jenem Freitag ebenfalls oben im Persanteschlößchen und ist auch Samstagabend noch da gewesen. Wir wissen von einer Auskunftsstelle, daß er zuletzt in Schwerin Soldat war, haben aber auf unsere Karte aus Malchin keine Antwort mehr bekommen, da wir schon vierzehn Tage später weiter mußten. Wenn Ernst W. die Flucht gelungen ist, ist er sicher mit Lotte, Ursel und Doris zusammengeblieben! Es besteht auch die Möglichkeit, daß sie per Schiff nach Dänemark gekommen sind und nicht schreiben konnten oder daß sie in Süddeutschland oder einer anderen Besatzungszone sind. Dieses sind jetzt unsere Hoffnungen.

Heinz hat alles versucht, hier unterzukommen. Es ist aber unmöglich! Husum nimmt keinen mehr auf. Dann fuhr er nach vier Tagen nach Hamburg und nahm Oma mit zu Idas Schwester. Nach einer Woche fuhren Mutti und ich hinterher, um Oma abzuholen. Für mich waren das schöne Tage. Ich habe von Tante Idas Enkelinnen Ingeborg und Edith, die zwanzig und zweiundzwanzig Jahre alt sind, einige Sachen geerbt: einen Regenmantel, ein Paar Winterschuhe, ein Paar Sommerschuhe und ein Paar Hausschuhe. Auch sonst haben wir allerlei für den Haushalt mitbringen können. Hamburg ist fast vollständig zerstört. Aber die Stadt lebt schon wieder auf. Ich habe mir Hamburg allein und mit Mutti angesehen. Wir waren auch bei Herrn Welzin, dem Schwiegervater von Ursels Schwester Irmgard. Bei ihm hat Irmgard ihre letzten Tage verlebt. Die Straße, in der der Bunker war, ist ein völliger Trümmerhaufen. Nicht ein Haus steht mehr! Es sieht schrecklich aus.

Am Montag früh fuhren wir wieder zurück. Wir fuhren über Neumünster und Rendsburg nach Schleswig. Um 17 Uhr waren wir dort. Dort gingen wir zur Landstraße nach Husum. An der Ecke standen schon einige Leute, die auch auf eine Mitfahrgelegenheit warteten. Bis halb acht mußten wir warten. Dann hielt ein Personenauto mit zwei Engländern und nahm uns mit. Die Engländer waren sehr nett und schenkten mir sogar Schokolade! Als sie erfuhren, daß ich nicht hören kann, bekamen wir noch ein Brot und das Versprechen, daß sie noch mehr bringen würden. Am nächsten Tag hielt tatsächlich das Auto vor der Tür und sie brachten noch eine Büchse Fleisch, drei Eier und zwei Brote!

Husum, den 17. 1. 46

Vier Monate sind vergangen, wir haben Januar. Inzwischen haben wir viel erlebt und viel ist geschehen. Es kamen auch Nachrichten aus der Heimat. Wir haben Nachricht von Tante Lotte, Ursel und Doris! Ursel hat aus Pumlow einen Brief geschrieben an Tante Ida. Sie schreibt u. a. wörtlich: „Aus dem Persanteschlößchen mußten wir gleich raus, wir sind jetzt in Pumlow (Dorf bei Belgard), Onkel Albert ist gestorben. Bis jetzt ist es uns ganz gut ergangen, aber nun ist es nicht mehr auszuhalten. In den nächsten acht Wochen kommen wir hoffentlich raus." Der Brief war vom 12. November und somit drei Wochen alt. Jetzt sind die 8 Wochen vorbei. Wir warten jeden Tag! Hoffentlich kommen sie recht bald! Und wie wird sich Ursel freuen, wenn sie erfährt, daß Heinz in Heide ist!

Eine große Freude war für mich auch eine Mitteilung von Lissa B. mit der Nachricht, daß Gundel in Schwerin als Lehrschwester angefangen hat. Sylvester kam von ihr das erste Lebenszeichen nach neun Monaten. Ich war so glücklich darüber. Mit den beiden Christas konnte ich schon vorher wieder Verbindung aufnehmen. Christa S. ist noch in Petkus mit ihrer Mutter und ihrem kleinen Bruder. Christa hat eine schwere Zeit durchgemacht. Ihre Mutter hat den Verstand verloren. Dies muß ganz furchtbar sein! Was kann ich froh sein, daß ich Vater und Mutti gesund bei mir habe. Wir haben wirklich nichts zu beklagen, so gut geht es uns im Verhältnis zu anderen. Wenn doch nur Vater nicht immer so mutlos wäre! Immer läßt er den Kopf hängen, ist traurig und denkt zurück. Gerade er müßte uns aufmuntern, wie andere Männer ihre Familie aufheitern. Aber bei uns ist es umgekehrt. Mutti ist so hoffnungsfroh und glaubt auch an eine bessere Zukunft.

Ich habe nun verschiedene Möglichkeiten, um mir etwas zu verdienen.

Im Oktober begann ich, für ein Geschäft zu Weihnachten Hampelmänner zu machen. Pappe und Bindfaden bekam ich vom Geschäft, anstelle von Tusche benutzte ich blaue, rote und grüne Tinte. Für einen Hampelmann bekam ich 33 Pfennige So habe ich mir etwas verdient und konnte auch mal ins Kino gehen. Als es immer kälter wurde, konnte ich mit den steifen Fingern nicht mehr arbeiten. J.s wollen nicht erlauben, daß wir uns einen Ofen aufstellen. Die Sache spitzte sich immer mehr zu. Wir sprachen bei vielen Stellen vor. Erst nach wochenlangem Kampf hatten wir den Streit gewonnen. Jetzt haben wir ein warmes Zimmer. Das Verhältnis zu J.s ist aber völlig gestört. In der kleinlichsten und gemeinsten Weise zeigen sie ihren Haß. Heute kann ich nicht mehr schreiben, da es schon zu dunkel ist.

Husum, den 24. 1. 46

Vergangenen Montag, am 21. 1., hatte Doris ihren zweiten Geburtstag. Wir haben wieder viel zurückdenken müssen. Wenn sie doch bloß bald kommen würden. Gestern bekam ich einen Brief von Christa S. Sie schreibt, daß es ihrer Mutter besser geht! Es ist wie ein Wunder, und dieses Wunder hat ein Brief von Christas Bruder Günther vollbracht. Nachrichten aus Belgard besagen, daß das Haus, in dem wir wohnten, von außen noch völlig in Ordnung sei. Dies trifft wahrscheinlich auch für das Innere des Hauses zu. Im ganzen Haus wohnen polnische Eisenbahner. Die Straße heißt jetzt „Ulica Worcowa", übersetzt „Bahnhofstraße". Inzwischen haben wir auch verschiedene Nachrichten von Vaters Verwandten. Walter, Hans und Ilse haben sich aus der russischen Zone gemeldet. Walter hat Nachricht von Frieda. In Martinshagen sind noch alle da, aber Tante Olga ist im August gestorben. Tante Martha und Tante Minna sollen noch in Köslin sein. Tante Minna ist beim Straßenfegen gesehen worden. Erika hat einen kleinen Jungen. So tröpfeln immer mehr Nachrichten durch. Ob wir alle Lieben nochmal wiedersehen? Am 9. Dezember habe ich in Hamburg meine Buchhandelsgehilfenprüfung bestanden. Ich bin sehr glücklich darüber. Nun habe ich wenigstens einen Abschluß in meinem Beruf. Zur Zeit kann ich ihn ja nicht brauchen. Ich arbeite schon einige Monate in der Husumer Fischindustrie. Die Arbeit wird gut bezahlt und hat den Vorteil, daß Fische mitgenommen werden dürfen. Wir müssen Heringe köpfen und werden im Akkord bezahlt. Für 50 Pfund geschnittene Heringe gibt es 5,– Mark. Weihnachten haben wir still und ruhig verlebt. Es verging leichter, als wir gefürchtet hatten. Mutti hatte Kuchen gebacken und für schönes Essen gesorgt. Sogar einen winzigen Weihnachtsbaum hatten wir! Sylvester gingen wir schon um neun Uhr zu Bett, um nur keine trüben Gedanken aufkommen zu lassen.

Jetzt geht alles wieder seinen alten Gang: Fische schneiden, putzen gehen, anstehen nach Lebensmitteln und hoffen, daß man mehr von den Lieben hört. Das einzige Ereignis des Tages ist der Augenblick, wenn Post kommt. Dann hofft man auf Nachrichten.

***

Maasbüll – Gerda Brummerhoff

Weihnachten 1945

Die Schrecken des Krieges und die Flucht aus dem fernen Memelgebiet hatten wir hinter uns. In Maasbüll hinter dem Deich unweit der Nordsee hatten wir nun eine einfache Bleibe. Kalt war es in diesem Winter und windig, wie stets hinterm Deich. Deshalb verkrochen wir uns oft in der Stube. Dies taten wir auch an diesem Heiligen Abend.

Im Raum war Dunkelheit. Elektrisches Licht hatte man noch nicht. Meine Mutter saß – wie jeden Abend – bei Kerzenschein am Spinnrad, sang leise vor sich hin und verspann Schafswolle. Meistens bekam sie Butter, Milch, Brot und andere Lebensmittel für ihre Arbeit.

Wir Kinder fanden es interessant, fahrende Händler ins Haus zu locken, die mit ihrem Bauchladen den Deich entlang kamen. Mit den Worten: „Haben Sie was zu tauschen?" schleppten wir sie Mutter ins Haus in der Hoffnung, Mutter tausche Lebensmittel einmal gegen etwas „Luxuriöses", was immer dies war.

Dieser Abend versprach nichts Besonderes. Nur, daß meine Mutter an diesem Abend nicht bis Mitternacht sitzen und die Wolle bei Kerzenschein verarbeiten wollte. Für sie war es Weihnachten. Sie war eine fromme Frau, und so wollte sie sich in Bescheidenheit zur Besinnung zurückziehen.

Um ihren Kindern eine Weihnachtsfreude zu machen, hatte sie nichts.

Wir Kinder lagen in den Betten und hätten längst schlafen sollen. Da ging plötzlich die Tür auf, und Nachbarn traten mit Kerzenlicht in den Raum. In den Händen trugen sie Schüsseln mit dampfenden Speisen. Da war Rotkohl, Kartoffeln, und in einer Pfanne duftete verführerisch ein gebratener Hase. Da gab es Papiertüten mit Süßigkeiten, die uns Kinder fassungslos staunen ließen. An mehr kann ich mich nicht erinnern. Nur weiß ich, daß ich dieses wohlige Gefühl, das ich als Fünfjährige empfand, lange nicht vergessen konnte.

* * *

Not macht erfinderisch

Ende April 1945 trafen meine Mutter, mein Bruder (zehn Jahre), die Schwester (sechs-einhalb Jahre) und ich (zwölfeinhalb Jahre) in Niebüll ein, wohin uns unser Vater aus einem Flüchtlingslager in Natendorf bei Uelzen geholt hatte. Dort waren wir „gestran-det".

Unser Vater, der als Bauunternehmer nach Königsberg zum Bombenschaden-Ein-satz abkommandiert worden war, traf uns seinerzeit in Labiau nicht mehr an, als er Urlaub erhielt, um seine Familie zu evakuieren. Er suchte uns in Pillau und glaubte schon, daß wir mit der „Wilhelm Gustloff" in den Fluten der Ostsee versunken seien. Ihm selbst war es möglich gewesen, per Schiff nach Schleswig-Holstein zu gelangen.

Bei der Suche nach irgendeiner Arbeit war dem Vater eine Tischlerwerkstatt in Kampen auf Sylt angeboten worden. In Ostpreußen gehörte zu seinem Baugeschäft auch eine Bautischlerei. Auf der Insel gefiel es ihm damals nicht besonders gut, und so machte er Station in Niebüll. Zufällig gab es dort ebenfalls die Möglichkeit, eine Tischlerei zu pachten. Als dann noch kurzfristig eine Unterkunft für die ganze Fami-lie zur Verfügung stand, waren wir alle sehr froh und wieder beisammen.

Unsere allerersten Tage und Begegnungen in Niebüll gestalteten sich weniger erfreulich. Wir wohnten in Bahnhofsnähe und erlebten, daß dort immer mehr Militär

Weihnachtsfeier des Roten Kreuzes. Die Kinder haben Geschenktüten erhalten, Niebüll 1947 oder 1948

eintraf. Dieses hatte Bombenangriffe auf Niebüll zur Folge. Am Tage gab es auch Tief-fliegerbeschuß. In einer Nacht fiel eine Bombe auf ein Haus, wobei es sieben Tote gegeben haben soll. Ich glaube es war das Haus der Rechtsanwaltsfamilie F. Als weni-ge Tage vor Kriegsende eine Zeitbombe mitten im Niebüller Bahnhof explodierte, befanden wir uns mit vielen anderen Leuten im Keller unter der Güterabfertigungs-halle, also nur einige Meter davon entfernt!

Nach diesem Vorfall vollzog sich in Niebüll jeden Abend eine Völkerwanderung in die Nachbarorte, wo uns die Bauern in ihren Scheunen auf dem Stroh schlafen ließen.

Der Krieg ging gottlob zu Ende, aber die Not blieb!

Vaters Werkstatt lief prächtig, weil er sehr fleißig und außerordentlich geschickt war. Er ließ sich immer wieder etwas Neues einfallen. So fertigte er z. B. aus Holz Schuhsohlen mit Keilabsätzen, und die Mutter nähte dazu aus alten Stoffresten pas-sende Oberteile für Pantoletten/Sandaletten. Mit dem geprägten Kopf eines glühend gemachten Nagels wurde den Keilabsätzen noch ein Muster eingebrannt. Dann war die „Fußbekleidung" perfekt und fand reißenden Absatz.

Auch mein 10jähriger Bruder betätigte sich als kleiner Tischler, indem er Laubsäge-arbeiten vollbrachte. Ich erinnere mich, daß er aus dünnem Sperrholz Zwerge aussäg-te und diese bunt bemalte. Eine schräge Bahn, die sie heruntergehen konnten, fertigte er dazu ebenfalls an. Für solch ein Spielzeug bekamen wir z. B. als Tauschwert ein Pfund ungesponnener Schafswolle.

Unsere Mutter nähte für uns Mädchen Dirndlkleider aus einem blau-weißkarierten Bettbezug, den uns ein Soldat geschenkt hatte. Die belebende rote Schürze dazu wurde aus einer Fahne geschneidert.

Ich strotzte damals geradezu vor Stolz über einen tollen Wintermantel, der mir von einem extra aus Lübeck angereisten, uns bekannten Schneider aus einem grauen Sol-datenmantel genäht worden war.

Es stimmt, daß Not erfinderisch macht!

Mit jedem noch so kleinen Erfolg der Kinder in der Schule oder der Erwachsenen im Beruf keimten Mißgunst und Probleme im Zusammenleben. Mein Vater mußte die Werkstatt verlassen, als der ehemalige Geselle aus der Gefangenschaft zurückkehrte.

Solange die begehrten Ziegelsteine von den gesprengten Bunkern auf Sylt geborgen werden mußten, fand unser Vater unter der Regie eines Niebüller Architekten dort eine Tätigkeit. Später ging er der Arbeit wegen sogar nach Kassel, wo er Anfang 1949 im Alter von 54 Jahren verstarb.

Ich selbst bin bereits 1948 aus schulischen und Fortbildungsgründen nach Hamburg übergesiedelt. Seitdem ist Hamburg meine geliebte zweite Heimat.

* * *

Stricken mit Fahrradspeichen

Wir waren auf der Flucht mit zwei Wagen und mit vier Pferden: vier Kinder unter zehn Jahren, sieben Jugendliche und sechzehn Erwachsene.

Unsere Fahrt ging über Greifswald, Stralsund, Ribnitz, Rostock und Wismar nach Ratzeburg. Dort sollten wir in der Turnhalle übernachten. Meine Schwester und ich waren losgegangen, um für uns alle Platz zu suchen. Auf dem Rückweg zu meiner Mutter und der kleinen Schwester wurde ich von einem großen, schwarzen Pferd gebissen und hochgehoben. Durch mein Schreien waren gleich Leute da und brachten mich ins nahe gelegene Lazarett. Ich sollte dort bleiben, aber meine Mutter bat den Arzt, mich doch mitnehmen zu dürfen, damit wir nicht auseinandergerissen würden. Trotz der großen Schmerzen hatte ich Glück im Unglück gehabt. Mein Mantel, den ich gar nicht liebte, weil er so steif war, hatte den Biß abgehalten, so daß ich lediglich Quetschungen davontrug.

Am anderen Morgen ging es weiter. Wir fuhren an Lübeck vorbei nach Bad Oldesloe, wo wir ein junges Mädchen vom anderen Wagen ins Krankenhaus bringen mußten. Bei der Abfahrt hatte sie ihre Mutter und ihre Geschwister in unserer Stadt nicht mehr gefunden, war zu ihren Großeltern gefahren und seitdem mit uns zusammen gewesen. Dort im Krankenhaus ist sie gestorben. In Ratzeburg hörten wir zum ersten Mal, daß wir in den Kreis Husum sollten, da dies der Bestimmungsort für die Leute aus dem Kreis Regenwalde wäre.

In Bad Segeberg trafen wir mit den Wagen von dem Nebengut zusammen und trennten uns auf der Weiterreise über Neumünster, Rendsburg und Erfde nicht mehr. In Erfde kamen wir am Gründonnerstag abends an. Dort hatten wir Quartier in einer kleinen Abnahmewohnung eines Bauernhofes. Die Leute wollten uns gerne behalten, aber wir wollten unsere Verwandten, die uns so weit mitgenommen hatten, nicht allein lassen. Am Karfreitag war ein Frühlingswetter wie im Bilderbuch. Als wir unterwegs nach Schwabstedt waren, hatten wir einen schlimmen Tieffliegerangriff. Es ging jedoch gut aus. Im Fährhaus übernachteten wir die letzte Nacht. Ich sehe noch den Russen, welcher den anderen Wagen fuhr, vor mir, wie er am Klavier ein Stück nach dem anderen spielte. Als wir am nächsten Morgen aufbrachen, dachten wir, um die Mittagszeit würden wir wohl an Ort und Stelle sein. Bis Husum ging es dann auch zügig voran. Als wir durch die Neustadt fuhren, staunten wir über die vielen Gastwirtschaften. Etwas derartiges kannten wir nicht. Beim Viehmarkt wurde eine Pause eingelegt, denn wir mußten auf den Treckleiter warten.

Plötzlich erkannte ich ein kleines Mädchen auf der anderen Straßenseite. Es war Marlies Krönke aus Kiel. Als Ausgebombte hatte sie mit ihrer Familie in unserer Nachbarschaft in Wangerin gewohnt. Ihr großer Bruder ging mit meiner Schwester in eine Klasse. Ich rief sie an. „Wie kommt ihr hierher?" „Hier wohnt meine Oma", antwortete Marlies. Ihre Mutter erzählte dann, daß sie mit dem Zug nach Husum gefahren waren, als es in Wangerin unheimlich zu werden drohte.

Wir mußten unsere Fahrt fortsetzen. Nordstrand war unser Ziel. Wir waren der Meinung, es sei ein kleines Dorf gleich hinter Husum. Aber was kam da auf uns zu? Vor uns lag ein langer Damm, rechts und links silbrig-grauer Schlick, dazu echtes schmuddeliges Schleswig-Holstein-Wetter mit einem steifen Nordwestwind. Als wir dann über den Damm liefen, immer im Windschatten, dachten wir: „Was für eine schreckliche Gegend! Und da sollen wir hin?" Immer noch war das Ziel nicht erreicht. Da sahen wir einen Wegweiser: „England!" Wo waren wir gelandet? In F.s Gasthof war Endstation. Es gab ein warmes Essen, und wir wurden aufgeteilt. Meine Mutter sollte mit uns in den Alten Koog Norden. Wir gingen sofort los. Endlich waren wir an unserem Bestimmungsort angekommen.

Die Leute waren nicht gerade erfreut, zu so später Stunde noch vier Menschen aufnehmen und unterbringen zu müssen. Wir bekamen das Mädchenzimmer zugewiesen. Darin waren ein Bett, ein Sofa und ein Tisch mit zwei Stühlen. Die Stube hatte zwei Türen, und die Treppe ging aus dem Zimmer noch auf den Dachboden hinauf. Wir hatten erst einmal ein Dach über dem Kopf, und die Flucht hatte für uns ein Ende.

Was dann kam, war ein Kapitel für sich. Nach sechs Wochen war der Krieg zu Ende. Wenn wir auch nicht viel hatten – die Flucht hatten wir ohne Schaden an Leib und Leben überstanden, und unseren Vater durften wir anderthalb Jahre später in die Arme schließen. Aber alle die, die nicht herausgekommen sind oder die die russische Besatzungsmacht zurückgeschickt hat, haben Grausames durchmachen müssen. Daß uns das erspart blieb, dafür können wir Gott nicht genug danken.

Als der Krieg zu Ende war, hofften wir zunächst, daß Freiwillige zu Aufräumungsarbeiten in die Heimat geschickt werden würden. Diese Hoffnung trog aber. Das Leben ging weiter. Zu meiner Mutter kam eine Bauersfrau, die von meiner Tante gehört hatte, daß sie spinnen könnte. Die Bäuerin fragte, ob meine Mutter wohl für sie spinnen würde. Ein Spinnrad könnte sie stellen. Mutti fragte, ob sie dafür Wolle bekommen würde, damit wir uns auch etwas stricken könnten. So kam es, daß gesponnen und auch gestrickt wurde. Dies sprach sich herum. Meine fast 14jährige Schwester half beim Stricken, besonders wenn Musterwünsche ausprobiert werden sollten. Wir hatten bei einem Fahrradhändler Speichen in verschiedenen Stärken bekommen als Stricknadeln für Strümpfe und Pullover.

Ein Problem besonderer Art war das Essenkochen. Denn wir hatten keine Kochgelegenheit, sondern mußten mit den anderen Flüchtlingen in deren Zimmer kochen. Dazu kam, daß es kein herkömmliches Brennmaterial gab. Es gab aber Rapsstroh, welches gebündelt wurde. Allerdings mußte man es immer nachlegen, damit das Feuer nicht ausging. Dazu waren kaum Zündhölzer zu bekommen.

So gut wir konnten, halfen wir bei dem Bauern, bei dem wir wohnten, und auf dem Hof seines Bruders, der noch nicht aus der Gefangenschaft zurück war. Es spielte keine Rolle, was zu tun war, ob Rüben ausdünnen, Kohl pflanzen und hacken oder Disteln stechen. Später halfen wir beim Heukehren.

Wir hatten ein Stück Land bekommen, auf dem wir unsere eigenen Kartoffeln pflanzen konnten.

Im Sommer gingen wir zu Fuß nach Husum, um beim Roten Kreuz einen Suchantrag zu stellen für meinen Vater und auch für die drei Söhne und zwei Töchter von meiner Tante und meinem Onkel. Für die beiden war der Fußweg von Nordstrand nach Husum, eine Strecke von gut 20 Kilometern, zu anstrengend. Ich glaube, im Herbst fing die regelmäßige Busverbindung erst wieder an.

Mit dem Bus mitzukommen, war schwierig. Anfang und Endstation war am Norderhafen. Dort hatte der Bus auch seine Garage. Es war kein Bus, wie man ihn heute kennt, eher ein mittleres Möbelauto mit einem Kastenaufbau, der innen ringsherum Holzbänke hatte. Wer also keinen Sitzplatz mehr bekam, mußte stehen – wenn er überhaupt noch einen Stehplatz abbekam. Morgens war der Bus nicht so überfüllt, da wir gleich am Norderhafen einstiegen, wo der Bus seine Fahrt begann.

Auf der Rückfahrt von Husum war das Mitkommen schwieriger. Wer Beziehungen zum Fahrer hatte, konnte schon beim Postamt einsteigen. Die anderen Fahrgäste, die dann bei Wohlert in der Süderstraße warteten, hatten mehr Mühe. Oft hieß es: „Der Bus ist voll, da geht keiner mehr rein." Die Türen wurden von außen zugedrückt. Ich erinnere mich, daß einmal in der Adventszeit 1945 der Bus überfüllt war und ich zurückblieb, ebenso wie eine junge Frau mit einem sechs- bis achtjährigen Kind und einige Leute aus Schobüll und Hockensbüll. Was zu tun war, war klar. Wir nahmen den Marsch über die Landstraße auf. Als wir aus der Stadt herausgekommen waren, leuchtete uns heller Mondschein. Zwischen Schobüll und dem Damm hielt ein Lastwagen oder Trecker mit Anhänger, der Fahrer fragte: „Wollt ihr mitfahren?" Wie heißt es so schön: Lieber schlecht gefahren als gut gelaufen!

Gerne hätte ich meine Ausbildung fortgesetzt, doch dieses war ganz unmöglich. Auf dem Arbeitsamt sagte man mir, daß zunächst Arbeit für die heimkehrenden Familienväter beschafft werden müßte.

Im Herbst erkrankte unsere Mutter und mußte ins Nordstrander Krankenhaus. Es waren wohl die Folgen der Flucht, die sie zusammenbrechen ließen. Zwei Jahre zuvor hatte sie Scharlach gehabt und sich nie richtig davon erholt. Was würde aus uns werden, wenn mit Mutti etwas passierte? Zum zweiten Mal stand ich vor dieser Frage. Ich war sechzehn und meine Schwestern waren vierzehn und sieben Jahre alt. Der Arzt sagte mir: „Ihr müßt unbedingt eine andere Wohnung haben, in dem Zimmer ohne Koch- und Heizmöglichkeit könnt ihr nicht bleiben." Er gab uns eine Dringlichkeitsbescheinigung fürs Wohnungsamt. Daraufhin waren häufige Gänge nötig von Norden, wo wir wohnten, zu unserem Amt am Herrendeich. Die Entfernung betrug ungefähr 6 Kilometer, die ohne Fahrrad zu bewältigen waren.

Eines Tages in der Adventszeit sagte man mir auf dem Amt, daß ganz in der Nähe eine Wohnung frei werde. Eine Lehrerfamilie zog aufs Festland. In deren Wohnung zog eine ausgebombte Frau aus Hamburg mit ihren drei Kindern, um in der Nähe ihrer alten Eltern zu sein. Dadurch wurde in einem Strohdachhäuschen eine winzige Wohnung frei, in die wir einziehen durften.

Dies Haus war das Geburtshaus von Ludwig Ingwer Nommensen, dem Batakmissionar. Die Wohnung gehörte seiner Tochter, Schwester Maria. An Möbel waren zwei Betten, ein Tisch und vier Stühle vorhanden. Von unserm Bauern bekamen wir aus der Russenwohnung noch eine Bank und einen Tisch. Ob wir sonst etwas für den Haushalt mitbekommen haben, weiß ich nicht. Wir werden aber wohl von irgend jemandem einen alten Kochtopf und eine Pfanne bekommen haben. Unser Bauer fuhr uns die Sachen zu unserer neuen Wohnung, und die Frau sagte, wir sollten uns zum Fest noch etwas abholen. Aber nun kam ein großes Problem auf uns zu. Womit sollten wir heizen? Die Versorgung mit Brennmaterial war katastrophal. Wir gingen nach jeder Flut an den Außendeich in der Hoffnung, etwas Brennbares zu finden. Nach jedem noch so kleinen Stück haben wir uns gebückt. Auch was zwischen den Steinen lag, wurde herausgeholt. Genauso begehrt war der Schafmist, der getrocknet und verheizt wurde. Irgendjemand von uns drei Mädchen war immer unterwegs. Meine Schwestern hatten auch Zeit dazu, denn die Schule fing erst nach Weihnachten wieder an.

Wir haben nachts in den Betten gefroren, da wir nichts Ordentliches zum Zudecken hatten. Die Matratzenschoner, die wir mit unseren Bezügen bedeckt hatten, wärmten nicht. Mutti hatte alle Federn aufgehoben von den Enten, die sie für unsere Bauersfrau gerupft hatte. In einem unserer Koffer waren zwei Biberlaken. Diese wurden mit der Hand ganz fein zusammengenäht. Dort kamen alle Federn hinein. Dieses Federbett wurde nun die Zudecke für uns vier, denn wir hatten es quer über die Betten gelegt. An den Füßen hatten wir Socken aus ganz dickem, knubbeligem Wollgarn. Als es noch kälter wurde, legten wir unsere Mäntel noch auf die Decke. Wir vier kuschelten uns ganz dicht zusammen, damit einer den andern wärmte.

In den vorweihnachtlichen Tagen versuchte jeder, dem andern eine Freude zu bereiten. Da wir weder Geld noch etwas zum Tauschen hatten, wurde man erfinderisch. Eine grüne Strickweste, die wir für unsern Vater mitgenommen hatten, wurde aufgeräufelt. Mutti doppellierte das gewonnene Material mit einem weißen Wollfaden. Daraus wurden ein Rock und ein Pullover für die kleine Schwester gestrickt. Meine große Schwester bekam aus ganz feinem Wollgarn weiße Fingerhandschuhe für ihre Konfirmation im Frühjahr. Ich machte aus zwölf neuen Herrentaschentüchern eine Tischdecke für Mutti. Ich nähte sie mit Hexenstich in hellblauem Perlgarn zusammen. Sie paßte danach wunderbar über den Russentisch. Von unserm Bauern bekamen wir eine Ente, Rotkohl und für unsere Kleine eine Tüte „Kindjestüch", bemaltes Gebäck, wie es an der Westküste zu Weihnachten gehört. So etwas kannten wir in Pommern nicht. Am Vormittag des 24. Dezember brachte meine Mutter noch gestrickte Sachen zu einer Familie mit zwölf Kindern, und ich machte die letzten Besorgungen beim Kaufmann. Als ich zurückkam, sah ich viele Leute am Deich stehen. Jede Familie hier bekommt Torf, hieß es, und ich stellte mich mit in die Reihe. Wieviel es war, weiß ich nicht, jedenfalls waren es gleichgroße Haufen. Ich wagte ja nicht davon wegzugehen, aus Angst, jemand anderes würde sich davor hinstellen. Etwas später kam Mutter mit einem kleinen „Weihnachtsbaum" dort vorbei. Ich bat sie, meine zwei Schwestern zu schicken, damit wir den Torf durch den aufgeweichten Klei nach Hause tragen konnten. Wie wir das bis zu unserer Wohnung bekommen haben, weiß ich nicht mehr.

Am Abend saßen wir alle um den warmen Herd. Daß wir Gott für dieses unerwartete Weihnachtsgeschenk dankten, kann wohl nur der verstehen, der selber so etwas erlebt hat. Auch einen „Weihnachtsbaum" hatten wir. Er bestand aus einem Tannenzweig, der mit zwei oder drei Lichtresten, einigen kleinen beschädigten Kugeln, Lametta und sogar Plätzchen behängt war. Dieses trieb uns Tränen in die Augen. Es hatte jemand von dem wenigen, was er hatte, etwas abgegeben an uns, die wir gar nichts hatten. Über diesen Weihnachtsabend zu erzählen, fällt mir schwer, denn singen konnten wir wegen der Tränen nicht. Meine Schwestern sagten ihre Gedichte vom letzten Jahr auf und ich die Weihnachtsgeschichte, so gut ich sie auswendig wußte. Zum Schluß sangen wir zusammen noch „Stille Nacht, heilige Nacht". Noch immer wußten wir nichts von unserem Vater, aber wir waren dankbar, daß wir wieder eine kleine, eigene Wohnung hatten.

* * *

Oldenswort – Gunter Sponholz

„He will in Husum studeern"

Meine erste Station als Flüchtling in Schleswig-Holstein war das Lager Bad Segeberg. Gerade sechzehn Jahre alt geworden, traf ich zusammen mit meiner Tante Anfang Februar 1946 dort ein.

An unsere Fahrt Richtung Westen habe ich nur noch schwache Erinnerungen: Eiskalte Waggons, langes Warten auf freier Strecke, weil man die Lok abgekoppelt hatte, und vor allem ständiger Hunger. Aber irgendwann erreichten wir Friedland, und bald darauf ging es weiter nach Bad Segeberg. Auch hier nur lückenhafte Bilder: Entlausung, Registrierung, überfüllte Baracken, Kindergeschrei, Dunkelheit und Kälte. Dort, wo heute ein großes Möbelhaus steht, angefüllt mit buntem Leben und Treiben, soll einmal jenes Lager gewesen sein. Man kann es sich kaum vorstellen, der Unterschied ist zu groß. Der Aufenthalt mag etwa eine Woche gedauert haben. Dann wurde auch unsere Baracke aufgerufen. Ein halbes Dutzend englischer Armeelastwagen stand bereit. Auf der Ladefläche waren rundum Bänke angebracht, doch viele von uns mußten stehen. So begann denn die Fahrt ins Ungewisse. Wir fuhren und fuhren und froren entsetzlich. Ich weiß noch, daß es zu schneien anfing und immer windiger wurde.

Nach und nach bog einer der Wagen ab, schließlich waren wir nur noch allein unterwegs. Doch zu später Abendstunde hatten auch wir unser Ziel erreicht. Man führte uns in den Saal einer Gastwirtschaft. Dort wurden wir mit belegten Broten verpflegt. Oldenswort, so sagte man uns, hieße das Dorf, und es läge im Kreis Eiderstedt. Ich hatte weder den einen noch den anderen Namen je gehört. Bei spärlicher Beleuchtung, es war Stromsperre, wies man uns ein Nachtlager zu, Strohschütten an zwei Seiten des Saales. Am Morgen sollten wir dann in richtige Quartiere gebracht werden.

Ich versuchte zu schlafen, aber es herrschte noch eine zu große Unruhe. Und sie wurde noch verstärkt, als plötzlich die Tür aufging und etwa zehn Männer hereinkamen. Ich erinnere mich an grüne Hüte, grüne Mäntel und Gummistiefel. Mit Hilfe von Taschenlampen und Laternen leuchteten sie den Liegenden ins Gesicht. Ab und zu sprachen sie jemanden an, vor allem Einzelpersonen. Die erhoben sich dann, ergriffen ihr Gepäck und folgten einem der Grüngekleideten. Und dann fiel der Strahl einer Taschenlampe auch auf mich, und ich hörte: „Kannst mitkommen!" Hastig stieß ich

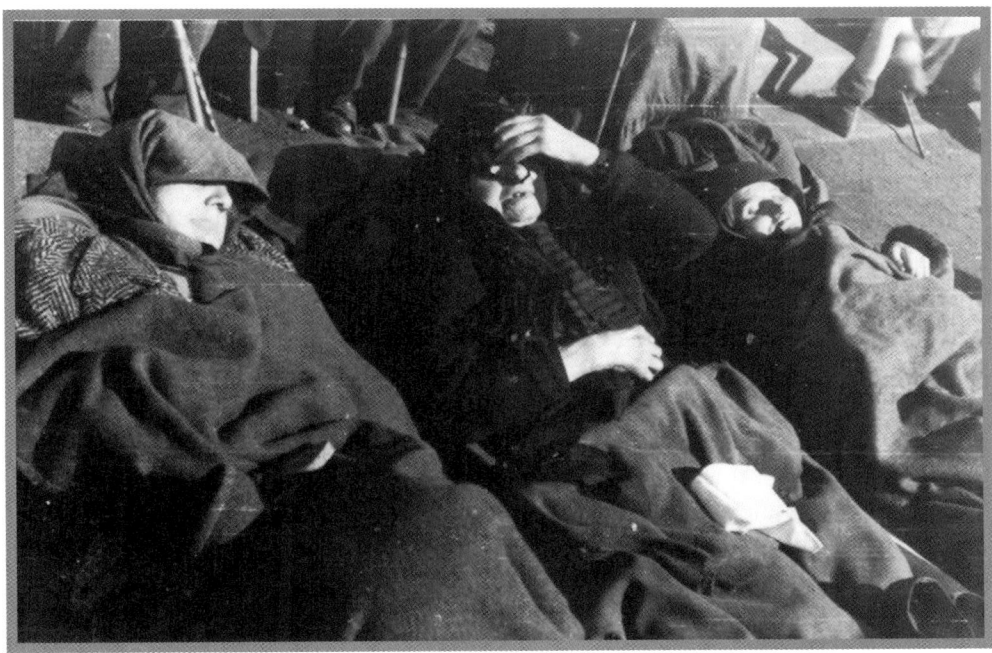

meine Tante an, sie war schon eingeschlafen, und unterrichtete sie über die neue Lage. Wir erhoben uns und rafften unsere Habseligkeiten zusammen. Wir hatten jeder einen Rucksack, ich außerdem noch meine alte Schultasche. Unser Gönner stand schon an der Tür, wir eilten ihm nach. Er schien ziemlich wortkarg zu sein. Nur einmal fragte er, während wir gegen den Sturm ankämpften, wo wir denn herkämen. An seinem Brummen merkte ich, daß er mit Küstrin genau so wenig anfangen konnte wie ich mit Oldenswort.

Wir waren etwa zehn Minuten unterwegs, als er zu einem abseits der Straße liegenden Gehöft abbog. Offensichtlich war die Stromsperre inzwischen beendet, denn die Fenster waren hell erleuchtet. Durch den Flur gelangten wir in die Küche, in der es nach Bratkartoffeln roch. Vor dem Herd stand eine Frau mittleren Alters, die uns anlachte, als wir vorgestellt wurden: „Mudder, dat is uns' niee junge Mann, und dat is dien Köksch!" Nun erfuhren wir auch den Namen unserer Gastgeber, sie hießen H. Aber das alles nahm ich nur im Unterbewußtsein wahr. Mich interessierten viel mehr die Bratkartoffeln, die man uns nun vorsetzte. Wir aßen, bis nichts mehr in der Pfanne war. Währenddessen wurden wir von den beiden wohlwollend betrachtet. Von ihrer halblauten und zudem auf Platt geführten Unterhaltung konnte ich nur wenig verstehen.

Dann wollte der Bauer uns unsere Kammer „wiesen". Wir folgten ihm in eine große Diele, an deren Seiten die Ställe lagen. In einer Ecke tobten Katzen herum. Das gefiel mir, ich mochte Tiere. Hier würde ich mich wohl fühlen. Mein Hochgefühl schwand jedoch merklich, als wir die Kammer betraten. Ein Bett, ein Schrank, ein Tisch in Miniformat, zwei Stühle, eine Kommode mit Waschschüssel und Wasserkanne. Mehr ging auch beim besten Willen nicht hinein. Obwohl vor dem Bett ein Flickenteppich lag, blieb der Zementfußboden meinem prüfenden Blick nicht verborgen. Doch ehe wir uns recht besonnen hatten, waren wir auch schon allein. Wohl oder übel krochen wir in das eine Bett und waren trotz der Kälte bald eingeschlafen.

Als wir erwachten, war es ziemlich laut im Haus. Später Vormittag, so schätzte ich. Uhren besaßen wir ja schon lange nicht mehr. Ich wusch mich als erster, kleidete mich rasch an und tastete mich durch die halbdunkle Diele in die Küche. Meine Tante folgte mir bald. Wieder stand die Bäuerin am Herd, diesmal gab es Milchsuppe und anschließend noch ein paar Butterbrote. Ich nickte, als der Bauer erschien und etwas von „utslopen" sagte. Doch dann waren wir beide plötzlich hellwach. Er sprach nun in einem, wie mir schien, gezierten und ihm wohl auch ungewohnten Hochdeutsch und erklärte uns die Lage; nunmehr ausgeruht, müßten wir ab morgen um 5 Uhr aufstehen. Meine Tante würde dann der Bäuerin in der Küche zur Hand gehen, während er mich zunächst in den Ställen einsetzen würde. Ich vergaß vor Schreck das Kauen und schaute ihn entgeistert an. Langsam dämmerte es bei uns, wir sollten also hier arbeiten. Meine Tante war zuletzt als Standesbeamtin tätig und zudem ein As in Stenographie und auf der Schreibmaschine. Und sie wollte möglichst schnell wieder einen entsprechenden Beruf ergreifen. Ich hingegen war fest entschlossen, meinen durch die Flucht unterbrochenen Schulbesuch fortzusetzen. Mit hastigen Worten versuchten wir, dies den Eheleuten klar zu machen. Sie sahen es nur schwer ein; die Fremdarbeiter und die Kriegsgefangenen wären ja alle fort und einer ihrer Söhne noch in Rußland. So brauchten sie dringend Hilfe.

Doch wir blieben hart. Bei allem guten Essen, so sollte unsere Zukunft denn doch nicht aussehen. Schließlich stülpte sich Herr H. den Hut auf den Kopf, murmelte etwas von „Gemeinde" und verließ die Küche. Wir Zurückgebliebenen schwiegen uns an. Endlich öffnete sich die Tür wieder, und unser Gastgeber erschien in Begleitung eines Mannes, den ich als den Bürgermeister erkannte. Er hatte uns am Abend zuvor in der Gastwirtschaft begrüßt. Der nahm uns nun in ein recht wohlwollendes Verhör und zeigte Verständnis. Nun folgte wieder ein plattdeutsch geführtes Gespräch zwischen ihm und den H.s, aus dem ich immer wieder den Satz „He will in Husum studeern" heraushörte. Husum war also die nächste größere Stadt. Husum, das war mir vertraut, nun wußte ich endlich, wo wir waren. Husum, das bedeutete Theodor Storm. In der Schule hatten wir „Pole Poppenspäler" gelesen, und „Immensee" gehörte zu meinen Lieblingsfilmen. Dort also würde ich zur Schule gehen. Der Sinn meiner Tante hingegen stand nach Kiel. Dort hatte sie eine Freundin, mit deren Hilfe sie hoffte, Unterkunft und Arbeit zu finden.

Dann stellte es sich endlich heraus, daß wir eine neue Bleibe bekommen sollten. Nach einem recht frostigen Abschied von H.s holten wir unser Gepäck und folgten dem Bürgermeister. Nun, da es heller Tag war, stellten wir fest, daß der Bauernhof außerhalb des Dorfes lag. Als wir die ersten Häuser erreicht hatten, bog unser Begleiter nach links in eine kleine, nur auf einer Seite bebauten Straße ab. Ich las ein Schild: „Achter de Fenn", konnte mir aber darunter absolut nichts vorstellen. Hier gab es nur kleine, eng aneinander gereihte Häuser. Eins davon war unser Ziel. Wir gingen seitwärts daran vorbei auf einen kleinen Hof und von dort direkt in die Küche. Dort saß eine junge Frau beim zweiten Frühstück und wurde nach kurzer Begrüßung mit der für sie wohl nicht gerade erfreulichen Lage konfrontiert. Sie zeigte wenig Begeisterung und meinte, sie müsse erst mal „den Mann" fragen, und der wäre zur Arbeit. Ich wunderte mich, warum sagte sie nicht „mein Mann"? Der Bürgermeister aber ließ sich auf keine Diskussion ein. Auch der Einwand, daß sie nur ein Bett zur Verfügung hätte, zog nicht. Er würde ein Bett einschließlich Strohsack herbringen lassen. Und zwei Federbetten hätte sie ja wohl für uns.

Und damit verabschiedete er sich.

Frau H. wurde nun zusehends freundlicher. Sogleich führte sie uns in unsere neue Unterkunft. Durch den Hausflur ging es eine Treppe hinauf auf den Boden.

Dort hatte man die Giebelseite zu einem hellen und gar nicht so kleinen Zimmer ausgebaut. Mobiliar war auch genügend vorhanden, nur eben ein Bett fehlte noch. Ganz wichtig war auch bei der herrschenden Kälte der eiserne Ofen. Frau H. entfachte auch gleich ein Feuer, wofür sie zu meinem Erstaunen vor allem Torf verwendete. Dann erklärte sie uns, was wir nun alles zu tun hätten: vor allem bei der Gemeinde anmelden, um Lebensmittelkarten und Berechtigungsscheine für Heizmaterial zu bekommen. Sie schaffte auch noch allerlei Geschirr herbei sowie eine Bratpfanne und einen Kochtopf. Wasser, so erfuhren wir, könnten wir uns in der Küche holen, und die Toilette wäre auf dem Hof. Glücklich und zufrieden verstauten wir unsere paar Sachen. Dann gingen wir los, um die nötigen Formalitäten zu erledigen. Beim Gemeindeamt hörten wir von der Existenz einer Wärmehalle, die den Flüchtlingen tagsüber als Aufenthaltsraum diente. Zudem könne man dort auch eine preiswerte Mittagsmahlzeit bekommen. Wir besichtigten sie sogleich und entdeckten einige uns von der Fahrt her vertraute Gesichter. Das Gespräch drehte sich vor allem um die Unterkunft. Viele hatten nicht solch ein Glück wie wir; um in ihr Zimmer zu gelangen, mußten sie durch das Wohn- oder gar Schlafzimmer ihrer Wirtsleute.

Dann ging es ans Einkaufen. Wir hatten bei der Gemeinde nicht nur Lebensmittelkarten, sondern auch Geld erhalten. Ich suchte dann wieder die Wärmehalle auf, während meine Tante gleich nach Hause eilte. Sie wollte sich von Frau H. Briefpapier erbitten, um gleich an ihre Freundin in Kiel zu schreiben und dann auch noch an meine Mutter. In der Halle sah ich mich nun genauer um. Man konnte noch erkennen, daß dort früher mal ein Geschäft gewesen war. Eines der Schaufenster, es war abgedunkelt, diente einem ehemaligen Soldaten als Nachtlager. Den Vorschriften entsprechend war seine Uniform braun umgefärbt. Seine Aufgabe war es, den Aufenthaltsraum sauberzuhalten. Einige seiner Kameraden schliefen in einer abseits des Dorfes gelegenen Scheune.

Als ich am Abend zu H.s kam, war „der Mann" da. Er erbot sich, am Morgen, wenn er das Haus verließ, mich zu wecken. Das war um sechs Uhr und paßte gut zur Abfahrt meines Zuges. Er tat es dann auch gleich am nächsten Tag, als ich mich aufmachen wollte, um mich in Husum anzumelden. Meine Tante gab mir noch ein Stück Brot auf den Weg. Bis zum Bahnhof waren es etwa drei Kilometer. So hatte ich genügend Zeit, um unterwegs zu essen. Die Anmeldung in der altehrwürdigen Hermann-Tast-Schule war schneller getan als gedacht. Zeugnisse brauchte ich nicht vorzuweisen, ich besaß ja auch keine. Mein Wort genügte, und innerhalb weniger Minuten war ich wieder

Schüler einer Obertertia. Gleich dableiben sollte ich allerdings nicht, es sei denn, ich hätte einen Stuhl mit. Die Klasse war durch täglich hinzukommende Flüchtlinge schon auf über sechzig Schüler angewachsen. So herrschte Mangel an Sitzgelegenheiten. Am nächsten Morgen ging dann für mich wieder der Ernst des Lebens los. Bewaffnet mit einem kleinen Klappstuhl, den Frau H. mir besorgt hatte, betrat ich die Klasse. Man nahm kaum Notiz von mir. Die Einheimischen konnte man ziemlich leicht erkennen. Meist schon an ihrem Namen und an ihrer Kleidung. Zudem sprachen sie durchweg Platt miteinander. Auch hielten sie eine gewisse Distanz. Im Lauf der Zeit hat sich das jedoch gegeben. Wohl auch dadurch, daß die Klasse allmählich wieder kleiner wurde. Zum Abitur waren wir nur noch etwa zwanzig Schüler.

In der großen Pause nahm sich ein Danziger meiner an. Er führte mich in einen der Schule gegenüber liegenden Bäckerladen, wo wir uns auf Marken ein paar Kringel kauften. Das war dann für lange Zeit mein tägliches Frühstück. Denn meine Tante konnte nicht lange für mich sorgen. Schon nach etwa 10 Tagen hatte sie Antwort aus Kiel. Ihre Freundin hatte nicht nur durch Beziehungen ein möbliertes Zimmer besorgt, sondern auch schon bei ihrer Dienststelle wegen Arbeit nachgefragt. Die Chancen standen gut, und so verließ mich die Tante sehr bald, um in der Stadt ihr Glück zu versuchen.

Ich meine, es war noch 1946, als für uns Flüchtlinge eine Schulspeisung des Dänischen Roten Kreuzes eingeführt wurde. Das war meine Rettung, denn die Brotmarken reichten für die täglichen zwei Kringel nicht aus. Besagte Speisung bestand aus dicken, süßen Suppen, um die wir von den Einheimischen beneidet wurden. Das galt freilich weniger für den Lebertran, den wir zusätzlich schlucken mußten. Das entsprechende Faß lagerte in der Turnhalle. Dort hatten wir unseren Sportunterricht, der immer sehr lahm verlief, weil die meisten von uns körperlich sehr geschwächt waren. Doch wir füllten uns, wenn der Lehrer einmal wegsah, hin und wieder eine Flasche davon ab. Nur einmal verwendete ich den Tran selber, indem ich mir Bratkartoffeln damit machte. Da der Geruch aber äußerst penetrant war und durch das ganze Haus zog, versuchte ich es nie wieder. Doch in einer Flüchtlingsfrau fand ich eine willige Abnehmerin. Als ich eine Wolldecke zugeteilt bekam, nähte sie mir daraus eine lange Hose. Später bekam ich von ihr noch eine kurze Jacke. Die mußte ich allerdings erst in Tönning färben lassen, weil sie ihre Herkunft, sie bestand aus einer Zeltplane der ehemaligen Wehrmacht, nicht verleugnen konnte. Das Tragen militärischer Farben war ja verboten, und die Ortspolizei wachte streng darüber. Als Nählohn zahlte ich jeweils eine Flasche Lebertran.

Solche gewinnbringenden Bekanntschaften machte man vor allem in der Wärmehalle. Oft kam ich dort erst gegen sechzehn Uhr an, weil unser Schülerzug Verspätung hatte. Mein Essen wurde mir immer aufgehoben, allerdings war es dann schon kalt. Anschließend erledigte ich die Hausaufgaben. Sie wurden auf losen Zetteln gemacht. Wir hatten ja in den ersten Jahren weder Bücher noch Hefte. Nur gelegentlich gab es mal schlecht hektographierte Zettel als Lernstoff. Im Winter blieb ich bis zum Abend in der Halle, denn zu Hause war es kalt. Das Heizen des Ofens war mir zu umständlich und wurde bis auf wenige Ausnahmen vermieden. Zudem war Torf fast schon so knapp wie Holz.

Bald bekam ich eine zusätzliche Beschäftigung. Es begann damit, daß mich ein entlassener Soldat, er kam aus Sensburg, bat, einen Brief für ihn nach Hause zu schreiben. Bei ihm haperte es damit. Er konnte mir aber die Anschrift auf polnisch diktieren. Damit war der Anfang getan. Andere kamen hinzu. So schrieb ich denn an manchem lieben Nachmittag. Ich schrieb an das Rote Kreuz und andere Suchdienste, an Verwandte und Bekannte in Ost und West. Antwort kam selten. Waren die Bittsteller in Lohn und Brot, manche arbeiteten während der Saison beim Dreschkasten, bekam ich schon mal etwas Eßbares dafür. Trotzdem hatte ich, wie alle anderen auch, ewig Hunger. Wenn zu Beginn der Woche die neuen Zuteilungen aufgerufen wurden, holte ich mir meine Ration und vertilgte das meiste noch am gleichen Tag. Da gab es ein köstliches Weißbrot, angeblich aus amerikanischem Weizenmehl gebacken, das frisch am besten schmeckte. Ich strich mein achtel Pfund Butter darauf und bestreute das ganze mit dem damals üblichen braunen Zucker. So wurde ich jedenfalls einmal in der Woche richtig satt.

Im Sommer 1946 bekam ich Nachricht von meinem knapp zwei Jahre älteren Bruder. Als ehemaliger Marinehelfer war er nun aus belgischer Gefangenschaft entlassen worden und hatte über meine Mutter meine Anschrift erhalten. Ein paar Wochen später traf er, noch ausgehungerter als ich, bei mir ein. H.s hatten nichts dagegen, ihn aufzunehmen. Ein Bett war ja noch vorhanden, und so gingen wir denn gemeinsam zur Schule. Im Dorf erwarben wir uns dadurch allmählich einen guten Ruf. Vor allem die Einheimischen bemerkten wohlwollend, daß wir, anstatt den ganzen Tag herumzusitzen, in Husum „studierten". Und weil die Reise dorthin recht zeitaufwendig war, übergab man uns gern einmal einen Auftrag. Hatte etwa jemand einen Bezugsschein für ein Kleidungsstück bekommen, besorgten wir ihm das entsprechende. Der Wirtin einer kleinen Gaststätte war zu Ohren gekommen, daß es in Husum eine Schallplatte zu kaufen gäbe. Titel: „Der Theodor im Fußballtor..."

Zur großen Freude der alten Dame konnten wir das Gewünschte beschaffen. Ab und zu schleppten wir auch Pakete mit Eßsachen in die Stadt und gaben sie bei einer Sammelstelle ab. Sie waren für eine frühere, nun inhaftierte Parteigröße bestimmt. Entlohnt wurden wir meist mit Geld, aber manchmal gab es auch Naturalien.

Mein Bruder entwickelte sich bald zu einem Einkaufsgenie. Er entdeckte sofort, wenn vor einem Geschäft die Leute „Schlange standen". Dann vergaß er Schule und Unterricht und stellte sich dazu. Meist ging es dabei um markenfreie Grützwurst oder um Heißgetränke. Die Lehrer tolerierten während der Hungerjahre großzügig ein Zuspätkommen. Viele von ihnen waren selber Flüchtlinge, aber auch die Hiesigen hatten viel Verständnis für uns.

Eines Tages schrieb uns ein Onkel, daß seine Entlassung aus der Gefangenschaft bevorstände. Er wollte zurück in die sowjetische Besatzungszone, wo seine Frau und seine Schwiegereltern wohnten.

Doch zuvor sollte einer von uns ihn besuchen, er hätte etliche Sachen für uns. So nahm ich mir einige Tage schulfrei und reiste nach Albersdorf. Unterkunft fand ich bei den Wirtsleuten des Onkels. Sie waren Bauern und nahmen mich sehr freundlich auf. Allerdings hatte ihr Gast sie auch mit mancherlei nützlichen Dingen aus Wehrmachtsbeständen versorgt.

Aber auch ich kam nicht zu kurz. So hatte der Onkel schon kurz vor meiner Ankunft ein Stück Baumstamm – etwa ein Meter lang und 40 cm im Durchmesser als Frachtgut nach unserem Bahnhof Harblek aufgegeben. Wir schleppten ihn später nach Oldenswort, borgten uns Säge und Beil und hatten so für einige Zeit Brennholz. Ferner erhielt ich ein großes Paket mit sog. Schwimmseife. Die war sehr leicht, schäumte kaum, aber sie war besser als die Lehmseife, mit der wir uns und auch unsere Hemden und Strümpfe bisher mehr schlecht als recht gewaschen hatten. Außerdem war sie ein gutes Tauschobjekt. Und dann hatte mein Onkel noch zwei ganz besondere Kleidungsstücke für mich. Da war einmal ein Offiziersmantel der Luftwaffe. Er war mir zwar etwas zu groß, zudem recht dünn, mehr so eine Art Regenmantel, aber dafür wie neu. Noch Anfang der fünfziger Jahre habe ich ihn getragen. Das Prunkstück aber war eine Windjacke, heute würde man Parka sagen, dick gefüttert und mit einer Kapuze. Man konnte sie nach Bedarf wenden, auf der einen Seite hatte sie braun-grüne Tarnfarben, auf der anderen war sie schneeweiß. Da mein Bruder noch seine Marinekleidung einschließlich eines dicken Mantels besaß, waren beide Stücke für mich gedacht. Vor allem über die Jacke war ich so glücklich, daß ich sie schon zu Beginn des Winters anzog. Doch ich trug sie nicht lange …

In unserer kleinen Straße „Achter de Fenn“ wohnten mit einer Ausnahme nur Handwerker und Landarbeiter. Kontakt hatten wir lediglich zu einem Jungen aus der Nachbarschaft. Wenn wir mal für eine Gefälligkeit Zigaretten bekommen hatten, verkauften wir sie ihm. Dann gab es da noch einen Bauern mit einem recht kleinen Hof, der wohl kaum die Bewohner ernährte. Jedenfalls ging der Besitzer noch einer Nebenbeschäftigung nach. Für seine Berufskollegen fuhr er in aller Frühe die Milch zur Meierei ins benachbarte Witzwort. An einem Nachmittag wartete er auf mich vor unserer Haustür und sprach mich an: Es wäre im Winter immer so kalt auf dem Milchwagen, und nun hätte er meine schöne Jacke gesehen, und ob wir nicht tauschen wollten. Er bot mir eine Dauerwurst, ein Stück Speck, ein Stück Butter und diverse Eier. Ich zögerte und erbat mir einen Tag Bedenkzeit. Dann beriet ich mich lange mit meinem Bruder. Das Angebot war zu verlockend. Und vielleicht würde der Winter ja gar nicht so kalt werden. Außerdem hatte ich ja noch den Regenmantel. So entschlossen wir uns denn zu dem Tausch, der am nächsten Abend vollzogen wurde. Anschließend bereiteten wir uns ein Festessen mit Rührei und Speck.

Noch im Laufe des Jahres bekamen wir beide ein paar Halbschuhe aus amerikanischen Spenden. Als wir sie bei der Ausgabestelle abholten, entdeckten wir einen ganzen Sack voller grellfarbiger, breiter Krawatten. Man wußte nicht recht, wohin damit, und so durften wir uns bedienen. Unter den Jugendlichen sprach sich das schnell herum, im Handumdrehen war der Sack geleert. Der Grund für die große Nachfrage war, daß mit Beginn der dunkleren Jahreszeit in beiden Gastwirtschaften umschichtig Tanzveranstaltungen durchgeführt wurden. Sie wurden von Einheimischen wie von Flüchtlingen gern besucht und dienten sehr dem gegenseitigen Kennenlernen. Mal spielte ein Einheimischer Akkordeon, mal wurden Schallplatten aufgelegt. Später bildeten einige Flüchtlinge sogar eine kleine Kapelle. Auch wir Halbwüchsigen trauten uns allmählich dorthin und wagten während der Stromsperre die ersten Tanzschritte. Unser Selbstbewußtsein stieg jedoch merklich, als wir zu unserer armseligen

Kleidung besagte Schlipse anlegen konnten. Große Sorgen aber bereiteten uns unsere Hosen wegen der fehlenden Bügelfalten. Wohl waren bei den aus Wolldecken gefertigten Beinkleidern die Falten eingesteppt, aber sie bildeten trotzdem einen recht traurigen Anblick. Wir legten sie zwar des Nachts unter die Strohmatratzen, aber sie verrutschten zu leicht und zeigten dann eine Vielzahl von Falten. Doch dann bekamen wir eine elektrische Kochplatte. Nun brauchten wir im Sommer nicht mehr den Ofen zu heizen, wenn wir uns etwas kochen wollten. Außerdem entdeckten wir, daß man diese Platte auch als Bügeleisen benutzen konnte. So erschienen wir denn zum Tanz mit tadellosen Bügelfalten. Das blieb nicht verborgen. Bald kamen zum Wochenende unsere Freunde ins Haus, um ebenfalls ihre Hosen zu bügeln. Die meisten besaßen ja nur eine. Sie wurde an Ort und Stelle ausgezogen, bearbeitet und gleich wieder angezogen. Diese Freude währte jedoch nicht lange. Unsere Wirtin wunderte sich über den hohen Stromverbrauch und kam uns auf die Schliche. So mußten wir diese Tätigkeit einstellen.

Aber einmal kam diese Kochplatte doch noch zu besonderen Ehren. Zu unseren Bekannten gehörte ein Jugendlicher, der als Angehöriger des Arbeitsdienstes in russische Gefangenschaft gekommen war. Als wir ihn kennenlernten, trug er noch die Uniform und an den Füßen Holzpantoffeln. Sein Kopf war geschoren. Er hatte keine Angehörigen und ihm ging es weit schlechter als uns. Als er nun für kurze Zeit beim Dreschkasten arbeitete, ließ er bei einem Bauern ein Huhn mitgehen. In seiner Unterkunft hatte er keine Möglichkeit, es zuzubereiten. So kam er zu uns. Es mußte erst einmal gerupft werden, dann nahmen wir es, so gut wir es verstanden, aus. Im Topf wurde es weich gekocht und anschließend noch in der Pfanne gebraten. Kartoffeln kochten wir in einer Wasserkanne aus Aluminium, ein Geschenk des Onkels. Sie trug den eingravierten Stempel „Deutsche Luftwaffe". Wie gerufen erschien auch noch ein Schulfreund aus einem Nachbardorf zu Besuch. Nur zu gern nahm er die Einladung zum Hühnerbraten an.

Erstaunt war ich über die schönen und großen Kirchen im Kreise Eiderstedt. Auch Oldenswort besaß ein stattliches Gotteshaus. Dort besuchten wir ziemlich regelmäßig den Gottesdienst. Das war für uns selbstverständlich. Unsere Mutter hatte uns von Kindheit an dazu angehalten. Und wir waren gegangen, obwohl wir dafür manchen Spott von Seiten unserer Schulkameraden einheimsen mußten. So fanden wir denn in der Oldensworter Kirche ein Stück Heimat, es waren ja die gleichen Lieder, die hier wie dort gesungen wurden. Außerdem gefiel mir der Pastor. Er setzte sich sehr für die Flüchtlinge in seinen Predigten ein. Die Hiesigen waren allerdings nicht sehr zahlreich vertreten. Doch unter den regelmäßigen Besuchern gab es eine Frau, die uns einlud, ihren Jugendkreis zu besuchen. Die Zusammenkünfte fanden in ihrem Wohnzimmer statt. Zum ersten Mal fühlten wir uns hier nach langer Zeit wieder wie in einer Familie geborgen. Als sie ein Care-Paket aus Amerika erhielt, gab sie uns von den Lebensmitteln ab, obwohl sie selber noch kleine Kinder hatte.

Der Spätsommer 1946 brachte uns noch ein ganz besonderes Erlebnis. Nach dem Gottesdienst sprach uns eine Frau, sie war so mittleren Alters, an. Wir kannten sie vom Sehen und wußten, daß sie auf einem großen Bauernhof lebte. Ohne lange Umschweife fragte sie, ob wir nicht einmal in der Woche zu ihr zum Mittagessen kommen wollten. Wir waren zunächst sprachlos, willigten aber dann ganz schnell ein. Ebenso schnell einigten wir uns auf den Montag. So gingen wir denn schon am nächsten Tag nach der Schule nicht mehr in die Wärmehalle, sondern zu unserer neuen Gönnerin. Dort saßen wir in einer gemütlichen Wohnküche und ließen es uns Woche für Woche schmecken. Wir aßen alles, auch, was wir noch nicht kannten, als da waren Bohnen, Birnen und Speck oder Grünkohl mit süßen Bratkartoffeln. Wir aßen, argwöhnisch beobachtet von drei Langhaardackeln, die den Rest bekamen. Doch nur selten blieb etwas übrig. Anschließend unterhielten wir uns noch eine Weile. Manchmal kam auch ihr Mann dazu. Es tat uns gut, einmal in Ruhe erzählen zu können, von der Gefangenschaft meines Bruders und von meiner Flucht. Wir fanden Verständnis und Anteilnahme. Denke ich heute daran zurück, überkommt mich noch immer ein Gefühl von Wärme und Geborgenheit. Unsere montägliche Mittagsmahlzeit aus der Wärmehalle ließen wir dort umschichtig an ganz Hungrige verteilen.

Besonders zu schätzen aber wußten wir diese Einladung während des überaus kalten Winters 1946/47. Wir froren entsetzlich auf unserem Schulweg. Mein Regenmantel hielt der Kälte nicht stand. Voller Wehmut dachte ich an die weggegebene Windjacke. Die Wände unserer Dachstube waren am Morgen von Reif überzogen. Endlich gab es schulfrei, man hatte keine Kohlen mehr. Zudem war auch die Chaussee zum Bahnhof durch hohe Schneewehen versperrt. Alle, die keiner Beschäftigung nachgingen, wurden zum Räumen aufgerufen. So waren auch wir mit dabei. Wir arbeiteten Seite an Seite mit den Einheimischen, und wenigstens für diese Zeit entstand so etwas wie Zusammengehörigkeit. Wenn wir am Nachmittag hungrig und durchgefroren in die Wärmehalle kamen, folgte uns manch einer der Oldensworter. Allerdings waren es durchweg nur jüngere Leute. Sie saßen dann mit uns am Ofen, und man kam ins Erzählen. Dabei konnte auf beiden Seiten manch ein Mißverständnis ausgeräumt werden. Der Ort war durch den Zustrom von Flüchtligen von ursprünglich tausend Einwohner auf das Doppelte angewachsen. Da mußte man schon zusammenrücken. Aber, hätten wir das denn im umgekehrten Fall gern getan? – Doch auch wir hatten ein paar Trümpfe: Da soll doch ein Bauer gesagt haben, man müßte alle Flüchtlinge in die Nordsee jagen, dann wäre das Problem gelöst. Und dann die Frage, die ich schon oft gehört hatte: Warum seid ihr denn nicht in eurer Heimat geblieben? Unter Russen oder Polen läßt es sich doch auch leben. Darauf folgte die nicht selten gehörte Antwort, daß man den Eiderstedtern, die ja nichts mitgemacht hätten, „die Russen auf den Hals wünschte".

***

Unterschiedliche Aufnahme

Ein Jahr nach Kriegsende waren wir immer noch unter polnischer Herrschaft in Pommern. Am 6. April 1946 sind wir dann aus unserem Heimatdorf Porst/Pommern fortgegangen und von Stettin aus mit dem Schiff „Isar" über die Ostsee nach Lübeck aufgebrochen.

Unsere erste Unterkunft waren Nissenhütten. Hier wurden wir entlaust. Nach einigen Tagen fuhren wir in ein anderes Lager. Wo es hinging, wußten wir nicht. Schließlich war auch diese Fahrt zu Ende. Das Lager in Neukirchen im damaligen Kreis Süd-Tondern sollte für die nächsten sechs Wochen unsere Heimat werden. Die täglichen Wassersuppen, entweder mit Kohl oder mit Rüben, waren nichts zum Sattessen. Das zugeteilte Brot war schnell aufgegessen. So gingen wir Kinder im Dorf von Tür zu Tür betteln. Wenn man Hunger hat, überwindet man viele Hemmungen. Wie unterschiedlich Menschen doch sein können. Einige gaben von Herzen, was sie entbehren konnten, und hatten Mitleid mit uns. Andere schlugen die Tür vor unserer Nase wieder zu. Nach sechs Wochen war auch dieses Lagerleben vorbei.

Wieder wurden wir aufgeteilt und wie das Vieh auf den Anhänger verladen. So fuhren wir der neuen vorläufigen Heimat entgegen. In Risum-Lindholm warteten unsere neuen „Gastgeber" teils skeptisch, teils freundlich. Manche kamen gar nicht erst heraus, um uns zu empfangen. Für alle war es eine Zwangseinweisung, und wer gibt schon gerne einen Raum ab?

Ich habe sehr schlechte Erinnerungen an unsere erste Familie, bei der wir eingewiesen waren. Es gab einen abschätzenden Blick und kein freundliches Wort: „Na ja – wir müssen euch ja aufnehmen."

Sie besaßen einen Bauernhof, hatten also keine Not zu leiden. Auf die Idee, mir als Kind einen Becher Milch abzugeben oder sonstige Lebensmittel, die auf dem Hof vorhanden waren, kamen sie nicht.

Es tat weh, wenn wir an dem vollgedeckten Tisch vorbeigehen mußten. Ich habe bis heute noch Haßgefühle in mir, wenn ich daran denke, wie diese Familie mich und meine Mutter behandelt hat. Hier hielten wir es nicht sehr lange aus, wir bemühten uns um eine andere Unterkunft.

Zum Glück klappte dies. Wir konnten es nicht fassen, welch ein Unterschied zwischen diesen beiden Familien war. Wieder waren wir auf einem Bauernhof untergebracht, auf dem schon vier Familien einquartiert waren. Trotzdem wurden wir herzlich aufgenommen. Wir wurden nicht als Menschen zweiter Klasse behandelt. Alles wurde geteilt und jeder half jedem. Nach den Kriegswirren habe ich bei dieser Familie eine sehr schöne Zeit verlebt und die Freundschaften, die dort geschlossen wurden, halten bis zum heutigen Tage. Ich lebe seit vierzig Jahren nicht mehr in diesem Ort, fahre aber zum Klassentreffen in regelmäßigen Abständen gerne wieder hin.

Allmählich normalisierte sich die Wohnungslage und wir konnten eine Einzimmerwohnung beziehen, da es auf dem Bauernhof mit den Familien wirklich eng wurde.

Wir sind noch mehrmals innerhalb des Ortes umgezogen. Die Wohnungen wurden immer ein bißchen größer, und auch wir wurden so ganz allmählich ins Dorfleben integriert. Die alleinstehenden Mütter und Frauen hatten es besonders schwer. Sie mußten hart in der Landwirtschaft arbeiten. Gleichzeitig wurde ihnen allerhand unterstellt. Doch auch Hochzeiten zwischen Flüchtlingen und Einheimischen kamen zustande.

* * *

Schwesing – Manfred Junick

Blumen ohne Vasen

Im Mai 1945 befand ich mich als Soldat bei meiner Truppe im Norden von Dänemark. Ich war damals siebzehn Jahre alt. Geschlossen marschierte unser Regiment von Jütland nach Süden, Schleswig-Holstein entgegen.

Das Kuriosum war, daß wir voll unter Waffen marschierten, und die uns entgegenkommenden englischen Truppen gar nicht daran dachten, uns zu entwaffnen. Erst an der Grenze, in der Nähe von Flensburg, gaben wir die Waffen ab.

Unser Regiment blieb im Raume Hemmingstedt. Einquartiert bei Bauern, verbrachten wir hier den Sommer 1945. Dabei hatte ich meine erste Begegnung mit Menschen aus Schleswig-Holstein.

Mit anderen Kameraden meldete ich mich bei unserem Bauern zum Rübenverziehen. Es gab dafür ein Frühstücksbrot auf dem Feld, und abends – in der guten Stube – einen fein gedeckten Tisch mit Grütze und Milch. Die schmeckte so herrlich.

Da wir jungen Soldaten ewig Hunger hatten, aber die Verpflegung der Feldküche auf Sparflamme lief, kochten wir uns im Freien aus zerstampften Weizenkörnern und Wasser eine Suppe. Das Feuer wurde mit Ölkreide unterhalten, die wir bei den Bohrtürmen in Hemmingstedt fanden.

Wenn ich mir heute vorstelle, daß ich zusammen mit meinem Kameraden Alois einen Zehn-Liter-Eimer Pellkartoffeln auf einmal aufgegessen habe, so scheint mir das schier unmöglich. Aber wenn man gerade achtzehn ist und ausgehungert, ist das erklärlich.

Noch im Sommer 1945 wurden wir nach Kiel verlegt, wo man am Hauptbahnhof für 100,– Mark ein Brot erwerben konnte. Meine Zigarettenzuteilung machte ich damals zu Geld und kaufte dafür Brot.

In dieser Zeit ging es immer nur ums Essen.

Mittlerweile wurde mir klar, daß ich meine ostdeutsche Heimat für immer verloren hatte. Mein Heimatdorf liegt am rechten Oderufer und war somit polnisch geworden. Von meinen Eltern hatte ich lange nichts gehört. Lebten sie noch, waren sie geflüchtet wie Millionen andere auch oder waren sie in den Wirren des Kriegsendes umgekommen?

Weil ich keine Heimat mehr hatte, meldete ich mich zu einer der damals aufgestellten englischen Arbeitseinheiten und landete schließlich in einem alten Barackenlager in Engelsburg bei Husum. Wir verrichteten in Husum Aufräumungsarbeiten auf dem Flugplatz und in der Fliegerkaserne.

In einer saalartigen Baracke fand zweimal wöchentlich eine Tanzveranstaltung statt, zu der die Mädchen aus der Umgebung mit dem LKW unserer Einheit herangefahren wurden. Eine andere Verkehrsverbindung gab es damals nicht. Eine kleine Kapelle, wie man damals noch sagte, war immer vorhanden. Hier lernte ich tanzen und damit auch die Mädchen des Landes kennen.

Nach einigen kurzen Flirts lernte ich hier auch meine Frau kennen, die damals sechzehn Jahre alt war. Ich selbst war inzwischen neunzehn Jahre. Sie stammte nicht aus Schleswig-Holstein, sondern war mit ihren Eltern aus Pommern geflüchtet und wohnte in einem Lager in Schwesing bei Husum. Viele meiner damaligen Kameraden haben Töchter des Landes geheiratet und wurden auch hier ansässig, während wir nach der Heirat in Düsseldorf lebten.

Über den Suchdienst des Roten Kreuzes Hamburg fand ich meine Eltern, die zwischenzeitlich in Düsseldorf angekommen waren. Sie wurden von den polnischen Besatzern ausgewiesen, da sie nicht geflüchtet waren.

Am 13. August haben wir in der kleinen Dorfkirche zu Schwesing geheiratet. Wir waren siebzehn und einundzwanzig Jahre alt. Die Hochzeitsfeier fand in einer kleinen Stube der Baracke statt, in der meine Schwiegereltern wohnten. Wir bekamen riesige Mengen Blumen geschenkt, sonst hatten die Menschen nichts zu verschenken.

Ich sehe noch heute die große Zink-Badewanne voller Blumen stehen, denn wir hatten keine Vasen.

Gestofte Kartoffeln

Der März 1945 war wunderschön warm und trocken. Es kam vor, daß wir beim Laufen fröhliche Wanderlieder sangen. Unser Treck wurde Richtung Schleswig-Holstein und Dänemark gelenkt, wie schon viele andere vor uns.

Um den 20. März herum kamen wir in Friedrichstadt vor Husum an. Es war so warm, daß wir uns ins Gras am hohen Ufer eines Flusses, von dem ich annehme, daß es die Eider war, legten und die Sonne genossen.

Abends bekamen wir Quartiere und konnten ausschlafen.

Am nächsten Tag erreichten wir unser Ziel, Husum!

Der gesamte Schloßpark war ein blaues Krokusblütenmeer. So etwas hatten wir noch nicht gesehen. Wir blieben dort den ganzen Tag auf den Spuren Theodor Storms.

Einige Tage später hielten wir mit unserem Trecker und 2 Wagen mit über 70 Personen in einem der wunderschönen Köge. Wir stiegen aus und der Ortsbauernführer verteilte uns dann auf die einzelnen Höfe. Meine Mutter Marie (Jahrgang 1897), meine Schwester Gerda (Jahrgang 1929) und ich selbst (Jahrgang 1917) blieben bei ihm, da er Arbeitskräfte suchte.

Wir wurden nicht übermäßig freundlich, aber auch nicht unfreundlich aufgenommen. Die Schafe hatten schon Lämmer. Das jüngste Kind, ein süßes blondlockiges sechsjähriges Mädchen sagte immer wieder zu uns: „De lürren Lämmer bieten nich!" Das sollte heißen: Habt keine Angst, die kleinen Lämmer beißen euch nicht!

Nach gründlicher Wäsche im Keller kamen wir eine Treppe höher in ein geräumiges Zimmer. Es war sonnendurchflutet und nach wochenlangem Treckleben ging einem das Herz auf. Es gab drei Schlafstellen mit Federbetten und Waschtisch, Stühle, einen Tisch und einen kleinen Eisenofen. Auf diesem garte meine Mutter zu Neujahr 1946 einen Berliner Ballen nach dem anderen in einer kleinen Kasserolle. Mein Vater war zu dieser Zeit schon wieder bei uns.

Wir wurden fürs erste vollständig in den Haushalt integriert. Meine Mutter übernahm das Melken und Milchkannensäubern. Meine Schwester half in Haus und Küche und ich wusch, stopfte, flickte, nähte und strickte.

Im Sommer gingen wir nachmittags gerne mit aufs Feld, Kohl hacken oder sonstiges, denn es gab so wunderbare Vesperbrote mit selbstgemachtem Quark!

Das Land dieser Marschbauernhöfe war außerordentlich ertragreich, ob es dicke Bohnen, Erbsen, Kohl oder Getreide war. Die Gastgeberin konnte wunderbar kochen. Wir haben viel von ihr lernen können, wie z. B. das Rinderschlachten. Eine Köstlichkeit waren gestofte Kartoffeln, in die statt Milch ein Schuß Sahne hineingegeben wurde. Dazu gab es die sauren Rinderrollen.

Meine Mutter bekam zu ihrem Geburtstag im August Schafswolle geschenkt und ein Spinnrad geborgt. Sie beherrschte Spinnen und Weben fabelhaft.

Wir begannen, uns Kleidungsstücke zu häkeln oder zu stricken.

Ich wurde auch an andere Höfe ausgeborgt. So nähte ich für die Männer Schirmmützen und häkelte aus Zellband vom Mähdrescher Socken für die Gummistiefel. Die

Landwirtschaftsgehilfen waren meistens junge Leute, die aus einem nahen Arbeitsdienstlager übrig geblieben waren. Die hatten kaum etwas anzuziehen. Dieses Zellband sammelte mein Vater, der auch in der Landwirtschaft half, aus den Strohballen. Meine Mutter spann dieses ganz fein. Daraus entstand auch unsere Leibwäsche. Dies geschah natürlich alles in unserer Freizeit, aber mit freundlicher Unterstützung unserer Gastgeber.

Außer uns kamen noch mehr Flüchtlinge ins Haus.

Wir siedelten 1949 ins Rheinland um. Mit unseren Gastgebern blieben wir noch viele Jahre in Freundschaft verbunden. Wir denken noch immer gerne an diese Zeit, in der es jeden Sonntag ein Stück Sahnetorte, zum Frühstück die Beutelgrütze mit selbstgekochtem Sirup und die gestoften Kartoffeln mit den sauren Rinderrollen gab.

Später bei meinen Besuchen bekam ich oft von den Köstlichkeiten geschenkt. Nun leben Gastgeber und auch meine Eltern nicht mehr. Meine Schwester und ich sind im Rentenalter. Die Zeit des Neubeginns nach der Flucht möchten wir nicht missen.

Burg – Ina Gehrmann

Vor 50 Jahren

Ich lebte vor 50 Jahren auf der Insel Fehmarn. Bombenangriffe kannten wir nicht. Es kamen nur unendlich viele Menschen zufluchtsuchend zu uns. Mein Vater war dem zivilen Dienst zugeordnet. Er leitete das Ernährungsamt, denn schwere Verwundungen aus dem Ersten Weltkrieg machten ihn nicht tauglich für den Wehrdienst. So stand er täglich am Bahnhof, verteilte die ankommenden Flüchtlinge und überraschte meine Mutter mit immer neuen Einquartierungen. Wir alle, auch meine Mutter, waren erfüllt von dem Gedanken, helfen zu müssen.

Unser Haus war groß und die Küche ebenfalls. Es war für meine Mutter selbstverständlich, diese für alle herzurichten. Selbst in diesem Bereich herrschte Harmonie. Es waren fast alles Mütter mit Kindern, die mein Vater zu uns brachte. Mütter, die ausschließlich jung waren, Ausstrahlung hatten und so ganz den Vorstellungen meines Vaters entsprachen. Er fühlte sich wohl und geschmeichelt in der Gestalt des Übervaters, in der Mütter und Kinder ihn sahen. Bis zu seinem Tode mit 93 Jahren bestand die Verbindung mit den Kindern von damals. So füllte sich unser Haus mit reizenden Menschen. Meine Schwester und ich fanden die neue Situation aufregend und äußerst spannend. Es dauerte gar nicht lange und unsere Freundinnen und wir hatten die gewünschten Gesprächspartnerinnen, die allmählich auch zu Freundinnen wurden, denn junge Mädchen in unserem Alter waren wißbegierig und neugierig. Wir profitierten von dem Wissen der Flüchtlingsmädchen, von ihrer Lebenserfahrung, und erhielten Einblick in die Welt abseits unserer Insel. Dank unserer Mutter war die Hausgemeinschaft ein Vorbild an Harmonie und Hilfsbereitschaft.

Inzwischen kamen die Ehemänner aus dem Krieg „heim" und die Familien komplettierten sich, ohne daß von der Harmonie etwas verlorenging. Wir jungen Menschen bekamen jeden Tag Unterricht in Allgemeinwissen, in der Musik und Literatur. Man gab Hausmusikabende und erfreute sich an Vorlesungen. So lernten wir viele Dinge kennen, die der Krieg auch diesen Frauen nicht nehmen konnte und die uns die Schule nicht in dem Maße vermitteln konnte.

Inzwischen wurde die Insel ein Sammelbecken für Soldaten, die in einem großen Gefangenenlager zusammengeführt wurden. Meine Mutter lernte in einem Geschäft zwei junge Soldaten, zwei Studenten aus Innsbruck, kennen. Sie brachte die beiden mit nach Hause und gab ihnen kleine Aufgaben. So geschah es, daß sie den ganzen Tag „unentbehrlich" wurden. Meine Mutter war eine gute Psychologin. Mal bekamen wir einen Sack Erbsen, die in froher Runde ausgepahlt wurden, mal war es ein Sack Bohnen. Es kam auch vor, daß wir Holz sammelten für die Kochhexen in der Küche, und überall waren die vier fleißigen Hände und das lustige österreichische Geplapper der beiden Soldaten sehr willkommen. Meine Erinnerung an diese Zeit ist erfüllt von Dankbarkeit, daß der Krieg endlich ein Ende hatte und wir, jung wie wir waren, von so vielen verständnisvollen Erwachsenen umgeben waren.

Der Frohsinn kam keineswegs zu kurz. Die zwei jungen Marinesoldaten zeigten uns und unseren Freundinnen das Tanzen. Die erste innere Unruhe entstand, Herzklopfen stellte sich ein, und der Frühling, es war Mai, blieb auch nicht ohne Wirkung: Das leise Prickeln machte sich bemerkbar. Immerhin wurde ich kurze Zeit später bereits 16 Jahre alt! Als erstes mußten die langen blonden Zöpfe dieser Entwicklung weichen, denn beim Tanzen zu „Aloahe" entstand eine gewisse Diskrepanz von der Musik zum damaligen Outfit. Es war schön und aufregend mit all den inzwischen nicht mehr fremden Mitbewohnern, bis sie nach Monaten so nach und nach in andere Städte zogen, die ihnen bessere Arbeitsmöglichkeiten boten.

Der Kontakt zu einigen von ihnen besteht heute noch.

* * *

Göhl – Horst Redetzky

Dank

Zusammen mit allen Dorfbewohnern mußten auch meine Eltern und ich (dreizehn Jahre alt) am 21. Oktober 1944 in der Frühe aus Scharlingen, Kreis Goldap/Ostpreußen flüchten.

Meiner Mutter und mir gelang es, mit drei weiteren Flüchtlingswagen Schleswig-Holstein zu erreichen, wo wir am 27. März 1945 in Göhl bei Oldenburg ankamen.

Am Ortseingang gleich hinter der Bahnkreuzung nahmen uns Göhler Bürger in Empfang. Unter diesen Männern war auch Herr Peter H. Er entschloß sich, alle Flüchtlingswagen aus unserem Heimatdorf auf sein schönes Gut Alt-Schwelbek bei Göhl zu nehmen. Zunächst bezogen wir alle gemeinsam ein sehr großes Zimmer – fast ein Saal – in einem Nebengebäude, um in den nächsten Tagen, so gut es ging, Einzel-Familienunterkünfte zu bekommen.

Freudig überrascht wurden wir alle am Abend des 27. März von Frau Olga H., als sie uns eine große Schüssel Kartoffelsalat brachte, mit vielen Eiern garniert, und wir uns alle satt essen konnten. Wir alle werteten das als Zeichen besonderer Zuneigung, und wir hatten uns nicht getäuscht. In den folgenden Wochen und Monaten ging es weiterhin harmonisch und entgegenkommend zwischen Einheimischen und Flüchtlingen zu.

Meine Mutter erklärte sich bereit, das tägliche Waschen der Milchkannen zu übernehmen, und ich konnte als inzwischen Vierzehnjähriger beim Diestelstechen helfen. Wir bekamen täglich Milch und auch Grütze und Weizen sowie Roggen nach Bedarf und brauchten nie Hunger zu leiden. Im Mai 1945 bekamen alle Flüchtlingsfamilien vorausschauend je ein Stück Ackerland – vorbereitet zum Kartoffelnpflanzen. Die

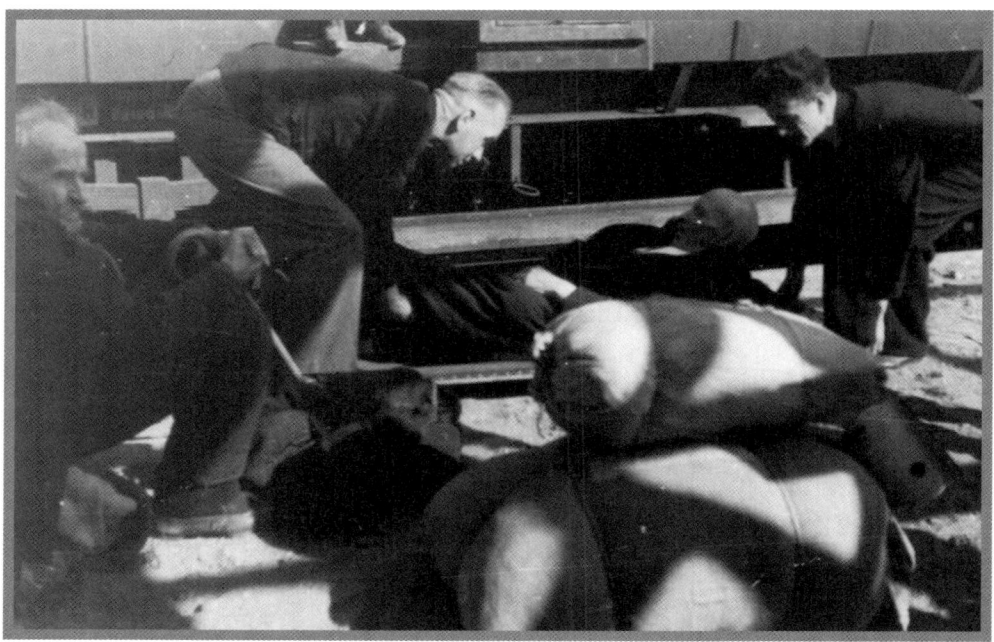

Saatkartoffeln bekamen wir auch in ausreichender Menge von Herrn H. Meine Eltern und ich ernteten im Herbst 1945 ca. 35 Zentner Kartoffeln und waren überglücklich.

Dank der Aufgeschlossenheit und der Hilfsbereitschaft des Ehepaares Peter und Olga H. wurde uns allen in Alt-Schwelbek das schwere Flüchtlingslos erleichtert und die Integration eingeleitet.

Im Juni 1945 konnte uns meine Schwester – geflüchtet aus einem DRK-Bunker in Berlin – auffinden und im August 1945 mein Vater. Freude und Dankbarkeit durchströmten uns, daß unsere Familie wieder beieinander war, nachdem wir eine so gute Aufnahme auf dem Gut Alt-Schwelbek gefunden hatten.

Mein Vater konnte auch überwiegend in seinem Beruf bei Herrn H. Arbeit finden, was unserem Wohlergehen nur gut tat.

Es ist mir ein ehrliches Bedürfnis an dieser Stelle – auch im Namen meiner inzwischen verstorbenen Eltern – dem inzwischen auch verstorbenen Ehepaar Peter und Olga H. zutiefst zu danken für ihre menschliche Wärme, ihre stete Hilfsbereitschaft und ihre Aufgeschlossenheit gegenüber den auch hilfsbereiten damaligen Flüchtlingen.

* * *

Leichtes Einleben

Meine Mutter und ich wurden zu dem wartenden Zug gebracht, der uns nach Oldenburg/Holstein fuhr. Am Bahnhof Oldenburg angekommen, wurden wir mit anderen Flüchtlingen auf einen Leiterwagen verfrachtet. Dann ging es über Kopfsteinpflaster in ein Dorf namens „Nanndorf". Es liegt zwischen Oldenburg und Heiligenhafen. Wir kamen genau am Geburtstag meines Vaters an, am 25. 2. 45.

Uns nahm eine Frau in ihrer Wohnung auf.

Sie hatte zwei Kinder, ein Mädchen und einen Jungen. Ihr Mann war vermißt.

Wir erhielten ein kleines Zimmerchen. Darin standen ein Herd, ein Korbsessel, ein kleines Schränkchen, ein Bett, ein Sofa und ein Tisch.

Ein Jahr später holte meine Mutter meinen Cousin aus einem Kinderheim. Er war mit seiner Großmutter 1946 aus Elbing/Ostpreußen gekommen. Seine Mutter war verschleppt. In dem 6 Quadratmeter großen Zimmer lebten wir von diesem Moment an mit drei Personen. Der Raum war lang und schmal mit einer Größe von 2 x 3 Metern. Mutti schlief im Bett und ich auf dem Sofa. Mutti hatte eine Decke, während ich das Federbett, das wir Klunkersack nannten, bekam. Wir waren froh, ein Dach über dem Kopf zu haben.

Da wir unsere beiden Rucksäcke mit Kleidung auf dem Schiff lassen mußten, haben wir ein paar Wochen lang immer wieder dieselben Sachen angezogen, auch nach dem Waschen. Dann bekamen wir eine Postkarte, auf der stand, daß wir unser Gepäck in Plön abholen könnten. Daraufhin machten wir uns gleich auf den Weg und fanden unsere beiden Rucksäcke, denn mein Vater hatte sie gut und groß mit unseren Namen beschriftet. Deshalb fielen sie uns in der Menge gleich auf. Eine Nachbarin aus unserem Heimatort fand nur ihre Aktentasche, ihr anderes Gepäck mit der Kleidung hat sie nie bekommen.

Im Winter hatten wir noch keine Arbeit. Also haben wir die Umgebung erforscht. Vor allen Dingen wollten wir erkunden, wie wir zur Ostsee gelangen. Da wir immer an der Haffküste gewohnt hatten, wollten wir sehen, wie weit es hier bis zum Wasser war. Als wir es dann sahen, war die Freude groß. So hatten wir doch Aussicht, im Sommer zum Baden an die See zu kommen.

Wir waren zusammen mit unseren Nachbarn geflüchtet. Sie kamen auch nach Nanndorf. So fiel uns das Einleben nicht so schwer. Abends saßen wir oft zusammen und sangen alte Lieder. Eines Abends, es war Frühling und warm, lagen wir schon in den Betten, als uns zwei Frauen aus unserem Heimatdorf ein Ständchen brachten. Das war so schön, das werde ich niemals vergessen. Außerdem hatten sie wunderbare Stimmen.

Die Einheimischen waren zu uns ziemlich nett. Wir sind gut mit ihnen zurecht gekommen. Die nächste Nachbarin, eine Einheimische, hatte zufällig oder absichtlich immer zu viel gekocht. Es fiel meistens etwas für uns ab. Sie klopfte dann ans Fenster und reichte es uns ins Zimmer. Mit deren Tochter war ich dann ein wenig befreundet.

Unsere Wirtin reichte uns auch hin und wieder etwas Eßbares herein. Kartoffeln und Holz haben wir uns später immer geteilt. Wir haben es bei ihr gut gehabt. Es war ja nicht leicht für sie, das Zimmer abzugeben. Ihre Tochter hätte sonst das Zimmer benutzen können.

Als es Frühjahr wurde, kamen im Mai unsere Soldaten als Internierte in die Umgebung. In unserem Dorf mit nur vier Bauern, hatten wir über 300 Soldaten. Diese haben gehungert. Ich werde nie vergessen, als mir ein älterer Soldat gebratene Kartoffelschalen zu kosten gab, gebacken als kleine Pfannkuchen. Es gab aber auch Erfreuliches.

Im Sommer haben wir oft auf den Tennen oder auf den Höfen getanzt. Man hatte viel nachzuholen, da in den letzten Jahren des Krieges nicht getanzt werden durfte. Ich habe auf dem Hof erst einmal tanzen gelernt. Die Soldaten haben auch in jedem Dorf Theater gespielt. Es gab sehr viele Talente unter ihnen.

Weihnachten haben die Soldaten eine Feier für die Flüchtlinge und Einheimischen in der Scheune organisiert. Was die aus geringsten Mitteln gezaubert haben, das war ganz erstaunlich. Nach und nach wurden die Soldaten entlassen. Oft wußten sie nicht wohin, da sie aus dem Osten stammten.

Im Frühjahr haben meine Mutter und ich, wie auch andere Flüchtlinge, für Naturalien auf dem Feld gearbeitet. Beim Rübenhacken schmerzte der Rücken sehr und die Rübenreihen nahmen kein Ende. Da wir keinen Platz zum Lagern für die verdienten Lebensmittel (z. B Mehlsatz) hatten, mußten wir sie unter das Bett legen. Einmal war ein ganzer Sack Mehl verschimmelt.

Im Winter wurde viel gestrickt. Wolle kauften wir vom Schäfer. Geld hatten wir ja noch auf dem Sparbuch, das wir von zu Hause mitgebracht hatten. Mit den Schäfersleuten haben wir uns auch bestens verstanden. Wir haben uns oft bei ihnen aufgehalten. So manches Mal haben sie dann Pfannkuchen gebacken, die herrlich schmeckten.

Der Schäfer besaß ein Spinnrad, so daß wir dort das Wollespinnen erlernten. Meine Mutter hat viel für die Einheimischen gestrickt und dafür Naturalien erhalten.

Vom Gemeinderat bekamen wir Bezugscheine für Wolldecken. Aus einer grauen Decke ließ ich mir von einem Soldaten, der Schneider war, eine lange Hose nähen. Später nähte er mir noch einen grauen Mantel. Für diese Sachen war man sehr dankbar. Weil wir nicht rauchten, haben wir mit unserer Zigarettenzuteilung bezahlt oder mit Mehl.

Im Januar bekam ich Arbeit in einem Büro in Oldenburg/H. Meine Mutter hat weiterhin auf dem Feld gearbeitet, bis mein Vater im Herbst 1948 aus Ostpreußen kam. Er war im Januar 1945 zum Volkssturm eingezogen worden. Vorher war er in einem kriegswichtigen Betrieb tätig, also nie Soldat gewesen. Von 1945 bis Herbst 1948 war er in russischer Gefangenschaft. Wir haben nach Heiligenbeil/Ostpr. geschrieben. Dort ist mein Vater zur Post gegangen, die noch stand, und hat unseren Brief erhalten. Ich weiß aber nicht, in welchem Jahr dies war.

Nun wußte er aber, wo wir hingekommen waren und konnte zu uns nach Holstein übersiedeln.

* * *

Lensahn – Irmgard Herrmann

Hilfe in der Not

Im Februar 1945 haben wir unsere Heimat verlassen. Im Mai 1945 kamen wir in Schleswig-Holstein an. Wir, das waren meine Mutter, meine Großmutter und ich. Meinen Großvater hatten wir auf der Flucht verloren. Ich war damals sechs Jahre alt.

Viele Wochen waren wir zu Fuß, mit Lastwagen und per Schiff unterwegs. Wir kamen über Danzig und über die Insel Hela mit dem Schiff nach Neustadt. Hier wurden wir in der ersten Zeit in einer Turnhalle untergebracht. Zunächst wurden wir von amerikanischen Soldaten mit Verpflegung versorgt. Es gab Zwieback, Maisbrot und Schokolade.

Dann mußten wir unsere Kleidung abgeben, denn wir waren total voller Läuse. Mein einziges Kleid, welches mit blauen Blüten bestickt war, mußte ich hergeben. Das habe ich nicht vergessen. Am nächsten Tag ging es weiter nach Lensahn. Hier wurden wir vom Roten Kreuz und von Leuten aus umliegenden Dörfern empfangen und dann auf die einzelnen Dörfer verteilt. Wir kamen etwa 5 Kilometer von Lensahn entfernt nach Schwienkuhl. Wir gaben ein seltsames Bild ab. Völlig erschöpft, zerlumpt und ausgemergelt kamen wir dort an. Viele Leute weinten.

Klassenfoto vor der Schule in Schwienkuhl, 1949. „Als Holzpantoffeln und gestopfte Strümpfe aus Schafwolle noch modern waren."

141

Wir wurden auf einem Bauernhof untergebracht. Als erstes bekamen wir etwas zu essen. Es gab selbstgebackenes Brot und Milch. Es schmeckte herrlich. Denn Milch gab es in der Stadt, wo wir herkamen, schon lange nicht mehr. Danach haben wir nach so langer Zeit wieder einmal in richtigen Betten geschlafen.

Die Leute waren sehr gut zu uns und haben geholfen, wo sie konnten. Meine Mutter hat dann etwas später auf dem Hof geholfen und bekam dafür Verpflegung. Mit der Verständigung ging es etwas langsam vorwärts, denn wir konnten ja kein Plattdeutsch. Wir Kinder hatten es da nicht so schwer. Kinder lernen es wohl leichter.

Wir hatten es gut. Man darf ja nicht vergessen, daß die Leute hier auch nur das Nötigste hatten, und auch in Sorge um die Angehörigen waren. Sie warteten auf Nachricht von ihren Männern, Söhnen und Brüdern, die noch nicht aus dem Krieg bzw. der Gefangenschaft zurück waren.

Manche kamen nie zurück. Und trotz ihrer eigenen Sorgen haben sie Essen und Wohnraum mit uns geteilt.

Als ich im gleichen Jahr mit Mittelohrentzündung ins Krankenhaus nach Eutin mußte, wurde ich mit Pferd und Wagen hingebracht. Es wurden nicht viel Worte gemacht um Hilfe und Menschlichkeit, es wurde einfach getan. Es gäbe viele Beispiele echter Nächstenliebe zu berichten, die wir hier im Ort erfahren haben. Als ich aus dem Krankenhaus zurückkam, mußte ich jeden Tag zum Arzt nach Lensahn zum Verbinden. Da wir noch in keiner Krankenkasse waren, hätten wir das selbst bezahlen müssen. Dieses Geld besaßen wir aber nicht. Mit Lebensmitteln hätte man auch zahlen können. Aber auch hier zeigte sich die Hilfsbereitschaft. Der Arzt sagte zu mir, ich solle ihm etwas vorsingen. Dann hat er mich umsonst behandelt. Auch als ich 1948 an Tuberkulose erkrankt und ein Jahr in Neustadt in der Klinik lag, haben die Leute im Dorf geholfen. Sie gaben meiner Mutter Butter und Milch für mich mit. Da es an Medikamenten fehlte, war das die größte Hilfe für mich, denn gutes Essen war wichtig bei dieser Krankheit.

Im Oktober 1946 brannte der Bauernhof bei einem schweren Gewitter ab. Wir kamen zur Familie eines Schusters. Auch hier haben wir es gut gehabt. Es ging auf den Winter zu und ich hatte keine Schuhe, nur Holzpantoffeln. Da hat mir der alte Schuster aus Männerstiefeln, die nicht abgeholt worden waren, ein Paar Schuhe gemacht.

Überhaupt war Kleidung ein Problem. Es gab zwar Bezugsscheine für Kleidung, so wie es auch Lebensmittelmarken gab. Die entsprechenden Waren fehlten aber. Aus alten Militärmänteln, eingefärbten Wolldecken und Fahnenstoff wurden Kleider und Mäntel und aus Bettlaken Vorhänge gemacht. Die Strümpfe wurden aus Schafswolle gestrickt. Die waren zwar schön warm, aber es kribbelte schrecklich auf der Haut. Als der Sohn der Familie, bei der wir wohnten, aus der Gefangenschaft wiederkam, wollte er gar nicht glauben, daß ich ein Flüchtlingskind war, weil ich schon ganz gut Plattdeutsch gelernt hatte.

Auch meinen Großvater hatten wir inzwischen übers Rote Kreuz gefunden. Meine Mutter und meine Großeltern sprachen oft über unsere Heimat. Sie hatten Heimweh. Trotzdem sagten sie immer wieder, daß das Schicksal es noch gut mit uns gemeint hätte.

Zur Schule gingen wir inzwischen auch wieder, wenn auch etwas unregelmäßig in der ersten Zeit, weil unser Lehrer erst spät aus der Gefangenschaft kam. In der Schule bekamen wir Schulspeisung. Die erste Banane, die wir dort bekamen, habe ich verschenkt, weil ich nicht wußte, was das war. Wenn ich unseren Kindern davon erzähle, können sie es gar nicht fassen, obwohl sie ja selbst schon erwachsen sind. Mein Mann und ich unterhalten uns oft über diese Zeit. Mein Mann kommt aus Elbing. Er war vier Jahre alt, als er hierherkam.

Sie können sich auch nicht vorstellen, daß man damals Brot in Kaffee gebraten hat. Dazu gab es dann Zucker oder Sirup. Es hat wunderbar geschmeckt. Wichtig war, daß alle beisammen waren. Sicher war für die Erwachsenen nicht alles rosig, für die Flüchtlinge nicht und für die Einheimischen auch nicht. Aber ich habe keine schlechten Erinnerungen an die Zeit. Ich hatte hier in Schwienkuhl eine schöne Kindheit. Meine Mutter und meine Großeltern haben hier, wie viele andere Menschen auch, ihre zweite Heimat gefunden. Aber für mich ist es mein Zuhause.

Auch wenn ich heute in Oldenburg wohne, etwa zwölf Kilometer weiter, so bin ich doch in meinem Inneren eine Schwienkuhlerin.

* * *

Neukirchen – Irene Schleidt

Aufwachsen mit der „Holsteinischen Ananas"

Wir waren wochenlang in einem Zug, von Osten kommend, unterwegs und erreichten Friedland am 28. 1. 46; es war mein 9. Geburtstag. Es ist mir deshalb sehr gut in Erinnerung geblieben. Wir wurden registriert und entlaust. Das Entlausen lief nicht reibungslos ab. Einige Erwachsene weigerten sich, durch eine Baracke zu gehen, in der die Prozedur ablief. Sie haben offenbar gewußt, auf welche Weise die Juden getötet wurden.

Für mich war der Tag ein Fest. Es gab Weißbrot, Butter, Marmelade und Milch. Alles lang entbehrte Herrlichkeiten.

Unser Ziel war Hamburg, dort lebte ein Bruder meiner Mutter. Auf dem Bahnsteig standen bewaffnete Soldaten. Wir durften nicht aussteigen, denn Hamburg war überfüllt und hatte keine Bleibe für Flüchtlinge. Wir wurden nach Malente-Gremsmühlen weitergeleitet. Wir fanden im „Deutschen Haus" in einem Tanzsaal Unterkunft und schliefen dort mit vielen Menschen auf dem Boden auf Stroh. Die Verpflegung und die sanitären Verhältnisse waren denkbar schlecht. Viele Menschen waren krank und am Ende ihrer Kräfte. Meine Mutter, meine Schwester und ich erkrankten an Krätze und wurden ins Krankenhaus eingewiesen. Dort hatte jeder ein richtiges Bett und gutes Essen. Für mich war es aber sehr langweilig. Nachdem wir wieder gesund waren, wurden wir nach Neukirchen gebracht und fanden ein Zimmer am See.

Familie R. nahm uns freundlich auf. Bald waren allerdings die geschenkten Holzvorräte verbraucht, und es war bitterkalt in dem Winter. Auf dem Friedhof wurden Sträucher beschnitten. Wir holten uns dort die Äste und versuchten, sie in unserer „Brennhexe" im Backofen zu trocknen. Mir gelang es nie, das Feuer zu entfachen.

In einer Sandgrube am See gab es die „holsteinische Ananas". Es waren Steckrüben, die es morgens anstelle von Brot, mittags als Suppe und abends in Mehl gewendet und auf dem Herd geröstet gab. Anfangs schmeckte es recht gut. Kartoffeln waren nicht zu bekommen, schon gar nicht für eine Mutter mit zwei Kindern ohne Tauschartikel. Das Brot schmeckte auch merkwürdig. Es sah so gelb aus, da es aus Maismehl gebacken war. Zu allem Unglück verlor ich einmal die so kostbaren Brotmarken.

Irgendwann in dem Winter fanden wir ein neues Quartier auf einem Bauernhof. Die Familie hieß S. Wir bewohnten zwei Zimmer, wovon ein Zimmer heizbar war. Der Fußboden in dem Raum bestand aus Ziegelsteinen, und unsere Aussicht war eine fünf Meter entfernte Scheune. In den nächsten fünf Jahren sahen wir dort weder Sonne noch Mond. Unsere Nachbarn waren Pferde, die gegenüber ihre Tränke hatten.

Unsere Lage hatte sich dennoch etwas verbessert. Wir durften uns Magermilch holen, und hin und wieder gab es auch mal ein paar Erbsen und eine Speckschwarte.

Für mich begann wieder die Schule in der mehrklassigen Volksschule. Wir hatten gute, vernünftige Lehrer und lernten eine ganze Menge. Die Prügelstrafe war noch nicht abgeschafft.

Mir gefiel es in der Schule. Die Amerikaner hatten die Schulspeisung eingeführt. Wir erhielten täglich eine warme Mahlzeit. Favorit war eine Schokoladensuppe. Aber das Essen war nicht das wesentliche in der Schule. Ich lernte gerne und leicht. Ich sollte eine weiterführende Schule besuchen, wie meine Mutter mir erzählte. An einem fehlenden Fahrrad ist der Schulbesuch gescheitert.

Ich lebte mich sehr schnell und gut auf dem Bauernhof ein. Im Frühling half ich der Bäuerin im Garten. Bohnen durfte ich legen und Kartoffeln stecken. Dabei wurden vorgekeimte Kartoffeln mit den Keimen nach oben in die Erde gelegt. Außerdem waren Unkraut zu jäten, Johannisbeeren zu pflücken und anderes mehr. Am Morgen führte mich mein Schulweg durch den Garten. Fallobst war mein Frühstück. Bei der Heuernte durfte ich auf den Pferden reiten.

Irgendwann fuhr ich die beladenen Heuwagen alleine auf den Hof zum Entladen in der Scheune, wo man mich erwartete. Das größte Vergnügen waren die gemeinsamen Mahlzeiten in der kleinen Diele. Wir aßen dort mit ca. 10–15 Personen. Mir schmeckte einfach alles, aber Saftsuppe oder rote Grütze wurden meine Lieblingsgerichte. Ohne Arbeit gab es natürlich nichts zu essen, so war ich immer bemüht, arbeiten zu dürfen.

Im Winter wurden die Schweine für den eigenen Bedarf geschlachtet. Wenn ich von der Schule kam, hing so ein Riesenvieh mit den Hinterbeinen nach oben, mit aufgeschnittenem Bauch und Kopf nach unten zum Auskühlen an einer Leiter. Im Haus herrschte ein emsiges Treiben. Es roch nach Wurstsuppe, Grützwurst und allen Herrlichkeiten.

Abends bekamen wir Grützwurst und Wurstsuppe, manchmal auch eine kleine Wurst.

Weihnachten war dann nicht mehr weit. In der Schule wurde ein Krippenspiel ein-geübt. Ich durfte einen Engel spielen und bat die Bäuerin um zwei Gänseflügel, die dann auf meinem Rücken befestigt wurden.

In der Schule lernten wir Weihnachtsgedichte und Lieder, hörten Geschichten vom „blanken Hans", und trotz der Not, die mehr die Erwachsenen empfanden, war es für uns Kinder eine schöne Zeit. Wir waren ein Teil der Dorfgemeinschaft und wurden von den Einheimischen akzeptiert, was man von den Erwachsenen nicht behaupten konnte. Meine Mutter wurde zum Beispiel gefragt, wo sie denn ihre Kinder aufgega-belt hätte. Mein Vater war 1942 im November in Rußland gefallen. Oder es hieß: „Für Flüchtlinge haben sie aber weiße Wäsche auf der Leine!"

Kinder sind ja auch keine Engel, und meine Mutter hat immer tapfer ihre Mädchen verteidigt, wenn es Probleme gab.

Meine Mutter lernte einen netten Holsteiner kennen und heiratete ihn. Unser Bruder wurde geboren am 4. 1. 48 und hieß Hans-Joachim. Die Bäuerin bekam ihren Sohn am 7. 1. 48, und auch er hieß Hans-Joachim. Kurios! Mit den Kindern kam wieder neues Leben ins Haus. Ich war die Älteste und hütete oft beide Jungs.

Ich fühlte mich auf dem Bauernhof zu Hause. Im Winter spielten die Kinder im Kuhstall, dort kannten wir alle Kühe mit Namen. Abends kamen die Melkfrauen, und wir nahmen an allem Anteil. Im Sommer half ich beim Dreschen und Einfahren des Getreides. Für meine Mutter suchte ich Brombeeren für die geliebte rote Grütze. Neukirchen liegt am See. Dort hatten wir eine Badestelle, wo wir Kinder schwimmen lernten. Wir sprangen und schossen wie die Fische mit dem Kopf zuerst ins Wasser und bibberten manchmal fürchterlich, wenn sich die Sonne versteckt hatte.

Im Sommer gab es immer unser geliebtes Kinderfest. Eine aufregende Zeit für uns. Kleine Theaterstücke wurden eingeübt und Gedichte gepaukt. Der Höhepunkt war immer das Topfschlagen. Dort wurde der Sieger der Mädchen zur Königin gekrönt und der Sieger vom Vogelschießen der Jungen zum König. Beide thronten dann beim Umzug auf einer Kutsche mit einer Blumenkrone auf dem Kopf. Tagelang bettelten wir um Blumen und schmückten alles festlich. Die Kinder wurden mit neuen Kleidern ausstaffiert, Blumengirlanden gebunden über Weidenreifen gezogen und von den Kin-dern getragen. Das ganze Dorf feierte mit. Im Dorfkrug wurde nach den Vorführungen der Kinder Kaffee getrunken und später getanzt.

Auch die Eltern feierten nach dem Krieg Feste. Kartoffelschnaps wurde gebrannt und reichlich getrunken. Für die Erwachsenen war alles viel schwerer. Es gab keine Arbeit. Mein zweiter Vater und ich haben im Wald Brennholz geholt. Manch trocke-nen Baum haben wir abgesägt und mit viel Mühe auf einem Handwagen nach Hause gebracht. Das Angebot an Lebensmitteln war bescheiden, und Geld war wenig vor-handen.

Auf dem Bauernhof lernte ich sehr viel für mein späteres Leben.

Schleswig-Holstein wurde für mich Heimat, trotz mancher Entbehrungen.

In der Erinnerung bleiben nur die schönen Dinge. Die Frostbeulen an den Füßen habe ich längst vergessen. In der Schule fühlte ich mich anerkannt. Im Konfirmanden-Unterricht brachte uns der Pfarrer außer Religion auch einiges über das Leben bei.

Wir hatten zeitweise in der Sakristei Schule, weil Unterrichtsräume fehlten. Der

Ofen räucherte, und oft war es sehr kalt. Mein Vater fand Arbeit in Hamburg, und wir zogen im Frühling 1951 nach Hamburg.

Wirtschaftlich ging es langsam besser, obwohl mein Vater unverschuldet wieder die Arbeit verlor und wir mit DM 10,50 Stempelgeld in der Woche leben mußten. Wir wohnten in einem ausgebauten Rundbunker in Georgswerder.

1952 begann ich meine Lehre als Großhandelskauffrau. Ich hatte viele Jahre Heimweh nach Schleswig-Holstein.

* * *

Neukirchen – Hildegard Sibbe

Weder Sonne noch Mond

Am 28. 1. 46 hatte ich endlich Westdeutschland erreicht. Meine beiden Kinder bekamen Weißbrot mit Butter und Kakao zu trinken. Es war der Geburtstag meiner Tochter Irene. Am nächsten Tag ging es weiter nach Segeberg. Dort hätte ich fast meine Irene verloren. Aber wir sind nach dem Schrecken wieder zusammengekommen. Von dort wurden wir weitergeleitet bis zur Endstation Eutin.

Ich war noch nie in Schleswig-Holstein gewesen, sondern in der Hansestadt Danzig geboren und groß geworden.

Mein Mann war 1942 in Rußland am Ilmensee gefallen.

Von Eutin sind wir dann nach Malente – Gremsmühlen transportiert worden. Wir kamen ins „Deutsche Haus", eine Gaststätte, die es heute noch gibt. Dort waren wir drei Wochen mit 300 Personen zusammen im Ballsaal untergebracht. Dann sind wir auf die Dörfer verteilt worden. Weil ich schulpflichtige Kinder hatte, kam ich nach Neukirchen bei Malente.

Beim Bauern S. erhielten wir zwei kleine Knechtekammern, ohne Sonne und mit wenig Licht. Die Küche hatte eine Brennhexe, die aus Benzinkanistern gemacht war.

In der anderen Kammer stand ein Bett, das zwar sauber, aber auf Stroh bezogen war. Ich habe lange gebraucht, mich an den Geruch zu gewöhnen.

Das Dorf selber war voller Flüchtlinge. Aber es war und ist ein schönes Dorf. Meine Kinder gingen zur Schule. Ich bin für Essen und Trinken bei unserem Bauern arbeiten gegangen. So habe ich uns über Wasser gehalten.

Der Bauer hatte vier weitere Flüchtlingsfamilien untergebracht. Wir waren froh, ein Dach über dem Kopf zu haben, auch wenn weder Sonne noch Mond in unsere Kammern schienen. Das Scheunendach und das Hausdach lagen übereinander. Ich sehnte mich sehr nach Sonne.

Dann lernte ich meinen zweiten Mann kennen, einen Einheimischen aus Schönreide bei Plön.

Wir haben 1947 geheiratet und 1948 haben wir einen Sohn bekommen.

Wie wir Oldenburger wurden

Während der letzten Kriegsjahre kamen Evakuierte aus den umliegenden Großstädten in das friedliche Landstädtchen Oldenburg. Anfang Februar 1945 aber begann der fast unübersehbare Zustrom: Zahllose Flüchtlinge aus den Ostgebieten des Deutschen Reiches, von der sowjetischen Armee vor sich hergetrieben, strömten nach Westen, so auch nach Schleswig-Holstein. Dadurch erhöhte sich drastisch die Einwohnerzahl Oldenburgs.

Jahrelang war ich der Meinung, hier als erster Flüchtling eingetroffen zu sein. Ich war während des ganzen Krieges 30 Kilometer östlich der Oder in dem Dorf Schützensorge/Krs. Landsberg a.d. Warthe an der einklassigen Schule als Lehrerin eingesetzt gewesen.

Meine alten, kranken Eltern hatten 1944 vor den Bombenangriffen auf Berlin bei mir Zuflucht gefunden, aber am 30. Januar mußten wir das Dorf verlassen und entkamen in einem der letzten Züge aus Küstrin, als die Stadt bereits unter Artilleriebeschuß der Russen lag. Mein Bruder, der „das Nest, das nur zwei Kinos hat", aus seiner Putloser Soldatenzeit kannte, riet uns, nach Oldenburg/Holstein zu kommen. Wir taten es, weil er sich dort im Lazarett befand.

Im Lübecker Bahnhofsgebäude übernachteten wir mit vielen anderen Menschen zusammen auf Stroh, genossen das herrliche Vollkornbrot mit Holsteiner Mettwurst und fuhren am nächsten Tage nach Oldenburg/Holstein weiter. Durch unser Flüchtlingsgepäck fielen wir in dem normal verkehrenden Personenzug aus dem Rahmen. Auf Rat meines Vaters führten wir nämlich einen Sack mit Betten mit.

Zunächst waren wir etwas deprimiert! Als wir am Bahnhof in Oldenburg ankamen, wurden aber von Bekannten meines Bruders so herzlich aufgenommen, daß wir diese erste Enttäuschung bald vergaßen.

Hoch über dem Marktplatz im Dachgeschoß des Gebäudes der Kreisleitung der NSDAP, in welches später das Polizeirevier einzog, stellte mir Lieselotte R. ihr Bett für ein paar Tage zur Verfügung. Meine Eltern wurden in der Göhler Straße 76 von Frau G. in ihrem Schlafzimmer untergebracht. Um die Gastfreundschaft nicht unnötig zu strapazieren, nahmen wir das Essensangebot der Stadt Oldenburg an. Herr G. teilte im Saal des Hotels „Stadt Frankfurt" unentgeltlich Suppe aus; denn wir waren nicht die einzigen Flüchtlinge in Oldenburg/H. In Heiligenhafen waren Schiffe mit Ostpreußen gelandet, die auf das Kreisgebiet verteilt wurden, also auch nach Oldenburg kamen. Wenige Tage nach unserer Ankunft meldeten wir uns polizeilich an, um Lebensmittelkarten zu bekommen.

Meine Eltern beantragten Möbel, da ihre Wirtin ihnen nur ein leeres Zimmer zur Verfügung stellen konnte. Dr. B. stiftete zwei zweischläfrige alte Metallbetten mit Strohsäcken, die Wirtin von „Fika und Johanna" zwei Stühle und einen alten Tisch aus der Gaststube, den man an beiden Enden hochklappen und dadurch vergrößern konnte. Damit und mit einem geliehenen Schrank war das Zimmer voll. Auch wenn es gar

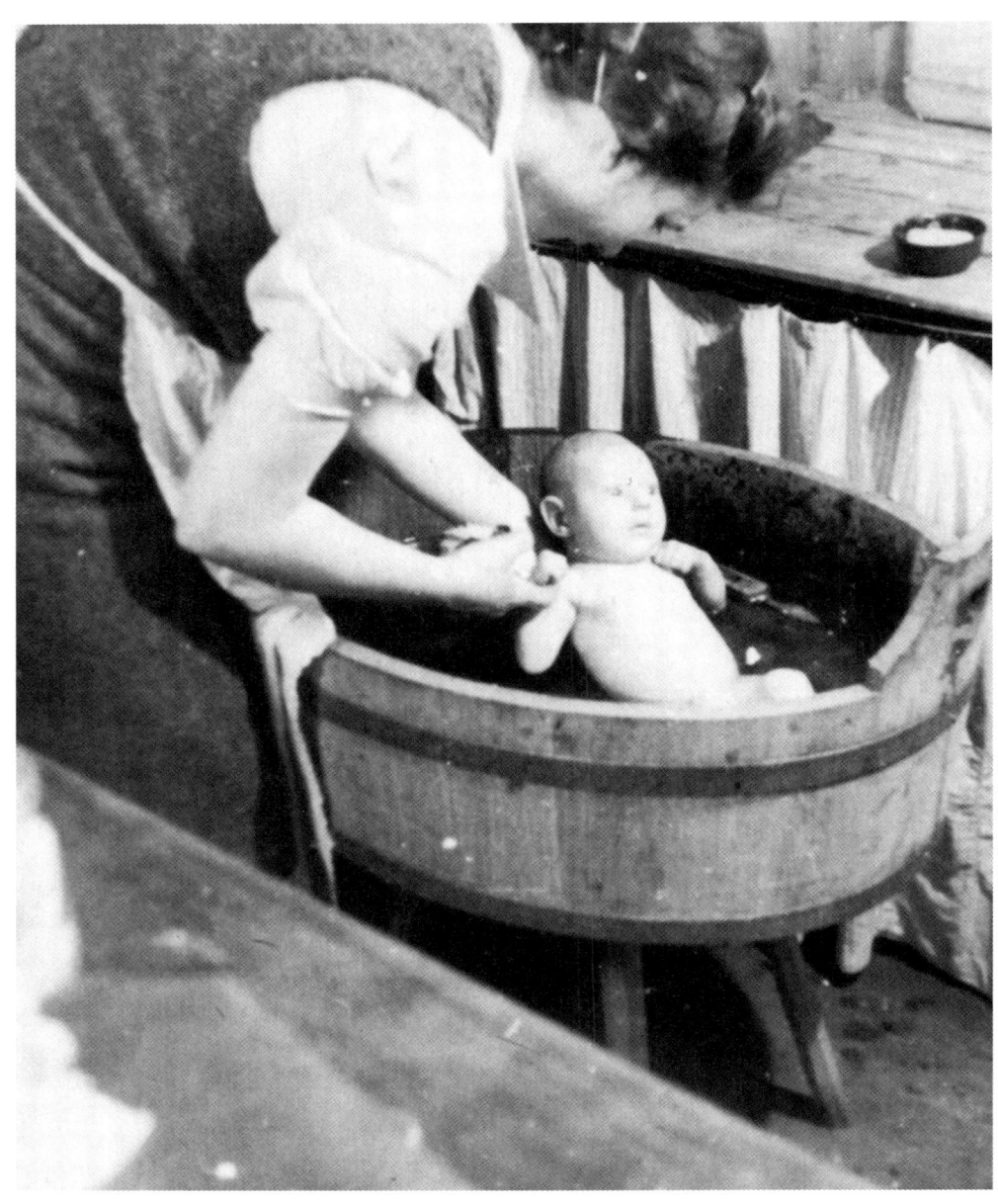

Badevergnügen

nicht ein bißchen gemütlich aussah, wir hatten nun doch ein Dach über dem Kopf, Bomben fielen hier kaum, und die Russen waren in weiter Ferne.

Die von Schützensorge mitgeschleppten, geschlachteten Kaninchen waren bald verzehrt. Mit der Lebensmittelversorgung klappte es zunächst nicht gut, ebensowenig wie mit der Heizung. Der Winter 1945 war kalt. „Daran sind die Flüchtlinge schuld! Die haben die Kälte mitgebracht!" So etwas Törichtes konnte man auch mal hören, neben allem guten Willen, friedlich miteinander auszukommen.

Mit Schal, Mütze und Handschuhen saßen meine alten Eltern in ihrem Zimmer und wußten nicht so recht, wohin sie nun gehörten. Mechanisch packte meine Mutter die mitgebrachten Sachen aus und ein, um und um.

Da hatte ich es besser. Herr Schulrat G. stellte mich sofort wieder in den Schuldienst ein. Eigentlich sollte ich an der Schule in Riepsdorf oder in Vogelsang eingesetzt werden und hätte alle vierzehn Tage nach Oldenburg kommen dürfen, um meine Eltern zu besuchen. Dann aber ergab sich die Möglichkeit, an einer Oldenburger Schule zu bleiben. Diese Schule hatte acht Klassen. Die Kinder waren jahrgangsgemäß eingeteilt, für den Unterrichtsstoff standen mir nun 45 oder 50 Minuten zur Verfügung. Die können arg lang sein, wenn man gewohnt ist, sich kurz zu fassen, wie es in der einklassigen Schule notwendig ist und wenn man keine Bücher mehr besitzt, um sich gründlich vorbereiten zu können.

Die schrecklichste Erinnerung habe ich an eine Stunde über das Pferd. Im Realienbuch, das mir Herr G. geliehen hatte, wurde darüber nur auf einer halben Seite berichtet, und die Oldenburger Jungen wußten viel mehr darüber als ich Großstadtkind. Sonst muß mein Unterricht aber gut gewesen sein, denn Herr Rektor B. war ein ausgezeichneter, hilfsbereiter und wohlwollender Chef, und mit meinen Kollegen kam ich gut aus. In dem Gebäude der Landwirtschaftlichen Schule, jetzt Grundschule II, wohnte oben unterm Dach Rektor B. In dem Raum darunter haben wir Lehrer der Volksschule und des gegenüberliegenden Gymnasiums gemeinsam gearbeitet und uns aufgewärmt. Denn oft waren unsere Wohnungen ungeheizt.

Als Lehrerin wurde mir auch sogleich ein Zimmer zugewiesen: Burgtorstr. 48 bei Frau R. Ich kam gut mit meiner Wirtin aus und bekam das acht Quadratmeter große Zimmer ihres jüngsten Sohnes, in dem nur ein Bett und ein Schrank standen. Dafür mußte ich 20,– RM bezahlen. Das erschien mir reichlich viel, denn für mein ganzes Schulhaus in Schützensorge mit vier Zimmern hatte ich 17,– RM bezahlt. Dafür war aber bei Frau R. die Toilette im Haus! Welch ein Komfort! Denn vor 40 Jahren gab es in Oldenburg keine allgemeine Kanalisation, nur einzelne Häuser hatten Senkgruben und Wasserspülung. Sehr viele Häuser hatten noch ihr „Häuschen" auf dem Hof.

Oldenburg hatte ein zwar dürftiges Angebot, war aber gemütlich.

Der Markt hatte noch lange Jahre Katzenkopfpflaster, die „Rieckmannseite" der Schulstraße ebenfalls. Sie stieg ein wenig schräg an den höherliegenden Häusern an. Die meisten Häuser des Städtchens waren nicht unterkellert.

Bei „Schweim" gab es noch Kurzwaren, also Knöpfe und Gummiband; „Johannsen" war vergleichsweise zu heute ein kleines Geschäft. Aber das war alles nicht so schlimm, denn zu kaufen gab es sowieso fast nichts, außer wir hatten einen Bezugsschein vorzuweisen. Den erhielten wir auf dem Rathaus und nur bei nachgewiesenem dringenden Bedarf. Deshalb erinnere ich mich, daß ich Mitte März 1945 eine Eisenbahnfahrt nach Berlin in meine immer noch stehende elterliche Wohnung wagte, um unter anderem einen Nachttopf zu holen. Den brauchte mein kranker alter Vater dringend; denn auch in den Dienstwohnungen des Landratsamtes in der Göhler Straße befanden sich die Toiletten auf dem Hof. Die Eisenbahnfahrt war wegen der Fliegerangriffe kein Vergnügen.

Mein Proviant bestand aus einer Steckrübe, die ich, geschält und in dicke Scheiben geschnitten, mitnahm.

Den Nachttopf und was ich sonst tragen konnte, brachte ich sicher nach Oldenburg. Alle Pakete, die ich in Berlin für uns packte, erreichten ihr Ziel nie.

Weil es so kalt war und knietiefer Schnee lag, als wir unsere Heimat verließen, hatten wir Wintersachen übereinandergezogen. Fräulein G., die spätere Pastorenfrau F., schenkte mir eine kurzärmelige Bluse und eine rosaseidene Hemdhose. Welch eine Seligkeit!

Bei Frau R. war ich natürlich nicht allein in dem großen Haus untergebracht. Ein Ehepaar A., in Kiel ausgebombt, und ein Ehepaar V. aus Ostpreußen wohnten auch dort, und wir lebten wie eine große Familie. Mittags aß ich bei meinen Eltern. Aber dort war Schmalhans Küchenmeister. Uns fehlte das Vitamin B, die Beziehungen. Aber im Vergleich zu dem, was unsere Verwandten aus Berlin oder andere Flüchtlinge erzählten, ging es uns in Oldenburg sehr gut. Die Berliner Verwandten ernährten sich von Kartoffelschalen und Wiesenkräutern. Wir dagegen waren sicher, hatten ein Dach über dem Kopf und brauchten nicht zu hungern.

So zogen sich die Tage, Wochen und Monate dahin. Der Krieg war immer noch nicht zu Ende. Fast jeder bangte um seine Angehörigen, die entweder an einer Front, in der Gefangenschaft oder in einem bombengefährdeten Landstrich unseres immer kleiner werdenden Vaterlandes lebten.

In Oldenburg drängten sich die Menschen zusammen. Nach einer meiner Unterrichtsvorbereitungen aus der damaligen Zeit hatte Oldenburg 1945 9868 Einwohner; davon waren 4942 Einheimische und 4926 Flüchtlinge. Daran kann man ermessen, wie schwierig sich das Zusammenleben für alle gestaltete.

Die Feldpostnummer meines Mannes hatte ich wohl und schrieb auch tapfer Briefe, aber eine Antwort bekam ich nicht. So erging es vielen. Da klingelte es eines Tages Ende April bei Frau R. Sie öffnete und rief mich dann: „Besuch für Sie!" Wer stand vor mir? Mein Mann! Er war mit seiner Einheit von Holland ostwärts abgezogen worden und hatte aus meiner Postleitzahl ersehen, daß ich mich in Oldenburg/Holstein in Sicherheit befand. Seine Einheit lag im Raum Neumünster. In Verden a. d. Aller hatten sie kurz vor dem Einmarsch der Engländer ein Verpflegungslager geräumt. Daher brachte er mir eine Mettwurst mit. Heißhungrig biß ich hinein. Einen Tag später war ich krank. Dieser fetten Kost war mein Magen nicht mehr gewachsen.

Nach wenigen Stunden mußte mein Mann zu seiner Truppe zurück. Aber wir waren doch beide froh und dankbar, daß wir nun wieder voneinander wußten und hoffen konnten, uns nach dem Kriegsende gesund wiederzusehen.

In der Nacht zum 8. Mai 1945, als Deutschland kapitulierte, stand er dann mit seinem Motorrad vor Frau R.s Haus, und der Krieg war für uns zu Ende.

Elmshorn – Lieselotte Siegfried

Unterhosen aus Zuckersäcken

Ich bin in Schurow, Kreis Stolp, Pommern 1937 geboren. Meine Eltern besaßen einen Bauernhof. Wir waren drei Schwestern. 1946 mußten wir unsere Heimat verlassen.

Schließlich in Elmshorn angekommen, fanden wir ein Zimmer. Darin standen zwei Betten aus Metall und eine Kochhexe. Die Toilette war auf dem Hof. Allerdings mußten wir erst auf die Straße, um auf den Hof zu kommen. Wir hatten noch nicht einmal einen Topf, Teller oder anderes. Unsere Mutter ging von Haus zu Haus und bettelte überall um Arbeit. Arbeit bekam sie zwar nicht, dafür aber einen Teller oder einen Topf und sogar eine Pfanne.

Sie besorgte sich ein Stückchen Wiese, um dort Kartoffeln und Gemüse anzubauen. Das Stückchen Wiese wurde von ihr mit dem Spaten bearbeitet.

Eine Bekannte arbeitete auf einem Bauernhof und riet uns, doch mal beim Bauern um Kartoffeln und Wurzeln zu betteln. Also gingen wir zu dem Bauern, der jedoch seinen Hund rief und uns vom Hof jagte. In der Nacht gingen wir dann mit der Bekannten auf den Acker und stahlen Kartoffeln und Wurzeln. So hatten wir wieder etwas zu essen. Mutter hatte es nicht leicht mit drei Kindern, die immer Hunger hatten.

Es wurde Winter, und wir hatten keine Schuhe an den Füßen. Wir hatten nur ein Stückchen Holz und etwas zum Halten, gemacht aus einem Gürtel, als Schuhwerk. Ich war als 9jähriges Mädchen überall, wo es etwas zu essen gab. Ich stellte mich bis zu 4–5 Stunden in der Schlange an, zum Beispiel bei einer Metzgerei. Es gab Wurstsuppe, auf der ein paar Fettaugen schwammen, über die man sehr glücklich war. Ich hatte eine Kelle mit, rührte im Gefäß, schöpfte so das Gute ab und stellte mich wieder an.

Peinlich war mir, daß ich nur eine Unterhose besaß. Wurde diese gewaschen und dann nicht sofort wieder trocken, mußte ich ohne Unterhose gehen. Als Kind vergißt man so etwas beim Spielen. Wir machten Handstand und es gab ein Gelächter. Mutter trieb schließlich einen Zuckersack auf, der aufgezogen wurde. Daraus strickte sie dann Unterhosen. Man kann sich vorstellen, was das für ein Gefühl war. Es kratzte und kribbelte überall.

Unsere Vermieter waren ziemlich nett. Gut ging es uns aber erst, als Vater aus der Gefangenschaft kam. Er brachte viel Schokolade, Knöpfe, Gummiband und anderes mit. Unsere Mutter ging damit über Land und hamsterte.

Dann bekamen wir auch eine größere Wohnung.

* * *

151

Januar 1945

Nach einem Bombenalarm in der Nacht meldeten wir uns am nächsten Tag in der Bahnhofshalle. Da wir zusammen bleiben wollten, meldeten wir uns alle fünf gemeinsam. In der Nacht aber waren Bomben in die Elbe gefallen und aus dem Transport über die Elbe wurde nichts. Per Bahn wurden wir nun nach Tornesch gebracht. Von hier wurden wir mit offenen Kastenwagen auf die Dörfer verteilt und so landeten wir in Hetlingen. Es war schon schummrig, als wir die Strecke von Holm nach Hetlingen fuhren. Sehr befremdend waren für uns die vielen vollen Wassergräben und die kleinen Ackerstreifen dazwischen. In Schlesien sind die Felder riesig.

Weil wir verhältnismäßig gut gekleidet waren, nahm uns der Bürgermeister bei sich auf. Wir wohnten im Hauseingang, der aus einer steinigen Diele bestand, und in einem Nebenraum. Im Mai bekamen wir dann ein anderes Quartier. Ein altes Ehepaar stellte uns eine Bodenkammer mit zwei Betten für drei Personen zur Verfügung. Ein Bett hatte einen Strohsack und eines hatte eine Matratze. Den Hausflur mit Holzfußboden durften wir uns zur Küche ausstatten. Wir hatten auch schon einen Tisch und ein Sofa, einen Stuhl und ein Regal für die Lebensmittel und den Kocher. Allerdings gingen die Vermieter auch durch diesen Raum, wenn sie Feuerholz oder andere Dinge vom Boden brauchten.

Meine Großmutter war sehr rüstig. Sie lief mit uns noch zur Elbe und zurück, sammelte Holz im Wäldchen gegenüber und fand immer wieder, daß der Himmel hier ganz anders sei als in Schlesien.

Für mich persönlich war das Schönste, daß ich am 1. 4. 1945 meinen Mann kennenlernte, der als Steuermann bei der Handelsmarine in Norwegen stationiert war und jetzt seinen Urlaub hatte. Er fälschte seinen Urlaubsschein, damit wir ein paar Tage länger zusammen sein konnten, mußte dann aber wieder nach Norwegen zurück. Inzwischen hatte ich auch seine Eltern kennengelernt, so daß wir dadurch ein bißchen mehr Kontakt zu Einheimischen bekamen.

Der Anfang war sehr schwer. Es fehlte an den einfachsten Dingen. Man hatte noch nicht einmal einen Topf zum Kochen. Worin oder womit sollte man Wäsche waschen? Feuer brauchte Holz und Kohle. Worin aber holen und womit fegen oder wischen? Vieles kann man gar nicht erzählen, und manches möchte man vergessen!

Mein „Freund" kam im Oktober 1945 aus der Kriegsgefangenschaft von Norwegen zurück. Wir heirateten im November 1946, der Sohn wurde 1947 und die Tochter 1948 geboren. Weil es keine Wohnungen gab, wohnten wir bei den Schwiegereltern in der Speisekammer. Da konnten ein Bett stehen und ein Kleiderschrank. Später kam noch das eine Kinderbett direkt vor den Schrank, so daß es jedesmal in die Küche gehoben werden mußte, wenn jemand etwas aus dem Kleiderschrank brauchte. Das zweite Kinderbett stand zwischen den Betten der Großeltern und mußte am Abend ins Wohnzimmer getragen werden, damit sie ihre Betten benutzen konnten.

Nach zweieinhalb Jahren bekamen wir bei einem Bauern neben dem Kornboden zwei Räume. Weil nach dem Krieg die Seefahrt eingestellt war, betätigten wir uns als Gemüsebauern. Wir hatten Pachtland am Außendeich und bauten 50 000 Sellerie und Porree an. Als eine Sturmflut kam, war alles zerstört.

Als nächstes versuchte mein Mann es beim Bau in Hamburg als Steinträger. Als die Seefahrtsschule den ersten Abendkursus für Kapitäne bekanntgab, meldete er sich an. Morgens um 5 Uhr mußte er aus dem Haus, per Fahrrad nach Wedel fahren und mit der S-Bahn weiter. Nach der körperlichen Arbeit begann die Schule, und zwar von 18–21 Uhr. Gegen 23 Uhr war er wieder in Hetlingen und bekam dann seine warme Mahlzeit. Das hält kein Mensch lange aus. Er brach in der S-Bahn morgens zusammen. Die Mitfahrenden glaubten, er sei betrunken. Weil wir ja leben mußten, wollte er die Schule aufgeben und forderte sein gezahltes Schulgeld zurück. Das wollte die Schule nicht. Da man ihm den Steinträgerlohn beim Bau nicht mehr zahlen, sondern ihm nur noch als einfachen Arbeiter bezahlen wollte, ließ er sich die Papiere geben und ging weiter zur Schule. 1950 bekam er sein Kapitänspatent und ist 1951 damit wieder zur See gefahren.

Wir haben 1954 in Wedel eine Zweieinhalb-Zimmerwohnung mit Bad gemietet. Mein Mann ist später Seelotse und dann Elblotse geworden, und wir haben 1963 ein Haus gebaut.

* * *

153

Pinneberg – Edith Alms –
Klaus May – einheimischer Pinneberger (Interviewer)

Quartier gefunden

M.: Weißt Du noch, wann und von wo ihr geflüchtet seid?

A.: Ja, sicher! Am 6. März 1945 sind wir aus unserem Heimatdorf, Neu-Sarnow, Kreis Kamin in Ostpommern, geflüchtet. Wir, das sind meine Mutter, meine Schwester und mein Bruder. Meine Schwester war 13, mein Bruder war 4, und ich war 15. Mit Pferd und Wagen versuchten wir, aus diesem Gebiet herauszukommen, denn die Russen waren nur noch zwei Kilometer entfernt.

Wir kamen gegen Morgen in eine große Stadt, die total zerbombt war. Mir kam der Gedanke, es könnte vielleicht Hamburg sein.

Der Zug fuhr weiter. Schließlich hielt er an. Ein Mann ging am Zug vorbei und sagte uns, wir könnten hier aussteigen, wenn wir wollten. Der Ort hieße Pinneberg. Wir hätten aber auch die Möglichkeit, weiterzufahren nach Uetersen. Dort sei dann Endstation. Meine Mutter sagte: „Was machen wir jetzt? Wollen wir hier bleiben, oder wollen wir weiter nach Uetersen? Wir wissen ja nicht, wie es dort aussieht. Hier hingegen ist Wald." Wenn man nämlich mit der Bahn den Ortseingang von Pinneberg erreicht, umgibt einen sofort der Wald. Wir kamen ja aus einer sehr waldreichen Gegend. So sind wir in Pinneberg ausgestiegen und kamen in die Rübekamp-Schule, wo wir uns einen Quartierschein holen sollten. Dies bedeutete, daß wir in irgendwelche Häuser eingewiesen werden sollten.

In der Rübekamp-Schule waren sehr viele Menschen. Die Klassenräume waren für alle vorbereitet, die nicht sofort ein Quartier kriegten. Unser Klassenraum war entsetzlich anzusehen. Er war mit Stroh ausgelegt, das schon ganz klein zerfetzt war. Wir gingen dort gar nicht erst rein. Meine Schwester, mein Bruder und ich standen stattdessen auf dem Flur bei unserem Gepäck. Meine Mutter stellte sich an, um einen Quartierschein zu holen. So standen wir da, mit dem wenigen, was wir mitgekriegt hatten. Über dem guten Mantel trugen wir noch einen alten Überwurf. Dann kam eine alte Dame und sprach mich an. Sie fragte mich, ob ich verheiratet sei. – „Nein" – „Ist das Ihr Kind?", fragte sie mit Blick auf meinen vierjährigen Bruder. Dies bestätigte ich. „Um Gottes Willen, Kind", sagte sie. „Du bist ... wie alt bist Du denn?", fragte sie mich. „Fünfzehn", antwortete ich. „Ja, Du bist selber noch ein Kind! Habt Ihr denn keine Mutter?" – „Ja, die Mutter steht an und holt einen Quartierschein." – „Dann geh sie mal holen, ich will Euch haben." – Also habe ich mich zu meiner Mutter durchgewühlt. Der sagte ich, daß uns eine alte Frau haben wolle. Die Mutter war zunächst völlig sprachlos und sagte dann: „Ich bin doch jetzt gleich dran." Trotzdem kam sie mit. Die alte Dame ging zu meiner Mutter und sagte ihr noch einmal, daß sie uns haben wolle. Allerdings hätte sie nur ein Durchgangszimmer, in dem sie keinen Herren gebrauchen könne. Auf ihre Frage, ob zu uns wohl ein Mann gehöre, antwortete Mutter: „Ja, der ist 4 Jahre alt." – „Ach Gott, Kind! Das

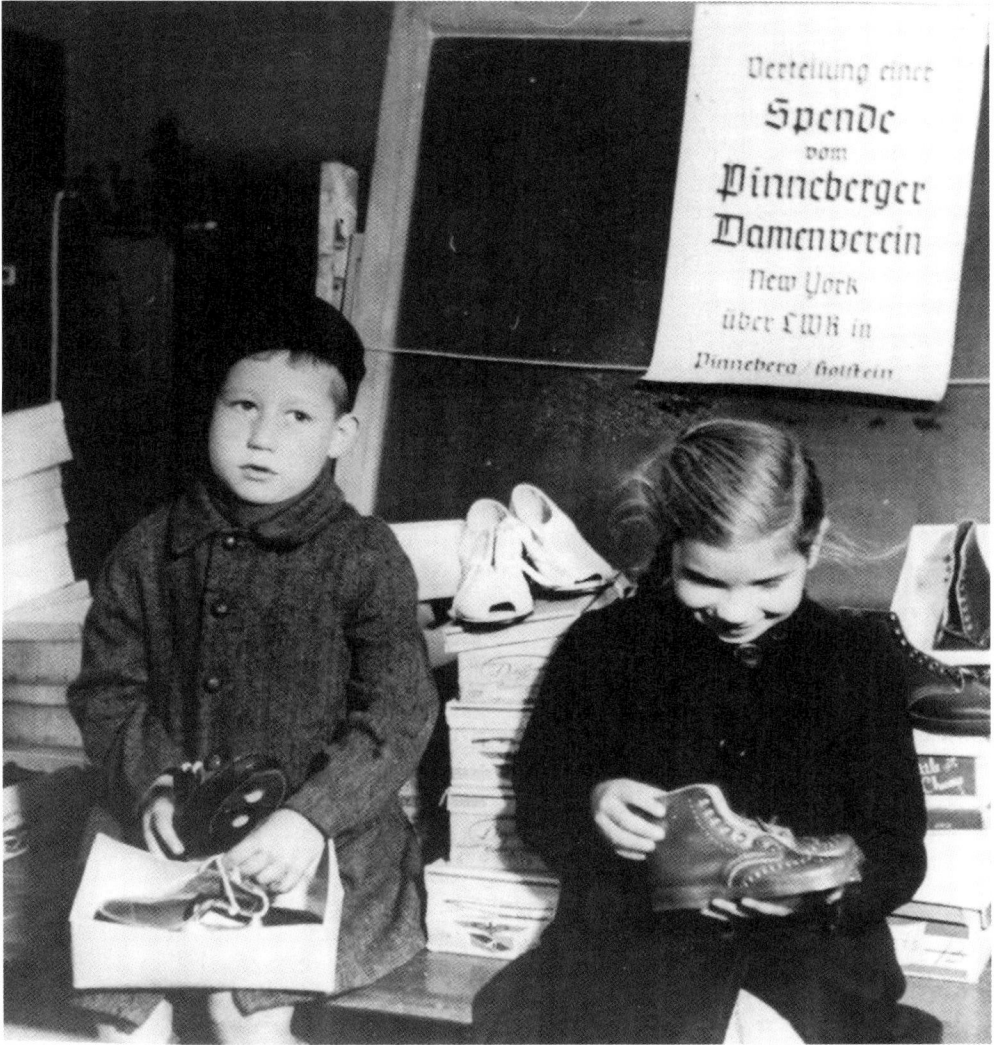

Verteilung einer Schuhspende des „Pinneberger Damenvereins New York" im Gemeindehaus der Evangelischen Kirche in Pinneberg

meine ich doch nicht. Ihr müßt doch bei mir durchgehen", sagte daraufhin die alte Frau.

So sind wir mit dieser alten Dame gegangen und kamen in das Haus Fahltskamp 29 von Dr. P.

Wir sollten das Zimmer mit zwei jungen Frauen teilen. Die eine davon war hochschwanger. Meine Mutter mußte aber noch zum Rathaus und Lebensmittelkarten oder Anmeldungen holen – oder irgendetwas derartiges. Die junge Frau, die hochschwanger war, hieß Hilde. Die wollte uns den Weg zum Rathaus zeigen. Als wir aus der

Haustür gingen und zum Gartenzaun kamen, hielt sie sich schon ständig fest, weil die Wehen so stark kamen. Meine Mutter bekam Angst und sagte: „Gehen Sie bloß nach Hause, wir werden den Weg schon finden."

Als wir vom Rathaus wieder zurückkamen, hatte Hilde einen kleinen Sohn geboren. So schnell war es gegangen! Wir konnten jetzt natürlich nicht mehr in dem Zimmer bleiben. Frau P. hatte aber auch schon angeordnet, daß wir in die oberste Etage des Hauses müßten. Dort wäre ein kleines Zimmer, in dem wir wohnen könnten.

Dann lernten wir Frau M. kennen. Sie war eine Tochter von Frau P. Sie hat uns nach oben gebracht und gezeigt, wo wir wohnen sollten. Unser Zimmer war ein winzig kleines Kämmerchen unter dem Dach. Neben uns wohnte eine Lehrerin, Fräulein P. Diese gab uns ein Zimmer ab, in dem meine Schwester und ich schlafen konnten. Meine Mutter und mein Bruder schliefen in dem winzig kleinen Zimmer.

M.: Weißt Du noch genau, wann ihr in Pinneberg eingetroffen seid?

A.: Oh ja, das war der 29. März. An diesem Tag passierte ziemlich viel. Nachdem wir nun wußten, wo wir schlafen sollten, lernten wir Ulla und Erika M. kennen. Die versuchten für uns Schlafgelegenheiten zu besorgen. Da wir selbst nicht genug hatten, wurden aus dem Keller Betten zusammengesucht, damit wir uns zudecken konnten. Meine Mutter hatte zwar sehr gut gepackt, so daß jeder seinen kleinen Karton mit dem Notwendigsten zum Anziehen hatte. Es war sogar ein Bettbezug und ein Laken dabei, aber eben keine Decken zum Zudecken. Als wir oben in dem Zimmer aus dem Fenster geguckt haben und noch ein bißchen verschreckt waren, stellten sich Ulla und Erika zu uns an das Fenster und haben uns sehr lieb begrüßt und uns vieles erzählt. Weil dies so rührend war, ist es mir bis heute in Erinnerung geblieben. Insofern war eigentlich schon ein Kontakt hergestellt, der bis zum heutigen Tag nicht abgerissen ist.

Als wir an diesem 29. März in das Haus kamen, wurde also das Kind geboren. Abends erlebten wir aber noch eine weitere Überraschung. Es war vielleicht 22.30 oder 23 Uhr, als es für Frau M. klingelte. Frau M. ging runter und kam dann ganz erfreut wieder hoch und sagte: „Stellen Sie sich vor, heute ist mein Sohn nach Pinneberg ins Lazarett gekommen, in das Parkhotel. Sie haben uns Glück gebracht."

M.: Ihr habt doch sicher die wichtigen und nötigen Dinge für den Haushalt auf die Flucht nicht mitnehmen können?

A.: Nein, überhaupt nichts. Mein Bruder war 4 Jahre alt. Deshalb bekam er einen halben Liter Milch. Da wir kein Gefäß hatten, diese Milch zu holen, gab uns Frau M. eine kleine Milchkanne. Verwandte, die mit uns geflüchtet waren, kamen bei einem Altwaren-Händler unter. Der gab uns allen einen Blechteller und einen Blechpott, so daß wir ein bißchen Geschirr hatten. Ernährt haben wir uns aus der Volksküche. Dort gab es beinahe jeden Tag Rote Bete-Suppe mit ein paar Graupen darin. Später haben wir von der Stadt Pinneberg eine „Kochhexe" zugeteilt bekommen. Anfangs sind wir dann in den nahe gelegenen Wald gegangen und haben ganz kleine Zweiglein gesammelt, weil der Wald schon fast gefegt war. Wir hatten Mühe, etwas zusammenzukrie-gen, damit wir uns ein paar Kartoffeln kochen konnten.

M.: War die Volksküche beim Schlachter B.?

A.: Nein, die war auch bei dem Altwaren-Händler B. Dort hatte die Stadt oder eine andere Institution eine Volksküche eingerichtet. Für uns war die Situation natürlich sehr schwer. Meine Mutter ging schließlich arbeiten. Sie hat im Haushalt geholfen, zunächst im Hause der Familie M. selbst und bei Frau P. Später hat Frau M. meine Mutter dann an Freunde vermittelt, z. B. zur Familie L./M.

M.: Was habt ihr beiden Mädchen gemacht? Seid ihr in die Schule gekommen, oder habt ihr eine Lehre gemacht?

A.: Nein, mit der Lehre war es ganz schwierig. Man bekam einfach keine Lehrstelle. Um uns etwas zu essen zu verdienen, sind meine Schwester und ich dann in einen Haushalt gegangen und haben dort gearbeitet. Wir haben im Monat 30,– Mark ver-dient, hatten aber freies Essen. 1946 ging ich dann für ein Jahr zu einer Familie O. Dort habe ich auch gewohnt, und ich ging nur am Wochenende nach Hause. Dies alles war nicht zufriedenstellend.

Von meiner Tante, der Schwester meiner Mutter, die in der sowjetischen Besat-zungszone lebte und uns über das Rote Kreuz hatte suchen lassen, erfuhren wir, daß mein Vater in russischer Gefangenschaft war. Wir bekamen die Möglichkeit, eine Postkarte nach Weißrußland zu schicken, wo mein Vater gefangen gehalten wurde. Er kam am 27. Januar 1948 schwer krank aus der russischen Gefangenschaft zurück. Der ganze Körper war übersät mit blauen Narben von Hungergeschwüren. Die Augen waren ganz milchig und der Kopf kahlrasiert. Die Stoppeln, die ihm wuchsen, waren schneeweiß. Er war nicht fähig, auch nur ein oder zwei Trittstufen außen hoch zu gehen. Wir haben ihn in die Wohnung tragen müssen. Es hat sehr lange gedauert, bis er sich wieder erholt hatte.

M.: Was habt ihr unternommen, um euren Lebensunterhalt zu bestreiten?

A.: Das war natürlich sehr schwer. Meine Schwester und ich gingen im Grunde genommen in den Haushalt, um etwas zu essen zu haben. Von dem bißchen Geld, das wir verdienten, gaben wir meiner Mutter etwas ab, damit sie die anfallenden Kosten bestreiten konnte. Hin und wieder gab es einen Bezugsschein, für den man etwas zum Anziehen bekam. Meine Tante in der Russischen Zone hatte damals die Möglichkeit, Päckchen zu schicken. Dies muß etwa Ende 1946, Anfang 1947 gewesen sein. Da sie nur Ein-Pfund-Päckchen schicken konnte, kamen eines Tages 31 Päckchen an. Ich erinnere mich genau daran. In diesen Päckchen waren Dinge wie Kartoffeln, Buch-weizenmehl, Mehl, Grieß und Graupen. Das war für uns etwas ganz, ganz Tolles. Ansonsten bemühte man sich, irgendetwas Eßbares zu finden, damit man satt wurde. Wenn die Kartoffelernte vorbei war, gingen meine Mutter und ich auf die Felder und suchten die Felder ab, ob irgendein Bauer nicht noch ein paar Kartoffeln vergessen hatte. Wir haben dabei auch immer Glück gehabt. Eines Tages erzählten uns unsere Verwandten, daß im Borsteler Wohld die Engländer Bäume fällten. Die großen Äste und Zweige wären freigegeben, so daß man sie sich abholen konnte. Wir haben dann ein Pferdefuhrwerk aus Kummerfeld geordert und uns dann diese Wahnsinns-Zweige nach Hause gefahren. Es war ein großes Fuder voll dicker Äste. Die haben wir dann im Fahltskamp 29 zersägt, zerkloppt und so zerkleinert, daß man damit die Hexe heizen konnte. Ich glaub auf eine Größe von 10–15 Zentimeter. Wir waren selig, weil wir etwas zum Heizen hatten.

M.: Du hast ja berichtet, daß Dein Vater sehr krank zurückkam. Wie hat es sich dann mit ihm weiterentwickelt?

A.: Als mein Vater zu Hause war, entwickelte sich im ganzen Körper so viel Wasser, daß die Beine kaum noch in ein Hosenbein paßten. Der Arzt stellte einen sehr großen Herzschaden fest. Dieses wurde behandelt, hielt aber lange an. Er hatte außerdem Muskelschwund und wurde deshalb als schwerbeschädigt eingestuft. Danach versuchte er, wieder eine Arbeit zu finden. Er fing bei Lüders an, dem Holzgroßhandel. Dort arbeitete er ein paar Jahre, bis Lüders sich dann verkleinerte und Vater entlassen wurde. Danach wußte er nicht, wie es mit ihm weitergehen sollte. Ich hatte inzwischen einen Herrn der ILO-Werke kennengelernt. Dem trug ich Vaters Geschichte vor und fragte ihn, ob er nicht irgendwo eine Arbeitsstelle in der ILO für meinen Vater hätte. Das hat dann auch geklappt. Mein Vater fing bei den ILO-Werken als Dreher an und hat dort bis zu seiner Pensionierung gearbeitet.

M.: Hat Deine Schwester und hast Du denn gar keine Ausbildung in der Schule oder Berufsschule gehabt?

A.: Ich hatte meinen Schulabschluß zu Hause gemacht und war schon 1944 konfirmiert worden. Meine Schwester allerdings hatte keine abgeschlossene Schulausbildung, da sie ja zwei Jahre jünger war als ich. In Pinneberg gab es die Möglichkeit, ein Jahr zur Berufsschule zu gehen, und zwar in der Lindenstraße. Dies nutzte sie. Das war praktisch dann ihr Schulabschluß. Sie wurde im Februar 1946 konfirmiert und ging danach auch in einen Haushalt. Sie ging zur Familie M., die hatten ein großes Kohlengeschäft. Dort war sie etliche Jahre. Eines Tages hatte sie die Möglichkeit, zu Frau W. am Fahltskamp zu wechseln. Frau W. hatte ein kleines Café und ein Süßwarengeschäft. Dort gefiel es meiner Schwester viel besser, weil die Arbeit nicht so sehr schwer war.
Ich hatte die Möglichkeit, 1948 nach Hamburg in eine Fabrik zu gehen. Ich hatte die Nase voll und wollte mein Leben nicht in irgendwelchen Haushalten beschließen. Meine Mutter war allerdings damit gar nicht einverstanden. So bin ich abends heimlich, im Dunkeln, zu Fräulein U. am Ehmschen gegangen und hab gefragt, ob ich in der Fabrik arbeiten könnte. Sie hat mir dies bestätigt. Die Fabrik stellte irgendeine Art Messing-Klemmen für Scheinwerfer her und arbeitete für eine englische Dienststelle in Hamburg.

In die Fabrik bin ich mit dunkelblauem Kleid und rosa ausgestickter Schürze gegangen. Die Arbeiter haben gebrüllt vor Lachen. Ich, als kleines, naives Mädchen mit rosa ausgestickter Schürze, wollte in der Fabrik arbeiten! Dann hat man mir eine halbe Stunde lang erklärt, wie man Messingklammern löten muß. Danach wurde ich ins Büro gerufen. Dort war ein Herr L., der war Ingenieur. Dieser suchte jemanden für leichte Schreibarbeiten. Von diesem Moment an bin ich im Büro gewesen und habe als Anlernling gearbeitet. So begann eigentlich mein Weg in die spätere Zukunft.

* * *

Pinneberg – Ursula Batz –
Klaus May – Pinneberger (Interviewer)

Quartier gegeben

M.: Du hast doch 1944 im Frühjahr Abitur gemacht. Danach mußtest Du in den Arbeitsdienst. Wie kam es, daß Du kurz vor dem Kriegsende zu Hause in Pinneberg warst?

B.: Ich kam zwar am 1. April 1944 in den Arbeitsdienst, mußte ihn aber leider nach 7 Wochen wieder verlassen, weil ich das Pech hatte, nach einem Arztbesuch bei einem Herzspezialisten für nicht tauglich erklärt zu werden. Da ich aber studieren wollte, mußte ich stattdessen einen studentischen Ausgleichsdienst machen. Ich suchte mir einen Beruf oder eine Arbeit, bei der ich viel im Freien sein konnte, und ging in einen Kindergarten als Kindergartenhelferin. Zunächst war ich in einem Kindergarten in Pinneberg. In der zweiten Hälfte der Dienstzeit kam ich nach Rellingen in den Kindergarten. So kam es also, daß ich in dieser Zeit zu Hause wohnte und auch das Kriegsende schließlich in meinem Elternhaus in Pinneberg erlebte.

M.: Wie sah es in eurem Haus zu dieser Zeit eigentlich aus?

B.: Unser Haus war ursprünglich mal ein großes Einfamilienhaus gewesen mit großen und hohen Zimmern. Jetzt war es, durch Krieg und Flüchtlingswelle bedingt, vollgestopft mit Menschen. In dem sogenannten „besten Zimmer" meiner Großmutter wohnte eine große Familie: Vater, Mutter und drei Kinder. Dieses Zimmer war durch eine Filz-Schiebetür abgetrennt von den anderen Wohnräumen und wurde ehemals nur zu ganz besonderen Anlässen geöffnet und hergerichtet, so wie zu Weihnachten, zu Geburtstagen und zu großen Familienversammlungen. In dem Praxisraum meines verstorbenen Großvaters, der Arzt gewesen war, wohnten zwei ledige Mädchen. Die eine war schwarzhaarig und hieß Hilde, die andere war blond und hieß Elli. Die beiden hatten einen lockeren Lebenswandel und stellten nachts zeitweilig eine rote Laterne ins

Fenster, damit Vorübergehende, auch Soldaten und später die Engländer, genau wußten, wann freie Bahn für die Tüchtigen war.

Im 1. Stock wohnte meine Familie. Als Anfang Februar 1945 meine Verwandten aus Berlin vor den heranrückenden Russen zu uns geflüchtet waren, bekamen die ein Zimmer und den Balkon, der aus zwei kleinen Zimmern bestand. Wir waren also schon beschränkter in unseren Wohnmöglichkeiten. Ganz oben im 2. Stock wohnte eine Mittelschullehrerin, die eine Untermieterin hatte.

Ein Ereignis werde ich in meinem ganzen Leben nicht vergessen. Es war ein Tag im März, genaugenommen Gründonnerstag, der 29. März 1945! Da geschahen drei sehr bedeutende Dinge. Zum ersten ging meine Großmutter – couragiert wie sie war – in ein Flüchtlingslager, um sich selber Flüchtlinge zu holen. Sie war wohl etwas gebrandmarkt durch die beiden jüngeren Mädchen, die ihr wildes Leben bei uns führten. Bevor sie womöglich wieder irgendwelche Leute bekam, wollte sie sich die Flüchtlinge selber aussuchen, die sie in ihr Haus kriegen würde. So geschah es, daß sie auf eine Familie stieß, die aus Mutter, einer großen Tochter, einer etwas jüngeren Tochter und einem kleinen Sohn bestand. Diese Familie nahm sie gleich mit nach Hause. Für uns bedeutete dies sehr, sehr viel Arbeit, denn nun mußten wir Betten schleppen. Wir hatten ja im Keller ganze Betten aufgestellt, so daß wir, wenn Fliegeralarm war, wenigstens unten weiterschlafen konnten. Manchmal hatten wir schon ganze Nächte unten verbracht. Ich erinnere mich noch ganz genau, daß meine Schwester und ich zusammen mit Edith und Ilse – den beiden neuen Flüchtlingsmädchen – diese Betten nach oben in den 2. Stock schleppten, damit die Familie T. dort unterkommen konnte. Dabei knüpften wir schon die ersten Kontakte mit den beiden.

Am gleichen Tag, das war das zweite Ereignis, bekam die schwarze Hilde, die schwanger war, ihr Baby. Es war ein Junge, der aber leider kurze Zeit später ins Krankenhaus mußte und dort starb.

Das dritte und für mich bedeutendste Ereignis geschah in den späten Abendstunden, als ich müde und kaputt in mein Bett gesunken war. Ich schlief in der Zeit zusammen mit meiner Großmutter in ihrem Wohnzimmer. Es klingelte plötzlich an der Haustür. Es war vielleicht halb zwölf Uhr abends. Ich war gerade eben vor dem Einschlafen und dachte: „Oh Gott, Du kannst nicht mehr hoch. Du bist viel zu kaputt!" Schließlich kam die Mittelschullehrerin von ganz oben die Treppe runter und öffnete die Haustür. Ich hörte, wie sie sagte: „Oh, wie ist das schön. Wie werden die sich bloß freuen." Und daraufhin hab ich gedacht: „Jetzt kannst du getrost einschlafen, wenn es was Gutes ist, brauchst du dich nicht mehr drum zu kümmern."

Am nächsten Morgen kam meine Mutter und setzte sich zu mir ans Bett und erzählte mir freudestrahlend, daß unser Bruder Klaus in das Lazarett im Parkhotel in Pinneberg gekommen war. Eine Krankenschwester war es gewesen, die uns abends diese glückliche Nachricht überbracht hatte. Sie durfte uns nicht sagen, was mit ihm passiert war, aber es wäre nur eine leichte Verwundung. Und dabei hatten wir schon drei Monate lang nichts von unserem Sohn bzw. Bruder gehört.

Wenn ich an diese Zeit des Kriegsendes und ganz besonders an die Situation in unserem Hause zurückdenke, muß ich sagen, daß es doch eine sehr schöne Zeit gewesen ist. Jeder von uns hatte genug mit sich selber zu tun, um über die Runden zu kommen, dennoch hat jeder freundliche Gesten und ein freundliches Wort für den anderen übrig gehabt und auch Hilfe geleistet, wenn es nötig war. Ganz besonders schön empfunden habe ich das beinahe familiäre Verhältnis zwischen der Familie T. und uns. Mir fällt ein, welchen Spaß Edith und ich zusammen hatten, wenn wir unser Schaf Lottchen von der Weide im „Wupperinanscheri" Park, wo wir es grasen lassen durften, nach Hause holten, um es zu melken. Oder, wenn wir zusammen zum Kleingarten meines Vaters gingen, um dort tüchtig zu ernten.

Apropos Kleingarten, das ist eine Geschichte für sich.

Meine Schwester hatte an einem Baum einen Anschlag gefunden, daß ein Kleingarten mitsamt Schaf und Stall und mit Hühnern zu verkaufen sei. Daraufhin ist meine 15jährige Schwester, couragiert wie sie war, spornstreichs hingelaufen und hat den Kleingarten für uns gesichert. So ein Kleingarten war ein Juwel in der damaligen Zeit. Es war ein solcher Glücksfall, daß wir den kriegen konnten, alleine wegen der Hühner und des Schafes. Unser tägliches Frühstücksei war jetzt gesichert, und unseren Schuß Milch hatten wir auch jeden Tag. Leider währte die Freude an dem Lottchen allerdings nicht allzu lange. Nach etwa zwei Jahren kriegte unser Lottchen den „Drehwurm" und verendete. Wir konnten es deswegen auch nicht mehr schlachten. Aber Seife konnten wir kochen, und zwar Schmierseife! Das ganze Lottchen kam in der Scheune in einen großen Kochkessel mit Seifenstein. Anschließend hatten wir große Marmeladeneimer gefüllt mit Schmierseife. Jeder aus unserem Hause konnte sich von der Schmierseife bedienen.

* * *

Vom „SPD-Haus" ins „NSDAP-Haus"

Am 10. Februar kamen wir (Mutti mit drei Kindern 11, 10 und 5 Jahre alt) in Warnemünde mit dem Schiff an. Von dort ging es per Zug über Hamburg nach Pinneberg in Schleswig-Holstein. Wir hatten also wieder festen Boden unter den Füßen, die sehr angeschwollen waren. In der Schule am Rübekamp konnten wir uns auf Stroh und „ruhigem Untergrund" wieder ausstrecken. Nach ein paar Tagen wurden wir vier dem Pinneberger Ortsteil Waldenau zugeteilt. Dieser Ort wurde von ehemaligen Hamburger Bürgern bewohnt, die sich dort in Eigenarbeit und mit staatlicher Unterstützung kleine Siedlungshäuser für ihre Familien gebaut hatten.

Mutti mit unserer kleinen Schwester sollte in einem Haus, in dem eine Familie mit vier Personen wohnte, unterkommen, mein Bruder und ich zwei Häuser weiter. Mutti wollte sich aber auf keinen Fall von uns trennen, da es noch ständig Fliegeralarm gab. Deshalb hat die Frau des Hauses ihre bereits etwas ältere Tochter im Nachbarhaus schlafen lassen, und wir durften zusammen bleiben. Auch heute noch finde ich, daß dies eine wunderbare Tat war, zumal wenn man die damaligen Umstände bedenkt.

Wir wohnten dort kurze Zeit und wurden dann in ein Haus einquartiert, welches als „SPD-Haus" verpflichtet worden war, eine Frau mit drei Kindern aufzunehmen. Nach Ende des Krieges veränderte sich die politische Landschaft. Wir wurden jetzt in ein Haus eingewiesen, welches NSDAP-Mitgliedern gehörte. Über die vielen „Freundlichkeiten" möchte ich nichts berichten.

In Waldenau befand sich ein Kriegslazarett mit Tbc-kranken Soldaten. Ob dieses die Ursache für die schlimme Erkrankung von uns drei Kindern war, oder ob die schlechte Ernährung daran Schuld trug, ist unklar. Meine Schwester und mich hatte es besonders schwer erwischt. Neben anderen Maßnahmen wurden wir auch zur Erholung an die Nordsee geschickt. Mein Bruder durfte bei einem Bauern „zum Mittagessen gehen".

Mutti versuchte durch „Grenzüberschreitungen" zwischen Schleswig-Holstein und Hamburg alle möglichen Lebensmittelzuteilungen zu erhalten. Es gab keine Verkehrsverbindungen zwischen Pinneberg und dem fünf Kilometer entfernten Ortsteil Waldenau. Dies bedeutete, daß zu Fuß marschiert werden mußte. Die Verbindung mit Hamburg war mit Bussen in großen Abständen möglich. Trotzdem sind viele Fußmärsche zwischen Waldenau und Hamburg-Schenefeld oder Hamburg-Iserbrook gemacht worden.

Ich kann mich an eine Begebenheit erinnern, von der Mutti erzählte. Sie ging zu Fuß mit meiner Schwester von Waldenau nach Schenefeld und sah im Graben mehrere Männer liegen. Sie kamen ihr nicht ganz geheuer vor, und so wechselte sie ängstlich die Wegseite. Als sie dies tat, sprachen die Männer: „Sieh einmal, da hat man doch wirklich offenbar Angst vor deutschen Soldaten."

Stundenlang sind wir auch zu Fuß nach Blankenese gelaufen, um mit dem Schiff ins „Alte Land" zu kommen und dort „Obst zu hamstern". Es war verboten, dieses mit auf die andere Elbseite zu nehmen. Bevor man auf das Schiff ging, fanden oft Kontrollen statt, und das teuer erworbene oder erbettelte Obst mußte vor Betreten des Schiffes ausgeschüttet werden.

In diesem Zusammenhang kann ich mich an eine Begebenheit erinnern. Wir hatten Johannisbeeren in unseren Behältnissen und sollten sie nun in bereitstehende Wannen oder Körbe schütten. Meinem Bruder wollte das gar nicht gefallen, er sagte zum Kontrolleur: „Dann esse ich sie eben alle auf und Sie können mir nicht fortgenommen werden." Er tat es und kann seit dieser Zeit keine Johannisbeeren mehr essen, da er ganz furchtbar durch die vielen Früchte leiden mußte. Mutti ist auch in die Lüneburger Heide gefahren, um zu „hamstern", wie man das Erbetteln oder Ertauschen nannte. Vorwiegend ging es dabei um Kartoffeln und Gemüse. Legal war dies aber nicht. Oft mußten daher die gehamsterten, wertvollen Lebensmittel wieder ausgeschüttet werden. Noch schlimmer war es, wenn auch das ganze Behältnis fortgenommen wurde, denn auch daran fehlte es.

Mutti versuchte durch Besuche des Wohnungsamtes in Pinneberg immer wieder, eine andere Wohnmöglichkeit zu erhalten. Wie viele Tränen in all den Jahren geflossen sind, kann ich nicht sagen. Die ehemalige Flieger-Kaserne in Pinneberg-Eggerstedt war belegt mit Flüchtlingen aus Osteuropa. Wir sind als erste deutsche Familie dort in ein 36 Quadratmeter großes Zimmer eingezogen. Das war am 17. Mai 1951. Wir waren dort erstmals wieder allein, wodurch unsere Mutter wieder ein wenig zur Ruhe kam. Wir wohnten zusammen mit Letten, Esten und Litauern auf einem langen Flur. In jedem der Zimmer wohnte eine Familie. Es gab einen Raum für alle mit Toiletten und einen mit Waschmöglichkeiten.

Unser Zimmer wurde durch einen Vorhang abgeteilt. Eine Seite war „die Küche" mit einem Herd, einem Soldatenschrank und zwei Bettgestellen. Die andere Seite war „das Wohnzimmer", ebenfalls mit zwei Schlafmöglichkeiten. Im Laufe der Zeit kamen dann weitere Einrichtungsgegenstände hinzu.

Im August 1958 sind wir innerhalb der Stadt Pinneberg in eine eigene Zweieinhalb-zimmer-Mietwohnung gezogen, die aufgrund des Kasernen-Räumungs-Programms dafür zur Verfügung gestellt worden war.

* * *

„Mittlere Reife"

Am 30. 4. 1937 bin ich geboren, am 11. 4. 1939 mein Bruder Manfred, beide in Stettin-Finkenwalde in Pommern.

Am 17. April 1945 hielt der Zug in Pinneberg. Mit einem Lastwagen brachte man uns in die Nordschule, wo Stroh auf der Erde als Liegestätte für alt und jung, Männlein und Weiblein bereit war. Es war entsetzlich! Hunger und Kälte machten sich breit, in rostige Marmeladen- und Gurkeneimer mußten alle ihr Geschäft verrichten. Mäuse liefen nachts über unsere Köpfe; Flöhe und Läuse hatten wir schon. Wir weinten unentwegt! Ich weinte besonders, denn am 30. April wurde ich acht Jahre alt und von zu Hause kannte ich einen Geburtstagstisch mit Kerzen und Überraschungen.

Meine Mutter war verzweifelt und ging tagein und tagaus auf Zimmersuche. Mein Bruder und ich blieben zurück und ließen uns nicht aus den Augen. Am 28. April 1945 konnte unsere Mutter uns mitteilen, daß wir zu Frau M. in den Peinerweg ziehen können. Ihr Mann und ihr Sohn waren noch im Krieg.

Es war die größte Freude für mich, an meinem Geburtstag in einem richtigen Bett aufzuwachen. Wir lagen uns in den Armen und weinten. Frau M. bereitete gleich Badewasser. Wir konnten uns in einer Zinkwanne mit Seife waschen. Dies war herrlich. Danach konnten wir uns am schön gedeckten Tisch satt essen. Wir waren unsagbar glücklich und dankbar!

Wir mußten in Pinneberg des öfteren umsiedeln. Während unserer Zeit im Peinerweg kamen Sohn und Mann unserer Hauswirtin aus dem Krieg und unser Vater aus der Gefangenschaft. In der Nähe fanden meine Eltern zwei unbeheizte Zimmer. Es wurde Winter und bitterkalt. Wir hungerten und froren, sammelten Holz im Wald und bettelten bei den Bauern um Essen. 1948 wurde meine Mutter schwanger. Wir mußten auch aus diesen Räumen und fanden einen 18 Quadratmeter großen Raum mit Küchenbenutzung und einer Toilette im Hinterhof.

Mein Vater, der Schneider war, flickte und nähte in diesem Raum alte Wehrmachtssachen wieder zusammen und bereitete sich auf die Meisterprüfung vor. Im Februar 1949 hatte meine Mutter in diesem Zimmer meinen zweiten Bruder geboren. Ich ging zur Schule und sollte nach Beendigung der Schulzeit Geld verdienen. Meine hiesigen Freundinnen wollten auf die Realschule, damals Mittelschule genannt. Ich durfte nicht. Eines Tages setzte sich der Lehrer mit meinen Eltern in Verbindung. Die Eltern einer Freundin von mir hätten ein großes Haus. Ich könnte nach der Schule direkt zu ihnen kommen und dort Hausaufgaben machen und zu essen und zu trinken bekommen. Voraussetzung war aber, ich schaffte auch die Prüfung zur Mittelschule. Meine Eltern stimmten zu, und ich war überglücklich. Ich bestand die Aufnahmeprüfung, obwohl meine bisherige Schulzeit etliche Lücken durch den Krieg aufwies.

Meine Freundin und deren Eltern hielten ihr Versprechen. Ich konnte nach der Schule direkt zu ihnen kommen und bis abends bleiben, denn in dem 18 Quadratmeter großen Raum nähte mein Vater für Kunden, meine Mutter wickelte und stillte meinen kleinen Bruder und mein großer Bruder mußte seine Schularbeiten dort erledigen. Es war für uns alle eine bittere Zeit. Trotzdem schaffte ich mit der Hilfe der Pinneberger Freunde 1954 „die mittlere Reife".

* * *

Pinneberg – Dr. Johanna Urbschat

Meine Flüchtlinge

Flüchtlingsströme trafen in Pinneberg ein, wurden auf die Anwohner verteilt, und schon wieder folgten neue Flüchtlinge. Die Pinneberger Häuser, meist im Grünen verborgen, waren unbeschädigt geblieben. Hamburgs Wohnbereiche waren zerstört worden. Auch Elmshorn und andere freiliegende Städte hatte es getroffen. Der Wohnraum wurde eng. Auch meine Wirtsleute hatten die dritte Mansarde, in der die zwei größeren Söhne geschlafen hatten, an eine Familie mit zwei kleinen Kindern abgeben müssen. Ich schenkte ihnen noch zwei Korbsessel und zwei mit Wolle bestickte Kissen. Das Baby sollte weich liegen. Doch nach wenigen Tagen schon hatte der größere mit seinen Stiefelchen alles zerstört.

Da ich weder Bekannte auf dem Lande hatte noch in den Vorjahren etwas zurücklegen konnte, blieb die Versorgung mit Lebensmitteln äußerst knapp. Aber ich war es gewohnt, sparsam zu leben. Eines Tages hatte ich die Gelegenheit, eine dicke Scholle im Fischgeschäft zu erstehen. Ich kochte sie zu Hause sogleich ab und aß sie auf! Es war ein langentbehrter Genuß!

Am selben Tag traf meine Tante Martha aus Insterburg bei mir ein. Womit sollte ich sie satt machen? Ich dachte an die Vorräte in Keller und Speisekammer, die ich Weihnachten noch in Insterburg gefunden hatte, als ich zum letzten Mal unsere verlassene Wohnung aufsuchte, um noch hier und da etwas mitnehmen zu können. Die Kohlen, Kartoffeln, das Eingemachte, das Gemüse, die viele Wäsche in der Salzburger Truhe meiner Urgroßeltern hätten wir jetzt gut gebrauchen können.

Meine Tante Martha wurde untergebracht und konnte auf dem Sofa schlafen. Bettbezüge und Wäsche waren noch reichlich vorhanden, obgleich die Vorräte während meiner Abwesenheit merklich geschrumpft waren. Meine Wirtin hatte oft gemahnt, ich sollte meine Zimmer abschließen. Doch wir im Osten Aufgewachsenen besaßen großes Vertrauen zu den blonden nordischen Menschen in Schleswig-Holstein, Dank der Literatur von Storm, Fehrs, Frenssen – bis zu Andersen, dessen Märchen meine Kindheit erhellt hatten.

Aber jetzt herrschte Lebensmittelknappheit: Stehlen kam nicht in Frage. Den Schwarzhandel gab es damals bei uns noch nicht. Wie wir uns in der damaligen Zeit ernährt haben, weiß ich nicht mehr.

Eines Tages, ich war schon als „Mitläufer" eingestuft und entnazifiziert worden, aber der Unterricht hatte noch nicht wieder begonnen, erhielt ich einen Brief von der Regierung, mich zu einem bestimmten Termin in Kiel einzufinden.

Was bedeutete das?

Wir waren alle in großer Aufregung und Ungewißheit. Wo sollte ich in Kiel übernachten, wenn ich den Termin wahrnehmen wollte? Da zeigte sich die Hilfsbereitschaft unserer Nachbarschaft. Jemand hatte dort Verwandte, deren Haus noch nicht zerstört worden war. Ich erhielt Reisemarken, um dort bewirtet zu werden.

Ich fuhr mit einem Zug, dessen Abteilfenster ausgeschlagen waren und der an einer Kiesgrube Endstation machte, da die Gleise noch zerstört waren. Die letzte Strecke legten die wenigen Reisenden zu Fuß zurück. In der Stadt gab es viele Trümmerhügel und Trampelpfade, aber nur noch wenige heile Straßenzüge. So konnte ich mich gut zurechtfinden. Im Regierungsgebäude waren alle Befürchtungen sofort beseitigt, als mir ein Lehrer aus meiner Insterburger Schulzeit zur Begrüßung gegenüberstand. Ich sollte wieder in der Lehrerinnenbildung arbeiten und eine neue Arbeitsstelle annehmen, wahrscheinlich wieder in einem Internat.

Das bedeutete für mich, Pinneberg zu verlassen und vielleicht sogar meine Wohnung aufzugeben, in der ja nur ein Flüchtling lebte, während im Nebenraum zwei Erwachsene und zwei Kinder in einem Raum untergebracht waren.

Was dieser Vorschlag für mich bedeutete, war ein wohlverdienter Aufstieg in meiner Tätigkeit. Doch ich mußte ablehnen, weil noch mehr Flüchtlinge aus meiner Familie zu erwarten waren. Ich gab den verzweifelten Bitten meiner Tante nach und schlug das Angebot aus. Ich hatte eine feste Stelle und konnte den Alten helfen. Meine Vettern kamen von der Front, waren heimatlos, mußten sich eine neue Existenz aufbauen, was ihnen Dank ihrer Kenntnisse gelungen ist. So war mir meine Aufgabe vorgeschrieben.

Leicht waren die folgenden Jahre nicht. Von 1945 bis 1948 galt unser Hauptaugenmerk der Nahrungsbeschaffung. Es müssen wohl hier und da Brosamen von den Tischen der Herren gefallen sein; ich hatte vor 1945 weder Ähren gelesen noch Holz gesammelt. Für meine Tante erhielt ich auch keine Sonderkarten.

Da sie sehr kontaktfreudig war, freundete sie sich mit meiner Wirtin und den Nachbarn an, half hier und da aus und durfte während des Schälens von Pellkartoffeln einige verzehren.

Zuerst hatten wir nach der Besetzung noch kein Gas, aber im Wohnzimmer stand ein eiserner Ofen. Das „Knie", die Verbindung zum Schornstein, war verrostet und durchlöchert. Meine Tante gab sich die größte Mühe, ein Ersatzstück zu bekommen, und sie hatte Erfolg, weil sie Flüchtling war.

In der Nähe wurden Tannen gefällt. Unsere Wirtin lieh uns ihren Handwagen, mit dem ich auch später Holz im angrenzenden Wald sammelte. Zuerst waren die Zweige noch feucht. Allmählich lernten wir, daß von den frischen Zweigen nur die Birken brannten. Die feuchten Zweige anderer Baumarten schwelten nur und erzeugten keine große Hitze. Der eiserne Ofen war viel zu hoch, um ihn zu „füttern". Aus Blech und Draht bastelte ich einen kleinen Untersatz, mit dem ich das lange Rohr bedeckte, so daß oben nur ein kleiner Raum entstand, in dem die Zweige brannten. Mehrere Ringe verschlossen diesen Raum, dorthin stellten wir dann den Kochtopf bzw. die Bratpfanne.

Ich besaß nicht einmal Grütze oder Graupen und kannte nur ein paar Wildpflanzen, die man essen konnte. Später im Jahr brachte ich Beeren und Pilze mit. Einmal schenkte mir ein pflügender Bauer Steckrüben, die ich im Rucksack nach Hause trug. Er zeigte mir auch abgeerntete Bohnenfelder, wo man eventuell etwas finden konnte.

In der Erntezeit wurden Ähren gelesen, das heißt, wenn ich aus der Schule kam, waren Korn- und Weizenähren bereits weg, da blieb mir nur noch der Hafer! Ich erhitzte die Körner in einem alten Eisentopf so lange, bis sie platzten. Dann fielen die Spelzen ab, und ich konnte die Kerne in der Kaffeemühle mahlen. Diese wurden dann gekocht und mit oder ohne Steckrüben gegessen. Der Hafer enthält wichtige Nährstoffe. In der Kindheit hatten wir auf dem Hofe gesehen, daß dem Vieh und den Pferden Hafer gegeben wurde. Damit überlebten wir. Kartoffeln habe ich in einem Sommer selbst ernten wollen. Land und Saat wurden mir gegeben. Aber ich besaß kein Gerät, um sie zu behäufeln und kein Fahrrad, um schnell zum Acker zu fahren.

In der Schule unterrichteten wir in drei Schichten am Tag (von 7 bis 18 Uhr). Der Klassenraum reichte für die dreifache Anzahl der Schüler nicht aus, um alle am Vormittag abzufertigen.

Als ich dann nach getaner Arbeit mit dem Handwagen zur „Ernte" auszog, brachte ich nach mühevollem Buddeln und Suchen nur eine kleine Menge nach Hause. Groß waren die Kartoffeln nicht geraten, aber es war eine kleine Hilfe, die uns wieder über eine kurze Zeit hinweg half. Ein paarmal wurde mir auch auf der Straße ein Kommißbrot zum Kauf angeboten. Ich erwarb es, obgleich man mich daran erinnerte, daß all diese angebotene schwarze Ware irgendwo gestohlen worden sei. Trotz meines

Fleißes ist es mir nie gelungen, so viele Buchenkerne zu sammeln, um eine Flasche Speiseöl dafür eintauschen zu können.

Aber meine Tante konnte sich auch selber etwas „verdienen". Sie verstand zu spinnen ,und da die Nachbarn Schafe hatten, die Wolle lieferten und sich auch ein alter Spinnwocken fand, hat sie im Garten gesponnen und später auch gestrickt. Im Scherz legte sie einmal Karten und sagte die Zukunft voraus. Das wurde sofort bekannt, und man bot ihr im Ernst an, sie könne sich dadurch viele gute Bissen vom Lande dazu verdienen! Aber sie wollte nicht durch Lügen und Betrügen gut leben und winkte ab.

Im ersten Sommer fehlte es überall an Arbeitskräften, da die Kriegsgefangenen nach Hause entlassen worden waren. In Baumschulen wuchs das Unkraut. Rosen, Erdbeeren und Möhren mußten gejätet werden. Dort konnte ich helfen, doch die erhofften Kartoffeln bekam ich nicht.

Eines Tages ging ich wieder mit dem Handwagen zum Borsteler Wohld, wo die Engländer Bäume fällten. Da gab es Reisig. Wer das Gerät dazu hatte, konnte die Stubben roden. Doch es war diesmal kein froher Lärm, auch keine Menschen zu sehen. Ich hatte einen Arm voll Reisig, als mir ein englischer Soldat in den Weg trat, eine Bewegung machte und „Pull down" rief. Ich erschrak sehr und warf das Holz weg. Das Sammeln war inzwischen verboten worden, weil irgendjemand eine große Axt oder Säge gestohlen hatte. Auf dem Rückweg fand ich einen Kloben Buchenholz, so hatte sich mein Weg gelohnt, und ich war nicht leer ausgegangen.

Im Spätsommer wurde im Himmelmoor maschinell Torf gemacht. Wir „Arbeiter" fuhren mit dem Lastwagen hin und kehrten mittags ebenso zurück. In der Zwischenzeit hatten wir Torfstücke zum Trocknen ausgelegt. Einige Kollegen hatten ein Stück des großen Geländes gemietet, um für sich Torf zu graben und zu trocknen. Ich durfte mich an einem Stück beteiligen. Die Sträucher waren gerodet, nun galt es, den Torf herauszuholen und möglichst tief zu graben, denn der beste Torf war unten. Der obere Moostorf war nur sehr leicht und gab nicht viel Hitze. Darum bin ich mitunter noch einige Stunden länger im Moor geblieben, um die tieferen Schichten heraufzuholen, denn am nächsten Tag stand das Wasser bis zum oberen Rand in der Grube. Der Junge, der mir half, fuhr immer mit dem Lastauto nach Hause. Doch als der Torf trocken war, holte er sich auch die Hälfte von meinem „guten Heizmaterial".

Auch das Besorgen des Fuhrwerks war nicht ganz leicht, und es mußte schon viel guter Wille dabei sein, wenn man etwas erbitten konnte.

So hat mir eine kleine, nette Schülerin geholfen. Es gab nämlich noch eine andere Methode, Torf zu machen. Mit einem Lastauto wurde eine Fuhre Moorerde ans Haus gebracht. Die verarbeitete man und ließ die Stücke an der Luft trocknen. Dann stapelte man sie auf, bedeckte sie mit Dachpappenresten und verbrauchte sie im Winter. Geld hatte keinen Wert mehr, ich konnte dem Fuhrunternehmer nichts Wertvolles anbieten, so war meine Bitte unwirksam. Für Pferde war der Transport zu schwer. Da erbarmte sich eine kleine Schülerin und setzte ihrem Vater so lange zu, bis er dem Autobesitzer eine Arbeit abnahm, der mir dafür die Torferde anlieferte.

Dieser Irma verdankten wir das warme Zimmer im Winter!

Mit einem Eimer Wasser und einem alten Kuchenblech habe ich die Torfstücke geformt und im Gemüsegarten zum Trocknen an die Beete gekippt. Die Dachpappenreste holten wir uns des Morgens aus der Fabrik. Sie waren so knapp, daß schon Schlangen am Hoftor anstanden. Wenn es geöffnet wurde, stürmte die ganze Gesellschaft voran, um die größten Stücke zu erwischen. Ich war allein, habe aber trotzdem so viel eingesammelt, daß mein trockener Torf nicht vom Schnee erreicht wurde.

Die Winter waren in der Zeit recht lang und kalt. An den Festtagen gab es besonders schlechtes Brot. Ich fuhr nach Hamburg, um weißes Brot einzukaufen. Meine Tante stand indes im Nachbarladen bei der Kälte an und holte sich eine Blasenentzündung, die sie den ganzen Sommer durch quälte. Schließlich halfen ihr warme Umschläge, die ich ihr verordnete, als sich keine ärztliche Versorgung für sie finden ließ. Ihre Zuversicht und ihr Lebenswille ließen sie alles Ungemach überstehen.

Ein schwieriges Kapitel war auch die große Wäsche. Ich durfte den Kessel am Eingang benutzen, der gleich neben der Pumpe eingemauert war. Am schwersten war es, Feuer zu bekommen. Manchmal hantierte ich über eine Stunde an diesem Versuch. Vor dem kalten Gemäuer verlosch am Anfang jedes Flämmchen.

Bei unseren Spaziergängen wurden wir im Frühjahr noch von Tieffliegern erschreckt. Wir flüchteten hinter die dicken Ahornstämme.

Als wir im Sommer an abgeernteten Kartoffelfeldern vorbeigingen, lagen noch die dicksten Kartoffeln auf der geeggten Erde. Wir hatten keine Tasche mit. Aber die gute Beute konnten wir doch nicht liegen lassen! So zog meine Tante ihre Schlüpfer aus, mit Bindfaden machten wir Säckchen daraus, in denen wir die Kartoffeln stolz heimwärts beförderten.

1948 nach der Währungsreform konnten wir endlich mehr Lebensmittel kaufen. Ich schaffte Kleinigkeiten an Hausrat herbei. Ab und zu konnten wir auch etwas mehr Lebensmittel nach dem Vogtland zu meinen Eltern schicken. Inzwischen hatte ich den eisernen Ofen „mit dem Knie" durch eine Grude ersetzt, die die Wohnung heizte, das Essen warm hielt und sehr schön aussah. Doch ich hatte das Wohnzimmer gestrichen und mußte nun in regelmäßigen Abständen die Grude von dem schwarzen Staub befreien, der sich im Rohr und im oberen Teil festgesetzt hatte. Da der Abstand von Feuerstelle und Schornstein so kurz war, kühlte der Ruß früh ab und füllte die Räume aus. Das gab dann eine neue „Schornsteinfegerarbeit" für mich!

1948 hatten wir auch Schulsportwettkämpfe. Der Herr Konrektor achtete streng darauf, daß alle Lehrer dabei mithalfen. Ich hatte mir kurz vorher an einer Nähmaschine einen Zeh gebrochen und humpelte mit Mühe zur Schule. Doch der Sportplatz lag noch weiter entfernt. Da mir angedroht wurde, man würde mich im Handwagen von zwei kräftigen Jungen dorthin ziehen lassen – es gab noch keine Taxis, Autos waren Mangelware – so legte ich den Weg in Rekord-Langsamzeit zurück. Selbst die älteste Kollegin mochte nicht mit mir Schritt halten und entwich schnell nach Hause.

Ich durfte für meine Eltern noch keinen Wohnraum beantragen. Erst später erhielt ich die Zuzugsgenehmigung. Mit viel Hilfe und Beistand von den Nachbarn in der DDR gelang es meinen Eltern, im Oktober 1949 zu uns zu kommen. Nun wurde es in der Wohnung richtig eng. Ich hatte noch ein Bett gekauft, Federbetten brachten meine Eltern mit. Aber für mich war nun kein Platz mehr. So erstand ich einen Rahmen, eine ehemalige Krankentrage, die ich nur des Nachts aufstellte. Am Tage war ich sowieso die meiste Zeit in der Schule. Das frühe Aufstehen fiel mir nicht schwer. Mittags brauchte ich nicht zu Hause zu sein. Spätstunden – Zeichnen oder ähnliches, was nicht viel Konzentration von den Kindern verlangte, aber dem Lehrer auch keine Erholung brachte, gab ich auch ohne viel Murren. So war ich viel außer Hause, besorgte in der Zwischenzeit Einkäufe und besaß nun schon ein neues Rad.

Nach einiger Zeit zogen die Flüchtlinge aus der neben uns gelegenen Mansarde aus, und meine Tante konnte nun in ihrem Zimmer kochen und war auch für sich allein.

Das gab meinen Eltern mehr Spielraum. Sie gingen gern spazieren, im Umkreis der Elmshorner Straße gab es Baumschulfelder und ein Wäldchen. Durch die Bismarckstraße oder über den Weg an der Pinnau konnte man Parks und Grünflächen erreichen. Auch Bänke zum Ausruhen waren dort zu finden.

Trotz all dieser Vorteile waren meine Eltern nicht zufrieden, auch meine Tante nicht, denn sie waren auf dem freien Land auf eigenem Besitz aufgewachsen. Die größeren Bauernhöfe waren autark, manche Familientraditionen reichten über 300 Jahre zurück. Man war stolz auf Namen und Herkunft. Doch davon war nichts mehr geblieben, selbst das verloren, was man aus der Inflation nach dem Ersten Weltkrieg behalten hatte.

Sogar die Geschichte wurde umgedeutet, und die Heimat war für immer verloren. Die Alten hatten keine Hoffnung mehr, da selbst der Raum, der sie umgab, zu eng war.

Ein norwegisches Sprichwort sagt zwar: „Wo Liebe ist, da ist auch Raum", doch kann man es erleben, daß keine Liebe ist, wo der Raum fehlt. Wir trösteten uns damit, daß niemand mehr zu hungern und zu frieren brauchte.

Erst als ich 1953 den Baukostenzuschuß für eine nicht bewirtschaftete Wohnung zusammenbringen konnte, gewannen wir mehr Raum: Drei Zimmer mit Ölheizung, Balkon, Badezimmer, Boden, Trockenboden, zwei Keller und Gemeinschaftswaschküche! Meine Flüchtlinge lebten auf.

* * *

Quickborn – Marianne Bornholdt

Stiefelschmiere statt Bratfett

Mein Mann kam Mitte Juni 1945 gesund aus dem Krieg zurück. Er hatte ihn als einziger seiner ursprünglichen Kompanie unversehrt überstanden. Ich war glücklich – wenn nun auch ein Esser mehr am Tisch saß. Es sind ja immer die Frauen, die in solchen Zeiten dafür sorgen, daß die Familie satt wird. Ideen mußte man dazu haben und manchmal auch Angst überwinden.

Mir stachen die Rüben ins Auge, die nicht weit von unserem Zuhause auf den Feldern zwischen der Kieler und der Pinneberger Straße wuchsen. Dort standen damals noch keine Häuser. Die „Ausgangssperre" der Militärregierung mißachtend, schlich ich mich nachts aufs Feld, zog etliche Rüben aus dem Boden und warf sie so in den

Chausseegraben, damit sie nicht auffielen. Nach und nach holte ich sie mir in den nächsten Tagen – darauf achtend, daß mich niemand beobachtete.

Über meinen Mundraub glücklich, wusch, schnitt und kochte ich die Feldfrüchte auf meinem kleinen Herd und lieh mir vom Zimmermeister D. eine Zuckerrübenpresse. Endlich war es soweit, daß ich den gewonnenen Saft langsam einkochen konnte. Das erste Mal kochte er über und hinterließ einen über alle Maßen dreckigen Herd. Es war ja damals alles viel umständlicher als heute. So mußte ich mir Wasser vom Hof aus dem Ziehbrunnen holen. Warm machen konnte ich es nicht, denn der kleine Herd war ja verklebt. Irgendwie schaffte ich es dennoch, die Panne zu beheben. Die Not lehrte mich nicht beten, sie machte mich vielmehr erfinderisch.

Doch nie war man vor Reinfällen sicher. Auf irgendeine Weise geriet in den Handel, was die Besatzungsmacht für ihre Truppe einführte. Vielleicht war es gestohlen worden, oder Verpflegungssergeanten hatten ihren Sold aufbessern wollen. Nicht immer ging das für uns Besiegte gut aus. Ein Beispiel: Bei Kaufmann B. sollte es Fett ohne Marken geben. Die Nachricht verbreitete sich wie ein Lauffeuer. Dort mußte man hin! Ich stellte mich in die lange Schlange. Es war Winter und sehr kalt. Es existierte immer die Angst, ob der Vorrat auch reichte, bis man an der Reihe war. Ich bekam meinen Teil. Glücklich zog ich ab. Nun konnte ich backen und mir auch mal Besuch einladen. Ein bißchen eigenartig war es schon, dieses markenfreie Fett: hell und glasig. Dennoch mußten Gäste eingeladen und Pförtchen gebacken werden. Solange sie warm waren, schmeckten sie. Mir wurde mit der Zeit jedoch immer komischer zumute. Den anderen ging es ähnlich. Ein paar Tage später wußte es jeder: Wir hatten englische Stiefelschmiere gekauft. Nun ja, wir haben auch das überlebt.

Die Not untergrub die Moral. Es wurde viel gestohlen. Als mildernder Umstand sei den Nachgeborenen berichtet, daß den „Normalverbrauchern" in der britischen Zone im Frühjahr 1947 täglich ganze 1050 Kalorien zugeteilt wurden. Man hatte uns auf strenge Diät gesetzt. Wer sich nichts darüber hinaus an den Gesetzen vorbei organisieren konnte, der litt argen Hunger.

Aber immer wieder hatte man auch Glück. Auf unserem Plumpsklo standen ein paar Kartons. Mein Blick fiel auf eine Adresse in Göteborg in Schweden. Dies war ein Land, daß sich aus dem Krieg herausgehalten hatte, in dem keine Not herrschte und in dem es Menschen gab, die, so las man, ein gutes Herz hatten. Kurzum, ich schrieb dorthin. In unserer damaligen Lage ließ man nichts unversucht. Und tatsächlich, nach einigen Monaten teilte mir Briefträger O. mit, auf dem Postamt sei ein Paket für mich angekommen. Und da mir die paar Mark für die zu entrichtende Gebühr fehlten, legte sie der gute O. für mich aus. Um meinen Schatz nach Hause zu holen, hatte ich mir eine Karre leihen müssen – so groß war das Paket. Es enthielt Schuhe, Kleidung und anderes lang Entbehrte. Jahre nach dieser Überraschung fuhr ein feudaler Volvo bei uns vor. Ein vornehmes Ehepaar, Herr und Frau E., entstieg ihm. Beide gehörten einer Hilfsorganisation an. Sie wollten sich überzeugen, ob das Paket angekommen sei. Später nahmen die E.s unsere Tochter bei sich auf, damit sie ihr in der Berufsausbildung gefordertes Haushaltsjahr ableisten konnte.

Diese kleinen ganz alltäglichen Episoden erklären, warum wir so wurden, wie wir sind.

Leuwagenreparatur

Im Februar 1948 durften wir dann endlich nach Deutschland. Ich mit meinen 20 Jahren hatte mir vorgestellt, daß alle Menschen, die in Deutschland und nicht hinter Stacheldraht waren, sehr froh und glücklich sein müßten. Auf der Fahrt von Flensburg nach Hamburg auf einem offenen LKW begegneten wir vielen Menschen, die zumeist recht sorgenvoll aussahen. Wir machten Station in Pinneberg, wo meine Schwägerin in der Gastwirtschaft F. untergekommen war. Unser Neffe Klaus war dort kurz nach der Ankunft am 13. März 1945 geboren worden. Er war dort zu Hause. Wir blieben dort bis zum nächsten Tag.

Frau F. suchte für uns Haushaltsgegenstände zusammen, wie Teller, Eßbestecke und eine Waschschüssel. Ich bekam eine Butterglocke mit der Aufschrift „Zur Silberhochzeit". Nun hatten wir schon richtig Gepäck! Damit gingen wir zum Bahnhof und wollten mit dem Bus nach Uetersen fahren, wo unser Vater mit Pferd und Wagen auf uns wartete. Der Bus nahm aber unser Gepäck nicht mit. Gretel und unsere Schwägerin, die uns begleitete, fuhren mit dem Bus und ließen meine Mutter und mich mit dem Gepäck auf dem Bahnhof sitzen. Unser Vater mußte uns von Pinneberg abholen. Und das dämpfte seine Wiedersehensfreude, weil er eine tragende Stute angespannt hatte, die nicht mehr so weit gehen sollte! Wir kamen aber gut nach Neuendeich. Gretel und ich kamen in eine kleine Kammer und dort erschreckte ich mich, weil vor dem Fenster Traljen waren! Dem Stacheldraht war ich gerade entronnen!

Unser Vater gehörte schon richtig zur Familie K. Wenn er mit Jakob sprach, hörte es sich lustig an, weil sie beide platt sprachen, einer ostpreußisch, der andere holsteinisch. Sie verstanden sich aber gut. Nur am Anfang, so erzählte unser Vater, hatte er Schwierigkeiten mit der Sprache. Er sollte den Leuwagen auf der Diele reparieren. Da er Huf- und Wagenschmied war, sollte dieses eigentlich kein Problem sein. Er fand aber keinen Wagen auf der Diele. Auf Nachfrage bekam er einen Schrubber gereicht, der aufgestielt werden mußte. Da staunte er.

K.s hatten in Tornesch ein Stück Land mit Hochmoor, wo sie Torf holten. Unserem Vater gefiel das Stück Land so gut, daß er sagte, daß er dort einmal wohnen möchte. Als meine Schwester geheiratet hatte, haben sie das Land von K.s gekauft und mühevoll ein Haus gebaut. Dort haben unsere Eltern ihre letzten Lebensjahre verbracht.

Da ich keinen Beruf hatte, ging ich in den Haushalt, zunächst zu S. in Uetersen. Später hatte ich das Glück, in einen Zahnarzthaushalt zu kommen, wo ich nach vier Jahren probeweise in die Praxis kam. Da ich mich gut und schnell einarbeitete, war ich noch neunundzwanzig Jahre Zahnarzthelferin bei Dr. K. in Uetersen. Ein Beruf, der mir Spaß gemacht hat.

Zu K.s, die uns als erste aufgenommen hatten, haben wir noch guten Kontakt.

* * *

Wunsch nach Heimat

Die Aussicht, Kiel zu erreichen, war gering. Der Weg war weit. Wir mußten noch lange mit Fliegerangriffen rechnen. In den Gewässern vor Kiel befanden sich viele Minen. Aber wir fuhren. Wir hatten mit unserem Schiff gen Westen Glück. Zum ersten Mal sahen wir aus großer Entfernung im Dunst das Ehrenmal von Laboe, für das wir als kleine Kinder in unserem Freistaat Danzig gesammelt hatten. „Wir sind im Reich!" So nannten wir Deutschland zu Hause, und wir kamen heil in die Kieler Förde und durch die Schleuse zu dem Liegeplatz unserer „Togo".

Nachdem wir uns von unserer Besatzung und vielen Verwundeten, die wir während der Überfahrt gepflegt hatten, und natürlich auch von meinem Bruder, der leider auch verwundet war, verabschiedet hatten, verließen wir das Schiff. An der Straße standen die Busse, die uns durch Kiel zum Hauptbahnhof fahren sollten. Kiel bot einen erschütternden Anblick. Wir waren viel Zerstörung und Leid gewohnt. Doch diese große Stadt so in Schutt und Asche zu sehen, war schrecklich. Die Straßen, durch die wir fuhren, waren knapp von Trümmern freigeräumt, so daß wir mit unserem Bus passieren konnten. Hin und wieder sah man einen Schornstein im Schutt und in den Nebenstraßen nur Schutt und Trümmer. Wir erreichten den Bahnhof in Kiel. Soweit ich mich erinnern kann, war nur die Konstruktion stehengeblieben. Aus dem Bus gingen wir im Eiltempo wegen der Fliegerangriffe zum Bahnsteig. Dort waren die bereitstehenden Züge zum Abtransport – wohin die Züge gingen, wußten wir nicht.

Unser Zug, der über Neumünster fuhr, wurde unterwegs von Tieffliegern angegriffen. Wir mußten aus dem Zug heraus, konnten aber später wieder einsteigen. So ging es dann in die Nacht. Der Zug wurde umgeleitet, und wir landeten in Uetersen in Schleswig-Holstein, der heute wunderschönen Rosenstadt.

Dort nahmen wir unser kleines Handgepäck und gingen in die Richtung zum Tivoli, einem großen Tanzcafé. In dessen Saal waren unheimlich viele Menschen. Es summte und brummte, denn auf dem Stroh saßen und lagen schon viele andere Flüchtlinge. Auch wir fanden eine kleine Ecke, in der wir uns niederließen. Dort verbrachten wir unsere erste Nacht in der Fremde. Am nächsten Morgen wurden wir aufgefordert anzustehen, um unsere Quartieradresse in Empfang zu nehmen. Meine Mutter, die sehr mitgenommen war, blieb im Stroh liegen. Mir wurde ein Zimmer gezeigt: Katharinenstr. 3 bei Frau B. Es war ein kleines Wohnzimmer, in dem wir unterkommen sollten. Ich bin dann zum Tivoli zurückgegangen, um meine Mutter zu holen. Inzwischen hatte Frau B. ihre Nachbarn bemüht, das Zimmer leerzuräumen. Die Möbel hatte sie in ihr Schlafzimmer tragen lassen.

Meine Mutter und mir stand ein leeres Zimmer zur Verfügung und ein Ofen, der nicht heizbar war. Es war der 27. März 1945 und sehr kalt. Die Tapeten an der Wand waren feucht und teilweise abgelöst. Wir hatten eine Liege, auf der gerade ein Mensch mit Mühe vorsichtig liegen konnte, einen Rohrsessel und einen Rohrtisch. Das war nun unser Unterkommen. Wir nahmen einen Bindfaden und spannten ihn quer von einer Tür zu anderen. Das war unser Kleiderschrank. Dann haben wir Äste geholt und diese mit einem Band an den sogenannten Kleiderschrank angeknotet; das war unsere Garderobe. Betten hatten wir nicht, auch kein Geschirr. Im Grunde hatten wir gar nichts, außer dem, was wir auf dem Körper trugen. Unsere Verpflegung bestand aus einem Stück trockenen Brotes am Morgen und einer kleinen Portion Eintopf aus der Volksküche – in einer ausgeliehenen Milchkanne geholt – am Mittag.

Nachts lag meine Mutter auf der schmalen Liege und ich in meinem Mantel auf dem Fußboden. Nach zwei, drei schlaflosen Nächten bei der Kälte auf dem Boden war ich so übermüdet, daß ich wirklich geschlafen habe.

Natürlich habe ich auch sehr viel geweint. Vor allem, weil ich mich um meinen Vater sorgte, der nicht mitgekommen war, und weil ich großes Heimweh spürte. Meinen Vater haben wir nie mehr gesehen. Neben der Kälte plagte uns der Hunger, der im Laufe der Zeit immer größer wurde. Unsere Frau B. hatte es da viel schwerer. Sie hatte nun in ihrem Schlafzimmer die Wohnzimmermöbel stehen, über die sie immer hinwegkriechen mußte, wenn sie zu Bett gehen wollte. Ihr Mann war noch Soldat und nicht im Hause. Die Arme hatte nun leider, wie viele andere Familien auch, Flüchtlinge bekommen. Schlimm waren besonders auch die Frauen dran, die mit drei Kindern die Flucht überlebt hatten. Die wollte nämlich keiner haben. Die lagen noch lange im Stroh im Tivoli.

Eine Möglichkeit, uns zu waschen, gab es nur bei Nachbarn. Wir hatten kein Buch, keine Zeitung und auch nichts anderes, womit man sich beschäftigen konnte. Meine Mutter saß hungernd und frierend in dem Korbsessel und schaute nach draußen in den ewigen Regen. Wir fragten uns immer wieder, was das bloß für ein Land ist, in dem wir gelandet waren. In Danzig hatte ich die Oberschule besucht. Also bemühte ich mich auch hier um einen Platz an der Oberschule. Es gelang mir aber nicht, weil die Schule angeblich überfüllt war. Flüchtling zu sein, war sowieso eine schlechte Empfehlung: „Also das sind ja die mit den drei Klavieren zu Hause, ja die kennen wir."

Nichts tun wollte ich natürlich auch nicht. Meine Mutter war schon zu alt und krank, aber ich war sechzehn Jahre alt geworden und mußte arbeiten, um die Lebensmittelkarte zu bekommen. An die sehr harte und ungewohnte Arbeit in einer Seifenpulverfabrik denke ich heute noch mit Schaudern. Der einzige Trost war, daß dieses Los nette andere Flüchtlingsmädchen und ehemalige Studentinnen teilen mußten. So haben wir unser kärgliches Dasein weiter gefristet.

Eine große Freude hatten wir eines Tages, als wir „unsere Flüchtlinge" fanden. Als wir noch zu Hause, in unserem damals noch schönen Zoppot lebten, hatten wir auch viele Flüchtlinge im Haus. Aus Ostpreußen waren sie gekommen, hatten alle Strapazen hinter sich, die uns wohl bekannt waren. Nur meine Mutter hatte damals unseren Keller geöffnet, damit sie sich bedienen konnten mit den Dingen, die noch vorhanden waren. Das hatten sie nicht vergessen.

Diese Flüchtlinge waren auch nach Uetersen gekommen. Sie hatten das große Glück, bei einem Schweinemäster, namens Deidel V., unterzukommen. In seinem Haus bekamen sie ein warmes Zimmer und durften mit ihm und seiner Familie am Tisch essen. Wir haben sie sehr beneidet. Aber sie haben uns geholfen!

Inzwischen waren englische Truppen in Uetersen eingezogen. Auf dem Flugplatz waren kanadische Flieger untergebracht. Hin und wieder kam dann ein LKW von ihnen mit verschimmeltem Brot zu der Schweinemästerei. Heimlich schlichen sich dann „unsere" Flüchtlinge in den Stall und organisierten etwas von dem Brot für uns. Das war dann ein richtiges Festessen. Der Schimmel wurde abgeschnitten, und wir hatten etwas mehr zu essen. Ich danke ihnen heute noch. Sie freuten sich jedenfalls, daß sie etwas gutmachen konnten für das, was sie bei uns zu Hause erfahren hatten. Sicherlich hätten sie auch noch mehr für uns getan, wenn sie es nur gekonnt hätten.

Unsere ganze Hoffnung war, daß dieser unerträgliche Zustand nicht ewig dauern mochte. Eines Tages würden wir wieder nach Hause kommen. Niemals habe ich geglaubt, daß ich meine Heimat endgültig verlieren würde. Wir alle haben gehofft, daß das nur ein vorübergehender Zustand sei und wir nach dem Ende des Krieges zurückkehren könnten.

Der Wunsch nach der Heimat, der wohl jedem Menschen, ob in Ost oder West, innewohnt, gab uns die Kraft, das alles durchzustehen.

* * *

Dannau – Siegfried Kylau

Wie im Himmel

Am 20. Januar 1945 brachen wir vom Gutshof Pfaffendorf in Ostpreußen mit siebenundzwanzig Pferden, davon zehn wertvollen Trakenern, und sechs Wagen auf, um heim ins Reich zu flüchten. Wir, das waren meine Mutter und vier Kinder im Alter von vier bis vierzehn Jahren, sowie Kindermädchen und die ganze Belegschaft des Hofes.

Unser Vater war aus Norwegen von der Front beurlaubt worden, um Trecks aus Ostpreußen ins Reich zu führen. Durch viele glückliche Umstände kam unsere Familie in den Treck meines Vaters.

Angekommen am 18. März in Ratzeburg, wurden wir mit vielen hundert Flüchtlingswagen auf die einzelnen Landkreise verteilt. Unser Ziel war der Kreis Plön in Holstein.

Geblieben war uns nur noch ein Wagen mit Speichenholzrädern und Birkenästen überspannt. Darüber waren die guten Teppiche des Gutshauses genagelt. Wir waren zehn Personen, und von den siebenundzwanzig Pferden waren noch vier übrig geblieben.

Über Lübeck ging es nach Eutin, dann nach Plön, wo die Kreisverwaltung uns in die Gemeinde Dannau schickte. Unser Vater sah die Seen um Eutin und Plön und das schöne Land und meinte zu uns, daß der Herrgott es doch in allem Unglück gut mit uns gemeint hätte, denn diese Gegend würde so aussehen wie unser Zuhause. Wir Kinder verstanden das gar nicht, sondern hatten nur Hunger, waren müde und kaputt.

Auf dem Dorfplatz in Dannau wurde Halt gemacht, um beim Dorfvorsteher nach unserem Quartier zu fragen. Dies war am 20. März 1945 gegen Abend um 18 Uhr. Als Jüngster quengelte ich am lautesten. Ich hatte Durst, und wir hatten kein Wasser mehr. Mutter nahm mich an die Hand und ging zum nächsten Bauernhaus, um nach Wasser zu fragen. In der Küche des Bauernhauses saßen Leute um einen großen gedeckten Tisch beim Abendbrot. Meine Blicke fielen auf eine riesige Schüssel mit goldgelben Bratkartoffeln, die ich auf der Stelle hätte verschlingen können, zumal sie herrlich dufteten! Es war wie im Himmel, nach zwei Monaten Schwarzbrot, Honig und Wasser. Die Bitte meiner Mutter wurde freundlich mit einem großen Becher köstlicher Milch belohnt. So gestärkt, ging es auf Anweisung des Ortsvorstehers weiter in Richtung Gowens. Dies bedeutete weitere zwei Kilometer für müde Menschen und Pferde.

In Gowens war schon per Telefon bekannt geworden, daß wir kommen würden. Viele Bürger wollten sehen, was für Leute aus Ostpreußen kommen würden. Der Bürgermeister hatte uns angemeldet, und wie sich später herausstellte, gesagt: „Gebt denen ordentlich was zu essen." Dies war ein Segen für uns.

Auf dem Hof des Bauern B. wurden wir empfangen. Hier sollten wir wohnen.

Meine Mutter machte gleich einen kleinen Erkundungsgang und sah, daß in der Küche ein großer Tisch eingedeckt war. Sie hoffte, daß dies für uns bestimmt war.

Für die Flucht hatten wir unsere besten Sachen angezogen. Mein Vater trug einen langen warmen Pelz, meine Mutter einen Persianer. Wir Kinder und die Bekannten, die mit auf dem Wagen waren, waren auch alle gut gekleidet. Das mußte Eindruck gemacht haben. Als wir in das Bauernhaus kamen, war die beste Stube mit langem Ausziehtisch, Damasttischtuch und dem besten Geschirr aufgedeckt. Es gab Schweinebraten mit Rotkohl und Kartoffeln satt! Das werde ich nie vergessen. Es war ein Fest.

Da in dem Bauernhaus nicht zehn Personen schlafen konnten, wurden unsere Bekannten und die ältesten Jungen erst einmal auf andere Häuser verteilt. Sie wurden freundlich und bereitwillig aufgenommen. Die erste Nacht nach zwei Monaten Strapazen in einem Bett satt zu schlafen, war unvorstellbar.

Gegen Mitternacht holte uns der Krieg wieder ein. Der Bauer weckte uns aus dem schönen Schlaf. „Alles aufstehen! Flugzeuge in Richtung Kiel! Raus aus den Betten und runter in den Keller!"

Wir hörten es dröhnen. Nach einer Stunde war alles vorüber, und wir konnten wieder schlafen.

Wie würde wohl der erste Tag in unserer neuen Heimat aussehen? Frau B. hatte zu unser aller Überraschung einen riesigen Frühstückstisch gedeckt, mit Wurst, Rühreiern, Butter, hellem Brot, Milch und Kaffee. Das mußte das Paradies sein.

Wir zogen dann auf den Boden. Eine Stube von 20 Quadratmetern wurde unterteilt

177

in Küche mit kleinem Bollerofen, Kinderabteil, Elternabteil und einem Stück Wohnraum. Es war unglaublich, viel größer als unser Wagen. Ein neuer Anfang konnte
beginnen.

Schwierig war es mit der plattdeutschen Sprache. Wir verstanden fast nichts. Aber
mit Händen und Füßen ging alles.

Der Bürgermeister wurde besonders gelobt, denn er hatte die Marken für Butter,
Brot, Mehl, Schuhe und was man sonst noch so zum Leben brauchte. Als die Familie
vor ihm stand, um diese Marken zu holen und sich in der Gemeinde einschreiben zu
lassen, sagte er, er wolle die abgelaufenen Marken nicht abschneiden, denn wir konnten es wohl gut gebrauchen.

Zwei Tage später meldete sich mein Vater wieder zur Front, um die Kämpfe an der
Oder mitzumachen. Alle Leute litten mit beim Abschied, weil alle Männer und Söhne
im Krieg hatten. Es kam ein gutes Gefühl der Zusammengehörigkeit auf.

Wir, unsere Familie Kylau, können uns nur bedanken für eine wirklich sehr gute
Aufnahme in Schleswig-Holstein und in der kleinen Gemeinde Dannau-Gowens, in
der wir heute noch mit allen Kindern und Enkelkindern leben.

* * *

Lütjenburg – Hans Makoben

Reinhard

Im Februar 1945 war ich sechzehn Jahre alt. Damals wurde uns auf unserem Hof in
Vogelsdorf, in der Nähe von Lütjenburg gelegen, bei der Verteilung der Heimatvertriebenen eine einzelne Frau mit einem Kleinkind im Alter von sechs Monaten
zugewiesen. Die Frau kam aus dem südöstlichen Ostpreußen. Ihr Name war R., der
kleine Junge hieß Reinhard.

Meine Mutter heizte sofort ein Zimmer ein und bezog ein Bett und ein Kinderbett.
Dann wurde Frau R. Abendbrot angeboten, aber ihr Kind war zu sehr geschwächt von
der achtwöchigen Reise, so daß es fast keine Nahrung mehr zu sich nahm. Beide
waren zunächst einmal sehr ruhebedürftig. Das Kind war achtundvierzig Stunden
während der Flucht auf dem Haffeis vermißt gewesen.

Am nächsten Morgen betrat die Frau um halb sechs Uhr morgens weinend den Kuhstall und teilte uns mit, daß ihr Kind wohl bald sterben würde. Meine Mutter eilte
sofort mit der Frau zum Kind, kam nach kurzer Zeit wieder und sagte uns, es müsse
sofort etwas unternommen werden. Einen Arzt zu bekommen, war damals im Februar
1945 fast unmöglich. Durch Hörensagen wußten wir, daß in einem allein liegenden,
abgeschiedenen Haus in ca. 1 Kilometer Entfernung ein Militärarzt mit unbekannter
Herkunft Quartier bezogen hatte. Dorthin mußte ich mit dem Fahrrad fahren. Es war
alles noch dunkel in dem großen Haus. Ich klopfte an ein Fenster, und drinnen fragte

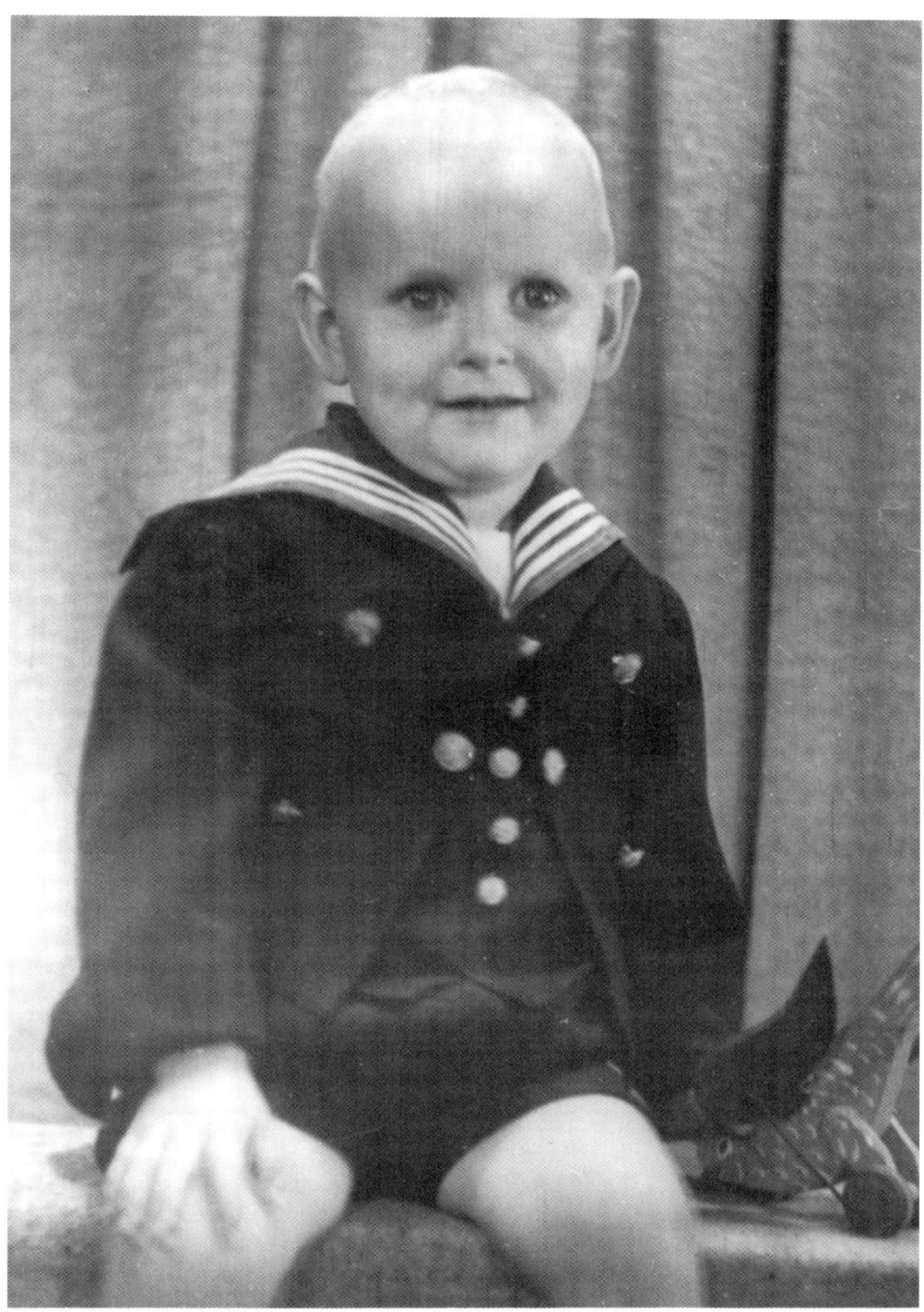

Reinhard im September 1947

eine Männerstimme, was ich wollte. Es war wirklich der Militärarzt. Ich erzählte ihm mein Anliegen. Er antwortete, ich möchte draußen warten, er käme.

Das Kleinkind wurde dann von ihm untersucht, und er empfahl meiner Mutter, dem Kind alle zwei Stunden zwei Teelöffel Grießbrei zu geben. Dann schrieb er drei Rezepte auf, die ich aus der Apotheke holen mußte. Ob ich sie auch bekommen würde, war allerdings nicht sicher.

Aber es sollte ein Glückstag für den kleinen Reinhard sein, denn ich bekam die Medikamente.

In den nächsten Tagen und Wochen erholte sich das Kind zusehends. Fast alle Einwohner Vogelsdorfs kamen und schauten in den Kinderwagen. Alle staunten und freuten sich über die Genesung des Kleinen mit ein paar Aufmerksamkeiten.

Nach einem Jahr mußte Frau R. auf einem Gut arbeiten, um Geld zu verdienen. So kam Reinhard ganz und gar in die Obhut meiner Mutter und somit auch unserer Familie.

Im Jahr 1948 kam dann Reinhards Vater krank aus russischer Gefangenschaft zurück. Reinhards Verhältnis zu unserer Familie blieb jedoch bestehen, worüber wir uns alle sehr freuten. Er lernte sogar die plattdeutsche Sprache perfekt und akzentfrei.

* * *

Lütjenburg – Brunhilde Urban

Wiedersehensfreude

Es muß im Sommer 1946 gewesen sein, so ganz genau weiß ich es nicht mehr. Ich war schon fast ein Backfisch (damals gab es das Wort „Teenager" noch nicht) und wohnte mit meiner Mutter nach der Flucht aus Pommern in einer ehemaligen Schule in einem kleinen Dorf in der Nähe von Lütjenburg. Mir kam es dort nach all dem Schrecklichen, das ich gesehen hatte, und nach all dem Herumwandern friedlich und gemütlich vor. Wir wohnten mit mehreren Familien sehr beengt auf einem Flur zusammen, was natürlich bei einigen Bewohnern auch Emotionen hervorrief, die mich in meinem Wunsch nach Frieden und Harmonie immer wieder ängstigten. Doch etwas betrübte meine Mutter und mich sehr: Mein Vater war noch in Pommern zum Volkssturm eingezogen worden, und seither fehlte jegliches Lebenszeichen von ihm.

Die Dorfstraße fiel – von uns aus gesehen – steil ab, und an ihrem Ende war ein kleines Milchgeschäft. Meine Mutter hatte sogar eine Milchkanne irgendwo aufgetrieben, die zwar ziemlich verbeult war, aber noch brauchbar. So ging ich, wenn das Geld reichte, den Hügel hinunter und holte die Kanne voll Milch. So auch an diesem Sommertag. Ich war recht froh aufgestanden, da die Sonne so schön schien. Die Vögel sangen vor dem Fenster, die Kühe muhten auf der Weide, und am Wege blühten und dufteten die Wiesenblumen. Trotz der vielen Entbehrungen, die dieses Flüchtlingsleben mit sich brachten war mein Herz an dem Tag froh und glücklich, gerade so, als würde noch etwas Schönes geschehen.

Die ältere Dame in dem Milchgeschäft füllte die Milch in die verbeulte Kanne, ich bezahlte und ging wieder den Berg hinauf. Ich war noch nicht einmal den halben Weg gegangen, als ich ein eigenartiges, prickelndes Gefühl in meinem Rücken spürte, das ich nicht zu deuten wußte. Ich drehte mich um – und erstarrte! War der alte Mann, der dort blaß und müde ankam, nicht mein Vater? Aber nein, so alt konnte er doch nicht sein, und er hatte doch nie einen Bart gehabt. Das alles ging mir blitzartig durch den Kopf, als ich da wie angewurzelt stand. Aber irgend etwas zog mich hin zu ihm, und ich machte ein paar Schritte in seine Richtung. Da blieb auch der Mann wie erstarrt stehen, breitete die Arme aus und rief meinen Namen. – Die Milchkanne fiel mir aus der Hand, die Milch lief die Straße hinunter, und ich stürzte in die Arme meines Vaters. Wir lachten und weinten beide gleichzeitig, redeten durcheinander und gingen dann umschlungen die Straße rauf. Meine Mutter schaute schon aus dem Fenster und rief: „Kind, wo bleibst Du!" – dann brach sie ab. Sicher sollte noch „so lange" folgen, doch dazu kam sie nicht mehr. Sie rannte uns entgegen, und die Wiedersehensfreude war unbeschreiblich.

Die Nachricht verbreitete sich im Dorf wie ein Lauffeuer, und viele Leute – Einheimische wie Flüchtlinge – freuten sich mit uns. Unsere Mitbewohner schenkten uns Brot und Äpfel, jemand hatte sogar ein Stück Käse übrig, was eine Rarität war, und die Frau aus dem Milchladen brachte uns in der inzwischen von ihr gesäuberten Kanne frische Milch. Meine Mutter rührte einen wunderbaren Teig zusammen und briet ihn in der Pfanne. Ich hatte nämlich ganz früh aus dem Gebüsch zwei Eier geholt, denn ich hatte beobachtet, daß ein Huhn des Bauern von gegenüber des öfteren seine Eier dorthin legte. Ein Ei war damals eine Köstlichkeit. So gab es also Flinsen mit ein paar Apfelstücken darin und den Rest der Äpfel als Nachtisch. Es war das Beste, was die Familie jemals gegessen hatte! Irgendjemand brachte für meinen Vater noch etwas selbstgebrannten Schnaps, der heimlich bei Nacht und Nebel von uns damals noch Unbekannten aus Zuckerrüben gebrannt wurde.

Und am nächsten Tag geschah etwas, was uns allen den Begriff „Nächstenliebe" wieder ganz nahebrachte: Eine Bauersfrau aus dem Dorf überraschte uns mit einem frisch geschlachteten Huhn!

Das Erzählen fand kein Ende, denn mein Vater hatte sich unter großen Strapazen von Rügen nach Süddeutschland durchgeschlagen. Dort wohnte eine Tante, bei der er uns aber leider nicht antraf. Mit Hilfe des Roten Kreuzes hatte er dann irgendwann unsere Adresse ausfindig gemacht.

Etwas später ließen wir uns dann in Büchen nieder, und ich habe seit vierzig Jahren in Lübeck eine neue, wunderschöne Heimat gefunden.

* * *

Julklapp und Nikolaus

Nach der Flucht aus Posen landete meine Mutter mit sechs kleinen Kindern (drei Monate bis zehn Jahre) auf einem Dorf in der Nähe von Plön. Aus dieser Zeit erzählten zwei meiner Schwestern (damals vier und zwei Jahre) folgende Begebenheit:

Viel Kontakt zu anderen Kindern im Dorf hatten wir nicht. Aber während eines Sommers spielten wir mit den beiden Töchtern eines Bauern in der Nachbarschaft. Als es auf Weihnachten zuging, wurde beschlossen, Julklapp zu machen. Zu unserer großen Freude durften wir uns beteiligen, obwohl wir selbst gar nichts geben konnten. Mit großer Erwartung öffneten wir unsere Päckchen. Sie waren nicht so hübsch zurechtgemacht wie für die anderen Kinder, doch so viel durften wir ja auch nicht erwarten. So nestelten wir die Zuckerschnur auf, die das Zeitungspapier zusammenhielt. Doch wie enttäuscht und beschämt waren wir, als nur Pferdeäpfel zum Vorschein kamen. Die Kinder hatten ihren Spaß, aber wir verdrückten uns heimlich.

Es gab aber auch erfreuliche Ereignisse. Manch einer hat uns auch geholfen. Dazu erzählte meine damals 8jährige Schwester:

Ab und zu bekamen wir von einer Bauerfamilie ein halbes Brot, das meistens schon etwas älter war, aber dennoch für uns Kinder eine Köstlichkeit bedeutete. Als dann der Nikolaustag kam, wollte ich Mutter eine Überraschung bereiten und ein Brot erbitten, um es in Mutters Schuh zu legen. Ich überredete meine älteste Schwester, zur Bäuerin mitzukommen, um mir Beistand zu leisten. Wir trafen die Bäuerin in der Küche an, und ich sagte mein eingeübtes Sprüchlein auf. Zunächst wurde die Bäuerin zornig und sagte, Mutter solle nicht ihre Kinder zum Betteln vorschicken, sondern selbst kommen, so gäbe sie nichts. Unter Tränen erklärte ich ihr mein Nikolaus-Vorhaben. Gerührt rückte sie nun ein ganzes Brot heraus, dazu noch ein frisches. Selig liefen wir nach Hause. Vor Aufregung konnte ich abends nicht einschlafen. Und als Mutter todmüde ins Bett fiel und gleich darauf erschöpft einschlief, legte ich das Brot auf ihren Schuh.

Am nächsten Morgen starrte Mutter das Brot ungläubig an. Wir mußten ihr die ganze Geschichte erzählen, denn an den Nikolaus glaubte sie leider nicht.

* * *

Schönberg – Dorothea Hanke

Die zurückgelassene Puppe

Meine schönsten Kinderjahre habe ich vor 50 Jahren auf einem Bauernhof verbracht. Es waren fünf Jahre, an die ich gerne zurückdenke.

Zurücklassen mußte ich meine geliebte Puppe, als wir im Januar 1945 aus Breslau vertrieben wurden. Nach tagelanger Fahrt mit dem Zug wurde uns von der Gemeinde Schönberg ein Bauernhof in Ratjendorf bei Schönberg genannt, auf dem wir uns melden sollten. Die Bäuerin hatte schon mehrere Familien aufgenommen, und nun kamen auch noch wir. Müde, hungrig und erschöpft von der langen anstrengenden Flucht standen wir in der Tenne des großen Bauernhauses. Meine Mutter und meine Tante hatten nur einen Gedanken: Schickt uns nicht wieder weg, denn auf einem Bauernhof gibt es immer etwas zu essen. Die Bäuerin sah mitleidig uns Kinder an. Meine Cousine war noch im Kinderwagen und ich 5 Jahre alt. Sie führte uns durch die riesengroße Küche an eine Tür, hinter der sich eine 9 Quadratmeter große Kammer befand. Möbliert war sie mit einem Bett, einer Chaiselongue und einem Tisch. Dies war zwar spärlich, aber immerhin brauchten wir nicht auf Stroh zu übernachten, wie es in den vergangenen Tagen der Fall war. Verloren und einsam und immer an die Heimat denkend, begann ich das Leben auf dem Bauernhof.

Die Bäuerin und auch alle anderen waren sehr bemüht. Sie halfen, wo sie konnten, uns an die neue Umgebung zu gewöhnen. Meine Mutter und meine Tante packten als Großstadtkinder auf dem Feld und in der Küche kräftig mit an. Für mich waren die neuen Eindrücke sehr groß. Die vielen Tiere und das Herumtollen mit anderen Flüchtlingskindern auf dem großen Hof ließen mich meine Puppe vorerst vergessen.

* * *

Schönkirchen – Dora Peters

Angenommen

Zur Familie auf unserem kleinen Hof in Texeln, Krs. Goldap, Nord-Ostpreußen gehörten: Vater, Mutter, Oma, Schwester Jahrgang 24, Bruder Jahrgang 26 und ich, Jahrgang 30. Wir hatten eine Landwirtschaft. Vater betrieb im Alleingang eine Tischlerei und Mutter frönte, wann immer es nur möglich war, ihrem einträglichen Hobby, der Näherei. Einträglich deshalb, weil alles Nötige für die Familie von ihr gefertigt wurde.

Meine Schwester Lydia hatte durch die Post-Behörde das Glück, immer vor der Front her, nach Schleswig-Holstein zu gelangen. Nach einigem Durcheinander landete sie in Schönkirchen auf dem Kleinbahnhof. Viele Dorfbewohner standen auf dem

Bahnsteig. Sie waren angewiesen, Flüchtlinge abzuholen und aufzunehmen. Ein rötlich-blonder, großer Mann kam spontan auf Lydia zu und forderte sie freundlich auf, mit ihm zu kommen. Seine Frau hätte gesagt: „Franz, bring uns man een Deern mit." Ein kurzer Weg nur und Lydia stand vor der freundlichen Frau S., die sie in den Arm nahm und willkommen hieß. „Dat hest fein makt, Vadder", wurde Herr Seemann gelobt. Nun begann für Lydia eine gute Zeit. Alles durfte sie erzählen und von der Seele fließen lassen. In der gemütlichen Küche saß sie mit Onkel Franz und Tante Grete, wie sie die beiden inzwischen nennen durfte. Die Sorge und Not um ihre Familie wurde mitgetragen. Die Bombennächte standen sie zusammen durch, und als Onkel Franz' Bruder und Schwägerin in Ellerbek ausgebombt wurden, hieß es, noch enger zusammenzurücken. Tante Anna und Onkel Fritz gehörten nun auch dazu.

Lydia arbeitete noch eine Zeit in Kiel auf der Post, die Männer waren ja noch alle im Krieg. Als erstes schrieb sie aber unserem Onkel nach Hagen/Westfalen. Als wir noch alle beisammen waren, hatten wir nämlich verabredet, uns diese Adresse fest einzuprägen. Sie mußte im Kopf sein, falls alles verloren geht. Dorthin sollte sich jeder melden, der eine feste Adresse hatte. Das Schreiben wurde von Onkel Ernst beantwortet, aber gemeldet hatte sich außer Lydia noch niemand. Einsam durchweinte Nächte und flehendes Händefalten folgten. Als der Krieg mit seinem Bombenhagel vorbei war, ging Lydia als Trümmerfrau nach Kiel. Immer wieder war die Küche bei S.s der einzige Ort der Zuversicht und Geborgenheit. Oft fiel auch etwas für den immer fordernden Magen ab. Später mußte Lydia dann zu H.s Gasthof zum Betreuen der Flüchtlinge und zum Saubermachen.

Ein fahrendes Kino gab es schon. Einmal in der Woche kam das Auto. Das war ein tolles Ereignis, alleine schon wegen der Melodien, die dann durch das Haus tönten. Eine immer wieder aufgelegte Platte war der „Zarewitsch".

Lydia hatte schwere Stunden zu bestehen, denn sie dachte immer daran, ob sie wohl je ihre Familie wiedersehen würde. Sie schrieb sich all ihre Not von der Seele und legte die Briefe in ein Kästchen.

S.s wurden nicht müde zu trösten: „Laat man Deern, dat kümmt bestimmt noch." Eines Tages, sie kam abgearbeitet nach Hause, da warteten Tante Grete und Onkel Franz schon vor der Tür auf sie. „Lydia, für dich ist ein Paket gekommen, es ist nebenan auf der Liege." – „Wer soll mir wohl ein Paket schicken, das wird wohl ein Irrtum sein", dachte Lydia. Zögernd ging sie an die Liege. Ja, das Paket war unser lieber Helmut, der da in tiefem Erschöpfungsschlaf lag. Ein heißer Dank schnürte sonderbar den Hals zu.

Auch Helmut hatte die Adresse gut im Kopf, als er aus englischer Gefangenschaft kam. Onkel Ernst gab Lydia's Adresse durch, und schon war er, so schnell es nur ging, bei ihr. Nun war für die beiden ein glückliches Zusammensein gekommen, das sie als menschlich kostbar empfanden und nutzten. Das Warten ging nun zwar weiter, aber gemeinsam wartete und weinte es sich leichter. S.s hatten nun noch einen Schützling, der mit gleicher Fürsorge unter die Fittiche genommen wurde. Hier und dort fand Helmut etwas, wo er sich nützlich machen konnte, und die Küche wurde immer voller.

Im Februar 1946 landeten meine Mutter und ich nach einer grausamen Odyssee in Ilsenburg/Harz im Quarantäne-Lager. Verlaust, verdreckt in Fußlappen und Holzklumpen kamen wir mit vielen anderen an. Zuerst ging es in die Verwaltungsbaracke. Dort erfuhren wir, daß es eine Post gibt und auch ein West-Deutschland. Schreiben dürfte man dahin auch, denn Hagen läge dort. Wir bekamen Papier und Briefmarke. Die Adresse war eingeprägt, was auch gut war, denn wir besaßen keinen eigenen Fetzen mehr. Nachdem unser Brief abgegangen war, gingen wir jeden Tag zur Lager-Verwaltung. Traurig kamen wir wieder zurück. Wir erwarteten wohl auch Unmögliches. Hatten wir doch in vorderster Frontlinie die Gefallenen, Deutsche und Russen, liegen sehn. Waren über sie und Menschen von den Trecks oder Daheimgebliebene hinweggetrieben worden. Immer den Gedanken im Hinterkopf: „Wenn wir hier liegenbleiben, hört niemand mehr etwas von uns." Oder: Liegen unsere Lieben genauso irgendwo? Dann werden wir, falls es ein Weiterleben geben sollte, auch nie etwas erfahren.

Eines Tages ging ich alleine zur Baracke. Es ging meiner lieben Mama nicht besonders. Ach wie gerne hätte ich sie froh gemacht, wußte ich doch, worunter sie litt. Dort lag ein Brief, unser Name war auf dem Umschlag. Es war Helmuts Schrift.

Mama schaute von ihrer Pritsche aus über den Hof, den ich mit hochgerissenen Armen, den Brief schwenkend, überquerte. Oh, du unbeschreibliches Glück, einander in die Arme zu sinken und stammeln zu dürfen: „Sie leben, sie leben!"

Nach längerer Wartezeit bekamen wir dann endlich die Ausreise, die unterwegs aber nicht anerkannt wurde, was uns in tiefe Verzweiflung stürzte. Unsere Lieben hörten von uns nichts mehr und wir nichts von ihnen. Wir hatten keine feste Adresse mehr, und unsere Post kam nicht an. Nun beschlossen wir, uns mit geliehenem Geld einer Gruppe anzuschließen, die ein Begleiter schwarz über die Grenze bringen wollte. Die

Grenze war die Eger. Wir wanderten lange durch die Nacht und wateten dann durch den Fluß. Wir fielen ins Wasser, die letzten Leute wurden schon von den russischen Grenzern geschnappt, aber wir waren schon auf der anderen Seite. Der Bergfluß war kalt, wir hatten den 1. April. Im Laufe des nächsten Vormittags trockneten die nassen Sachen am Körper und um die Mittagszeit kamen wir nach Goslar. Ein englischer Jeep hielt uns an und fragte „Ihr deutsch?" Auf unser „Ja" luden sie uns in ihren Wagen und brachten uns zur Kommandantur. Nach Vernehmungen brachten sie uns zum russischen Schlagbaum zurück. Der mühevolle Fußweg von vielen Stunden war umsonst, am Abend waren wir wieder im Lager. Wir mußten jedoch sehr froh sein, daß man uns nicht eingesperrt hatte.

Am 4. Mai war es dann endlich soweit. Wir durften in den westlichen Teil Deutschlands. In der Nacht vom 5. auf den 6. Mai schliefen wir in einem Hochbunker in Hamburg. Zuvor hatte mir ein Sanitäter die Hände verarztet, sie waren voller Krätze. Er tröstete mich und sagte, wenn die Möglichkeit, sich zu waschen, da sein würde, heilte es ganz schnell. Ich weiß noch genau, wie wohlig behütet ich mich fühlte.

Am 6. Mai sollte es nach Kiel gehen. Vom Bahnhof gingen wir zum Kleinbahnhof. Der Weg wollte nicht enden, die Fußlappen und Holzschuhe hingen wie Gewichte an den Füßen. Die Rucksäcke mit unseren aufgesammelten Habseligkeiten ließen die Rücken schmerzen. Da stand dann tatsächlich „Hein Schönberg" vor uns, und dieser liebe Bummelzug sollte uns nach Schönkirchen fahren? Sollte das wirklich wahr sein? Wir stiegen ein, tatsächlich der Zug fuhr an. Wir hielten uns an den Händen und waren ganz still. Immer wieder guckten wir aus dem Fenster und verfolgten unruhig die Namen an den Haltestellen. Die Anspannung war wohl so stark, daß ein Ehepaar auf uns aufmerksam wurde. Die beiden fragten uns, wohin wir denn wollten. „Auch nach Schönkirchen, dann setzen Sie sich man ruhig wieder hin, das dauert noch und wir steigen dort auch aus." Das tat gut.

„Zu wem wollen Sie denn in Schönkirchen?" – „Blomeweg 2", war die Antwort. Nun, das wäre gleich am Bahnhof und sie würden uns da hinbringen. Wir schauten uns an, konnte es so viel Gutes auf einmal geben? – Dann vernahmen wir, wie die Frau leise zu ihrem Mann sagte: „Du, das sind bestimmt die Angehörigen von den Geschwistern, die bei Franz S. wohnen." Das war die Bestätigung, Jubel und Glück machten sich breit. Oder sollte man doch vorsichtig sein? Noch waren wir nicht da.

„Schönkirchen" prangte es dann endlich auf dem Bahnsteig-Schild. Der Zug hielt und wir stiegen aus. Die freundlichen Leute gingen mit uns, zeigten uns das Haus und verabschiedeten sich mit guten Wünschen.

Nun standen wir da, wie der Prinz vor der Dornenkirche. Zu jeder Seite des Hauses war ein Weg, welchen sollten wir gehn? Den linken nahmen wir, vorsichtig guckte ich um die Hausecke und sah meine Schwester handarbeitend auf einem Gartenstuhl sitzen. Ein großer Mann mit imponierendem Schnauzer stand bei ihr. Meine Mutter und ich gingen langsam in die Hocke, die Beine versagten den Dienst, wir waren am Ziel. Nun sah uns der Mann, er sagte etwas zu Lydia. Sie blickte von ihrer Arbeit auf, erhob sich wie in Trance und kam sehr langsam auf uns zu. Sie wankte etwas und war sehr weiß. „Ihr? Ihr?" sagte sie ungläubig. Dann war sie aber bei uns, wir hockten nun alle drei auf dem Gartenweg, die Arme ineinanderverschlungen, nur die Tränen sprachen.

Nun kam der große Mann zu uns. Er fühlte wohl, daß wir die sehnlich Erwarteten waren. Begütigend auf uns einredend, brachte er uns ins Haus. Eine mütterliche Frau stand in der Küche. Warmherzigkeit strahlte aus lieben Augen, die auch gleich überliefen. Herzlich nahm sie uns in ihre Arme, streichelte dann meine Schwester und sagte immerfort: „Oh Gott, oh Gott, Deern."

Ganz flink hatte sie, was sie besaß, auf den Tisch gebracht. Was es da alles gab: Rote Bete, Bratkartoffeln in schwarzem Mischkaffee gebraten und wunderbare Ziegenmilch. Wir saßen da, erzählten, lachten, weinten und faßten uns immer wieder an. Leise schlich mich immerfort die Angst an, aufzuwachen und feststellen zu müssen, daß ich wieder mal Sachen geträumt hätte, die doch nie wahr werden würden.

Bruder Helmut war inzwischen in Neumünster, wo er seine Lehre als Vermessungs-Techniker beenden konnte. Wir freuten uns auf das Wochenende, das wurde ein unvergeßliches Wiedersehen.

In der kleinen Mansarde hatten wir so viel Platz. Mama bekam das Bett, welches sie selig mit Helmut am Wochenende teilte. Lydia und ich schliefen eng aneinandergeschmiegt auf einer schmalen Liege. Ich glaube, da hätte noch jemand Platz gehabt, so verschmolzen lagen wir da.

Und dann kam im Juni unser Vater aus russischer Gefangenschaft. Es war zu schön, um wahr zu sein. Das Glück schien nicht zu enden. Wohl sah er aus. Das trog jedoch, er steckte voller Wasser und war sehr krank. Tante Grete brachte Bettzeug und Decken und immer aufs neue ihr Mitgefühl zu uns herauf. Wenn Helmut nun am Wochenende kam, nahmen unsere Eltern den Strohsack aus dem Bett, legten ihn unter den Tisch und fertig war Helmuts Nachtlager. Für das Zudecken sorgte Tante Grete. Manche Nacht konnten wir vor lauter Glück nicht schlafen. Leise haben wir uns dann in der Dunkelheit unterhalten. Mit unseren Stimmen streichelten wir gegenseitig unsere Seelen. Es war himmlisch!

Helmuts Wochenenden zu Hause waren immer die Höhepunkte. Dann gab es „kulinarische Genüsse". Wir hoben den Kaffeesatz vom Mischkaffee auf, denn das war schließlich geröstetes Getreide. Wurzeln wurden gerieben und beides gut vermischt. Wenn vorhanden, kam ein wenig Backpulver dazu. So ging der „Kuchen" in den Ofen. Es war Helmuts Rezept und Arbeit. Es schmeckte uns herrlich, der Hunger war nie zu stillen. Einmal wurde unser Helmut vom Hund des Meierei-Besitzers G. gebissen. Die Hose war kaputt, das wäre das Schlimmste, meinte Helmut, das Bein heilt ja von selbst. Weil er nun so bescheiden und einsichtig war, bekam er von Frau G. ein Stück Butter und eine Flasche Milch. Er stellte zu Hause alles auf den Tisch und sagte glücklich: „Mich hat G.s Hund gebissen." Als unser Schrank mal wieder bedenklich gähnende Leere zeigte, meinte Helmut: „Ich seh' schon, mir bleibt nichts anderes übrig, als mich wieder vom Hund beißen zu lassen."

S.s hatten eine Milchziege. Dadurch hatten auch wir jeden Tag etwas Milch. „De lütt Kann mit Melk, nimm man mit no baben", hatte Tante Grete wohl zu meiner Schwester an einem der ersten Tage gesagt. Seither stand jeden Morgen „de lütt Kann" auf der Treppe.

Nachdem ich eine nasse Rippenfellentzündung überstanden hatte, bekam Lydia Diphterie und unser Vater russische Malaria und Typhus. Immer wußten S.s Rat und halfen rührend, wo sie und wie sie nur konnten. Mit ihrer Hilfe haben wir alles überstanden.

Nun saßen wir wieder alle in der liebgewordenen Küche.

Lydia strickte aus Wollresten eine Jacke für Onkel Franz. Wenn Lydia mal ein Teil am Körper dranhalten wollte, um Länge oder Breite zu prüfen, sagte Onkel Franz manchmal: „Ober Lydia, nich wedder keddeln, as letz Mool." Wenn Lydia dann rot wurde, freute er sich.

Aus zusammengeknoteten Fäden strickte ich uns kleine Söckchen, unsere Mama saß an Tante Gretes Nähmaschine und zauberte aus dem „fast Nichts" die tollsten Sachen. Tante Grete grub immer in Schränken und Truhen. Sie freute sich, wenn Onkel Franzs Hosentaschen geflickt wurden und ihr Mantel enger gemacht werden konnte, so dünn war sie geworden.

Mein Vater hatte für Zigaretten ein rot-weiß-gestreiftes Inlett eingetauscht. Lange haben wir gepult, bis wir die winzigen Daunen von der Innenseite entfernt hatten. Mutter nähte Lydia und mir Trägerröcke daraus. Tante Grete fand eine einsame Pyjama-Hose mit weiten Beinen, daraus bekamen wir nun Blusen. Sie reichten aber nur bis zum Rockbund und mußten dort angenäht werden. Abtrennen, hieß es, wenn sie waschreif waren. Jedoch Vorsicht mit dem Faden, der mußte zum Annähen wieder gebraucht werden, Garn war äußerst knapp. Sehr „fein" waren wir dann. Meine Söckchen drückten zwar, durch die vielen Knoten, aber das machte uns nichts. Papa hatte Hölzer zu Sandalen ausgearbeitet. Aus einer alten Ledertasche schnitt er Riemchen, nagelte sie an die Hölzer und wir hatten nun „Schuhe". War das Wetter aber schön, schonten wir das Fußwerk und gingen barfuß.

Und was machte Onkel Franz, wenn wir alle werkelten? Die lange Pfeife gemütlich schmauchend, las er uns aus einem dicken Rudolf-Kinau-Buch vor. Welch eine Welt tat sich mir da auf. Das „Holsteiner-Platt" so anheimelnd und weich, ein wenig unserem ostpreußischen Platt ähnelnd, mit dem trockenen Mutterwitz von Onkel Franz vorgebracht, ließen solche Stunden unvergeßlich werden.

Wir mußten uns trennen, als Onkel Franz aus Altersgründen seinen Küsterdienst aufgab und umziehen mußte. Wir besuchten die zwei aber, solange sie lebten. Unsere Dankbarkeit wird immer in uns lebendig sein. Als ich später meinen hier geborenen Mann kennenlernte, war er mir ein liebevoller Wegbereiter für dieses schöne Gefühl, „angenommen" zu sein.

* * *

Aufnahmebereitschaft

Ankunft war Anfang April 1945 in Klausdorf bei Kiel nach vierwöchiger Flucht aus Ostpreußen. Es war an einem Abend, und wir wurden in einer Gaststätte untergebracht. Die Wirtin hatte Erbsensuppe für uns gekocht, die wir mit großem Appetit verzehrten. Zu kaufen gab es nicht viel, und der Hunger war groß. Wir mußten anstehen für eine Steckrübe oder ein Stück Brot.

Im Keller sitzend und zitternd, überlebten wir die letzten schrecklichen Luftangriffe auf Kiel. Die Bomben krachten herunter und zerstörten alles, auch unsere Wohnung. So mußten wir noch einmal weiterziehen zur Erleichterung unserer Wirtin, die nicht besonders freundlich war.

Mit Traktor und Wagen wurden wir zusammen mit einigen anderen Familien abgeholt und in das kleine Bauerndorf Stoltenberg gebracht. Meine ältere Schwester und ich wurden in der Schule einquartiert. Der Lehrer führte uns über einen dunklen Boden in unser Zimmer. Es war hell und freundlich mit zwei frisch bezogenen Betten. Doch wir mußten zusammen in einem Bett schlafen, um nicht zuviel Bettwäsche zu verbrauchen. Das konnten wir natürlich nicht verstehen.

Die Lehrersfrau war sehr resolut, konnte aber gut kochen. Sie ließ uns gegen Bezahlung, wie ich erst später von meiner Mutter erfuhr, mitessen.

Nicht weit von der Schule entfernt lag ein See, und der Lehrer stellte uns in Aussicht, im Sommer darin baden zu können. Aber davon wollten wir nichts wissen. „Im Sommer sind wir doch längst wieder zu Hause in Ostpreußen", so dachten wir damals.

Die letzten Kriegstage brachen an. Noch einige Male gingen wir bei Alarm in einen kleinen Bunker, wo wir uns sicher fühlten. Als wir in einer Nacht wieder aus dem Bunker herauskrabbelten, zeigte plötzlich jemand zum Himmel und rief entsetzt: „Was ist das?" Alle blickten nach oben, da hing ein großes rotes Gebilde. Nach einer Weile regte sich eine Stimme. „Das ist doch der Mond!" Alle fingen an, laut zu lachen. Angst und Schrecken waren vorbei; der Krieg war zu Ende.

Meine Mutter und meine jüngere Schwester, die zunächst noch bei einer Familie gewohnt hatten, konnten nun auch in die Schule ziehen, denn wir erhielten ein größeres Zimmer. Kochen mußte meine Mutter aber noch bei Frau C., der Lehrersfrau, weil wir keinen eigenen Herd besaßen. Da aber unser Kochtopf nur an der Seite neben der Herdplatte stehen durfte, war unser Essen oftmals nicht gar. Selber Holz auflegen war uns nicht erlaubt; das tat nur Frau C.

Am Dorfende standen Baracken, die die Soldaten verlassen hatten. Von dort wurden Kostbarkeiten wie Tassen, Teller und Töpfe besorgt – und endlich auch eine „Brennhexe", wie wir den kleinen Herd nannten. In den Baracken gab es auch Mengen von Decken, blaukarierten Bettbezügen und weißen Laken. In der Schule fand meine Mutter eine Nähmaschine, die von da an nicht mehr stillstehen sollte.

Aus den Bettbezügen zauberte sie die schönsten Röcke und Kleider für uns und aus den Laken weiße Blusen dazu. Die Wolldecken wurden zu warmen Mänteln und

Jacken. Bald kamen die Dorfbewohner und wollten auch Kleider genäht haben. Ich erinnere mich daran, daß meine Mutter sogar ein Brautkleid aus Laken nähte. Als Gegenleistung erhielten wir von den Bauern frische Milch, Eier, Butter und ordentliche Fleischstücke von frisch geschlachteten Schweinen.

So wurden wir angenommen; so fing unser Leben in Schleswig-Holstein an. Und als 1947 mein Vater aus der Gefangenschaft kam, ging es uns schon ganz gut, auch Dank der Aufnahmebereitschaft der Stoltenberger.

Flintbek – Dora Formella

Stets erfinderisch

Meine ehemalige Heimat war Sommerau im Kreis Marienburg (Westpreußen).

Im Januar 1945 begaben sich meine Mutter mit uns drei Kindern – ich war damals siebzehn Jahre alt – sowie andere Einwohner unseres Ortes mit Pferd und Wagen auf die Flucht. Nach wochenlangen Strapazen erreichten wir dann am Ostersonnabend um sieben Uhr morgens, mit einem Minensuchboot von der Halbinsel Hela kommend, die uns gänzlich unbekannte Stadt Kiel. Wir legten am Bahnhofskai an und wurden dort vom DRK empfangen. Sogleich waren wir einer neuen Gefahr ausgesetzt, denn kurz nach unserer Ankunft gab es Fliegeralarm und wir machten Bekanntschaft mit dem Luftschutzbunker am Hauptbahnhof.

Anschließend kamen wir in ein Auffanglager nach Plön. Hier war es inzwischen Frühling und die Krokusse blühten in den Gärten. Als wir von zu Hause fortgegangen waren, herrschten Temperaturen von über 20 Minusgraden. Den ersten Ostertag verbrachten wir auf einem Strohlager in einer Schule. Zum Mittagessen gab es Kohlsuppe aus Papptellern. Mein kleiner Bruder bekam, wie alle Kinder unter sechs Jahren, zusätzlich ein halbes hartgekochtes Ei.

Am zweiten Ostertag mußten wir dann in aller Frühe das Lager räumen, weil weitere Flüchtlinge erwartet wurden. Meine Familie und noch einige andere kamen nach Flintbek, wo wir wiederum vom DRK in Empfang genommen wurden. Wir bekamen einen Einweisungsschein für eine bestimmte Familie. Als wir bei dieser vor der Haustür standen, wurden wir abgewiesen. Wir kehrten ratlos zu unserer Anlaufstelle zurück, bekamen eine Begleitperson vom DRK und machten uns ein zweites Mal auf den Weg. Widerwillig wurden wir nun aufgenommen und fanden in einer Veranda Quartier. Es war furchtbar für uns. Wir fühlten uns wie Bettler, denn wir hatten weder Bett noch Teller noch Löffel und wagten kaum, um etwas zu bitten. Unseren Gastgebern fehlte es selbst an vielem. Brennmaterial war kaum zu bekommen. Wenn sie eine Mahlzeit gekocht hatten, hielten sie das Essen stundenlang in einer mit Holzwolle gefüllten Kiste für später heimkommende Familienmitglieder warm, weil es nicht erneut aufgewärmt werden konnte.

Da der Zustand im Haus für alle untragbar war, bekamen wir eine kleine Dachgeschoßwohnung zugewiesen, deren Bewohner wegen der Bombenangriffe aufs Land evakuiert worden waren. Wir bewohnten nun mit noch einer uns bekannten fünfköpfigen Flüchtlingsfamilie je ein Zimmer. Die Küche benutzten wir gemeinsam. Es war dort zwar Geschirr vorhanden, aber es fehlte uns Brennholz zum Kochen. In einem zum Grundstück gehörigen Schuppen fanden wir eine alte Wanne. Mit dieser kletterten wir über die Hecke des Gartens und suchten uns etwas Brennbares zusammen.

Dies taten wir jeden Tag aufs neue. Es war inzwischen Mai, und wir hatten schon seit langem einige bereits welke Steckrüben am Schuppen liegen sehen. Wir fragten die unteren Hausbewohner, ob wir die Rüben nehmen dürften. Einmal pro Woche verteilte der Schlachter des Ortes Wurstbrühe. So konnten wir uns eine schöne Mahlzeit zubereiten.

Bei Vorlage einer Arbeitsbescheinigung bekamen wir dann endlich Lebensmittelkarten. Doch unser Appetit wurde durch die kleinen Rationen, die wir dafür bekamen, kaum gestillt. So gingen meine Mutter und unsere Wohnungsnachbarin abends, wenn es dunkel wurde, mit Tasche und Löffel los, um unbemerkt von den umliegenden Feldern ein paar Kartoffeln zu holen. Die Pellkartoffeln, die wir dann sofort zubereiteten, waren ein Festessen für uns.

Eines Abends im Oktober kamen mein Vater und mein Onkel gemeinsam aus der Kriegsgefangenschaft heim. Da mein Onkel bei uns übernachtete, mußten wir mit sechs Personen in zwei Betten schlafen. Am nächsten Morgen fuhr er dann zu seiner Familie weiter. Mein Vater besaß nichts anderes als seine Wehrmachtsbekleidung, die nun, nach dem Krieg, eingefärbt werden mußte. Wir brachten sie zur Färberei Grewe nach Kiel. In der Zwischenzeit hatte mein Vater nichts anzuziehen. Die dunkelblaue Farbe färbte später immer ab; jedesmal, wenn mein Vater die Schirmmütze getragen hatte, zeichnete sich an seiner Stirn ein blauer Streifen ab.

Als dann auch der Eigentümer unserer Wohnung aus der Gefangenschaft entlassen wurde, kehrte er mit seiner Familie nach Flintbek zurück, und wir mußten unsere Bleibe räumen. Wir bekamen eine neue Unterkunft zugewiesen, und zwar ein einziges Zimmer für nun fünf Personen. Wir hatten darin einen runden, eisernen Ofen mit nur einer Kochstelle. Es war nicht ganz unproblematisch, das Essen darauf zuzubereiten.

Abends, ab 19 Uhr, wurde dann immer für eine gewisse Zeit der Strom abgeschaltet, so daß wir auf elektrisches Licht verzichten mußten. Wir saßen dann alle in der Nähe des kleinen Ofens, denn wenn wir die Ofentür öffneten, hatten wir einen Lichtschein in der Dunkelheit. Sobald das Feuer erlosch, wurde es nicht nur völlig dunkel, sondern auch sehr kalt um uns herum, da es mittlerweile Januar geworden war. Auf den Fensterscheiben glitzerten Eisblumen.

Ich fand vorübergehend eine Schlafgelegenheit in der Bodenkammer einer Nachbarin. Es war ziemlich kalt da oben. Wenn ich abends mein Bett aufschlug, freute ich mich jedesmal über einen heißen Ziegelstein, den mir meine Nachbarin dort hineingelegt hatte, damit ich nachts nicht fror.

Mein Vater, der in unserer Heimat ein Baugeschäft zurückgelassen hatte, versuchte irgendeine Beschäftigung zu finden. Er begann, kleine Gelegenheitsarbeiten auszuführen, wie etwa Teppichklopfen bei einem Bauunternehmer in Kiel. Dies brachte ihm Glück, denn später fand er bei diesem Bauunternehmer eine Arbeitsstelle in seinem Beruf, und wirkte als Zimmerer beim Bau der Ostseehalle mit.

Sonntagvormittags besorgte er immer Brennholz für die kommende Woche. Dazu ging er in den Flintbeker Krähenwald, um Baumstümpfe, wir nannten sie „Stubben", zu roden. Meine Schwester und ich holten ihn dort mittags mit einem geliehenen Handwagen ab und freuten uns, wenn sich seine Arbeit einigermaßen gelohnt hatte.

Im Herbst des folgenden Jahres gingen meine Eltern nach Feierabend immer auf die

Stoppelfelder am Klein Flintbeker Weg, um dort Ähren zu sammeln. Diese wurden dann zum Trocknen ausgelegt und anschließend in einen Beutel getan, um die Körner auszuschlagen. Sie ließen sich dann gegen Brot eintauschen. Wir mußten also stets erfinderisch sein. Ich könnte noch viele Beispiele dieser Art nennen.

Nach der Währungsreform ging es dann bergauf. Es gab Arbeit, wir konnten die notwendigsten Anschaffungen tätigen und wieder Hoffnung schöpfen. Inzwischen ist uns Schleswig-Holstein eine richtige Heimat geworden. Ein wesentlicher Grund, warum wir uns hier schnell heimisch fühlten, war sicherlich der, daß die Mentalität der Schleswig-Holsteiner der unseren sehr ähnlich ist.

* * *

Gettorf – Hans-Christian Sacht

Erste Nachkriegsjahre in Gettorf

Der erste Flüchtlingstreck kam schon im Frühjahr 1945 zu uns nach Gettorf. Pferde und Wagen wurden bei den Bauern im Dorf, die Leute in T.s Gasthof und in der Schule untergebracht.

Der Schulbetrieb mußte eingestellt werden. Das Gettorfer Heimatmuseum, welches in zwei großen Räumen in der Schule untergebracht war, wurde nach Eckernförde ausgelagert. Alle Museumsgegenstände sind in den Nachkriegsjahren von dort aus verschwunden. Von dem Museum gibt es heute nur noch Inventarlisten.

Als nach Kriegsende die vielen Vertriebenen aus den Ostgebieten auch zu uns nach Gettorf kamen, mußten die Leute in ihren Wohnungen oder Behelfsheimen noch enger zusammenrücken und Flüchtlinge aufnehmen. Aber schlimmer ging es den armen Flüchtlingen, die in Wehrmachtsbaracken oder Barackenlagern teilweise unter menschenunwürdigen Verhältnissen ihr Dasein fristen mußten.

Das größte Barackenlager, die ehemalige Torpedoinspektion, stand in der Kirchhofsallee. Heute sind dort die Kersig-Häuser. Unmittelbar nach Kriegsende waren hier bis zu 3.000 Soldaten, hauptsächlich Offiziere, interniert, und nach Auflösung des Internierungslagers wurden ca. 100 Flüchtlingsfamilien hier eingewiesen.

In den einzelnen Baracken gab es keine sanitären Einrichtungen. Dazu schreibt Frau Ruth Barz, geb. David: „Als wir am 05. 05. 1946 ins Lager kamen, lebten dort mehr als 100 Familien. In unserer Stube, Baracke 4, wohnten wir mit dreizehn Personen aus fünf verschiedenen Familien, und so war es zu Anfang in vielen Zimmern. Wir haben uns immer in einer ausgedienten verrosteten Rollmopsdose gewaschen und nicht gewußt, daß diese Dose von unserer Nachbarin nachts immer als Nachttopf benutzt wurde. Wir stellten die Dose immer zum Trocknen vor die Tür. Zwischendurch war sie auch mal verschwunden, und wir dachten, die hat uns bestimmt jemand geklaut, aber morgens war sie immer wieder da. Und eines Tages kam dann Frau B., Mutter von drei

Zweigeschossige Baracke in Gettorf; hier wurden 1946 ca. 100 Kinder ohne Eltern unterge-bracht; Aufnahme von 1955/56. Foto: Gemeindearchiv Gettorf

Kindern, aus der Nachbarschaft zu uns. Mit einem Freudenschrei erkannte sie ihren Nachttopf. Frau B. bekam daraufhin die Rollmopsdose, und wir haben uns Ersatz im Dorf besorgt."

Der Lagerleiter, Wilhelm Cziezerski, schrieb am 17. 07. 1948 an das Kreisbauamt, welches damals zuständig war für die Barackenlager: „Für das Flüchtlingslager in Gettorf, Kirchhofsallee, werden dringend zum Durchtrennen eines Raumes mit drei Wänden 55 Quadratmeter Bretter benötigt, da in diesem Raum fünf Familien bereits drei Jahre zusammenleben." Dann folgte eine Aufstellung über die Wandgrößen, und zum Schluß stand dann dort in diesem Antrag: „Es wird gebeten, diesen Antrag bevorzugt zu beliefern, um endlich einmal das Elendsquartier nach dreijährigem Elend zu beseitigen." Dem Antrag wurde stattgegeben, der Lagerleiter und die Bewohner des Raumes haben dann Wände in Gemeinschaftsarbeit eingezogen.

In vielen Wohnräumen gab es auch keine Schornsteine. Die wurden erst in den fünfziger Jahren nachträglich eingebaut. Brennhexen, das waren kleine herdähnliche Geräte, wurden zum Heizen und Kochen benutzt. Diese standen meistens mitten im Raum, die erforderlichen Ofenrohre wurden mit Draht unter der Holzdecke befestigt und durch ein Fenster nach außen abgeleitet. Je länger das Ofenrohr war, desto besser war auch die Heizleistung.

Man mag heute gar nicht mehr darüber nachdenken, welche Gefahr für Leib und Leben der Barackenbewohner damals bestanden hat. Man kann heute dem lieben Gott noch dankbar sein, daß damals nichts passiert ist.

Mitten im Lager stand eine Toilettenbaracke. Die Toiletten waren für jedermann zugänglich, und Trinkwasser wurde dann mit Kannen und Eimern aus der Waschbaracke geholt. Nach einem genauen Zeitplan konnte jede Familie die Waschküche benutzen. Und im Waschkessel wurden auch ab und zu mal die Kinder gebadet. Da hierfür die Seifenlauge der Wäsche benutzt wurde, waren die Kinder immer schön sauber hinterher. Die meisten Lagerbewohner wurden zu Beginn aus der Lagerküche mit Mittagessen versorgt.

1946 wurden für die Lagerbewohner Tragbahren aus Wehrmachtsbeständen als Betten zur Verfügung gestellt. 1948 wurde der Lagerverwalter aufgefordert, für die zu Betten verarbeiteten Tragbahren von den Benutzern 2,80 DM zu berechnen und an die Kreisverwaltung zu überweisen. Das Einziehen der Beträge stieß allerdings auf große Schwierigkeiten. Die Benutzer der Tragbahren standen nämlich auf dem Standpunkt, daß bei zweijähriger Benutzung eine Verjährung eingetreten sei. Außerdem wurden die Tragbahren als Bettgestell umgebaut. Eine Rücklieferung in der ursprünglichen Form konnte also nicht erfolgen. Schließlich wurde es als außerordentliche Härte angesehen, den Ärmsten der Armen die einzige Liegestatt wegzunehmen. Wie das Verfahren ausgegangen ist, ist mir leider nicht bekannt.

Neben den Betten sorgten Spinde, Tische und Stühle aus Wehrmachtsbeständen, aber auch Eigenbaumöbel aus Obst- und Gemüsekisten sowie gespendete Möbelstücke für die Wohnlichkeit in den Baracken.

Jede freie Fläche zwischen und hinter den Baracken wurde als Gartenland benutzt. Der Lagerrat, bestehend aus einigen Männern, sorgte immer dafür, daß die Benutzer ihre Gärten auch sinnvoll bestellten und pflegten. Sonst wurde ihnen der Garten abgesprochen und jemand anderem zugewiesen.

Schwester Erika Sch. war im Lager für Kranke und Gebrechliche tätig. Ihr wurde aber 1949 gekündigt, weil das Flüchtlingslager nicht mehr als geschlossene Lagergemeinschaft, sondern als Einzelwohnungslager angesehen wurde. Frau Dr. F. hatte regelmäßig Sprechstunde im Lager.

Während einer Schädlingsbekämpfungsaktion, Ungeziefer sollte ausgeräuchert werden, brannte im Winter 1946/1947 eine Baracke total ab. Bei klirrender Kälte konnte die Feuerwehr durch tatkräftigen Einsatz verhindern, daß noch weitere Baracken abbrannten. Das wäre für die Lagerbewohner, aber auch für unser ganzes Dorf eine riesige Katastrophe geworden.

Ähnliche Verhältnisse wie in der Kirchhofsallee gab es auch in anderen Lagern oder Einzelbaracken, die im Ort und am Ortsrand standen. Da waren die Baracken des Tüttendorfer Lagers, die von der Tüttendorfer Flak auf Holländers Koppel übriggeblieben waren. Oder die große Scheinwerferbaracke in der Bornsteiner Straße oder auch die Baracken bei Gabriel V.

Die Familien W. und L. wohnten auf dem großen Sportplatz in ehemaligen, jetzt umgebauten Eisenbahnwaggons. An der Turnhalle hatte Familie N. sich aus Barackenteilen eine Wohnung gebaut. Nachdem auch die Turnhalle von Torpedos geräumt war, sie waren während des Krieges von der TVA hierher ausgelagert worden, lebte auch hier eine große Zahl von Flüchtlingen, bis sie in andere Unterkünfte vermittelt werden konnten.

Ein großer Transport mit Flüchtlingskindern, es waren über 200, wurde 1945 in einer zweigeschossigen Baracke, dem sog. „Kinderheim" im Tüttendorfer Weg, untergebracht. Es waren zum Teil Waisenkinder und Kinder, die von ihren Eltern getrennt worden waren. Die Leitung des Heimes hatte Fräulein S. Sie war unermüdlich tätig, die Eltern der Kinder ausfindig zu machen. In sehr vielen Fällen gelang ihr das auch. Wegen der Brandgefahr im Kinderheim wurden die Kinder nach Stohl bzw. Altenhof in feste Unterkünfte verlegt.

Die Brandgefahr galt scheinbar nicht für die vielen Flüchtlingsfamilien, die gleich, nachdem die Kinder ausgezogen waren, ins Kinderheim einzogen.

Viele Leute waren arbeitslos. Wegen schlechter Ernährung, aber auch wegen der äußerst unhygienischen Verhältnisse breiteten sich Krankheiten aus. Viele Menschen erkrankten an Tuberkulose und konnten nur sehr schwer von dieser Krankheit geheilt werden, weil auch Medikamente knapp waren.

Ein großes Problem waren die Kopfläuse. Die Läuse und Nissen wurden unter Wehgeschrei der Betroffenen mit einem feinen Kamm ausgekämmt. Anschließend wurde die Kopfhaut mit einem Desinfektionsmittel, meistens war das Petroleum, eingerieben. Das war für die Betroffenen auch nicht gerade ein Wohlbehagen.

Um eine möglichst gerechte Verteilung der vorhandenen Nahrungsmittel zu gewährleisten, wurden Lebensmittelkarten, wie schon während des Krieges, ausgegeben. Arbeiter und Handwerker erhielten dazu noch Schwerarbeiterzulagekarten. Tabak, Zigarren, Zigaretten und Kautabak gab es nur auf Raucherkarten. Der Schwarzhandel mit Zigaretten blühte. Eine amerikanische Zigarette kostete 6,50 DM. Waschmittel konnte man nur auf Seifenkarten beziehen. Bekleidung und Schuhzeug gab es nur auf Bezugschein. Diesen konnte man auf Antrag von der Gemeinde erhalten. Kohlen, Brikett und Feuerholz gab es nur zu kaufen, wenn der Kohlenhändler selbst Vorräte hatte. Futtermittel, zum Beispiel für leicht oder schwer arbeitende Pferde, mußten bei der Kreisverwaltung beantragt werden. Ebenso verteilte die Kreisverwaltung Bezugscheine für Kraftstoffe und Reifen. Bevorzugt wurden hierbei immer Geschäftsfahrzeuge. Es wurden aber auch Baustoffe bewirtschaftet. Jeder Bauherr mußte einen genauen Baustoffbedarf nachweisen, wenn er bauen wollte.

Noch 1949 wurden der Gemeinde von der Landesregierung Bezugsmarken über zwei Liter Petroleum und ein Kilo Spezialbenzin für Unterhaltung der Kanalisation überreicht. Nach einem gewaltigen Verwaltungsaufwand mußte dann noch der Empfang bestätigt werden. 1948 wurde von der Kreisverwaltung ein Flüchtlingsnotprogramm zur Gewährleistung des Existenzminimums aufgestellt. Die Gemeinden wurden ersucht, einen Mindestbedarfsplan nach Muster aufzustellen.

Zu den Hauptnahrungsmitteln gehörten Steckrüben, jeden Tag auf eine andere Art zubereitet: mal gekocht, mal in schwarzem Kaffee gebraten oder als Suppe gekocht. Hafer-, Gerste- oder Buchweizengrütze war schon fast eine Delikatesse.

Bei den Bäckern gab es nur sehr selten mal Schwarz- oder Weißbrot, von Kuchen und Brötchen ganz zu schweigen. In der Hauptsache wurde Maisbrot gebacken. An den Backtagen standen dann riesige Schlangen vor den Bäckereien.

Fleisch gab es nur ganz selten. Zweimal wöchentlich verkauften die Schlachter Wurstbrühe. Dies war Wasser, in dem sie vorher die Wurst gekocht hatten. Dann stan-

Barackenlager in Gettorf; die Schornsteine wurden erst ab 1950 errichtet. Foto: Gemeindearchiv Gettorf

den die Leute, ausgerüstet mit Eimern, Kannen und anderen Gefäßen, in langen Schlangen vor den Schlachterläden. Aber die Suppe aus dieser Wurstbrühe mit Gemüseeinlage schmeckte ganz gut. Verkaufsschlager beim Schlachter war die vierfache Blutwurst. Für 50 Gramm Fleischmarken gab es 200 Gramm Wurst.

Nährmittel und Margarine gab es regelmäßig, aber noch immer sehr wenig.

Butter wurde von Zeit zu Zeit auf besonderen Abschnitten aufgerufen, in Mengen von beispielsweise pro Person und Woche 31,5 Gramm. Wenn man das mal auf Hochdeutsch sagt, ist das ein halbes achtel Pfund. Auf die Waage beim Milchhändler kam dann erst mal ein schönes dickes Packpapier und dann dieser kleine Klacks Butter darauf. Netto blieb dann nicht sehr viel übrig.

Hierzu könnten noch viel mehr Beispiele aufgezählt werden. Trotz der aufgeführten schlimmen Lebensumstände ließ die Bevölkerung sich nicht unterkriegen. Der Zweite Weltkrieg war vorbei und Flucht und Vertreibung waren überstanden. Das Leben konnte nur noch besser werden. Jeder versuchte, je nach Veranlagung und Möglichkeiten über die Runden zu kommen.

Gartenland war sehr begehrt. Es gab nur sehr wenige Vor- und Ziergärten, jeder Quadratmeter Land wurde für den Anbau von Kartoffeln oder Gemüse gebraucht. Zu den bestehenden wurden neue Kleingartenflächen ausgewiesen. Diese wurden später dann bebaut oder anderen Nutzungen zugeführt.

Massenhaft wurden Kaninchen gehalten. Ganze Batterien von Kaninchenställen standen auf Höfen und in Gärten. Kaninchenkraut von Straßenrändern oder aus dem

Park reichte oft nicht mehr als Futter für die Tiere aus. Bei Nacht und Nebel wurde auch manche Rübe vom Feld geklaut. Kaninchen waren ansonsten äußerst nützlich: Sie lieferten Fleisch zum Essen, Felle für Bekleidung und Mist für die Gärten.

Ähnlich verhielt es sich mit Hühnern: Sie legten nicht nur Eier, sondern waren auch gut in der Suppe zu gebrauchen. Allerdings waren pro Huhn jeden Monat zehn Eier abzuliefern. Darüber wurde auf Ablieferungsmarken ganz genau Buch geführt.

Wer zu der Zeit einen größeren Garten oder gar eine kleine Wiese zur Verfügung hatte, hielt sich Enten oder Gänse. Diese wiederum lieferten ausgezeichneten Braten oder Schmalz. Sehr wichtig waren auch die Federn für die Betten, damit die alten Strohsäcke weggeworfen werden konnten.

Sehr glücklich waren die Leute, die über einen Stall verfügten. Die konnten sich sogar Schweine mästen. In der kalten Jahreszeit war Schlachtzeit. Überall konnte man frischgeschlachtete, auseinandergeklappte Schweine zum Auskühlen an den Leitern hängen sehen. Sie mußten allerdings ständig bewacht werden.

Es wurden regelmäßig Viehzählungen durchgeführt, nicht nur wegen der Eierablieferung, denn auch Fleisch durfte nur in geringen Mengen selbst verbraucht werden. Das meiste mußte abgeliefert werden. So war es dann kein Wunder, daß viele Schweine versteckt gemästet und später bei Nacht und Nebel schwarzgeschlachtet wurden.

Zur damaligen Zeit trieben auch sehr viele Spitzbuben ihr Unwesen. Die klauten alles, was nicht niet- und nagelfest war, vor allen Dingen Enten, Gänse, Hühner, Schweine, und sogar vor Rindern auf der Weide machten sie keinen Halt.

Neben dem Gartenbau und der Viehhaltung gab es aber auch noch andere Selbstversorgungsbereiche, zum Beispiel Kartoffelnstoppeln. War ein Acker abgeerntet, griff man zu Forke und Hacker oder Kratzer. Das ganze Feld wurde nochmal durchgewühlt, bis auch die letzte Kartoffel gefunden war. Ein Teil wurde eingekellert oder an das Vieh verfüttert, und aus dem größeren Teil wurde in mühseliger Kleinarbeit Kartoffelmehl hergestellt. Überall bei den Wohnhäusern sah man Waschbalgen und Leinentücher für die Herstellung von Kartoffelmehl herumstehen.

Nach der Getreideernte zogen viele Leute auf die abgeernteten Felder und sammelten die liegengebliebenen Ähren. Zu Hause wurde dann mit einfachen Hilfsmitteln gedroschen und das so gewonnene Getreide in der Wind- bzw. Grützmühle in Mehl oder Grütze verwandelt. Besonders großzügig gegenüber den armen Leuten hat sich damals der Müller Karl S. erwiesen.

Bucheckern wurden gesammelt und zu Öl gepreßt. Die erforderlichen Pressen konnte man sich bei ein paar Schmieden hier in Gettorf ausleihen.

Steckrüben galten als Hauptnahrungsmittel, und Zuckerrüben wurden zu Sirup oder Kandiszucker verarbeitet, eine mühselige Angelegenheit ebenso wie das Kartoffelmehlmachen.

In großen Mengen wurde neben Obst und Gemüse Tabak angebaut. Weil jede einzelne Tabakpflanze verzollt werden mußte, wurden viele Pflanzen an versteckten Plätzen, so etwa zwischen Stangenbohnen, angepflanzt. Ich habe in meinem Leben nie wieder so viele Stangenbohnenbeete gesehen wie zu der Zeit.

Die Tabakzubereitung war eine Wissenschaft für sich. Die einfachste Methode war: Tabakblätter pflücken, trocknen, kleinschneiden und rauchen. Und aus den Stengeln machte man Machorka für die Pfeife. Wenn dieser dann in der Pfeife brannte, verbreitete er einen ungeheuren Gestank. Das war so schlimm, daß sogar Fliegen und Motten davon totblieben.

Die Experten haben Tabakblätter nach geheimen Rezepten mit Pflaumen- oder anderen Säften gebeizt. Die wurden dann in eine luftdichte Kiste verpackt und im Misthaufen zum Schwitzen eingegraben, später sorgfältig auf Draht aufgezogen und getrocknet. Mit selbstgebauten Schneidemaschinen oder -messern wurde je nach Bedarf Zigaretten- oder Pfeifentabak hergestellt. Geschickte Leute fertigten sich Zigarren oder Stumpen an.

Im Tüttendorfer Moor und in anderen Mooren wurde Torf gebacken. Dabei haben viele Gettorfer im Akkord mitgearbeitet. Sie wurden dann mit Torf bezahlt.

Wahre Künstler waren die Schneiderinnen und Schneider. Aus gefärbten Wolldecken und Uniformmänteln stellten sie Anzüge und Kostüme her, meinen Konfirmationsanzug auch. Später habe ich den bei der Arbeit getragen. Aus Fallschirmseide wurden Blusen und Kinderkleider genäht, und aus den unteren hinteren Teilen der Oberhemden zauberten die Schneider neue Kragen und Manschetten. Anstelle des guten wurde minderwertiger Stoff als Hinterteil in die Hemden wieder eingenäht. Zuckersäcke wurden aufgerippelt, denn neben dem üblichen Sackmaterial war auch ein Baumwollfaden verwendet worden. Hieraus wurden Socken und Pullover gestrickt.

Um die Kasse etwas aufzubessern, haben wir Lumpen, Papier und Metall gesammelt. Organische Abfälle wurden kompostiert, und auf den Müll kam nur das, was absolut nicht mehr zu verwenden war. Plastikabfälle gab es zu der Zeit Gott sei Dank nicht.

Und dann waren da noch die Schwarzbrenner. Mit einfachsten Hilfsmitteln wurde aus Getreide Korn und aus Zuckerrüben Rübenschnaps gebrannt. Der Zoll hatte die Schwarzbrenner ganz besonders auf dem Kieker. Aber die waren beweglich und haben ihren Schnaps an ständig wechselnden Orten gebrannt. Böse Zungen behaupten, daß einige Zöllner ganz genau wußten, wo der Schnaps gebraut wurde, denn auch sie haben ihren Schnapsvorrat bei den Schnapsbrennern gekauft.

Der Schwarzhandel blühte. Auf dem schwarzen Markt konnte man alle erdenklichen Lebensmittel, Bekleidung, Gebrauchsgüter und Kunstgegenstände erwerben.

Knicks und Wälder waren immer sauber, weil ständig Brennholz gebraucht wurde. Sogar Stubben wurden unter großer Mühe ausgegraben und zerkleinert. Manchmal wurde natürlich auch verbotenerweise bei Nacht und Nebel ein Baum vom Knick oder aus dem Wald geholt und nach Hause geschleppt.

Unsere Gemeinde hatte sich 1948 einmal mit Torfwerbung zu beschäftigen. Und dazu schrieb dann unser Bürgermeister Häder: „Habe selbst in meinem Ofen Torf verbrannt, brennt gut."

Nach der Währungsreform begann das Leben sich stetig zu normalisieren. Heute können wir sagen: Es geht uns allen gut. Einigen schon wieder viel zu gut. Und vielleicht sollten wir alle uns dann und wann einmal wieder die Nachkriegszeit in Erinnerung rufen.

Ich habe eine zweite Heimat gefunden

So nach und nach fanden sich alle Schwestern meiner Mutter mit ihren Kindern und Männern in Gettorf ein. Nur der Mann der jüngsten Schwester war gefallen. Nachdem ich angekommen war, konnten wir auch meinen Vater willkommen heißen. Er war mit einem Lazarettschiff nach Schleswig-Holstein gelangt.

Bald wurde die Wohnung der einheimischen Tante für die drei aus Ostpreußen geflüchteten Schwestern und deren Mutter, vier Kinder und meinen dazu gekommenen Vater zu klein. Im Laufe der folgenden Monate bekamen alle eine Unterkunft vermittelt. Meine Eltern und ich zogen als erste Familie in unsere eignen vier Wände. Wir lebten von nun an in der Kieler Landstraße etwas außerhalb von Gettorf. Unsere Wirtsleute waren Hamburger, die nach den ersten großen Fliegerangriffen auf Hamburg hier ein Häuschen erwarben. Unser Zimmer war nur klein, aber sonnig und in der ersten Etage gelegen. Deshalb war es auch im Winter nicht kalt. In einem 16 Quadratmeter großen Raum standen als Mobiliar zwei Betten, getrennt durch einen Nachttisch, ein Kleiderschrank, ein Tisch mit drei Stühlen und eine handgearbeitete Kochhexe. Auf dem Flur durften wir noch eine Konsole mit drei Schubladen benutzen. Das Zimmer war für drei Personen ein Jahr lang Wohn- und Schlafzimmer sowie Küche. Besuchte uns mein älterer Bruder, der im Herbst 1945 aus der Gefangenschaft entlassen worden war, schlief er auf dem Bettvorleger, zugedeckt mit seinem Wehrmachtsmantel. Er

hatte bei einem Bauern Unterschlupf gefunden. Wir hatten nette Wirtsleute. Wenn sie erfuhren, daß jemand von uns Geburtstag hatte, stand in den ersten Jahren stets ein Kuchen auf der Konsole. Auch so manches Wäschestück schenkte man meiner Mutter, weil die Bettbezüge, Laken und Kopfkissen, die mit der Zeit Flicken hatten, wiederum geflickt werden mußten.

Eine Großfamilie bringt viele Vorteile, wenn sie zusammenhält. Mit Glück und durch die Beziehungen meiner einheimischen Tante erhielten wir 1945 einen Schrebergarten, mit Obstbäumen und Beerensträuchern bepflanzt. Dies war in der damaligen Zeit eine Rarität. Mein Vater wurde zum liebevollen Gärtner.

Die einheimische Tante wurde zur Schneiderin ernannt. Sie konnte aus Stoffresten die schönsten Röcke und Blusen zaubern. Auch meine Cousine Renate und ich wollten zu dem Familienunterhalt etwas beitragen. Wir standen zur Spargelzeit schon sehr früh auf, um zu den Spargelfeldern, die damals vor Gettorf in Richtung Revensdorf lagen, zu gehen. Dort wollten wir bei den Stechern Spargel gegen Zigaretten eintauschen. Mal klappte es, mal nicht.

Auch große Bohnenfelder gab es in der damaligen Zeit in der Nähe von Gettorf. Hatte man Glück, wurde man als Pflücker eingestellt und mit Bohnen bezahlt. Hatte man Pech, mußten Zigaretten als Tauschware wieder helfen. Meine jüngste Tante Hanni, sie war nur zwölf Jahre älter als ich, kam nie leer von einer Tausch- oder Hamstertour zurück. Sie hatte ihre besondere Art und Weise, die Herzen der Bauern zu erweichen. Auch 1946 war auf den Feldern der Grafschaft Reventlow, gelegen in der Nähe von Gettorf in Richtung Kiel, die Bohnenernte voll im Gange. Mit vier Zigaretten in der Tasche wollte Tante E. diesmal ihr Glück versuchen. Da stand jemand, der so aussah, als ob er etwas mit der Bohnenernte zu tun hätte. Sehr höflich und ihren ganzen Charme einsetzend, sprach Tante H. den vermeintlichen Arbeiter an: „Dürfte ich vielleicht das Beutelchen mit Bohnen füllen? Meine Familie und ich haben wirklich nichts, gar nichts mehr zu essen." Schweigen. „Ich nehme auch nur die ganz kleinen mit den braunen Fleckchen." – „Na, na, wer wird denn so bescheiden sein, gehen Sie mal zu dem Mann dahinten und lassen Sie sich den Beutel füllen." Der will mich auf die schnelle Art loswerden, dachte mein Tante. Lächelnd meinte sie: „Sind Sie auch befugt, so etwas anzuordnen?" – „Jan, füll mal der jungen Frau den Beutel mit Bohnen!" – „Jawoll, Herr Graf", war die Antwort. „Oh, vielen Dank Herr Graf, vielen Dank." Sie knickste beinahe, erzählte sie uns später, vor dem Grafen und seinen Bohnen. „Ein feiner Mensch!" riefen wir alle wie aus einem Munde. „Wie konntest Du den Grafen nur für einen Landarbeiter halten?" – „Für mein masurisches Auge war er einfach zu schlicht gekleidet. Gummistiefel mit Schiet dran und keine Bügelfalten in der Hose. Wenn ich an unsere Grafen in Ostpreußen denke, die ritten stets auf dem Pferd zu den Feldern."

Im Spätsommer schwärmte die ganze Familie aus, um Roggenähren zu sammeln, wenn das abgeerntete Feld freigegeben wurde. Die Ähren wurden dann entkörnt und zur Mühle gebracht, um in Brotmehl eingewechselt zu werden. Unsere Großmutter buk dann nach altem Rezept aus Sauerteig und Hefe ein köstliches Brot. Sonntags verzehrte man es gemeinsam. Das Maisbrot war eins der schlimmsten Lebensmittel der Hungerjahre.

Schließlich kam die Zeit des Nachstoppelns der Kartoffelfelder, jedoch erst, wenn das Feld freigegeben wurde. Am schönsten war die Zuckerrübenzeit. Aus Zuckerrüben wurde Sirup gekocht. Eine schwere Arbeit mit einer süßen Belohnung. Der Waschkessel unserer Wirtin wurde geschrubbt, gespült und getrocknet und dann mit dem wertvollen Saft der Zuckerrübe gefüllt. Nun kam die wichtigste Arbeit, das Rühren. Der Saft mußte langsam einkochen, die Flamme unter dem Kessel nicht zu groß sein. Tag und Nacht wechselten sich die Tanten ab, um bernsteingelben Sirup zu gewinnen. Die Zuckerrübe kannten wir in Masuren nicht, weil der Boden zu mager war.

Auch die Fliederbeeren lernten wir erst hier schätzen. In Ostpreußen wurde ich ermahnt, ja nicht davon zu essen, sie wären schädlich. Die Brombeeren in den Knicks ersetzten uns die Blaubeeren unserer Wälder, die Champignons auf den Wiesen unsere Steinpilze.

Es war schon ein Glück, daß Gettorf kein Vorort von Kiel war, sondern ein Dorf, in der Mitte von Knicks umgebenden Feldern gelegen. Hier wohnten wir zwar sehr einfach und eng, brauchten aber nicht so sehr zu hungern in dem von der Natur so reich bedachten Schleswig-Holstein. Man mußte natürlich viel arbeiten. Die gebratenen Tauben fliegen nirgends herum.

Meine erste Freundin in Gettorf war Hannelore J. vom Gut Jennes-Ruh. Mit ihr zusammen besuchte ich die Jungmann-Schule in Eckernförde. Durch ihre Fürsprache, sie kannte den Apotheker der Schanzenapotheke in Eckernförde, erhielt ich dort einen Ausbildungsplatz. Ihr Zimmer bei Familie B. über der damaligen Schleswig-Holsteinischen Westbank, heute Cloppenburg, übergab sie mir auch.

In Frau B. hatte ich eine nette Vermieterin gefunden. Mit ihrer gleichaltrigen Tochter verband mich bald eine gute Freundschaft. Leider mußte Witwe B. bald die Wohnung räumen. Ein neuer Bankdirektor zog in die Dienstwohnung. Auch ich verließ die gute Unterkunft und kam in Eckernförde, Am Eichberg 1, unter. Die neuen Wirtsleute waren ein älteres, hartherziges Ehepaar. Mein Zimmer war eisig, denn es wurde nie geheizt. In die warme Stube der beiden rief man mich nicht. Wenn ich mir abends etwas Teewasser machen wollte, standen stets Frau K.s Töpfe auf den beiden Flammen. Meine Mutter holte mich bald von diesen engherzigen Leuten nach Hause ins kleine, aber sonnige und warme Zimmer nach Gettorf.

Zur Apotheke fuhr ich nun mit dem Bus des Busunternehmers Dehn.

Viel Glück hatten der Bus und wir auch, wenn er pünktlich war. Wir nannten ihn „Schietibumbum", und nicht selten hieß es aussteigen, da ein Reifen geplatzt war oder der Motor streikte. Um 8 Uhr sollte ich meinen Dienst antreten, meist wurde es etwas später. Der Chef hatte Verständnis. Apotheker J. war Westpreuße und hatte nach dem Ersten Weltkrieg seine Heimat verlassen. Bald waren in seiner Apotheke mehr Flüchtlinge beschäftigt als Einheimische. Ich war der erste Flüchtling, den er eingestellt hatte, und merkte, wenn dies auch nicht böswillig war, daß über meine breite Sprache gelächelt wurde.

Ich übte zu Hause fleißig vor dem Spiegel, Schleswig-Holsteinisch zu sprechen. Unser Chef hatte immer ein offenes Ohr für uns Heimatvertriebenen. Oft lud er mich mittags zum Essen ein. Ich sah mit meinen 45 Kilo bei einer Größe von 1,68 Metern auch sehr verhungert aus.

Fast sieben Jahre blieb ich in der Apotheke und war stolz, wenn der Chef mich gut-gelaunt hin und wieder seine „rechte Hand" nannte. Da ich meine Freizeit nun in Get-torf verbrachte, trat ich dem Gettorfer Sportverein bei. Mit einer jungen Kriegerwitwe gründeten wir innerhalb des Vereins eine Handballmannschaft für Mädchen. Ein ehe-maliger Offizier wurde unser Trainer. Durch den Sport, im Winter machten wir Hal-lenturnen, lernte ich Gleichaltrige und Gleichgesinnte Gettorfer kennen und schloß Freundschaften. Bald fühlte ich mich hier wie zu Hause.

Es dauerte nicht lange, und ich bekam wieder ein eigenes Zimmer. Dies erhielt ich in der Nähe meiner Eltern bei der Lehrerwitwe S. in der Gartenstraße 1. Meine Wirtin und ich mochten uns. Hier hatte ich Badezimmerbenutzung und wurde stets ermuntert, alle reifen Früchte aus ihrem Garten zu essen.

Inzwischen war auch mein zweiter Bruder, aus amerikanischer Gefangenschaft kommend, bei uns eingetroffen.

Durch eine Kollegin lernte ich meinen Mann kennen. Sie stammten beide aus Grei-fenberg in Pommern. 1952 heirateten wir. Seit dieser Zeit wohne ich wieder in Eckern-förde. Mein Mann und ich bauten uns hier ein schönes eigenes Zuhause am Eckern-förder Noor.

* * *

Gnutz – Ilse Pochadt

Steckrüben und Torten

Angekommen bin ich mit meinen Eltern und Verwandten im Mai 1946 auf dem Schiff „Ehrenfels" mit englischer Besatzung in Lübeck. Wir kamen zunächst ins Auffanglager Pöppendorf. Wir alle kamen aus Stettin und Umgebung, wo wir eine Woche vor-her in einem von Polen bewachten Lager eingesperrt worden waren.

Ich war 23, meine Eltern waren fast 50 Jahre alt.

Wir waren durch bereits Ausgewiesene auf die Vertreibung vorbereitet und hatten uns schon Taschen, Rucksäcke und Säcke für unsere Betten bereitgelegt und in der Nacht verpackt. Jeder besaß nun einen Sack mit seinen Federbetten. Um ihn besser tragen zu können, haben wir vorher in eine Ecke eine mittelgroße Kartoffel eingelegt und außen abgebunden. So konnten wir den dicken Bindfaden besser befestigen und uns den Sack über die Schultern legen, anstatt einen Tragegurt zu benutzen, den wir auch gar nicht besaßen. Zur Entlastung der Schultern war in der Mitte des Sackes noch ein starker Bindfaden fest umgebunden, damit wir mit der Hand besser hineingreifen konnten. Ich hatte aus einem Gobelin-Wandbehang eine 60 x 50 Zentimeter große Tasche mit Henkeln genäht. Der Rucksack mit der gerollten Wolldecke und ein dar-anhängender Kochtopf vervollständigten die Ausrüstung. Mein Vater trug zusätzlich eine Reisetasche und einen großen Rucksack. Meine Mutter trug eine Reise- und eine

Einkaufstasche. Darin befanden sich unter anderem unsere Verpflegung und die persönlichen Papiere der Familie.

In Lübeck, im Lager Pöppendorf angekommen, wies man uns ein Strohlager zu, und wir bekamen Verpflegung. Nach der Registrierung teilte man uns nach sechs Tagen zu einem Transport nach Nortorf in Holstein ein. Per Eisenbahn ging es weiter. Am Bahnhof in Nortorf standen Traktoren mit Anhängern. Einige deutschsprechende Soldaten halfen uns, unser Gepäck richtig aufzuladen. Meines Onkels Familie, unsere anderen Verwandten und wir kamen alle nach Gnutz. An die neue freie Umgebung mußten wir uns erst gewöhnen. Die Soldaten waren übrigens Deutsche in englischer Gefangenschaft. In unserer Heimat Stolzenhagen gingen die gefangenen deutschen Soldaten immer nur in Kolonnen, wurden von Russen oder Polen bewacht und durften mit uns überhaupt nicht sprechen. Hier freuten wir uns mit den deutschen Kriegsgefangenen, daß sie sich frei bewegen und mit uns unterhalten konnten.

Per Trecker ging es in Gnutz erst einmal in die Schule. Dort wurden wir „verteilt". Mutters Schwester mit den Kindern und die Schwester meines Vaters kamen alle zum gleichen Bauern. Mein Onkel mit Familie wurde einem anderen Bauern zugeteilt. Meine Eltern und ich fanden bei der Familie P. Zuflucht. Wir konnten Teile unseres Gepäcks in der Schule zurücklassen und später holen. Unsere Kräfte hatten nachgelassen.

Die Familie P. begrüßte uns sehr freundlich und wies uns ein Zimmer an. Es war etwa 18 Quadratmeter groß. Wir waren jetzt immerhin für uns allein. Das Lagerleben hatte ein Ende. Meine Eltern konnten in dem vorhandenen Bett schlafen. Ich bekam das Sofa. Zum Mobiliar gehörten ein Schrank, ein Tisch, zwei Stühle, eine Hexe – das ist eine Kochgelegenheit für Holz und gleichzeitig eine Torfheizung – sowie ein eiserner Rundofen. Abends klopfte Frau Petersen an die Tür und brachte uns eine Schüssel mit Bratkartoffeln und Rosinen-Grützwurst. Diese Art Grützwurst kannten wir zwar nicht, sie schmeckte uns aber trotzdem sehr gut.

In den ersten Tagen hatten wir mit Anmeldung, dem Empfang von Lebensmittelkarten, dem Erkunden von Arbeitsmöglichkeiten und anderem zu tun. Bei den Besuchen bei unseren Verwandten lernten wir auch deren Quartiergeber kennen.

In der ersten Zeit erschien uns das Leben in Gnutz doch recht trostlos, weil niemand genau wußte, wie es weitergehen sollte. Wir hatten wenig anzuziehen und mußten für unseren Unterhalt selbst sorgen. Meine Cousine Gertrud, eine gelernte Schneiderin, fand als erste eine Arbeitsmöglichkeit bei dem Herrenschneidermeister R. Ich selbst hatte Kontoristin gelernt und bereits zwei Jahre in meinem Beruf in Stettin gearbeitet. Der weibliche Arbeitsdienst, der Kriegshilfsdienst und die Dienstverpflichtung zur Nachrichtenabteilung der Luftwaffe unterbrachen meine berufliche Laufbahn.

Auf dem Arbeitsamt in Nortorf wurden wir und die mit uns angekommenen Flüchtlinge zur Arbeit im Torfmoor eingeteilt. Es hieß, wir sollten Torfstücke zum Trocknen aufstapeln. Keiner hatte eine Ahnung, was uns da erwartete. Morgens, gegen 6.30 Uhr, holte ein Lastkraftwagen meinen Vater, mich und die anderen Arbeiter vom Treffpunkt in Gnutz ab. Der LKW war hinten offen, mit einer Plane überdeckt und mit Bänken an den Seiten ausgestattet. Wir fuhren über Nortorf und Ellerdorf, wo weitere Leute zustiegen, in Richtung Schülp ins Schülper Moor. Zuerst stapelten wir Schwarztorf,

Ringreiten in Gnutz 1946

was nicht allzu schwer war. Man mußte nur vorsichtig mit diesen weichen Tafel-
stücken umgehen, denn der Torf sollte ja später in ganzen Stücken verkauft werden.
Wir erhielten eine durchaus gute Verpflegung bei der Arbeit, denn es gab für diese
Akkordarbeit „Schwerstarbeiter-Lebensmittelmarken", sofern man etwas zu kaufen
bekam. Später mußte auch der schwere Weißtorf aus den Gräben auf die Dämme
getragen und gestapelt werden. Das ging am besten zu zweit. Deshalb haben mein
Vater und ich immer zusammengearbeitet. Um die Schwerstarbeiterzulage zu erhalten,
mußte täglich eine vorgeschriebene Meterlänge gepackt werden.

Es war eine Schufterei, die bei jedem Wetter durchgeführt werden mußte. Nur wenn es in Strömen goß, wurden wir früher zurückgefahren. Viel Geld bekamen wir nicht. Wir verdienten bei dieser Anstrengung gerade soviel, daß wir die uns zustehenden Lebensmittel kaufen und die Nebenkosten für Miete, Feuerung und weiteres bezahlen konnten. Es gab für die Arbeit im Torf besondere Schuhe. Sie hatten Holzsohlen und harte Lederoberteile zum Schnüren. Früher waren Gefangene und Sträflinge zu diesen Arbeiten eingeteilt worden. Ich erinnere mich noch gut an die Erntezeit, als wir abends am Kreuzweg auf den LKW warteten. Unmittelbar neben uns leuchtete ein Steckrübenfeld. Einer von uns sagte dann: „Wir hungern, und hier stehen so schöne Wruken." So nannte man in Pommern die Steckrüben. Im nächsten Moment schon wurde eine Frucht ausgerissen. Ein Messer fand sich schnell, und während der Heimfahrt wurde geschält und geteilt. Die rohen Wruken schmeckten uns wunderbar. Ein schlechtes Gewissen hatten wir zwar, aber als Mundraub wurde es akzeptiert. Wenn der Lastkraftwagen ausfiel, was des öfteren vorkam, mußten wir vom Schülper Moor zu Fuß die sieben Kilometer nach Gnutz laufen – und zwar in diesen unförmigen Arbeitsschuhen. Dies war unsere Arbeit im ersten halben Jahr.

Zu den Gnutzer Bürgern bekamen wir nach und nach ein ganz gutes Verhältnis. Sie hatten alle gemerkt, daß wir keine Leute aus der „Walachei" waren, sondern zivilisierte Ostdeutsche. Und nur die bösen Umstände ließen uns so verändert aussehen. Viele Gnutzer Einwohner haben uns geholfen, soweit es ihnen möglich war.

Vom Bürgermeister wurde uns ein kleines Stückchen Land für einen kleinen Garten zugewiesen. Er gab uns auch von seinem Torfland eine Fläche zum Torfstechen ab; denn wir brauchten für unseren Ofen und die Kochhexe Feuerung. Meine Verwandten bekamen ebenfalls diese Zuwendungen bei anderen Bauern. So haben wir im Sommer für viele Familien Torf gestochen und gepackt. Bei der leichten Arbeit konnten auch die anderen Frauen helfen. Mein Vater, ein großer kräftiger Mann, war für alle eine große Hilfe. Der Bruder meiner Mutter konnte aus gesundheitlichen Gründen keine schwere Arbeit verrichten.

Die alte Frau P., bei der wir wohnten, gestand mir eines Tages, daß sie im ersten Moment bei unserer Ankunft geglaubt hatte, ich wäre schwanger, mein Vater sei mein Mann und meine Mutter gehöre auch zur Familie. Als sie mich einige Tage später ohne die doppelten Garderobenteile gesehen hätte, wäre sie doch sehr erleichtert gewesen, daß unsere Familienverhältnisse ganz geordnet und völlig unkompliziert waren.

Sie schenkte mir eines Tages ihren bestickten schwarzen Voileunterrock, damit ich mir etwas daraus nähen könnte. Es wurde eine Bluse. Von der jungen Frau Petersen bekam ich einen goldgelben Übergardinenstreifen geschenkt, so daß ich mir mit schönen Resten aus der Flickenkiste ein Sommerkleid nähen konnte. Die Wirtin lieh mir auch ihre Nähmaschine, damit ich das Kleid schneller anfertigen konnte. Später fragte sie mich: „Können Sie auch für mich ein Kleid nähen? Ich gebe Ihnen auch Stoff für die Näharbeit!" So half einer dem anderen, und wir haben uns alle gut verstanden.

Mit der Dorfjugend bin ich erst allmählich in Kontakt gekommen. Die Bauerntochter Liesbeth sprach oft mit mir über alltägliche Dinge, und wir wurden vertraut miteinander. Sie nahm mich auch bald mit zu den abendlichen Treffen der Jugend vor der Meierei. Beim Ringreiter-Sommerfest gehörte ich schon fast zu ihnen. Ausschlaggebend war aber, daß ich im Oktober zum Geburtstag von Tiede – Liesbeths Freundin – eingeladen wurde.

Wir trafen uns bei Tiede im Wohnzimmer. Bei der Begrüßung merkte ich, daß wir uns doch noch sehr fremd waren. Alle begrüßten sich per Handschlag und Namensnennung, nur ich wurde ganz förmlich mit „guten Abend" angesprochen. Nachdem wir am Kaffeetisch Platz genommen hatten, wurde von rechts eine Torte herumgereicht. Wenig später kam dann von links eine andere Torte zu mir. Ich wollte sie weiterreichen, da mein Teller noch nicht leer gegessen war. Von meinem rechten Nachbarn wurde ich belehrt: „Greifen Sie nur zu, die Torte kommt vielleicht nie wieder!" Großes Gelächter folgte daraufhin. Mittlerweile bekam ich noch ein drittes Stück Kuchen, und ich dachte, ich sei im Schlaraffenland. Denn so satt wie an diesem Abend war ich lange nicht geworden. Ich mußte auch fortwährend an meine Eltern denken, die ihre karge Suppe löffelten. Bei dem anschließenden Gesellschaftsspiel „Frage und Antwort" hatte sich jemand verplappert und mich mit „Du" angesprochen. Ich fand das nicht schlimm und sagte, daß ich Ilse heiße. Damit gehörte ich zu ihnen. An den Geburtstagen der Mädchen durfte ich seitdem immer dabei sein. Weil ich meine hübsche, selbstgefertigte Garderobe trug, sah man mir nicht sofort den Flüchtling an. Ich verstand auch das Plattdeutsch der Holsteiner, konnte selbst Platt sprechen und bekam Einladungen zu den „Jott-Treffen" bei einigen Freundinnen. „Jott-Treffen" hießen die Zusammenkünfte der jungen Menschen, wenn die jeweiligen Eltern abends ausgingen oder beim Nachbarn Karten spielten. Wir Jugendlichen haben dann gemütlich zusammengesessen, geklönt und gemeinsam Karten oder Würfelspiele gespielt.

Mit Liesbeth bin ich des öfteren abends zum Melken mit auf die Koppel gefahren. Ich selbst lernte auch Melken und bekam frische Milch aus dem Kannendeckel. Das war aber unser großes Geheimnis. Auch mein Vater profitierte davon, weil er zu Hause meine Milchration trinken konnte. Er war ein großer, starker Mann, hatte aber 1945/46 gleich nach dem Krieg, als Russen und später Polen unsere pommersche Heimat besetzten, 80 Pfund abgenommen. Daher sollte er wieder zu Kräften kommen, weil er für seine Familie arbeiten und sorgen mußte.

Im Herbst bekam mein Vater in der Gießerei Nortorf einen Arbeitsplatz und ich eine Stellung im Büro eines Kupferschmiedebetriebes. Morgens um 6.30 Uhr fuhr der Bus aus Gnutz. Danach verbrachte ich eine Stunde strickend im Warteraum des Bahnhofs und ging um acht Uhr ins Büro. Da ich vorher nur in Textilfirmen beschäftigt war, war die Arbeit im Büro einer Kupferschmiede ein ganz neues, technisches Gebiet für mich. Nach vier Wochen konnte ich mich meinem Chef gegenüber, der allgemein als schwierig galt, behaupten. Der Dienst war nicht immer leicht, aber ich hatte keine andere Wahl und biß mich durch.

Im Jahre 1947 kam mein Vetter Kurt aus belgischer Gefangenschaft. Daher bekam meine Tante Martha – Vaters Schwester – eine größere Wohnung. Von meinem Verlobten wußte ich zunächst nichts. Ich ließ ihn über das Deutsche Rote Kreuz suchen, genauso wie Mutters jüngsten Bruder. Mich wiederum hatte eine Freundin, die jetzt in Wiesbaden wohnt, über das DRK suchen lassen. Wir bekamen festen Kontakt zueinander, nachdem die Anschriften bekannt waren. Auch mein Vater schloß mit seinen Arbeitskollegen in Nortorf weitere Bekanntschaften. Ein Kleingartenverein wurde gegründet. Wir bekamen einen größeren Garten und hatten dadurch auch eine bessere Ernährung. So langsam besserten und normalisierten sich unsere Lebensverhältnisse wieder.

So vergingen vier Jahre in Gnutz und Nortorf. In der Zeit hatte ich mich beruflich etabliert und war zu den Messen nach Köln, Düsseldorf, Frankfurt/M. und Hannover mit meinem Chef unterwegs. Dienstreisen nach Kiel und Hamburg bezüglich der Materialbeschaffung durfte ich alleine durchführen. Erst im Oktober 1950 konnten mein Mann und ich in Hamburg über eine Genossenschaft eine gemeinsame Wohnung bekommen. Hier, in Hamburg-Langenhorn, wohnen wir heute noch und können uns im Ruhestand an unseren beiden Töchtern mit ihren Familien und an unseren vier Enkelkindern freuen.

* * *

Gnutz – Ruth Schwarz

Bereicherung des Lebens

Im März 1946 zogen meine Eltern nach Loose, einem Dorf in Schwansen. Mein Vater übernahm dort die Landarztpraxis in einem Haus mit großem Garten, das der Gemeinde gehörte.

Zunächst bewohnten wir nur die Räume in der unteren Etage, die Zimmer oben waren oder wurden den Flüchtlingen zugewiesen, von denen es bei uns im Dorf reichlich gab. Die Einwohnerzahl hatte sich verdoppelt, wie immer wieder erzählt wurde. Der Zustrom wuchs, und so kamen auch in „unser" Haus immer neue Familien. Da sie durch unsere Küche mußten, wenn sie „nach oben" wollten, ließ mein Vater sehr bald einen Verschlag vom Stellmacher bauen, damit wir beim Essen nicht gestört wurden. Überhaupt machten die Enge, der ständige Wechsel der Familien und die damit verbundene Aufregung, ob man sich wohl verstehen würde oder nicht, den Erwachsenen mehr zu schaffen als uns Kindern. Ich, als damals 4–5jähriges Kind, fand es angenehm, daß es im Haus „voll" war. Das bedeutete Leben und Abwechslung. „Nach oben" durften wir Kinder nicht, weil die Räume nicht zu unserer Wohnung gehörten, obwohl wir Kinder uns als eigentliche „Hausbesitzer" fühlten.

Zu gern hätten wir aber „oben" mal geguckt und gelauscht. Hörte man doch so allerlei Exotisches von manchen Flüchtlingen, so zum Beispiel, daß man Konservendosen als Nachttopf benutzte und Bücklinge von der Zeitung aß. Exotisch war auch die Sprache! Die Ostpreußen waren mir fremder als die Pommern. Deren Sprache war so hart, und insgesamt empfand ich die Ostpreußen strenger. Die Pommern schienen uns näher.

In der Nachbarschaft wohnten natürlich auch Flüchtlinge – auch mit Kindern. Eine Familie war mit dem Schiff aus Stettin nach Eckernförde gekommen, die andere kam über Dänemark zu uns. Die Mütter backten in den ersten Nachkriegsjahren zu Weihnachten ganz andere Plätzchen und Kuchen. Wenn wir davon probieren durften, tat sich mir eine neue Welt auf. Pflastersteine, Spritzkuchen und dergleichen kannten wir nicht. Für uns waren Weihnachtsplätzchen „schwarz" (braun) oder „weiß". Daneben gab es in Schleswig-Holstein noch den Honigkuchen.

Im Sommer, wenn es heftiges Gewitter gab in der Nacht, versammelten sich meine Eltern mit den Flüchtlingsfrauen in unserem Wohnzimmer unten. Man trug die Papiere und kostbares Hab und Gut bei sich, was wir Kinder belächelten. Während des Gewitters wurde dann von „Zuhause" erzählt, daß dort die Gewitter viel heftiger gewesen seien und wieviel Stück Vieh umgekommen sei durch Blitzeinschlag! Das war für uns Kinder wie „Dämmer-" oder „Märchenstunde".

Im Dunkeln entstanden unsere Bilder von Hinterpommern und Ostpreußen, durch die ich zeitlebens eine Bindung zum Osten erhielt.

Auffallende Geschlossenheit und festen Zusammenhalt bewiesen die Flüchtlinge am „Heldengedenktag", wie er damals hieß, wenn sich die Gemeinde am Denkmal versammelte. Dann sang der Chor unter der Leitung eines alten Herrn aus Schlesien und dann weinten die Kriegerwitwen, was mich immer erstaunte, denn der Krieg war vorbei, und oft hatten diese Frauen auch schon neue Partner gefunden.

Auch wenn der „Reichsbund" feierte, blieben die Flüchtlinge naturgemäß unter sich und bildeten eine starke Gruppe. Weihnachtsfeiern und Maskeraden richtete man aus. Nachts ging man singend nach Haus. „Im Grunewald, im Grunewald..." und „Denkste denn, denkste denn, du Berliner Pflanze" waren zu hören. An den Liedern erkannte ich, wer im „Lindenhof" feierte, die Einheimischen oder die Flüchtlinge, wobei die letzteren, glaube ich, lieber und mehr sangen, als ob sie nach den harten Erlebnissen der Vertreibung und Flucht den Überlebenswillen genossen und auskosteten.

Insgesamt habe ich die Flüchtlinge als eine Bereicherung empfunden, die Anregungen und zusätzliche Impulse in unser eigenes, nicht ohne Not verlaufendes Nachkriegsleben brachten. Zu vielen Flüchtlingsfamilien hält insbesondere meine Mutter bis heute Kontakt, sofern sie noch am Leben sind. Die Flüchtlinge verzogen meistens nach Westdeutschland, weil es dort eher Arbeit gab.

* * *

210

Schikanen

Wir kamen am 9. 12. 45 in Hademarschen, Kreis Rendsburg, an: Am Bahnhof stand eine Baracke, in der wir erstmals satt wurden. Anschließend standen Fuhrwerke bereit, die uns in unsere Quartiere brachten. Der Landser, der bei Bauer R. untergekommen war, brachte meine Kinder und mich zum Katenbauern Hans M.

Unterwegs fragte ich ihn: „Wie sind die Leute, zu denen Sie uns bringen?" Er sagte nur: „Wenn Sie in Ihrem Leben noch nicht geweint haben, so werden Sie jetzt reichlich Gelegenheit bekommen." Dies sollte sich bewahrheiten. Wir wurden bei Hans M. abgesetzt. Der Bauer wies uns ein Zimmer an, und wir ließen uns dort nieder. In dem Zimmer stand nur das Gestell eines Bettes, kein Kopfkissen, kein Oberbett, kein Strohsack. Es gab zwar einen Strohsack, dieser war aber leer.

Wir drei legten uns auf die harten Bretter und deckten uns mit unseren harten Mänteln zu. Nachts machte der Bauer zwei Zimmer fast leer. Mit der Küche machte er das gleiche. Er ließ uns keinen Kochtopf, keine Teller oder Tassen und kein Besteck. Am nächsten Morgen wies er uns die zwei leeren Zimmer zu. Wir mußten sehen, wie wir zurechtkamen. Dies war eine entsetzliche Lage. Obgleich die Bauern im Dorf alle große Strohberge in den Koppeln stehen hatten, gaben sie uns trotz unseres Bettelns nichts ab.

Ich schickte zum größten Bauern am Ort meinen kleinen Sohn mit dem leeren Strohsack. Er jagte den Jungen vom Hof. Als ich nach Lütjenbornholt zum Bürgermeister ging und um eine Decke bat, sagte er, er hätte keine Decken. Ich schrieb an das Flüchtlingsamt nach Rendsburg, schilderte meinen Fall und bat um eine Decke. Man schrieb mir postwendend, ich sollte zum Bürgermeister C. gehen, der hätte Decken für die Flüchtlinge bekommen. Ich ging wieder zum Bürgermeister. Dieser schrie mich an, wie ich dazu käme, an das Flüchtlingsamt zu schreiben. Anschließend schrie er mich an, ich sollte zum Teufel gehen.

Ich war so verzweifelt, daß ich mich im Nord-Ostsee-Kanal ertränken wollte.

Aber was sollte aus meinen Kindern werden? Ich erzählte meinen Kummer einer jungen Frau in Bornholt, die mit drei kleinen Kindern aus Kiel evakuiert war. Diese Frau gab mir dann ein Oberbett, obwohl sie ja auch nicht viel hatte. So konnte ich wenigstens die Kinder zudecken. Ich habe wochenlang unter meinem Mantel geschlafen.

Diese junge Frau war beim Ortsbauernführer Hans F. untergebracht. Eines Tages kam sie zu mir und sagte. „Hans hat ein Rind schwarz geschlachtet, Därme und Magen hat er im Dunghaufen vergraben. Komm heute nacht zu mir, wir graben es aus und kochen uns Sülze, damit wir einmal etwas auf dem Tisch haben." Ich bin hingegangen, wir gruben die Därme aus, säuberten sie und kochten Sülze.

Unser Bauer war nicht verheiratet und hatte keine Familie.

Er hatte nur fünf Kühe, deren Milch er an die Meierei lieferte. Täglich mußte er 40 Liter Magermilch zurücknehmen. Diese 40 Liter hat er täglich auf den Misthaufen geschüttet. Ich stand oft dabei und weinte und bettelte, er sollte mir wenigstens einen Liter geben, wir hätten wenig zu essen. Die Kinder wären ewig hungrig und auf Karten gäbe es doch so wenig. Da bekam ich zur Antwort: „Für Flüchtlinge habe ich nichts."

Den Garten, in dem er gutes Obst hatte, zäunte er mit elektrischem Draht ein, damit ja nicht ein Kind sich einen Apfel holen würde. Das Obst verfaulte, ohne daß er etwas eingemacht hätte. Trotzdem gab er nicht einen Apfel ab.

Auf Lebensmittelkarten gab es Bohnenkaffee und Zigaretten. Bei einer Bäuerin in Lütjenbornholt tauschte ich dafür vier Gänseküken ein. Diese habe ich am Wegrand gehütet und den Sommer über wuchsen sie heran. Eines Morgens stand meine Tochter auf und ließ aus Versehen die Gänse aus dem Holzstall, den er mir zugewiesen hatte, heraus. Die Gänse gingen auf seine Wiese und verschwanden dort. Ich hörte sie in seinem Stall schreien, konnte aber nicht hinein, denn er hatte die Tür von innen verriegelt. Ich habe mich dann an den Gendarm gewandt. Dieser kam zwar, aber er fand nichts. Beim Gendarm hatten wir wenig Rückhalt.

Da ich einen Stall hatte, schaffte ich mir ein Schwein an. Als der Bauer das merkte, nagelte er mir die Stalltür, die nach draußen führte, zu. Ich konnte den Dung nicht herausbringen. Zum Glück kam mein Bruder zu Besuch. Er hat sich kurz mit dem Bauern unterhalten und ihm gesagt, wenn er nicht sofort die Stalltür aufmacht und nicht aufhört, mich zu schikanieren, werde er ihn für sechs Wochen in ein Flüchtlingslager einweisen lassen. Er machte dann die Tür auf, und ich hatte einigermaßen Ruhe. Mit der Zeit machte ich mich mit einigen Bäuerinnen bekannt. Ihre Männer waren in russischer Gefangenschaft. Sie hatten Mitleid. Frau R. bekam jeden Monat ein Pfund Zucker von mir. Dafür gab sie mir zehn Pfund Roggenmehl. Hans M. bekam meine Raucherkarte. Dafür bekam ich Schrot für mein Schwein. So miteinander zu handeln, war damals üblich.

So vergingen dreieinhalb Jahre. In der Zeit hörte ich, daß man in Hamburg Ziegelsteine aus den Trümmern buddeln konnte. Kurz entschlossen wandte ich mich 1947 an eine Firma in Hamburg und bat um Erlaubnis, auch irgendwo graben zu dürfen. Mir wurde in der Treskowstraße in Eimsbüttel ein Platz zugewiesen. So fing ich am 4. 4. 1948 an, Ziegelsteine zu buddeln.

Eine Woche vor der Währungsreform habe ich meine 37 000 Ziegelsteine noch herausbekommen. Einen Bauplatz bekam ich von der Bundesvermögensstelle. Fundamente habe ich selbst ausgehoben und auch gegossen. Von der Kleinsiedlungsgesellschaft bekam ich 6500,– DM als erste Hypothek und die Bauzeichnung. Damit habe ich dann ein Häuschen gebaut beziehungsweise gehandlangert, bis das Haus fertig war.

Dort wohne ich noch heute und werde eines Tages auf dem Rücken hinausgetragen.

Aber das Heimweh bleibt. Dies ist traurig, aber wahr. Mein Mann fiel in Rußland. Wir hatten einen eigenen Molkereibetrieb, in dem er Molkereifachmann war. Er bat mich: „Wirtschafte, so gut du kannst. Wenn ich aus dem Krieg zurückkomme, bauen wir wieder alles auf." Er kam nicht zurück.

* * *

212

Ankunft mit Vorgeschichte

Nach zweimonatiger strapaziöser Flucht aus Masuren in Ostpreußen sind meine Mutter Gertrud, 39 Jahre alt, meine Schwester Christel, 16 Jahre alt, und ich, 14 Jahre alt, am 21.3.1945 in Loop bei Neumünster angekommen. Daß wir auf eigene Faust dahingefahren sind, hat eine ganz besondere Vorgeschichte.

Meine Großeltern waren im Ersten Weltkrieg 1914 als Flüchtlinge in Dätgen, etwa 5 Kilometer von Loop entfernt, untergebracht. Mein Vater August war bei der Marine in Kiel stationiert und besuchte seine Eltern während dieser Zeit. Die etwa neunjährige Tochter Elisabeth der Gastfamilie freundete sich mit dem damals 19jährigen Matrosen an. Wahrscheinlich schwärmte sie für seine schicke Uniform. Nachdem meine Großeltern sechs Monate später in unsere Heimat zurückkehren konnten, entwickelte sich zwischen beiden Familien ein Briefwechsel, der später, nachdem Elisabeth nach Loop geheiratet hatte, zwischen der nächsten Generation in Form einer jährlichen Weihnachtskarte fortgesetzt wurde. Während unserer Flucht 1945 kam uns der Gedanke, zu dieser Familie zu flüchten.

Wir standen also vor ihrer Tür und gaben uns zu erkennen. Frau Elisabeth Stange war sehr erfreut und sofort bereit, Augusts Familie bei sich aufzunehmen, da sie ohnehin Zimmer für Flüchtlinge zur Verfügung stellen mußte. Sie versorgte uns mit dem Nötigsten und sorgte dafür, daß wir genug zu essen hatten. Wir revanchierten uns, indem wir im Haus und auf dem Hof mithalfen. Besonders nach der Kapitulation konnten wir uns nützlich machen, da die Kriegsgefangenen sofort ihre Arbeit niederlegten. Mein Vater, den wir in Ostpreußen beim Volkssturm zurückgelassen hatten, traf schon zu Pfingsten 1945 bei uns ein und wurde ebenfalls herzlich aufgenommen.

Trotz des guten Ausganges unserer Flucht hatten wir alle Sehnsucht nach unserer Heimat. Wir waren Fremde und hatten keine Freunde. Als unsere Gastgeberin merkte, wie sehr ich den Kontakt zu gleichaltrigen Mädchen vermißte, stellte sie sofort den Kontakt zu ihrer Nichte Maria her. Da wir gleichaltrig waren, wurde sie für viele Jahre meine beste Freundin.

Als ich 1946 konfirmiert wurde, richteten unsere Gastgeber mir und meiner Familie eine sehr schöne Feier aus. Sogar ein neues Kleid besorgten sie mir. Wir lebten zwar sehr beengt in einem Zimmer, hatten aber keine wirkliche Not zu leiden. Zu den Familien im Dorf bekamen wir inzwischen auch Kontakt. Abends haben wir drei „Frauen" für die Dorfbewohner Schafwolle gesponnen und verstrickt. Dies geschah natürlich nur gegen Lebensmittel als Bezahlung. Im Frühling 1946 stellte die Gemeinde allen Flüchtlingen und ausgebombten Familien Ackerland zur Verfügung, so daß jeder ein bißchen Gemüse anbauen konnte. Nach der Ernte wurden Ähren gesammelt und Kartoffeln gestoppelt. So haben wir die schlimmen Hungerjahre einigermaßen überstanden.

An den Wochenenden traf sich die Dorfjugend in dem einzigen Gasthof bei dem damals üblichen Kalt- oder Heißgetränk, je nach Jahreszeit. Bald organisierte die

Gastwirtin die ersten Dorffeste und wir sind immer wieder zum Tanzen gegangen. Die Jugendlichen wuchsen allmählich zu einer sehr schönen Gemeinschaft zusammen. Bei den älteren Menschen entstand allmählich der Wunsch, wieder ein eigenes Haus zu bauen. Meine Familie bekam 1949 eine kleine Wohnung. Ich erhielt zu der Zeit einen Ausbildungsplatz zur Kinderkrankenschwester und damit endete für mich die Situation, ein Flüchtling zu sein. Wir jungen Schwesternschülerinnen waren alle gleich, egal, woher wir kamen.

* * *

Nortorf – Käte Möller

Hunger

Fast 50 Jahre sind vergangen, doch alles sehe ich vor mir, als wäre es gestern gewesen. An einem Sonntag, dem 19. 5. 1946, kamen wir in Nortorf an. Kein Flüchtling wußte, wo er einmal endgültig landen würde. Die ganze Flüchtlingskolonne marschierte durch die Stadt bis hinunter zum Gasthof „Eitzebüttel". Seit dem 6. Mai waren wir nicht aus den Kleidern gekommen und sahen also dementsprechend ungepflegt aus. In den vierzehn Tagen auf der Kegelbahn in „Eitzebüttel" wurden wir wirklich gut verpflegt und ärztlich versorgt. Dafür waren wir sehr dankbar. Am 1. Juni hatte die Betreuung ein Ende. Gewundert hat mich, daß wir keine Flöhe und Läuse hatten.

Wir kamen in der Bahnhofstraße in Nortorf in einem Geschäft unter, das im Krieg geschlossen gewesen war. Der Besitzer mußte – wohl unter Zwang – für zwei Familien eine Unterkunft herrichten. Da hausten wir nun hinter großen Schaufenstern, allen vorübergehenden Passanten sichtbar – wie die Affen im Zoo. Ein Bekannter verkleinerte uns die großen Scheiben durch Holzverschläge. Nun konnten wir die Fenster abdecken, indem wir zeitweise eine Decke davor hängten. Unser Inventar bestand aus einem Ladenregal und zwei Gestellen als Betten. Sie waren 0,75 Meter breit. Mein sechsjähriger Sohn und ich schliefen ebenfalls in einem solchen Bett. Ein mitgebrachter Strick, den wir von einer Zimmerecke zur anderen spannten, diente uns zum Aufhängen der Kleidung. Wir konnten uns nur notdürftig waschen. Allerdings war uns schon beinahe alles egal.

Nur eines stand im Mittelpunkt des Interesses, der Hunger! Wir gingen auf die Dörfer, um Kartoffeln zu erbetteln oder zu kaufen, was allerdings meistens vergebens war. Nachdem es Sommer geworden war, gab es Kartoffeln auf den Feldern. Da hielt es keinen hungernden Flüchtling im Haus. Viele gingen mehrere Kilometer, um die Früchte aus der Erde zu holen. Ich nehme zu Gunsten mancher Bauern an, daß sie oft beide Augen zudrückten. Sonst hätten sie wohl mehr aufgepaßt, wenn wir ohne Erlaubnis auf die Felder gingen und „ernteten".

Der Bekannte, der schon die Fensterverschläge anbrachte, tischlerte uns eine Kiste. Sie hatte einen Sitz zum Hochklappen und eine Rückenlehne. Unter dem Sitz verschwanden die kostbaren Kartoffeln. So hockten wir über unserem Schatz. Das Ganze sah einem Klavier ähnlich. Über Jahrzehnte hinweg blieb dieses „Klavier" in den Gesprächen mit unserer Verwandtschaft in Erinnerung. In der provisorischen Küche kochten wir auf einem Bollerofen und wärmten uns gleichzeitig daran. Wie wir den ersten Winter unbeschadet überstanden, kann ich heute nicht mehr sagen. Bis zum März 1947 wohnten mein Junge, ich und meine Eltern in der Bahnhofstraße in Nortorf.

Ich war Kriegerwitwe, lernte einen guten Mann kennen und war froh, aus diesen widrigen Umständen herauszukommen. Ich zog im März 1947 nach Ellerdorf. Mein zweiter Mann besaß hier eine alte Bauernkate mit schiefem, altem Fachwerk, aber mit einem großen Grundstück. Die große Wohnung war vermietet, so daß wir für das erste nur eine Stube hatten. Wir hatten ohnehin nur wenig Möbel. Bald hatten wir die gesamte Wohnung für uns. Dies währte jedoch nicht lange. Man nahm uns eine Stube wieder ab. In diese zogen andere Flüchtlinge ein. Dies waren Bekannte aus der Heimat Pommern. Genug zu essen hatten wir immer noch nicht.

Mein Mann war im Krieg immer gut versorgt worden, ihn traf es besonders hart. Wir aßen trockenes Brot mit etwas Zucker darauf oder zusammengerührten Brei als Brotaufstrich. Es war hart, unter diesen Umständen arbeiten zu müssen. Das ging auch nicht lange gut. Da mein Mann, wie ich nun erst erfuhr, vorher schon kränklich war, verschlimmerte sich sein Zustand. Er wurde schwer herzkrank, und ihm wurde gute Pflege verordnet. Die Frage war allerdings, woher die gute Pflege kommen sollte? Wir stoppelten Kartoffeln, sammelten Ähren, kochten Sirup und machten Stärkemehl und Sagro. Auf dem Kanonenofen konnte ich nun schon etwas mehr kochen. Hausrat war aber immer noch Mangelware.

Im Jahr 1948 kam die Währungsreform, und auf einmal waren die Geschäfte voller Waren. Jeder Deutsche bekam 40,– DM, wovon das Nötigste gekauft werden mußte. Zu dieser Zeit schafften wir uns zwei Schweine an. Das erste Schwein, das wir schlachteten, wog 405 Pfund. Dies weiß ich noch heute ganz genau. Jetzt war zu essen da! Aber für meinen Mann kamen die Verbesserungen zu spät, 1951 wurde er Vollinvalide, 1955 starb er.

Im Jahre 1952 füllten wir die Formulare für die Hausratshilfe aus. Wer eine Wohnung verloren hatte, bekam 1250,– DM Entschädigung. Dieses Geld war schnell ausgegeben. Es gab tatsächlich genug „Einheimische", die uns darum noch beneideten. Nach meines Mannes Tod bekam ich die günstigere Kriegshinterbliebenen-Rente. Es ging weiter aufwärts.

In all diesen Jahren haben meine Eltern für uns Übermenschliches getan. Manches Stück Hausrat aus der Notzeit besitze ich heute noch. Zwei Jahre nach dem Tod meines Mannes, im Jahre 1957, fingen mein Vater und ich mit Verbesserungen am Haus an. Vieles wurde erneuert. Mein Sohn, inzwischen konfirmiert, konnte schon mit anpacken. Im nachhinein denke ich, es wäre besser gewesen, wir hätten neu gebaut.

Aber irgendwie hing man an der Kate.

Nach vielen oftmals bösen Anpöbelungen durch die Eingesessenen, die uns „Russen, Pollacken, zugereistes Pack" nannten, normalisierte sich das Verhältnis zu ihnen zusehends. Sie hatten gesehen, wie diese Menschen buchstäblich aus dem Nichts etwas aufbauten. Viele Flüchtlinge hatten schon in der Mitte der 50er Jahre ihr eigenes Häuschen gebaut. Die Einheimischen mußten anerkennen, daß wir tüchtige Menschen waren. Es kam hin und wieder ein gewisser Neid auf. Wir wurden endlich „angenommen".

* * *

Rendsburg – Mechthild Nagel

Meine Geschichte

Das Wiedersehen werde ich nie vergessen: Meine Mutter stand an der „Waschbalje" mit dem „Ruffelbrett" (Waschbrett), kam auf mich zu, weinte und nahm mich mit ihren seifenschaumigen Händen in die Arme. Wie hatte ich es gut. Unser Haus war unversehrt, wir lebten und waren glücklich.

Aber wo sollte meine Mutter mit mir und meiner Kameradin hin? Das kleine Haus war vollgestopft mit Flüchtlingen aus dem Osten. Es waren allerdings keine Zwangseinweisungen. Meine Mutter nahm alle auf, die in Not waren. Sie selbst schlief auf einem alten Sofa unter der Dachschräge.

Viele Namen und Gesichter habe ich vergessen, es war ein Kommen und Gehen. Ich weiß aber, daß eine Mutter mit ihrem Baby bei uns wohnte, ein netter Herr mittleren Alters aus Berlin, und in der Werkstatt meines verstorbenen Vaters hatten wir einen alten Opernsänger untergebracht. Ich habe das Ausmaß der Not der Heimatvertriebenen damals nicht in seiner ganzen Tragweite erfaßt. Ich war bei meiner Mutter, und die Menschen um mich herum waren nett, manchmal sogar fröhlich. Meine Mutter hielt alles zusammen mit ihrem Humor und ihrer Güte. In der Küche kochten alle abwechselnd auf einer „Kochhexe". Wir sammelten Holz und standen beim Schlachter an, um eine Kanne voll Brühe zu bekommen. Wir nähten Kleider aus Gardinen, Mäntel aus Decken und pflückten Schafwolle von den Zäunen.

Wir aßen Brotsuppe, und am Sonntag stand manchmal eine „Kaffeetorte", gebacken aus Mehl, Magermilch und Kaffee-Ersatz, auf dem Tisch. In meinem Schulkochbuch gab es einige wohlschmeckende „Kriegsrezepte". Dazu fehlten allerdings jetzt die meisten Zutaten. Das Fallobst aus unserem Garten wurde gemeinsam verarbeitet zu Apfelringen, die man zum Trocknen auf eine Leine zog. Doch die meisten Äpfel aßen wir gleich. Es war beim schwachen Schein der zugeteilten Haushaltskerzen fast gemütlich.

Noch war Krieg! Die letzten Bomben fielen auf unsere Stadt, und wir rannten bei Fliegeralarm über die Westerrönfelder Heide in alte Schützengräben und Unterstände, um Schutz zu suchen. Der Krieg ging zu Ende. Er war ein bitterer Ein-

Mutter der Verfasserin mit selbstgebastelten Puppen, die verkauft oder eingetauscht wurden,
Rendsburg 1945

schnitt in unserem Leben, und wir waren erleichtert, daß nun endlich alles vorüber war.

Einige Flüchtlinge fanden ihre Angehörigen und verließen uns. Neue kamen hinzu. Unser Nachbar schnitzte Holzlöffel und Wäscheklammern und baute Stahlhelme zu Kochtöpfen um. Wer geschickt war, konnte aus Binsen Hausschuhe flechten und aus aufgeräufelten Baumwollbettdecken Kniestrümpfe stricken. Viele der Nachbarssöhne und Schulfreunde waren gefallen. Fast in jedem Haus fehlte einer, mit dem wir einst spielten und fröhlich waren.

In Westerrönfeld gründeten wir eine Gymnastik- und Volkstanzgruppe und auch einen Singkreis. Wir waren noch jung und brauchten etwas Frohsinn und eine Beschäftigung in der Gemeinschaft. Einheimische und Flüchtlinge gehörten zusammen. Es entstanden Freundschaften, die noch heute Gültigkeit haben. Nach unseren Zusammenkünften schlichen wir bei Dunkelheit in gebückter Haltung über die Heide. Die Besatzer hatten Sperrstunde verhängt.

Beim Kanalmeister durfte ich ab und zu, ebenfalls gebückt, einen Handwagen voll Kohlen abholen. Das war ein wunderbares Geschenk für uns alle.

Neben der Kanalmeisterei stand ein Wohnwagen. Er gehörte einer ostpreußischen Gräfin, die später unseren netten Herrn mittleren Alters heiratete. Sie bastelte Lampenschirme und allerlei kunstgewerbliche Gegenstände. Ich saß gern bei ihr, sah zu, und wir erzählten uns etwas. Da meine Mutter die erste Zeit nach dem Krieg keine Pension bekam, sägte ich Holzspielzeug. Dafür bekam ich manchmal etwas Geld, manchmal auch einige Eier oder einen Topf Milch. Ich schnitzte auch Puppenköpfe, und meine Mutter und die Flüchtlingsfrauen nähten Körper und Kleidung für die Puppen. Unsere alte geliebte Kaffeemühle brachte ich in die Tauschzentrale und erhielt Sägeblätter dafür.

Bei Kriegsende schenkten uns Soldaten einer aufgelösten Sperrballon-Stellung ihre Wehrmachtshocker. Sie wurden leuchtendrot angestrichen, machten unsere Küche fröhlich, und alle fanden nun Platz.

Das erste Weihnachtsfest nach dem Krieg hatte einige Begleiterscheinungen. Es war ein eiskalter Winter, wir hatten kaum Brennmaterial, die Pumpe war eingefroren und wir hatten Eisblumen an den Fensterscheiben, die wohl heute kein Kind mehr kennt.

Den Weihnachtsbaum schleppten wir heimlich aus dem „Wilden Moor" herbei und stellten ihn in das einzige richtige, warme Zimmer. Dort wollten wir alle zusammenkommen. Ich bastelte Strohsterne und backte Kringel, Tiere und andere Figuren aus Wasserteig für den Baum. Jeder trug etwas zum Fest bei. Herr M., der nette Herr, war lange hinter einem Rübenwagen mit dem Fahrrad hergefahren, bis endlich eine Rübe herunterfiel, die er dann meiner Mutter feierlich überreichte.

Der Nachbar brachte zwei seiner selbstgeschnitzten Löffel, unser Milchmann füllte etwas mehr Milch in die Kanne, die Kaufmannsfrau spendete Einheitsseife, die ostpreußische Gräfin fertigte Lesezeichen, und unser Apotheker steckte meiner Mutter Formamint-Tabletten zu. Diese waren eigentlich gegen Halsschmerzen gedacht, wurden von uns aber als Lutschbonbons verzehrt. Ich hatte Glück und entdeckte in einer Buchhandlung „Andersens Märchen".

Plötzlich stand der Sohn von Herrn M. vor der Tür. Er kam aus der Gefangenschaft,

218

und auch er konnte mit uns feiern. Was wir an dem Abend gegessen haben, weiß ich nicht mehr. Wir sangen gemeinsam die alten Lieder, und ich las die „Geschichte vom Tannenbaum" aus meinem neuen Buch. Am Abend, als meine Mutter und ich ins Bett gehen wollten, saßen zwei Feldmäuschen im Tannenbaum und freuten sich über die Wasserkringel. Die schlimme Kälte hatte sie ins Haus getrieben.

Inzwischen wohnte eine Familie mit einem kleinen Jungen bei uns in unserem Wohnzimmer. Ich glaube, sie kamen aus Schlesien, wobei der Vater schon länger hier war. Er war der Begründer einer Theatergruppe, bestehend aus ehemaligen Soldaten und unserem Freundeskreis. Wir haben zusammen frohe und besinnliche Stunden verbracht. Dies war wiederum eine große Hilfe in dunklen Tagen.

Der kleine Junge war blaß und zart, aber aufgeweckt und wißbegierig. Er freute sich, wenn ich ihn auf dem Schlitten über die Heide zog oder ihm Märchen vorlas. Am meisten aber liebte er meine Mutter. Er nannte sie „Frau Gottsen". Da wir oben im Haus wohnten, so wie der liebe Gott im Himmel, und meine Mutter sich gern mit ihm beschäftigte und ihm ab und zu etwas zusteckte, war sie für ihn die Frau vom „lieben Gott".

* * *

Rendsburg – Anna Plagemann

Erreichte Ziele

Frau Ilse T., deren Schwiegermutter in Kiel lebte, machte mir den Vorschlag, ebenfalls Kiel als Heimatanschrift anzugeben. Es war Herbst, als wir beide dann in Kiel auf dem Bahnhof standen. In einer Ecke stand ich mit unseren Habseligkeiten, während Frau Ilse T. sich auf den Weg machte, um nachzusehen, ob das Haus der Schwiegermutter noch stand.

Es stand noch. Frau T. war bereit, auch mich aufzunehmen. Ihr gehörte das Mehrfamilienhaus, in dem sie eine Drei-Zimmer-Wohnung besaß. Ihr Schlafzimmer hatte sie ihrem Sohn mit Familie überlassen, der in Kiel ausgebombt worden war. Sie selber schlief im Wohnzimmer, nun mit ihrer Schwiegertochter zusammen, und mir überließ man die sogenannte gute Stube. Ich fühlte mich im Kreise dieser Familie sehr wohl. Im Gegensatz zu Frau Ilse T. bekam ich jedoch für Kiel keine Zuzugsgenehmigung. Erst nach vielem Hin und Her und meiner verzweifelten Frage, wo ich denn bleiben sollte, hieß es, ich solle mich im Auffanglager in Bad Segeberg melden.

Dort kam ich in ein großes Barackenlager. In dem Menschengewühl vollzog ich meine Anmeldung und empfing eine Nummer. Anschließend begann die Suche nach einer freien Pritsche. Endlich fand ich eine, auf der noch etwas festgedrücktes Stroh lag. Ich überwand meinen Widerwillen, legte mich drauf und heulte. Neben mir lag Frau Gertrud P., Kellnerin aus Berlin und fast doppelt so alt wie ich. Sie tröstete mich.

Sie bat mich, auf ihren Platz und ihre Sachen zu achten, ging fort und kam irgendwann mit etwas Eßbarem wieder, das ich dankend annahm. Von mir erhielt sie Zigaretten. So war eine neue Weggefährtin gefunden.

Am Morgen des Buß- und Bettages im November 1945 erhielten wir einen Fahrschein mit dem Ziel Rendsburg. Ein Personenzug war bereitgestellt worden. Für unseren Empfang in Rendsburg war alles gut organisiert. Bauern mit Pferd und Leiterwagen erwarteten uns. Gertrud und ich kamen in ein Barackenlager. Die Räume waren sauber, und auf jedem Bettgestell lag ein Sack mit frischgefülltem Stroh. Das Auseinanderschütteln machten wir selber. Jeder Raum hatte sechzehn Betten, immer eins unten und eins oben! Gertrud fragte den „Einweiser", wie es denn hier mit Arbeit wäre. Dieser winkte ab mit der Bemerkung, für Flüchtlinge gäbe es hier keine Arbeit. Sie sollte gleich einen Antrag auf Sozialhilfe stellen, dann bekäme sie im Monat 27,50 Mark! Wir beide versuchten nun, auf eigene Faust Arbeit zu finden. In deutschen Betrieben war es zwecklos, aber beim Engländer hatten wir Erfolg. Gertrud begann als „Küchenfee" in einem Offiziersheim in der Gartenstraße und ich im Conventgarten, damals von den Engländern Kiel-Club genannt, als „Mädchen für alles". Mit den Mitarbeitern hatte ich gleich ein gutes Verhältnis. Wir waren alles junge Mädchen und junge Männer. Es spielte keine Rolle, ob wir Flüchtlinge oder Hiesige waren. Der einzige „fiese Typ" war der deutsche Vorgesetzte! Den Engländern gegenüber allerdings verhielt er sich sehr unterwürfig.

Als nächstes versuchten wir, ein Zimmer in der Stadt zu erhalten. Gertrud bekam vom zuständigen englischen Offizier ein Schreiben in dem stand, daß sie unbedingt eine Unterkunft in der Stadt benötigte, weil sie jederzeit dienstbereit sein müßte. Ich bekam lediglich einen Spätpaß, weil wir in zwei Schichten gearbeitet haben, damit ich auch während der Sperrzeit unterwegs sein konnte.

Diese beiden Formulare waren „Ein-Sesam-öffne-Dich" beim Wohnungsamt. Man bot uns Zimmer zur Auswahl an! Wir entschieden uns für ein Zimmer bei einer sympathischen Witwe, die schon zwei Zimmer an Flüchtlinge hatte abgeben müssen. Was ich wollte, hatte ich nun erreicht. Ich war aus dem Flüchtlingslager herausgekommen. Es gab jedoch noch einen Wunsch: Ich wollte wieder in meinem Beruf arbeiten. Der deutsche Vorgesetzte im Kiel-Club machte zuerst Schwierigkeiten. Eines Tages sagte er dann: „Morgen brauchen Sie nicht wieder zu kommen!" Das war Anfang März 1946.

Auf der Stellenvermittlung beim Arbeitsamt sprach ich dann mit einer sehr netten Dame, die mir ein Stellenangebot der Schleswig-Holsteinischen Stromversorgung gab. Der Personalchef sowie der Abteilungsleiter, in dessen Abteilung die freie Stelle besetzt werden sollte, waren mir gegenüber sehr freundlich und entgegenkommend trotz meines Hinweises, daß ich etwa zwei Jahre nicht mehr in meinem Beruf gearbeitet hätte. Der Abteilungsleiter entließ mich mit dem Hinweis, daß er noch mit zwei weiteren Bewerberinnen sprechen müßte, die ihm von einflußreicher Stelle empfohlen worden waren. Erst danach könnte er mir eine feste Zusage machen. Ich ging mit dem Gedanken fort, „gegen Protektionskinder" keine Chance zu haben. Doch schon zwei Tage später sollte ich wieder vorsprechen und wurde zum l. April '46 eingestellt.

Es war ein Großbüro mit acht Sachbearbeitern und drei Schreibkräften. Eine davon war ich. Allerdings war ich als einzige „Flüchtling". Privat wurde dort nur schleswig-holsteinisches Plattdeutsch gesprochen. Einer der Herren – es war mein zukünftiger Ehemann – fragte so ein bißchen von oben herab: „Fräulen Mackies, können Sie uns denn überhaupt verstehen?" Ich antwortete ihm: „Aber ja doch, Mannche, wir Ostpreißen spreeke doch ok ön Platt!" – Ein anderer der Herren allerdings sprach immer davon, daß alle Flüchtlinge zusammengetrieben und in den Kanal gejagt werden müßten. Dabei räumte er seinen Schreibtisch auf und warf Papierzettel in den Papierkorb. Das war für mich sehr bedrückend und verletzend, und ich spürte zum ersten Mal, daß ich hier nicht erwünscht war. Trotzdem blieb ich in der Firma. Irgendwann lernten H. P. und ich uns näher kennen und beschlossen zu heiraten. Ein paar „liebe" Kollegen rieten ihm eindringlich davon ab. Ich sei nur eine Hergelaufene, die nichts hat und nichts ist und sich nur ins gemachte Bett legen will.

Mein Mann war Witwer, hatte zwei kleine Kinder im Alter von $2\frac{3}{4}$ und $4\frac{1}{4}$ Jahren und eine sehr kleine 2-Zimmer-Wohnung. Ein anderer Arbeitskollege, der ebenfalls Flüchtling war, sprach ihm seinen Dank aus, einem armen Flüchtlingsmädchen eine Heimat zu geben.

Mein Mann hörte sich kopfschüttelnd das Pro und Kontra der Arbeitskollegen an, denn daß ich ein Flüchtlingsmädchen war, war für ihn völlig uninteressant.

Als dann unsere gemeinsame Tochter geboren wurde, hatte ich in Schleswig-Holstein wirklich eine zweite Heimat gefunden.

* * *

Eggebek – Erna Hansen

Miteinander teilen

Als 1942/43 die Bomben auf Lübeck, Kiel und Hamburg fielen, verloren viele Menschen ihr Leben und das Zuhause. Man evakuierte Frauen und Kinder. Sie konnten damals noch auf dem Lande, oft auch bei Verwandten, untergebracht werden. Viele Kinder wurden verschickt und in Heime gebracht, dorthin, wo keine Luftangriffe befürchtet wurden. Doch als 1944/45 die große Flüchtlingswelle aus dem Osten anrollte, da wurde es sehr schwer, alle Menschen in den Häusern der Dörfer unterzubringen.

Im Februar 1945 kamen große Flüchtlingstransporte nach Schleswig-Holstein. Die sowjetische Armee hatte Ostpreußen, Pommern und Danzig erreicht. Die Menschen waren ausgehungert und kamen mit der letzten Habe an. Viele waren unterwegs gestorben. Die unmenschlichen Qualen, die sie erleiden mußten, sollte man nie vergessen. Ich war zu der Zeit bei meinen Schwiegereltern. Vater war Bürgermeister in der Gemeinde Görl, Kreis Flensburg. Er hatte die Aufgabe, alle Menschen in den Häusern der Gemeinde unterzubringen. Zumeist kamen sie mit der Bahn zur Station Eggebek. Dort wurden sie mit Pferd und Wagen abgeholt. Autos waren nicht vorhanden. Vorher mußte der Bürgermeister von Haus zu Haus gehen und fragen, wer Platz hat und wer die Flüchtlinge abholen könnte. Nicht überall wurde er freundlich empfangen, doch in den meisten Häusern wußten die Menschen um die Not der Flüchtlinge. Die Menschen haben geholfen, wo sie konnten!

Die Lage muß von beiden Seiten gesehen werden. Die meisten Häuser waren bereits belegt. Außerdem gab es in den Häusern nur eine Küche. So spielte sich alles in der Küche ab. Dort mußten alle an einem Tisch essen, sich wärmen und sich waschen. Lediglich zum Schlafen ging man in ein ungeheiztes Zimmer. Nirgendwo gab es damals eine Badestube oder geheizte Schlafzimmer. Man mußte das Beste daraus machen und alles miteinander teilen. Dies konnte man damals noch.

In unsere Familie kam im Februar 1945 eine junge Frau aus Ostpreußen aus dem Kreis Rössel mit zwei kleinen Kindern. Diese waren zehn Monate und fünf Jahre alt. Der Kleine war halb verhungert, obwohl man auf dem langen Treck alles versucht hatte, um ihn durchzubringen. Auf dem Wagen hatten sie noch etwas geräucherten Speck. Diesen gaben sie der Mutter, die ihr Kind immer daran lutschen ließ. Wenn sie auf den Bauernhöfen noch eine Kuh fanden, wurde diese gemolken. Es dauerte lange, bis der kleine Magen sich wieder an normale Kost gewöhnt hatte. Das Kind war viele Wochen krank. Unser Arzt, der nun so viele Menschen zusätzlich betreuen mußte, gab sich viel Mühe. Dank der guten Betreuung wurden es zwei kräftige Jungen. Noch eine junge Frau mit einer kleinen Tochter kam ins Haus. So waren wir täglich zwölf Personen am großen Küchentisch. Abends saßen wir zusammen und planten und besprachen, was am nächsten Tag zu kochen wäre.

Auf dem Lande war die Not nicht so groß wie in den Städten. Wir hatten Milch, Kartoffeln und Gemüse, Eier und hin und wieder ein Huhn.

Man sorgte sich nur von dem einen Tag auf den nächsten. Am 30. April 1945 kam ein sehr großer Transport Flüchtlinge, zum großen Teil bestehend aus Frauen mit vielen kleinen Kindern. Sie mußten zunächst im Saal in der Gastwirtschaft untergebracht werden. Ich erinnere mich an alles ganz genau. Als der Transport angekündigt wurde, da baten die Frauen der NS-Frauenschaft in den Häusern um Handtücher, Windeln und um gebrauchte Bettwäsche. Es war nicht leicht, da es seit sechs Jahren nichts zu kaufen gab. Alles war gestopft und immer noch einmal geflickt worden. Trotzdem kam viel zusammen. Wer konnte mit ansehen, wie die kleinen Kinder leiden mußten. Ich bin mit dem Fahrrad in der ganzen Gemeinde herumgefahren und habe um Schinkenreste und Speckschwarten „gebettelt". Es kam reichlich zusammen und wir konnten im Waschkessel in der Gastwirtschaft eine kräftige Kartoffelsuppe kochen. Die Bauern aus dem Dorf brachten Stroh und Decken, womit der Saal ausgelegt wurde. Der Ofen wurde geheizt und für die Kinder Milchsuppe gekocht. Dann kamen die Flüchtlinge. Ich denke noch oft an diese kleinen Menschen, blaß und schmal und so wund! Wie sollten die Mütter sie pflegen, es fehlte an Wasser, Salbe, Öl und Puder. Nun lagen sie da auf Heu und auf Stroh!

Am Abend dieses 30. April kam dann die Sondermeldung durchs Radio, daß Adolf Hitler tot sei. Er hatte sich in Berlin umgebracht, war „für das geliebte Vaterland gefallen", wie gesagt wurde. Wir hofften, daß der Krieg nun vorbei sein könnte.

Zunächst mußten alle Flüchtlinge bei warmherzigen Menschen aus der Gemeinde untergebracht werden. Man hatte an den Pastor gedacht, da im Pastorat in den großen Zimmern und im Konfirmandensaal noch Platz war. Es gab aber erst Schwierigkeiten, da viele Kirchen und Pastoren unter der Naziherrschaft gelitten hatten. Da es um Nächstenliebe ging, hatte die Kirche ein Einsehen und man nahm Menschen auf. Eine Woche später war zwar der Krieg vorbei, nicht jedoch die Not.

Obwohl es genug zu tun gab, fanden nicht alle Menschen eine Arbeit, denn nun kamen auch die Soldaten nach Hause, die verhungert und verlaust waren. Viele waren krank, erschöpft und verwundet. In den Wäldern und auf den Feldern in großen Sammellagern lebten sie wochenlang unter dem freien Himmel, bis sie von der Besatzungsmacht entlassen wurden. Viele konnten nicht nach Hause, weil ihre Heimat von Russen oder Polen besetzt war. Daher suchten auch diese Heimatlosen eine Unterkunft. Bis der Winter ins Land zog, fanden viele ihre Familien wieder, die hier in Schleswig-Holstein als Flüchtlinge aufgenommen worden waren.

* * *

Grau und grün

Tropfenweise kommt die Erinnerung, unvollständig und unwirklich. Es kann nicht anders sein. Fast fünfzig Jahre sind vergangen. Herbst 1946. Der Zug hält in Neumünster. Es ist ein grauer Zug; überfüllt von grauen Menschen mit grauer Kleidung und grauen Taschen, grauen Rucksäcken. Der Zug hält lange in Neumünster, vielleicht einen halben Tag, auf grauen Gleisen. Der kärgliche Ausblick läßt graue Häuser erscheinen, zerbombt, zerfallen. Was ist Neumünster? Hat es mit einem Münster zu tun? Ein Münster ist doch eine Kirche. Nach Rendsburg soll es weitergehen. Aber wann?

Der Krieg dominiert noch. Auch noch ein Jahr später. Überleben ist alles. Essen, Trinken, Schlafen, das zählt! Aber alles ist neu. Es muß neu sein, denn mit vierzehn erkundet man noch. Es muß anders sein, wenn man mit vierzehn ankommt, anders als mit vierzig, fünfzig oder sechzig Jahren. Jeder Eindruck setzt sich fest, gräbt sich ein. Das Land ist grün und flach, durchbrochen von Erdwällen mit kleinen und großen Bäumen, Sträuchern. Das zeigt die Fahrt von Rendsburg nach Erfde mit einem Pferdefuhrwerk. Es ist kalt. Die Decke ist das Wesentliche. Schleswig-Holstein, was ist das? Die Ankunft verdrängt die Landschaft, wir haben Glück.

Verwandte nehmen uns auf. Das kleine Altenteilhaus bietet Platz für die Neuankömmlinge. Der Dachboden ist eine Luxuswohnung für den, der in einer Rübenmiete geschlafen hat. Anderen geht es schlechter. Das Dorf ist überfüllt. Jeder Bauer hat Einquartierung. Die Einwohnerzahl hat sich verdoppelt, von 1500 auf 3000 womöglich. Man richtet sich ein. Die ersten Tage gehen vorbei und das Erzählen nimmt immer noch kein Ende. Die Dichte erbringt Nähe, vorerst räumlich und körperlich. Das Menschliche muß sich erst erweisen.

Überall trifft man auf Schicksalsgenossen: Flüchtlinge. Jeder hat viel zu berichten. Gleichaltrige finden sich zusammen. Freundschaften entstehen, anfangs unter den Neuankömmlingen, dann mit den Einheimischen. Aber das braucht Zeit. Es ist eine interessante Zeit. Keiner ist einsam. Die Erlebnisse des Krieges und die Flucht wirken nach. Zurückkehrende Soldaten sagen, wie sie davongekommen sind. Und immer noch tauchen neue Gesichter auf und beleben das Vergangene neu. Die Gegenwart ist unwirklich, wäre da nicht der Kampf um das tägliche Brot. Er zwingt dazu, sich dem Nächsten anzunähern und sich mit ihm auseinanderzusetzen. Wie können wir Milch, Brot, Butter und Zucker organisieren? Zuckerrübensirup garantiert das Überleben. Der Nachbar hat schwarzgeschlachtet. Haben wir noch etwas zum Tauschen? Wieviel Reichsmark muß man für eine amerikanische Zigarette bezahlen? Für drei Schachteln Zigaretten bekommt man ein halbes Pfund guter Butter. Weißt du, was die hier essen? Buchweizengrütze mit Milch, mal ist die Milch warm, mal die Buchweizengrütze. Sie essen alle aus einer großen Schüssel. Jeder fährt mit dem Löffel hinein. Und sonntags gibt es Bratkartoffeln. Die Pfanne steht auf dem Tisch. Teller sind unbekannt. Seid Ihr auch schon dazu eingeladen worden? Wir müssen Plattdeutsch lernen, das scheint eine eigene Sprache zu sein. „Wat wüllt ji denn hier?" hat einer zu mir gesagt, als ob er nichts von dem verlorenen Krieg wüßte. Und was heißt eigentlich Gnom? Ist das eine Beleidigung? Wie? Guten Abend soll das heißen auf Plattdeutsch und zusammengezogen? Ach so, das ist so ähnlich wie damals, als man mit „Heil Hitler" grüßen mußte. Kein Mensch sagte „Heil Hitler", alles sagte „Heitler". So wird es sein. Habt ihr schon gehört? Man kann jetzt Lesemappen bestellen, und der Sportplatz soll neu eingerichtet werden. Sie wollen Handball spielen; jeder kann mitmachen. Am Sonntag müssen wir zu Eckmanns gehen. Im großen Gasthaussaal ist Kino. „Du büst wohl mall, dafür heb ick keen Geld, sühst du, ick heb schon wat liert." Und mit der Sprache wurde auch das Land vertrauter. Der Sommer half dabei, denn es war ein eigenartiger Sommer. Da ist das Dorf mit den vielen Menschen und rundherum nichts als Stille. Sie liegt breit und behäbig zwischen Eider und Sorge. Und wenn man das Land durchwandert von Fluß zu Fluß, dann sieht man: Die Stille ist grün; sie gibt Ruhe und Kraft dem, der dafür empfänglich ist.

Und das soll ein vierzehnjähriger Junge gewesen sein? Ich weiß es nicht. Aber kann es anders sein? Seit fünfzig Jahren lebe ich hier, und immer, wenn ich über die Elbe nach Süden fahre, denke ich: Da ist Ausland.

* * *

Kappeln – Margarete Flüh

Der Traum vom Haus

1946 im Januar kam ich endlich in Schleswig an, mußte aber zunächst das Städtchen Kappeln noch finden. Nach vielem Fragen wußte ich, in welche Richtung ich mich halten mußte. Leider war die Kleinbahn ausgefallen, und so mußte ich wieder mal auf Schusters Rappen weiter. Am Stadtrand sah ich viele Leute stehen und fragte, was das wohl zu bedeuten hätte. Man sagte mir, daß ich warten sollte, denn manchmal käme ein Lastwagen vorbeigefahren. Wenn wir Glück hätten, nähme uns dieser auch mit. Es kam tatsächlich einer. Alle durften mit aufsteigen. Der Fahrer fragte nach dem Ziel, und ich war die einzige, die nach Kappeln wollte. Ich wurde aber nicht ganz an mein Reiseziel gefahren. Sechs Kilometer mußte ich alleine weiter wandern. Ich wanderte, bis ich das Schild las, auf dem stand, daß es noch drei Kilometer bis Kappeln wären. Mein Gott, dachte ich, noch drei Kilometer zu laufen. Ein sehr breiter Dornenzaun lud zum Verweilen ein, und ich war froh, meinen Rucksack darauf zu legen. Ich schaute mich um und sah ein wunderschönes Bauernhaus, mit Reet gedeckt und weiß gestrichenen Fenstern. Ich fand es sehr schön. In meinem Herzen sagte mir eine Stimme, es müßte Dein sein. Hier möchtest Du wohnen. Ich dachte in diesem Moment an meinen Lehrer, der mir ins Poesiealbum geschrieben hatte: „Du darfst vieles dir wünschen, aber nicht alles begehren." So zog ich weiter meinem Ziel entgegen.

Meine Verwandtschaft war nicht gerade erfreut, nahm mich aber erst einmal auf. Das Arbeitsamt hatte auch Arbeit für mich.

Ich arbeitete im Haushalt einer Schlachterei und hatte ein kleines Zimmer für mich. Es ging mir gut. Ich bin oft an „meinem Haus", wie ich es nannte, vorbeigekommen, und immer wieder war ich verliebt in dieses Haus. Es kam schließlich wieder die Zeit, in der es Tanzvergnügen an Sonntagen gab. Dies nutzten wir junge Leute. Oft tanzte mit mir ein junger Mann, der noch nicht lange aus der Gefangenschaft zurück war. Eines Tages, als ich mal wieder an meinem Haus vorbei kam, trat plötzlich dieser Mann aus der Haustür. Mein Traum ging in Erfüllung! 1949 haben wir geheiratet.

Mein Schwiegervater war nicht begeistert, er nannte mich nur die Hergelaufene. Vor seinem Tod aber sagte er doch: „Du bist 'ne feine Deern."

* * *

Maasholm – Karl-Heinz u. M. Müller

Karl-Heinz

Das war eine Begrüßung – Bockwurst und Brot auf dem Lübecker Bahnhof am 20. April 1945! Spendiert anläßlich „Führers Geburtstag". Ein Festessen für den Familien-Clan, der mit Hunderten anderer Flüchtlinge in Güterwaggons von Rostock kommend noch kurz vor Lübeck vor Tieffliegern in Deckung gehen mußte und seit Ende Januar die Strapazen der Flucht von Danzig-Hela über die Ostsee ertragen hatte. Verdreckt, ausgemergelt, eng aneinander gedrängt standen sie da auf dem zugigen Bahnsteig, ängstlich bemüht, sich nicht aus den Augen zu verlieren. Großmutter mit ihren drei Töchtern und deren fünf Kindern im Alter von drei bis fünfzehn Jahren wußte nicht, ob sie lachen oder weinen sollte. Immer wieder fragte der 9jährige Karl-Heinz nach dem Großvater. Auf der „Moltkefels" waren sie noch alle zusammen gewesen. Nach der Bombardierung und Versenkung vor Hela und der Übernahme der Frauen und Kinder auf ein kleineres Küstenmotorschiff jedoch fehlte vom Opa jede Spur.

Seitdem fühlte sich Karl-Heinz verantwortlich für Mutter und Schwester. Er schleppte die Dreijährige auf dem Rücken und hatte vor seiner Brust den Tornister mit wichtigen Papieren hängen und dazu etwas Brot für den Notfall.

Nach entbehrungsreichen Wochen glaubten alle, ihren Augen nicht zu trauen, stürzten sich dann aber heißhungrig auf diese Bockwurst, bevor es mit Zügen in ein Lager nach Flensburg weiterging.

Von Flensburg aus, wo es drei Tage nur wässrige Kohlsuppe zu essen gab, wurden die Flüchtlinge auf Landgemeinden verteilt. Karl-Heinz und seine Lieben kamen nach Maasholm. In dem großen Saal von „Hofmanns Gasthof" war für jede Familie ein Strohlager vorbereitet und man fing an, sich mit den anderen ca. 50 Schicksalsgenossen ein wenig wohlzufühlen. Liebevoll und gut durchdacht sorgte Frau J. als

Organisatorin der Flüchlingshilfe nach und nach für die Verteilung der Neuankömmlinge auf die Häuschen und Wohnungen der Einheimischen. Karl-Heinz bekam für Mutter und Schwester ein Zimmer bei der Familie eines Fischers, die aus Eltern, einem Sohn und zwei Töchtern bestand. Es war notdürftig mit einem Bett, Schrank, Tisch und Stuhl, aber ohne Ofen möbliert.

Frau J., selbst kinderlos, aber mit komplett eingerichtetem Kinderzimmer, hatte wohl einen Blick zu tief in die braunen Kulleraugen des kleinen Kerlchens geworfen. Jedenfalls bot sie ihm in ihrem schmucken Häuschen dieses Kinderzimmer an und verwöhnte ihn mit Spielzeug und seinem Lieblingsessen. Eigentlich hätte Karl-Heinz nirgends besser leben können, doch schon nach kurzer Zeit schlich er sich abends heimlich ans andere Dorfende und kroch zu Muttern und Schwester in das einzige Bett, in dem er nur mit dem Kopf am Fußende Platz fand.

Mittags stand für eine Stunde die Küche des Hauses zur Verfügung, was zu einer gewissen Spannung zwischen den Frauen führte. Der Fischer klopfte ab und zu ans Fenster des Stübchens und mogelte den Dreien heimlich Räucherfische durchs Fenster. Heute steht am Schleiufer eine Bank zu seinem Gedenken sicher nicht nur wegen seiner Warmherzigkeit gegenüber diesen Flüchtlingen.

Oma und Opa, eine Tante und eine Cousine waren auf Gut Oehe einquartiert worden, und nach einigen Wochen in Maasholm bekamen auch unsere drei im Gärtnerhaus vom Gut zwei Zimmer. Ende 1945 wurden sie im Herrenhaus des damaligen Gutsbesitzers Prof. Schlubach aufgenommen, das schließlich ganz und gar mit Flüchtlingen belegt wurde. Dort wohnten noch mehrere Familien bekannter Parteigrößen des Dritten Reiches, deren Kinder nun Karl-Heinz' Schulkameraden waren. In besonderer

Erinnerung ist der Winter 1946 /47, wo alle mit dem Peek-Schlitten über die zugefrorene Schlei von Gut Oehe nach Maasholm zur Schule fuhren. Der Unterricht bei Lehrer L. war in der Zwei-Klassen-Schule von besonderer Qualität. Dies stellte sich nachträglich heraus, als Karl-Heinz später mühelos in eine Oberschule in Süddeutschland überwechseln konnte.

Die Flüchtlingskinder wurden von den einheimischen Mitschülern in Maasholm vorurteilslos akzeptiert, während das Verhältnis der Erwachsenen untereinander sehr reserviert, z. T. abweisend war. Einige Familien zeigten besonders den Kindern gegenüber viel Hilfsbereitschaft und Mitgefühl. So bekam beispielsweise Karl-Heinz von Frau E. einen Schulranzen, Griffelkasten und anderes geschenkt, als sie ihn mit Heft unterm Arm und Schreiber in der Hand an ihrem Haus vorbeigehen sah.

Mit dem Sohn des Melkermeisters schloß Karl-Heinz bald Freundschaft. Die beiden heckten manche Streiche aus. Auf den Kinderfesten amüsierten sie sich bei Kibbel-Kabbel, Ringwerfen oder Vogelschießen und zogen unter Blumen-Bögen zum Tanz.

Viele Flüchtlinge arbeiteten fleißig auf dem Gut Oehe mit. Die Aufnahme war bis auf wenige Ausnahmen freundlich und hilfsbereit. Die Verpflegung im Dorf war durch Lebensmittelkarten und Fisch ausreichend. Auf dem Gut war sie durch den autarken Landwirtschaftsbetrieb sehr gut. Milchprodukte, Obst und Gemüse, Eier und Geflügel wurden zugeteilt, Rübenhacken wurde mit Fleisch honoriert, Ähren- und Kartoffelnachlese ergab eine Tausch-Währung. Gesammelte Ähren wurden gegen Brot in der Wormshöfter Mühle und Kartoffeln gegen Kleidung getauscht.

Bei der Kleidung machte außerdem die Not besonders erfinderisch. Uniformen wurden aufgetrennt, gewendet und zu Mänteln und Hosen und sogar Kostümen verarbeitet. Mehlsäcke wurden aufgeribbelt und daraus kratzige Pullover und Socken gestrickt.

Anfangs war keine Heizung vorhanden und man behalf sich mit alten Mänteln, Decken, Militärkleidung von den Soldaten und mit Säcken. Wenn „große Wäsche" gemacht wurde, blieb man im Bett, bis alles getrocknet war.

Im Sommer brauchte man nur über den Hof zu laufen und schon konnte man sich in die Ostsee stürzen. Karl-Heinz kann sich nicht erinnern, hier jemals Schuhe getragen zu haben. Im Winter wärmten von Opa geschnitzte Holländer-Holzschuhe mit Stroheinlage oder Holzpantoffeln die Füße.

Schon Anfang 1946 war die Nachricht vom Rot-Kreuz-Suchdienst gekommen, daß der Opa gefunden worden war. Karl-Heinz durfte ihn mit der Tante abholen. Von Oehe 5 Kilometer zu Fuß nach Schwackendorf, von dort mit der Kleinbahn nach Flensburg und dann weiter zu Fuß an die Dänische Grenze. Hier lagen sie sich in den Armen. Der 71jährige alte Mann war vor über einem Jahr von der brennenden „Moltkefels" samt Rucksack in die eisige Ostsee gesprungen, dann von einem Schiff gerettet und ins Lager nach Aalborg gebracht worden.

Ende 1946 kam das erste Lebenszeichen über das Rote Kreuz von dem in amerikanische Gefangenschaft geratenen Vater. Er hatte in Süddeutschland Arbeit und Wohnung über die Amerikaner bekommen und holte im Sommer 1947 seine Familie nach Stuttgart.

Wir Zimmermänner

Meine Eltern, meine Oma und wir zehn Kinder wohnten in Lötzen, in Masuren. Die Hälfte eines Zweifamilienhauses war unser Eigentum. Dazu gehörte ein großer Garten von etwa einem viertel Hektar.

Am 10. März 1945 kamen wir nach der Flucht endlich in Schleswig-Holstein an. In Achtrup kamen wir in ein Sammellager und haben eine Nacht bei einem Bauern geschlafen. Am nächsten Tag wurden die Flüchtlinge auf die Dörfer verteilt.

Das Dorf Osterby bei Medelby sollte zehn Personen aufnehmen. Wir waren dafür ausersehen. Wir wurden am 11. 03. 45 zum Bahnhof gebracht und fuhren nach Wallsbüll, wo uns einige Pferdewagen erwarteten. Bürgermeister H. sollte diese zehn Personen auf drei Stellen verteilen. Er war nun sehr bedrückt und ergriffen, daß er diese Großfamilie auseinanderreißen mußte. Erste Station war das Zollhaus. Meine Schwester Leni (fast sechzehn Jahre alt) und ich (elf Jahre alt) wurden dort bei Familie B. einquartiert. Das Ehepaar B. hatte zwei Söhne. Zu einem Kleinbauern J. kamen Georg (vierzehn Jahre) und Gertrud (dreizehn Jahre). Mutter, Oma und die vier Kleinsten fanden Zuflucht bei Familie F. Wir waren nun alle am Ziel angekommen. Auf der Flucht hatten wir das Glück gehabt, nicht auseinandergerissen zu werden. Jetzt hatten wir aber keine gemeinsame Zuflucht finden können. Glücklicherweise wurden wir an allen drei Stellen gut aufgenommen und gut behandelt.

Tagsüber trafen wir uns alle wieder bei Mutter, die zwei Zimmer für sechs Personen hatte. Dort wurde gewohnt, gekocht, gewaschen und geschlafen. Frau F. war sehr hilfsbereit, obwohl es für sie auch nicht leicht war. Weil ihr Mann und die erwachsenen Söhne noch im Krieg waren, war sie mit allem auf sich alleine gestellt. Jede helfende Hand wurde gebraucht, und wir alle packten tüchtig zu. Unsere Mutter konnte einfach alles. Da sie als junges Mädchen im Ersten Weltkrieg zu ihrer Tante auf einen Bauernhof gekommen war, hatte sie dort gelernt, was zu tun war. Und hier bei Frau F. war sie eine sehr gute Hilfe im Stall und auf dem Feld. Wir größeren Kinder halfen ebenfalls mit. Oma war die Babysitterin für die Kleinsten.

Für die Hilfe wurde in Naturalien gezahlt:
- von der Milch wurde Rahm abgeschöpft und gebuttert,
- Korn wurde gemahlen und es wurde Brot gebacken,
- auf geriebene Kartoffeln wurde etliche Male Wasser aufgegossen und abgegossen, bis es weißes Stärkemehl wurde; daraus konnten Sandtorten und andere Köstlichkeiten gemacht werden,
- gutes Fallobst wurde auf Band gezogen, an der Luft getrocknet und zum Teil im Backofen nachgetrocknet,
- im nahen Wald wurden Pfifferlinge und auf den Wiesen viele Champignons gesammelt und dann getrocknet,
- bekamen wir etwas ab, wenn Schweine geschlachtet wurden, wurde auch Wurst und anderes gemacht,

- aus Knochenabfall wurde Seife gekocht,
- auf einem zugewiesenen Feldstück konnten wir uns einen Gemüsegarten zulegen,
- es wurden kleine Kaninchen gekauft, großgezogen und dann geschlachtet,
- wir alle haben beim Torfstechen geholfen und bekamen dafür Torf zum Heizen,
- Mutter und Oma konnten Wolle spinnen. Deshalb wurde für sie das Spinnrad vom Boden geholt. Die Wolle wurde in Lagen gewickelt, gründlich gewaschen, getrocknet und auf Knäuel gewickelt.
- Das Stricken wurde auf viele verteilt. Die Bezahlung erfolgte dann in Form von Wolle. Wenn es Handschuhe werden sollten, durfte ich den Schaft stricken. Das weitere machte Leni mit schönen Sternmustern. Pullover, Mützen, Kniestrümpfe folgten. Mutter und Oma strickten Strümpfe für uns und die Menschen in der Nachbarschaft. Zur Zeit der Stromsperre wurde ein Zimmer mit einer Brennhexe beheizt. Dort versammelten wir uns dann auch mit Nachbarskindern. Beim Stricken wurde viel erzählt und auch gesungen. Es herrschte eine friedliche Abendstimmung.
- Nachdem Leni einigermaßen gesund war, lernte sie bei Fr. T. in Medelby das Nähen. Sie war sehr geschickt und konnte auch bald für uns zu Hause allerlei nähen. Alte Sachen wurden aufgetrennt, der Stoff gewendet und zu neuen Sachen verarbeitet. Aus neuen Wolldecken wurden Mäntel, Jacken und Röcke genäht, aus Fallschirmseide hübsche weiße Kleider für uns Mädchen.
- Ausgediente Fahrradmäntel wurden zum Schuhebesohlen gebraucht. Unsere Mutter arbeitete wie ein Schuster und hatte mit den vielen Schuhen ihrer Kinder alle Hände voll zu tun.

Leni hatte sich auf der Flucht Lungen-Tbc zugezogen und konnte daher nicht weiter auf die Oberschule nach Flensburg oder Niebüll gehen. Sie hatte als Schulabschluß ein Not-Einjähriges in Ostpreußen erhalten. Wir anderen gingen hier in Osterby in die Dorfschule, fühlten uns in dieser wohl und haben alle gut gelernt. Georg wurde schon Ende März entlassen. Nach und nach kamen alle an die Reihe.

Von unserem Vater und unserer Schwester Martha wußten wir lange nichts. Allerdings funktionierte allmählich der Postbetrieb wieder ganz ordentlich. Vater kam in Hamburg an und erhielt genau wie Martha über Verwandte in Westfalen unsere Adresse. Mutter hatte nämlich allen Verwandten in Westfalen unsere Adresse mitgeteilt. So sind wir wieder alle zusammengekommen.

Ende 1947 kam auch Bruno aus englischer Gefangenschaft. Von der übrigen Verwandtschaft aus Ostpreußen haben wir nie wieder etwas gehört. Mutter hatte oft an den Suchdienst des Roten Kreuzes geschrieben, aber immer eine Absage erhalten.

Vater hatte seine Familie im Frühjahr 1949 nach Hamburg geholt. Zwei Schwestern von uns haben ihre Männer in Osterby gefunden, geheiratet und haben Kinder und Enkelkinder bekommen. So sind wir bei vielen Familienfeiern wieder in Osterby versammelt und auch von allen anderen gern gesehen.

* * *

Erfrorene Knie

Bis zum 28.06.1946 war meine Heimat Neu-Laatzig, Krs. Dramburg/Pommern.

Morgens vor 7.00 Uhr brach polnische Miliz in unser Haus ein und trieb mit vorgehaltener MP und unter Androhung zu schießen meine Mutter, meine Schwester (fünf Jahre) und mich (neun Jahre) hinaus zum Abtransport in eine ungewisse Zukunft. Bei diesem Überfall waren wir sommerlich gekleidet und konnten gerade noch ein Handgepäck ergreifen.

Am 13.07.1946 trafen wir mit vielen Vertriebenen in einem Eisenbahntransport von Stettin aus in der damaligen US-Zone in Lübeck ein. Gleich beim Halt schossen begleitende polnische Milizionäre auf Personen, die sich hier nur zur Wassersuche vom Transport entfernten.

Nach der Übernahme des Transportes durch britische und amerikanische Behörden wurde dieser zum Durchgangslager Pöppendorf weitergeleitet. Hier erfolgte die Trennung nach Geschlechtern zwecks Registrierung und ärztlicher Untersuchungen. Danach führte ein Gang in ein großes Essenzelt zum Empfang einer warmen Mahlzeit, bestehend aus Saubohnensuppe mit Kartoffeln. Nach langem Dursten und Hungern konnte ich mich hier endlich mal richtig satt essen.

Alle Dorfbekannten trafen dort nacheinander ein, nur meine Mutter und meine Schwester nicht. In meiner Sorge wandte ich mich an eine Rotkreuz-Schwester, die nachforschen wollte. Die Rotkreuz-Schwester brachte mich in einer Rotkreuz-Nissenhütte unter, wo schon andere elternlose Kinder eine Schlafstelle hatten. Am nächsten Tag erhielt ich Nachricht, daß Mutter und Schwester wegen einer Krankheit ins Krankenhaus nach Lübeck gebracht worden waren und ich über mehrere Tage in der Obhut des Roten Kreuzes bleiben mußte.

Im Lager hatten wir Kinder uns bald mit aus Norwegen zurückgekehrten deutschen Soldaten angefreundet. Diese schenkten uns Knäckebrot und Ölsardinen. Für uns war dies ein toller Leckerbissen.

Am 17.07.1946, genau an meinem Geburtstag, besuchte mich meine Mutter für ein paar Stunden. Die Wiedersehensfreude war riesig groß. Am 20.07.1946 wurden meine Mutter, meine Schwester und ich dem Transport nach Schleswig nachgeschickt. Hier wurde uns im Aufnahmelager „Moltke-Kaserne", Block I, auf dem Boden eine Lagerstätte zugewiesen. Wir lagen neben vielen anderen dichtgedrängt auf blanken Holzdielen, bekamen insgesamt ein Eßgeschirr und eine graue Felddecke.

Das Lager war mit über 3000 Menschen überfüllt. Wir haben mehr vegetiert als gelebt. Oftmals war der Platz nach kurzer Abwesenheit von anderen besetzt und es gab Streit. Das Lager war mit Stacheldraht und einer Torwache gesichert, die nur Berechtigte passieren ließ.

In dem Lager gab es für alle Personen eine Gemeinschaftsverpflegung. Dies bedeutete, daß es morgens und abends Kaltverpflegung, bestehend aus einer Scheibe Brot, grammweise Margarine, Marmelade, sogenannter Jagdwurst, mal Fisch und

Kaffee gab. Als Mittagessen wurden Maggi- oder Soja- bzw. Kohl- oder Steckrüben-Suppe mit einem Kartoffel-Stück ausgeteilt, ca 0,5 Liter.

Zum Kaltverpflegungs- und Mittagessens-Empfang mußten wir täglich in Reihen lange anstehen, auch bei Kälte, Regen und Schnee. Dabei kam es wiederholt vor, daß ich oder andere die Ausgabestelle nach langem Anstehen erreicht hatten und mit leerem Bauch vor dem leeren Ausgabekübel standen, weil das Essen zu oft nicht ausreichte, um alle zu versorgen. Da hieß es dann: „Pech gehabt und warten auf ein nächstes Mal."

Meine Bekleidung bestand aus zwei Hemden, einer kurzen Hose, einer Jacke und ein Paar Sandalen bis in den Winter 1947 hinein. Es war ein und dieselbe Bekleidung seit der Vertreibung. Zur Reinigung gab es nur Tonseife und kaltes Wasser. Die Körperpflege erfolgte in einem sogenannten Waschraum für alle, der an jeder Wandseite eine ca. 5 Meter lange durchgehende Kumme mit teilweise funktionierenden Wasserhähnen darüber hatte.

Nach mehreren Wochen des allgemeinen Ausgehverbotes konnten wir Jungen in Gruppen die Stadt und das Umfeld erkunden. Die einheimischen Einwohner verstanden wir nicht, weil sie durchweg das Schleswiger Platt sprachen. In der Stadt gab es nur wenige Geschäfte, die gelegentlich Fisch- und Fleischpasteten und Heißgetränke und zu bestimmten Zeiten auf Lebensmittelkarten oder Bezugsscheinen Ware verkauften. Eher gab es in den drei Fischgeschäften außer Pasteten auch mal verschiedene Fischarten zu kaufen.

Wir hatten keine Lebensmittelkarten und keine Bezugsscheine und auch keine Reichsmark.

Meine Mutter bekam nach einiger Zeit monatlich 7,– RM Wohlfahrtshilfe. Zu der Zeit gab es in der Gaststätte „Blaue Traube" einmal wöchentlich eine Brennesselsuppe, die auch wir uns in einem Gefäß aus einer alten Konservendose gegen Geld abholten.

In Schleswig waren britische und später norwegische Besatzungssoldaten und deren Angehörige stationiert. Von diesen wurde auffallend viel Müll abgefahren. Bald wußten wir den Müllplatz und fanden brauchbare Gegenstände wie Blechbehälter, leere Dosen, Autoreifen, Kleidungsstücke und anderes mehr. Die Blechbehälter wurden zum Kaffeeholen, die Dosen zu Eßgeschirr und Trinktöpfen umfunktioniert. Es wurden Brennhexen zum Heizen und Kochen angefertigt. Aus dem Reifengummi wurden Sandalen geschnitten. Die Versorgung mit Essen und Kleidung war sehr mangelhaft. Deshalb gingen wir durch die anliegenden Dörfer und bettelten nach Brot, Kartoffeln und allem, was eßbar war. Wir stoppelten auf den abgeernteten Feldern Kartoffeln und Kornähren, sammelten Beeren, Brennessel- und Löwenzahnblätter für schmackhaften Salat.

Gelegentlich angelte ich auch Fische aus den Schleigewässern.

In dieser Zeit durchlebten wir alle eine für heutige Verhältnisse unbeschreibliche Zeit der Not und des Elends. Wir wurden nur von dem starken Willen geleitet, selbst alles zu tun, um zu überleben.

Im Lager erlebten wir auch den kalten Winter 1946/47.

Von dem kalten Boden ohne Heizung wurden wir in eine Stube eingewiesen, die 18 Quadratmeter groß war. Sie war mit bis zu achtzehn Personen, vom Kleinkind bis zum alten Mütterchen, überfüllt und hatte drei Eisenbetten übereinander. Ich lag unter der Zimmerdecke. Als Matratzenauflage dienten alte Säcke und Pappe. Als Zudecke hatte ich eine größere Männerjacke aus einer Spende, die aber nicht bis zu den Knien reichte. In dieser Winterzeit gingen wir in den Wald und sammelten dünnes Astholz zum Heizen und Kochen. Da ich keine Beinkleidung hatte, sind mir die Knie erfroren.

In diesem Winter herrschte täglich Stromsperre. Es gab keine Glühbirnen. Wir saßen im Dunkeln. Vereinzelt konnten Bunkerlichter erstanden werden.

Danach erkrankte ich schwer an Typhus. Laut Aussage der Ärzte war ich schon „abgetreten", erlangte mein Bewußtsein aber wieder. Ich habe noch einmal großes Glück gehabt. Meine Mutter hatte den Briefkontakt mit Verwandten in der West- und Ost-Zone aufgenommen. Der Krieg hatte alle getroffen. Evakuierung, Ausbombung, Verschollensein waren die meisten Gründe für die Nichtzustellbarkeit. Jeder Überlebende suchte Angehörige. Wir fanden Verwandte in Berlin, und dadurch erhielt mein Vater die Nachricht von unserem Aufenthaltsort. 1947 erhielten wir eine Rückantwort-Karte von meinem Vater aus der Kriegsgefangenschaft aus einem Lager in Französisch-Marokko. Dies war ein erstes Lebenszeichen. Die Freude darüber war unbeschreiblich groß und ließ über Tage den Hunger vergessen.

Ende 1947 wurde die Lagerschule eingerichtet, und ich konnte wieder an der schulischen Ausbildung teilnehmen.

Das Dänische Rote Kreuz versorgte die Schulkinder mit guter, schmackhafter Schulspeisung.

Durch die Schule hatten wir Kinder eine neue Aufgabe, lernten und waren einen halben Tag von der Straße und dem Luderleben weg.

1948 kam mein Vater verwundet aus der Gefangenschaft zu uns ins Lager. Die Freude über seine Rückkehr ist nicht zu beschreiben. Wir waren überaus glücklich, wieder zusammen zu sein.

* * *

Schleswig – Uwe Hansen

Zwangseinquartierung

Die Flüchtlingströme aus dem Osten erreichten auch Schleswig. Die Ankunft der Trecks wurde irgendwie bekannt, jedenfalls liefen wir Kinder dann in die Stadt, um diese seltsamen Menschen zu bestaunen. Einige kamen mit Panje-Wagen, bei denen die Pferde Holzbügel über dem Hals trugen. So etwas war uns völlig unbekannt.

Eines Tages bekamen wir Bescheid, daß wir eine Flüchtlingsfrau in der Wohnung aufnehmen sollten. Wir bewohnten mit vier Personen eine 2,5-Zimmer-Wohnung. Das kleine Zimmer sollten wir abgeben. Allerdings mußte man durch den Flur, durchs Schlafzimmer und durchs Wohnzimmer, um in dieses Zimmer zu kommen. Es half aber nichts. Meine Mutter ging dann mit uns beiden Jungen und einem Handwagen zum Schleswiger Theater, um unseren „Gast" abzuholen. Es handelte sich um eine alte Frau aus Pommern, Oma Rohrbach. Sie war relativ klein, hatte schwarze Haare und war ausgesprochen ärmlich gekleidet. Sie hatte nur wenige Habseligkeiten. Aufgefallen ist uns ein rostiges Besteck, einige Blechteller und ein Bündel mit Kleidung. Sie war schmuddelig, und sie stank. Ein Badezimmer konnten wir ihr nicht bieten. In der Wohnung gab es nur ein Waschbecken in der Küche. Ich vermute, daß sich Oma Rohrbach in der Waschküche im Keller gewaschen hat.

Als mein Vater kurz nach der Einquartierung aus dem Krieg nach Hause kam, hat er die Wand zwischen Flur und „Gästezimmer" aufgestemmt, eine Holzzarge und eine Holztür organisiert und eingebaut. Nun konnte unser „Gast" direkt vom Flur ins Zimmer und brauchte nicht mehr durch die ganze Wohnung.

Mit der Zeit hatten zumindest wir Jungen uns an Oma Rohrbach gewöhnt. Mit meiner Mutter wird es sicher Spannungen gegeben haben. Gekocht und gegessen hat Oma Rohrbach in ihrem Zimmer. Zum Abwaschen und um sich selbst zu waschen, mußte sie in die Küche. Wie alt Oma Rohrbach war, weiß ich nicht. Sie sah zwar ziemlich alt aus, war jedoch recht gelenkig. Sie konnte sehr gut Holz hacken und baute aus diesen Klaftern 2–2,5 Meter hohe Türme, die mit einem runden Dach abgeschlossen wurden. Auch konnte sie gut Hühner und Kaninchen schlachten. Wenn die Hühner ausbüxten, hat Oma Rohrbach sie wieder eingefangen.

* * *

Lagerleben

Ich wurde am 17. Juni 1936 in Virchow, Kreis Dramburg, Regierungsbezirk Köslin geboren. Meine Eltern hatten dort einen Bauernhof, der mir – trotz der kurzen Kinderzeit – unvergeßlich ist.

Am 11. Februar 1945 gingen wir auf die Flucht.

Wir kamen nach Pöppendorf. Dort wurden wir in Nissenhütten einquartiert, bekamen richtige Decken und wurden als erstes entlaust. Diesen Entlausungsschein habe ich heute noch. Das Schönste in Pöppendorf war, daß es dort Gemüsesuppe gab. So etwas Köstliches hatten wir schon lange nicht mehr gehabt. Wir blieben dort 10–14 Tage. Es hieß: „Wir kommen nach Schleswig-Holstein." Daß wir dort schon waren, wußten offensichtlich die wenigsten. Richtig war, daß wir nach Schleswig sollten. Dorthin wurden wir mit dem Zug gebracht. Am 17. 7. 1945 kamen wir in Schleswig auf dem Hauptbahnhof an. Dort wurden wir auf Lastwagen verladen. Die erste Erinnerung an Schleswig ist, daß hier alles so heil und auch sauber war. Das erste Gebäude, an das ich mich konkret erinnern kann, ist das Regierungsgebäude, das jetzige Oberlandesgericht. So ein großes Gebäude hatte ich noch nicht gesehen.

Auf dem Hof der Moltke-Kaserne angekommen, wurden wir in das kleinste der vier Häuser eingewiesen. Es war Block IV, in dem jetzt die Standortverwaltung untergebracht ist. Nun waren wir also in Schleswig, unserer neuen Heimat, angekommen. Die Moltke-Kaserne sollte $15\frac{1}{2}$ Jahre bis zum Januar 1961 unsere Heimat bleiben.

Angekommen waren wir nun – wurden wir aber auch angenommen? Darüber dachte zuerst wohl noch niemand nach. Jeder war froh, daß man in Ruhe schlafen konnte und auch zu essen bekam. Wir wohnten in einer eigenen Gemeinschaft, lebten doch in diesem Lager über 3000 Menschen. Die Stadt Schleswig war außerhalb. Als wir die ersten Ausflüge außerhalb des Kasernengeländes unternahmen, riefen uns andere Kinder nach: „Flüchtlinge, Flüchtlinge". Wir wußten uns zu helfen, denn wir riefen zurück: „Dat segg ick min Mudder." So glaubten wir sie zu überzeugen, daß wir gar keine „Flüchtlinge" seien. Als Kinder berührten uns diese Rufe ohnehin nicht so sehr. Am meisten haben – glaube ich – meine Großeltern gelitten. Mein Großvater hat auch später nie versucht, sich selbst wieder Eigentum zu schaffen. Die Darlehen, die dafür bereitgestellt wurden, waren seiner Meinung nach Almosen.

Wie gesagt, unser „Anderssein" kam uns Kindern nicht so sehr zu Bewußtsein. Später wurde es dann etwas anders. Im Herbst 1946 wurde im Lager erst ein Kindergarten und dann auch eine Schule ins Leben gerufen. 1949 riet mein Klassenlehrer meiner Mutter, mich doch bei der „Oberschule", dem Lyzeum, anzumelden. Also gingen wir beide zu der Schule. Dort hatte man Bedenken, daß ich erst ein Jahr Englisch gehabt hätte und deshalb den Anforderungen nicht gewachsen wäre. Mit diesem bedrückenden Bescheid gingen wir zurück. Zu der Zeit gab es noch Aufnahmeprüfungen zu den weiterführenden Schulen. Am Tag dieser Aufnahmeprüfung rief man in

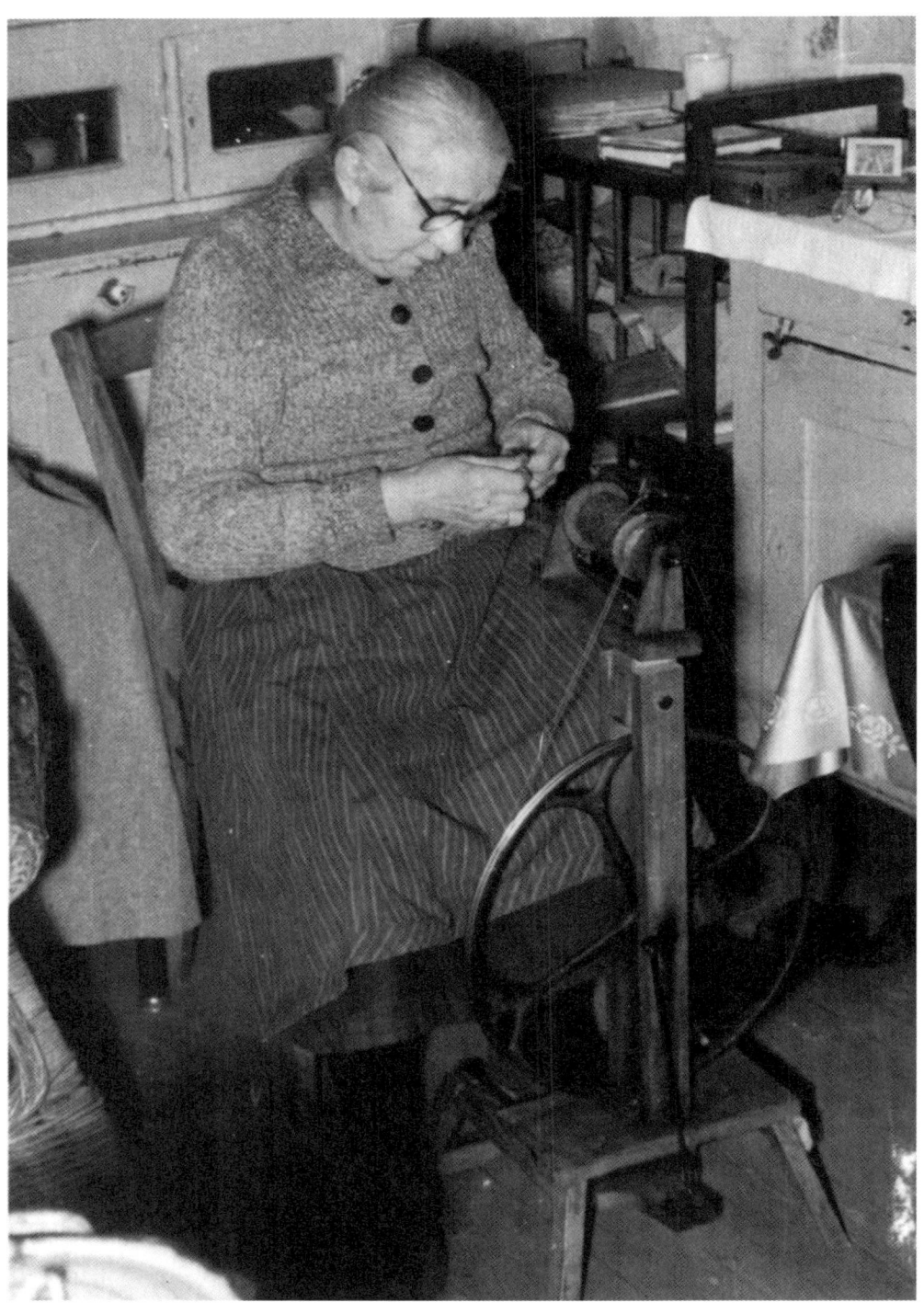

Die Großmutter der Verfasserin beim Spinnen in der Moltke-Kaserne

Die sechste Klasse der Lagerschule in der Moltke-Kaserne, 1947

der Lagerschule nach bereits erfolgter Prüfung an und fragte, warum ich nicht gekommen wäre. Das kann ich nicht vergessen.

Ich besuchte daraufhin die 7. Klasse der Hauptschule bzw. Volksschule, wie es damals hieß. Nach diesem 7. Jahr machte ich dann eine 14tägige Aufnahmeprüfung für die Mittelschule. Diese bestand ich und besuchte dort nochmals die 7. Klasse der Mittelschule. Wir waren 49 Mädchen in einer Klasse. Vom ersten bis zum letzten Tag bin ich gerne dort gewesen. Ich habe mich dort nie als Außenseiterin gefühlt, denn ich hatte Freundinnen gerade auch bei den Einheimischen. Nur bei Kleinigkeiten wurden mir die Unterschiede bewußt. Beispielsweise bei einer Mitschülerin, deren Vater Bäcker war. Sie hatte jeden Tag köstliche Sachen mit. Erst viel später hab ich ihr gestanden, wie gern ich etwas davon abbekommen hätte.

Eine andere Sache waren die Bücher. Aus der Stadtbücherei haben wir uns regelmäßig so viele ausgeliehen, wie wir durften. Nur eigene Bücher hatten wir nicht. Damals habe ich mir geschworen, wenn ich mal Geld habe, kaufe ich mir Bücher.

Irgendwann mußten wir mal einen Aufsatz schreiben über die Natur. „Abend am Waldrand" oder so ähnlich war das Thema. Jedenfalls kam es dem sehr nahe, was ich am liebsten las, nämlich Tierbücher. Ich bekam trotzdem eine „5", weil ich angeblich abgeschrieben hatte. Dies ging gegen meine Ehre. Also nahm ich all meinen Mut zusammen und ging zu meiner Klassenlehrerin. Ich war so empört, daß sie es wohl auch merkte. Ich habe ihr den Vorschlag gemacht, doch einmal mitzukommen und zu sehen, wo ich wohl ein Buch haben sollte, in unserem einen Zimmer in der Kaserne, in dem wir zu siebent wohnen mußten. Sie änderte meine Zensur in eine „3" um, womit ich aber nicht zufrieden war, denn ich meinte, ich hätte eine „1" verdient.

Das Schlimmste kam, als wir durch Möbel aus einem anderen Lager Wanzen bekamen. Diese Viecher hatten es auf mich abgesehen. Nachts fielen sie über mich her, morgens waren kleine Einstiche zu sehen, die sich im Laufe des Vormittags zu richtigen kleinen Beulen auswuchsen. Das war mir sehr peinlich, es hat aber nie jemand etwas darüber gesagt.

Während dieses Lagerlebens wurden mein Bruder und ich konfirmiert, und zwar in der schönen Michaeliskirche. Wir wurden aus der Schule entlassen, haben beide in Schleswiger Firmen gelernt und fühlten bzw. fühlen uns dort zu Hause. Im Januar 1961 konnte meine Mutter mit uns in unsere eigene Wohnung in die Stettiner Straße 21 einziehen.

* * *

Süderbrarup – Gerhard Nötzel

Küchengemeinschaft

Unsere Flucht fand mit dem Schiff statt. Wir waren drei Personen: meine Mutter und wir Zwillingsbrüder, damals 12 Jahre jung.

Während der Überfahrt hatten wir unsere Mutter an Bord nicht gefunden. Mein Zwillingsbruder Hans und ich hatten die nächtliche Fahrt immer nur im Rettungsfloß verbracht. Wieder festen Boden unter den Füßen, fanden wir auch unsere Mutter sowie mehrere Verwandte wieder. Als die große Menschenmenge am Lübecker Hafen stand, kündigte Sirenengeheul Fliegeralarm an, aber wo sollten diese vielen Menschen hin? Zum Glück fielen keine Bomben, und so wurden alle Flüchtlinge nach und nach mit der Straßenbahn zum Lübecker Hauptbahnhof gebracht, um so schnell wie möglich die Stadt zu verlassen. Wir sollten auf dem Lande untergebracht werden.

In Süderbrarup, Kreis Schleswig, war zunächst unsere Endstation. Am Bahnhof wurden wir von einer sozialen Organisation mit heißer Milch und belegten Brötchen versorgt. Dann holten uns Bauern aus dem Umland mit Pferdewagen ab, und jeder nahm wieder eine Familie auf, nachdem viele Bauern vor unserer Ankunft bereits einige Familien untergebracht hatten. Wir wurden bei Bauer Julius M. in Ekenis einquartiert. Wir bekamen eine kleine Kammer auf dem Dachboden, ohne Heizmöglichkeit und ohne Kochgelegenheit. Dafür hatten wir aber ein Bett zum Schlafen und ein Dach über dem Kopf. Bei Bauer M. waren noch drei Flüchtlingsfamilien einquartiert. Ferner lebten dort noch eine Zwangsarbeiterfamilie aus Polen mit vier Personen und ein Kriegsgefangener. Da wir alle weder eine eigene Kochgelegenheit noch Nahrungsmittel hatten, wurden wir von der Familie M. versorgt. Wir durften alle gemeinsam am Tisch mitessen, so daß wir immer zwanzig Personen am Mittagstisch waren. Und so gab es sehr viel zu tun in der Küche, wie zum Beispiel Kartoffeln schälen, Gemüse putzen und abwaschen. Außerdem mußten Holz zum Heizen und für den Herd gehackt und die Tiere gefüttert werden. Die Felder konnten kaum rechtzeitig bestellt werden, da die englischen Tiefflieger menschliche Ziele suchten und die noch kahlen Knicks wenig Schutz boten.

Am 8. Mai 1945, dem Tag der Kapitulation, war es vorbei mit den wahnsinnigen Heldentaten. Die Zwangsarbeiterfamilie aus Polen zog aus, und der Kriegsgefangene ging heim. Von den zwei Söhnen des Bauern kehrte nur einer zurück. So hatte unser Bauer M. auch ein schweres Schicksal. Er hatte einen Sohn verloren, ihm fehlten Arbeitskräfte, um die Äcker noch zu bestellen, und das ganze Haus war mit Flüchtlingen besetzt.

Unser Vater hatte uns nach einer mehr als abenteuerlichen Flucht nach Ende des Krieges gefunden. Sein Fischkutter, mit dem er von Hela über die Ostsee geflüchtet war, wurde noch am Tage der Kapitulation in der Kieler Bucht versenkt. Er konnte sich in einem Boot retten und wurde später geborgen. Über eine Kontaktadresse in Kiel fand er uns in Ekenis. Wir waren glücklich, hatten wir doch unseren Vater wieder! Dagegen trat alles andere in den Hintergrund: die verlorene Heimat, unser verlorenes Haus und der Verlust unseres Fischkutters, der die Existenzgrundlage meiner Eltern war.

Bei Bauer M. machten wir uns nützlich. Wir übernahmen Arbeiten, wie Rüben hacken, Diesteln stechen, Heu einfahren und Getreide ernten. Wir wurden immer gut versorgt und hatten keine Angst mehr, denn der Krieg war vorbei.

Im Frühjahr 1946 sollten wir Zwillinge konfirmiert werden, aber wir hatten ja kaum etwas zum Anziehen. Bauer M. besorgte uns von seinem Bruder in Flensburg stahlblauen Anzugstoff mit silberfarbigem Futter, und der Schneider im Dorf nähte uns die schönsten Konfirmationsanzüge, die es je gab.

Einige Zeit später zogen wir dann nach List auf Sylt, wo unser Vater sich eine neue Existenz als Fischer aufbauen wollte. Er war auf der Halbinsel Hela sein ganzes Leben lang Fischer gewesen, und so zog es ihn wieder zum Wasser hin. Auch auf Sylt fanden wir Freunde, die uns halfen und unterstützten, vor allem unsere Schulfreunde.

* * *

Wie eine große Familie

Die Zeit vor 50 Jahren habe ich noch gut in Erinnerung. Wir wohnten auf dem Lande und hatten nicht viel vom Krieg mitbekommen. Auch bei uns fielen aber Bomben und zerstörten vieles. Neben unserem Haus fielen Brandbomben. Wir kamen aber mit dem Schrecken davon. Alle Häuser und Ställe mußten verdunkelt werden. Kein Licht durfte zu sehen sein, alles war dunkel. Abends bestand ein Ausgehverbot.

Viele Menschen in den Städten sind verbrannt, andere wurden unter Trümmern begraben, sie erfroren oder ertranken. Viele konnten dem Tod entrinnen und sind geflüchtet. Tausende kamen nach Schleswig-Holstein.

Auch in unser kleines Dorf Böel bei Süderbrarup, welches 500 Einwohner hatte, kamen Flüchtlinge. Für jeden Hausbesitzer bedeutete dies, daß er so viele Zimmer wie möglich abgeben mußte. Jede Flüchtlingsfamilie bekam ein Zimmer. Großfamilien mußten auf engsten Raum wohnen. Trotzdem waren alle dankbar, eine Bleibe zu haben. Leider konnten wir keine Flüchtlinge aufnehmen, da wir zehn Kinder waren. Unser Vater war 1943 viel zu jung und zu früh gestorben.

Dann habe ich ein Flüchtlingsmädchen kennengelernt. Ihre Familie bestand ebenfalls aus zehn Personen. Sie mußten alle auf Strohsäcken schlafen. Dieses junge Mädchen war genauso alt wie ich. Wir waren fortan immer zusammen. Unsere Mutter hat sogar ihr Schlafzimmer für uns zwei zur Verfügung gestellt, damit meine Freundin und ich darin schlafen konnten.

Meine Mutter und ich sind jeden Morgen und Abend melken gegangen. Dafür bekamen wir vom Bauern: Milch, Eier, Butter, Mehl und auch einmal ein großes Stück Speck, eine Mettwurst oder ein fettes Suppenhuhn. Wir haben alles mit dieser großen Familie und anderen Flüchtlingen geteilt. Unsere Mutter hat jeden Tag einige Kinder zum Mittagessen eingeladen, obwohl wir selbst auch arm waren. Ich habe tagsüber bei einer Schneiderin gearbeitet, die Flüchtling war und drei kleine Kinder hatte. Ich habe ihr den Haushalt geführt, wofür sie unserer Familie Sachen genäht hat.

Einheimische und Flüchtlinge waren gleichgestellt bei der Ausgabe von Lebensmittelkarten und Bezugsscheinen für Kleidung und Schuhe. Meine Freundin und ich haben uns aus blau- und rotweißkarierten Bettbezügen Röcke und aus Laken Jacken genäht. Ein alter Mann hat für uns Schuhe aus Holz geschustert mit Keilabsatz aus alten Wandertaschen oder Ranzen. Der alte Herr bekam dafür etwas zu essen, oder aber wir haben Zigarettenkippen gesucht, die er dann bekam.

Zusätzlich zu meiner Freundin habe ich eine junge Flüchtlingsfrau mit zwei kleinen Kindern kennengelernt. Sie war unsere Nachbarin. Wir sind bei Kälte, Schnee und Regen in den Wald gegangen und haben Holz gesammelt. Dieses haben wir auf einem Blockwagen nach Hause gefahren, was eine schwere Arbeit war. Aus Zuckerrüben haben wir Sirup gekocht. Außerdem haben wir Kartoffeln gestoppelt und Ähren gesammelt. In unserem Garten haben wir viel Gemüse angebaut. Zusätzlich hatten wir einen großen Obstgarten.

Alles wurde mit den Flüchtlingen geteilt, die sehr dankbar dafür waren. Wir haben alle zusammengehalten, haben geklönt, gesungen und gescherzt, wenn wir zusammenkamen wie eine große Familie. So eine Harmonie kann es nur auf einem kleinen Dorf geben. Später habe ich den Bruder von meiner Freundin kennengelernt. Dieser kam aus Pommern und war fünf Jahre in Sibirien in Gefangenschaft gewesen. Wir haben bald geheiratet.

* * *

Bad Segeberg – Helga Zeßler

„So ein Tag, so wunderschön wie heute"

Nach unserer Ankunft in Bad Segeberg wurde ich so schwer krank, die Ärzte hatten Diphtherie diagnostiziert, daß ein Krankenhausaufenthalt unumgänglich war. Das Krankenhaus war provisorisch eingerichtet, es fehlte an allem. Ich wurde in einem großen Saal mit vielen anderen Kranken untergebracht. Die Trennung von meiner Mutter war so schmerzlich für mich, daß die Ärzte dringend rieten, den Krankenhausaufenthalt nach wenigen Tagen abzubrechen, da sie um mein Leben fürchteten.

Meine Mutter war nun ganz allein auf sich gestellt. Aber es gelang ihr, in einem Kinderheim in Bad Segeberg in der Kurhausstraße eine Unterkunft, einen Kellerraum neben der Waschküche, zu bekommen. Der Raum war feucht, dunkel und kalt, aber wir hatten ein Bett, einen Stuhl und einen kleinen Tisch. Die Schwestern im Heim waren sehr gütig und halfen meiner Mutter in dieser schweren Zeit.

Mein Zustand verschlechterte sich. Meine Mutter kämpfte verzweifelt um mein kleines schwaches Leben. Sie saß viele Wochen an meinem Bett und beobachtete alle meine Reaktionen, und wenn ich wieder in tiefen Schlaf fiel, einer Ohnmacht ähnlich, dann rief sie: „Bleib bei mir, du darfst nicht sterben." Sie lief durch die Stadt auf der Suche nach einem Arzt, der mich behandeln und retten konnte und sie fand ihn. Er gab mir Medikamente und saß viele Nächte zusammen mit meiner Mutter an meinem Bett. Er machte dieser zarten Frau Mut. In diesen Nächten nähte sie aus Stofflumpen eine Puppe für mich, mein einziges Spielzeug. Wenn ich die Augen für ein paar Minuten öffnete, dann hielt sie mir unter Tränen lächelnd die Puppe hin.

Ihre tiefe Religiosität, ihr Wille zum Leben trotz unseres elenden Daseins, gaben wohl auch mir den Willen zum Leben und allmählich ging es mir besser. Während der Zeit meiner Krankheit wurden wir mit Essen aus dem Kinderheim versorgt. Die Mahlzeiten bestanden aus Margarinebrot, Gemüse-Wasser-Suppen und gelegentlich Milchbrei.

Fragen des Wohnraumes und des Essens standen in den ersten Jahren unseres neuen Lebens nach dem Krieg im Vordergrund. Es gab keine Möglichkeit, die Strapazen der Flucht zu verarbeiten, denn es mußte ein täglicher Kampf um das nackte Überleben geführt werden. Die wenigen Stunden der Muße waren mit Traurigkeit über den Verlust lieber Menschen, den Verlust von Heimat und allem Materiellen ausgefüllt. Zudem wurden wir von breiten Schichten der Bevölkerung als Eindringlinge betrachtet, die aus einem fernen Teil des doch gemeinsamen Mutterlandes kamen.

Meine Mutter mußte sich nach zwei Monaten auch wieder nach einer anderen Unterkunft umsehen, denn diesen feuchten Kellerraum mußten wir räumen. Vom Wohnungsamt bekamen wir ein Zimmer zugewiesen bei einer Dame am Berg. Meine

Mutter konnte sich einen zweirädrigen Holzkarren ausleihen, verstaute unsere wenigen Habseligkeiten und setzte mich, da ich noch zu schwach war und den weiten Weg nicht gehen konnte, obendrauf. Sie selbst spannte sich davor. Ich weiß, wie sehr sie gelitten hat. Sie, die selbst ein großes Haus besessen hatte, die nicht hatte schwer zu arbeiten brauchen, die sehr empfindsam war, mußte nun wie ein Arbeitspferd zu unserer neuen Bleibe durch die ganze Stadt traben. Aber welche Enttäuschung erwartete uns! Eine ältliche dicke Frau lehnte breit aus dem Fenster, und als sie uns in unserer Armseligkeit sah, da sagte sie nur kurz: „Das Zimmer habe ich schon an jemanden vermietet, der mir Kaffee bringt." Meine Mutter war vollkommen verzweifelt, sie weinte, und als das nichts half, ließ sie einen Schwall von Schimpfworten auf die Frau nieder, die davon jedoch unbeeindruckt schien und das Fenster schloß. Da standen wir nun auf der Straße. Wohin sollten wir uns jetzt wenden? Aber wir mußten wieder umkehren. In Tränen aufgelöst, schilderte meine Mutter den Vorfall auf dem Wohnungsamt und erntete dort auch nur Achselzucken.

Es war bereits Nachmittag, ein typisch norddeutscher Nachmittag mit Regen und Kälte. Meine Mutter war so verzweifelt, daß sie daran dachte, sich mit mir das Leben zu nehmen. Aber ich schrie, ich wußte wohl, was dies bedeutete. Meine Mutter beruhigte mich und sagte, wir würden schon am Leben bleiben und auch ein Zimmer finden. Das Schicksal führte uns in die Arme des damaligen Bürgermeisters von Bad Segeberg, Herrn L. Da er selbst Jude war, wußte er wohl, wie man sich in der Fremde fühlt. Er war tief betroffen und half sofort völlig unbürokratisch. Er begleitete uns zu unserer neuen Wohnung bei der Familie J., die in Bad Segeberg ein Seilergeschäft hatte. Dort konnten wir für ein paar Wochen in einer hochherrschaftlichen Wohnung ein wenig Erholung finden, bis der Mieter, ein englischer Offizier, von seinem Urlaub zurückkehrte.

Bei einer Segeberger Familie wurde uns nun ein Zimmer zugewiesen unter dem Dach, unfreundlich und dunkel wie die Vermieter selbst. Uns blieb keine Wahl, wir mußten dort einziehen.

Bald darauf, Ende 1945, kam der Bruder meiner Mutter völlig verhungert aus der Gefangenschaft zu uns und kurze Zeit später der Sohn einer Kusine meiner Mutter. So lebten wir nun zu viert in einem knapp 15 Quadratmeter großen Zimmer. Es gab nur ein klappriges Bett mit einer Decke für meine Mutter und mich, die Männer schliefen auf dem Holzfußboden, zugedeckt mit ihren Militärmänteln. Wir verfügten über zwei tiefe Teller und zwei Eßlöffel, eine kleine Schüssel, in der wir uns wuschen und einen größeren Stofflumpen, mit dem wir uns abtrockneten. Die Zähne wurden mit Salz, das wir uns auf den Finger streuten, geputzt. Wasser erhielten wir aus der Küche der Vermieterin. Die Wassertoilette benutzten acht Menschen. Meiner Mutter oblag es, die Toilette zu säubern. Das war für sie eine schreckliche Arbeit, denn die Vermieter hinterließen sie wohl extra immer in einem sehr unsauberen Zustand. Manchmal war die Toilette für uns nicht zugänglich, sie war abgeschlossen, und wir mußten in den Kurpark gehen.

Unser karges Mahl konnte meine Mutter in der Küche der Vermieterin zubereiten, doch es gab keine festen Zeiten. Manchmal mußten wir stundenlang mit knurrendem Magen warten, bis die Vermieterin rief: „Tante Lene, du kannst jetzt kommen." Wir waren völlig abhängig von dem Wohlwollen dieser Frau, denn einen Kochtopf besaßen wir auch nicht. Meine Mutter ging immer gebückter und in den Nächten, wenn sie neben mir im Bett lag, dann hörte ich ihr leises Weinen.

Meine Mutter fand schließlich Arbeit als Tellerwäscherin bei der englischen Besatzungsmacht. Ich weiß aus ihren Erzählungen, daß sie z. B. in viel zu großen Gummistiefeln herumlief, mehrmals am Tage auf dem nassen Boden ausrutschte und hinfiel. Sie ernährte uns alle, denn die Männer fanden keine Arbeit. Wenn sie sich dann am späten Nachmittag müde nach Hause geschleppt hatte, warteten wir schon auf sie.

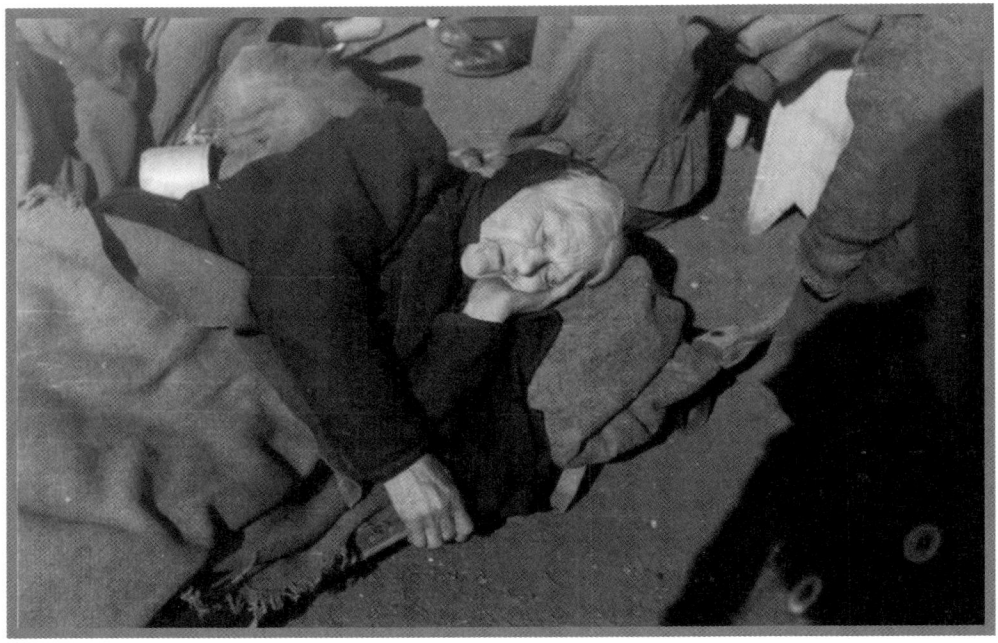

Ich hatte den Tag mit den Männern zugebracht, die durch die Ereignisse des Krieges wie gelähmt waren und sich um nichts kümmerten, mir nicht einmal die Haare kämmten. Sie warteten auf meine Mutter, und sie versorgte sie auch und tröstete sie in ihrer Verzweiflung.

Der Winter war kalt. Wir hatten zwar einen Ofen, aber kein Heizmaterial. Die Männer „besorgten" etwas, so daß wir wenigstens ein bißchen heizen konnten.

1946 mußte ich dann eingeschult werden. Mein Onkel hatte sich inzwischen etwas eingelebt, und da er handwerklich begabt war, fertigte er für mich aus Bast eine Brottasche und aus einem alten Sofastoff einen Schulranzen. Mein Mantel war mir viel zu klein geworden, das von meiner Mutter aus einem alten Frauenkleid selbst genähte Kleidchen guckte viele Zentimeter darunter hervor. So erschien ich nun an meinem ersten Schultag als eine kleine Witzfigur, denn ich war die einzige, die so ärmlich gekleidet war. Preisgegeben dem Gespött der Mitschülerinnen, war ich vom ersten Tage an die Außenseiterin.

Meine Mutter litt sehr unter der fast ständigen Anwesenheit der Männer. Nach einem guten Jahr waren wir dann endlich allein, sie hatten ein Zimmer gefunden.

Die Erniedrigungen von Seiten der Vermieterin wurden noch unerträglicher. Meine Mutter mußte nun den gesamten Haushalt versorgen, immer jedoch war die Vermieterin unzufrieden und beschimpfte meine Mutter. Wieder mußte nach einer neuen Unterkunft gesucht werden. Sie fand auch ein neues Zimmer. Die Vermieter waren nicht gerade erfreut, uns bei sich aufnehmen zu müssen, denn zu jener Zeit wurde man in ein entsprechendes Zimmer eingewiesen, ohne daß sich die Vermieter dagegen wehren konnten. Für beide Seiten keine guten Voraussetzungen für ein harmonisches Zusammenleben. Doch da meine Mutter eine sehr verträgliche Frau war und ich ein stilles, ängstliches Kind, gestaltete sich das Zusammenleben einigermaßen harmonisch. Das Haus der Vermieter war bis unter das Dach mit Flüchtlingen belegt. Die Flüchtlinge hielten zusammen, machten zum Teil Front gegen die Vermieter. Gegenseitige Schikanen waren an der Tagesordnung. Meine Mutter hielt sich aus all dem raus. Sie blieb neutral.

Als die englische Bestzungsmacht abzog, verlor meine Mutter ihre Arbeit in der „englischen Küche". Sie bot in der Nachbarschaft ihre Strickkünste an. Bald strickte sie nicht nur, sondern sie besserte Wäsche aus, flickte und stopfte. Der Verdienst war sehr gering, doch sie schaffte es, mit dem wenigen Geld unseren Lebensunterhalt zu bestreiten.

Unser Zimmer war ca. 12 Quadratmeter groß, die Miete betrug 10,– Mark im Monat. Von lieben Menschen bekamen wir ein Bett mit altem Bettzeug, einen kleinen Schrank und einen Küchentisch zum Ausziehen, in dem zwei Schüsseln waren. In der einen wuschen wir das Geschirr ab, in der anderen wuschen wir uns selbst. Leider hatte das Zimmer keinen Ofen, und wir mußten zwei Winter im kalten Zimmer zubringen. Eisblumen bedeckten das Fenster und versperrten uns die Sicht nach draußen. Nach zwei Jahren bekamen wir einen alten Kanonenofen und obendrauf stand die sogenannte „Hexe", ein kleiner einflammiger Herd, natürlich mit Holz oder Kohlen zu heizen.

Das Haus war noch nicht an die Kanalisation angeschlossen, so mußte die Hausgemeinschaft das vom Vermieter eingerichtete Klo in einem Schuppen hinter dem Haus benutzen. Da herrschte manchmal großes Gedränge, und ich hatte immer Angst, in die übel riechende Grube zu fallen. Nur im Sommer war dieser Ort auch ein begehrter Platz für mich, konnte man doch direkt vom Klo die herrlich roten Himbeeren erreichen und die Sträucher heimlich ein bißchen plündern.

Wasser wurde mit der Pumpe aus dem Brunnen hinter dem Haus geholt. Aber die Vermieter teilten das Wasser zu. Hatte jemand einen Eimer Wasser zu viel gepumpt, gab es Krach. Die wenige Wäsche wurde mit aufgefangenem Regenwasser gewaschen. Kernseife diente zur Reinigung.

Kochen konnte meine Mutter in der Küche der Vermieterin. Diese bestimmte aber die Tageszeit, und die war jeden Tag verschieden. Meine Mutter hatte auch dort wieder die Küche zu säubern und den Abwasch der Vermieterin zu erledigen.

An den kalten Abenden waren wir hocherfreut, wenn wir hin und wieder zu den Vermietern gebeten wurden. Für mich war Radiohören ein besonderer Höhepunkt.

245

Gegen Marken, die man von der Stadtverwaltung bekam, erhielt man in kleinen Mengen, aber nie ausreichend, die Grundnahrungsmittel und manchmal Fleisch. Alles, was dann noch fehlte, wurde irgendwie beschafft, sei es durch Tausch oder, wenn man Geld hatte, durch Kauf zu überhöhten Preisen auf dem sogenannten „Schwarzen Markt". Wir hatten weder etwas zu tauschen noch Geld, um zusätzlich Nahrungsmittel oder auch Kleidung zu kaufen.

Wir gingen in den Wald und sammelten im Sommer Beeren und Pilze, auch Tannenzapfen, Äste und Zweige zum Heizen im Winter. Kartoffeln wurden auf weit entlegenen Feldern gesammelt, wenn die Bauern bereits geerntet hatten und vereinzelt Kartoffeln liegengeblieben waren.

Im Herbst pflückten wir wild wachsende Fliederbeeren, die zu Saft verarbeitet wurden und in den kalten Wintermonaten ein begehrtes Mittel gegen Erkältungskrankheiten waren. Aus dem Saft wurde auch eine leckere Suppe zubereitet mit einer Einlage aus Äpfeln und Grießklößen. Äpfel wurden nach der Ernte gereinigt und im Keller auf einem Bord ausgelegt und dann im Winter als zusätzliche Köstlichkeit verzehrt. Wir suchten und fanden auch am Beginn des Winters die heimischen Walnußbäume, und wir freuten uns, wenn Weihnachten Nüsse geknackt werden konnten. So lebten wir mit den Jahreszeiten und die Ausflüge in die Natur waren Höhepunkte in meinem jungen Leben.

Meine Mutter fand nun auch stundenweise Arbeit im Büro, ihr Stundenlohn betrug 1947 0,50 Mark.

Sie hatte nie aufgehört, nach den auf der Flucht verschollenen Angehörigen und nach meinem Vater zu suchen. Es gab seinerzeit Suchdienste, beispielsweise vom Deutschen Roten Kreuz, Suchlisten hingen aus und auch im Radio wurden Namen bekanntgegeben. Niemals haben wir erfahren, wie und wo unsere Angehörigen geblieben sind.

Meine Mutter wartete jeden Tag auf die Rückkehr meines Vaters. Daß er nie wieder kommen würde, daß er in den letzten Tagen des furchtbaren Krieges gefallen war, das erfuhr sie durch ein Schreiben des Deutschen Roten Kreuzes an einem schönen Sommernachmittag 1950. Ihr Schmerz und ihre Traurigkeit waren so groß, daß sie mich in ihrer Verzweiflung in unserem Zimmer zurückließ, schreiend aus dem Haus rannte und sich vor den Zug werfen wollte. Für mich war dieses Verlassensein ein traumatisches Erlebnis. Ich hatte sehr große Angst, sie zu verlieren. Aber sie kam nach Stunden, die mir unendlich schienen, zurück. In welcher Trostlosigkeit und Traurigkeit verbrachten wir die nächsten Monate. Ich umgab sie mit all meiner kindlichen Liebe, doch ihr Schmerz war so unermeßlich, daß sie nicht getröstet werden konnte. Ihr Mann, mein Vater, blieb klar und leuchtend in ihren Gedanken bis zum heutigen Tage. Niemals hat sie sich wieder einem anderen Mann zugewandt. So lebten wir in sehr bescheidenen Verhältnissen bis 1952. In diesem Jahr begann für uns nun endlich eine bessere Zeit.

Meine Mutter hatte durch ihre Arbeit eine Segeberger Dame kennengelernt, die großes Mitleid mit uns hatte. Ihr Mann war Inhaber der Mercedes-Vertretung in Segeberg. Diese hochherzige Dame, Frau J., bot meiner Mutter im Betrieb die Stellung einer Buchhalterin an. Meine Mutter konnte es zuerst gar nicht glauben, daß sie, die durch schlechte Ernährung fast alle Zähne verloren hatte und schlecht gekleidet war, eine solche Position erhalten sollte. Sie hatte kaum noch Selbstbewußtsein und war so oft erniedrigt worden. Zögernd und zweifelnd an ihrem Können, willigte sie doch ein.

Sie war immer mutig gewesen, sonst hätten wir diese schweren Jahre nicht überlebt. Doch nun mußte sie sich in einem guten Betrieb behaupten und ihr Können unter Beweis stellen. Ihr Ehrgeiz erwachte, und sie war erfolgreich. Es war, als wäre uns ein neues Leben geschenkt worden.

Wir wohnten immer noch in unserem kleinen Zimmer. Es gab keine Essensmarken mehr, und sie konnte mit ihrem verdienten Geld etwas für uns kaufen. Das Angebot an Lebensmitteln wurde größer und eines Abends, als sie von der Arbeit kam, brachte sie uns Apfelsinen mit. Es waren die ersten Apfelsinen meines Lebens aus einem fernen Land, von einem anderen Kontinent. Nun wurden auch die ersten Möbel gekauft. Wir schafften uns eine Couch und einen Sessel an. Ich tanzte viele Male um diese Sachen herum. Es ging nun stetig bergauf.

Die Dame J. wurde meiner Mutter eine Freundin, und auch die übrige Familie war uns herzlich zugetan. 20 Jahre arbeitete meine Mutter in dieser Mercedes-Vertretung, wurde anerkannt und geachtet. Bis zum heutigen Tage ist der Kontakt nicht abgerissen. So besuchen nun die jungen J.s meine gebrechliche Mutter im Altenheim.

Ende 1952 erhielten wir im Hause J. eine Wohnung. Für uns bedeutete dieser Umzug eine weitere Wende zum Guten, und wir waren hocherfreut. Mit finanzieller Hilfe der Familie J. konnte meine Mutter nun weitere Möbel anschaffen. Unser äußeres Leben normalisierte sich. Der Schmerz über den Verlust der Angehörigen und über den Verlust meines Vaters saß tief, so daß sie trotz Anerkennung und Zuwendung eine gebrochene Frau war.

* * *

Groß Niendorf – Gisela Wehden

Feindseligkeit

Am frühen Abend des 30. April 1945 erreichte unser Treck nach einem schweren Weg das kleine Örtchen Groß Niendorf in Schleswig-Holstein.

Wir, d. h. der Betrieb, in dem mein Vater bis Ausbruch des Krieges 1939 bereits 25 Jahre beschäftigt war, hatten aus zwei Zügen einen Treck gebildet, der aus älteren Männern, Frauen und deren Kindern sowie schließlich aus mehreren französischen Kriegsgefangenen bestand, die auch im Betrieb meines Vaters beschäftigt und uns im Laufe der Kriegsjahre zu guten Freunden geworden waren.

Es war ein wunderschöner Frühlingstag, als wir mit unseren Wagen auf dem Dorfplatz Halt machten. Der Bürgermeister des Dorfes war über unser Erscheinen alles andere als begeistert, so daß sehr böse Worte fielen, die ich aber heute nach so vielen Jahren nicht mehr wiedergeben möchte.

Endlich wies man uns in einigen Viehställen und Scheunen einen Schlafplatz an. Mit dem wenigen uns zur Verfügung gestellten Stroh versuchte meine Mutter, mich zuzudecken. Als der Bauer das bemerkte, griff er zur Mistgabel und wollte zustechen; im letzten Moment griff eine rettende Hand ein, um das Schlimmste zu verhindern. An diesem Abend bot uns die Bäuerin, von der ich noch viel Gutes zu berichten habe, allerdings noch Buttermilch an.

Am nächsten Morgen beim Kaufmann wurde uns eine Welle von Feindseligkeit entgegengebracht, so daß wir nicht einmal mit unseren noch gültigen Lebensmittelkarten das Notwendigste erwerben durften, was uns auch sehr unmißverständlich zu verstehen gegeben wurde: „An Flüchtlinge gibt es keine Butter!" Es folgte die zweite Nacht im Kuhstall. Die Wasserpumpe benutzten wir heimlich.

Alsbald wurden meine Mutter und ich in eine Art Stube gewiesen. Als die Tür geöffnet wurde, flogen uns Schwärme von Hühnern und Tauben entgegen.

Die französischen Kriegsgefangenen hatten immer ein waches Auge auf das letzte uns verbliebene Hab und Gut, das sich allerdings nur noch auf ein paar wenige Koffer beschränkte.

Am darauffolgenden Tag marschierten die englischen Besatzungssoldaten ein; nun plötzlich wurden auch für Flüchtlinge Lebensmittel freigegeben.

Wir hatten zwar ein Dach über dem Kopf, sonst aber fehlte es an vielem. Zum Kochen hatten wir zwar zwei Töpfe, aber wo sollte man kochen, vorausgesetzt es gab überhaupt etwas zum „Kochen"? Wir haben Regenwasser aufgefangen, um uns endlich wieder waschen zu können.

Wir kamen aus Vorpommern, aus Pasewalk, einer Stadt unweit von Stettin, und hatten während des Krieges keine Not zu leiden. Wir hatten unser großes Haus, unser Vieh, unseren großen Garten und waren also Selbstversorger gewesen. Aber nun klopfte die Not mit beiden Fäusten an die noch nicht einmal eigene Tür. Keiner mochte uns „Flüchtlinge".

Aber es war Frühling, und mit dem Frühling beginnt alles Neue. Der schreckliche Krieg, der soviel Leid über die Menschen gebracht hatte, war endlich vorbei, und das Leben mußte nun irgendwie weitergehen. Kilometerweit sind wir wegen eines einzigen Brotes gelaufen; meistens war es schon auf dem Weg aufgegessen, bevor wir zurück waren.

An einem der darauffolgenden Tage sprach der Bauer, der uns das Zimmer vorerst zur Verfügung stellte, mit meiner Mutter, und da sie Plattdeutsch sprechen und verstehen konnte, war der Kontakt gleich etwas lockerer. So bot sie ihm an, daß sie und ich beim Kartoffelpflanzen helfen könnten. Am gleichen Abend durften wir uns aus der Küche des Bauern warmes Wasser holen. Später klopfte die Bäuerin an die Tür und brachte uns jeweils zwei Schüsseln Milchsuppe und Bratkartoffeln. Niemals wieder haben mir Milchsuppe und Bratkartoffeln besser geschmeckt als an jenem Abend.

So langsam wurde das Verhältnis und Verständnis mit den Bauern besser. Ich habe melken gelernt, und jede geleistete Arbeit wie Rübenhacken, Heueinfahren usw. wurde mit Lebensmitteln „entlohnt".

Aber trotzdem war natürlich alle Tage kein Sonntag. Mußte die wenige Wäsche, die wir mitgenommen hatten, gewaschen werden, blieb immer die Frage: „Könnten Sie vielleicht, wären Sie so nett, mir eine Wanne zu borgen?" Und nicht selten bekam man schroff zur Antwort: „Wenn Sie alles gehabt haben, warum haben Sie es dann nicht mitgebracht?"

Nach vielen von ihm unternommenen Recherchen hatte uns mein Vater nach der amerikanischen Kriegsgefangenschaft endlich im Spätsommer 1945 wiedergefunden. Die Großbauern hatten in ihm sofort eine äußerst fähige und willige Arbeitskraft gesehen. Er ist bis zum Tode meiner Mutter in diesem Dorf geblieben.

Mit unserer sechs Hände Arbeit „zappelten" wir uns schließlich aus der gröbsten Not heraus. Nach der Währungsreform 1948 bekamen meine Eltern eine Wohnung, die dann nach und nach, wie es der Geldbeutel gestattete, gemütlich eingerichtet wurde. Natürlich war das Beziehen dieser Wohnung mit Arbeit in der Landwirtschaft verbunden; das taten meine Eltern selbstverständlich gern. Ich wohne seit Ende der 40er Jahre schon in Hamburg. Und die ganze Situation verbesserte sich zusehends. Man grüßte sich, war freundlich zueinander und tauschte Erfahrungen aus. Man knüpfte Freundschaften, die erst mit dem Tode eines liebgewonnenen Menschen endeten.

Die Holsteiner, zumindest die in Groß Niendorf, haben verstehen gelernt, daß wir Flüchtlinge auch Menschen mit Stil und Verstand sind, aber vor allen Dingen mit Fleiß und Ehrlichkeit uns zu behaupten wissen.

***

Schafhaus – Anna Pohl

Die Räucherkate

Mitte Oktober 1946 kam ich in Bad Segeberg an. Ich ging vom Bahnhof herunter und kam zum Marktplatz. Dort war die Kirche, davor waren Bänke. Ich nahm erst einmal auf einer Bank Platz, da ich den dritten Tag unterwegs und müde war. Ich hatte nur noch eine Brotschnitte. Ich fragte mich, ob ich sie essen sollte oder nicht?

Außerdem überlegte ich, wie weit es noch bis Schafhaus sein würde?

Neben mich setzte sich eine Frau auf die Bank. Die Bushaltestelle war damals nicht weit weg. Ich hatte schon in mehreren Bussen gefragt, aber keiner fuhr in Richtung „Schafhaus". Die Frau, die neben mir Platz genommen hatte, schenkte mir Lebensmittelkarten für ein Mittagessen, da ich keine Lebensmittelkarten für diese Region besaß.

Meine weiteren Versuche mit dem Bus in Richtung Schafhaus zu kommen, scheiterten. Ich erinnerte mich schließlich, daß ich noch Zigaretten hatte. Ich reichte einem Fahrer eine, als es schon dem Abend zuging. Sofort konnte ich mitfahren.

Blockhäuser der Timbereinheit, erste Unterkunft für die Jahre 1945–1946

In Schafhaus angekommen, frug ich nach der Timbereinheit. Schließlich fand ich das Haus. Es war ein Blockhaus, aus rohen Baumstämmen gebaut, und es hatte eine Zeltplane als Dach. Als ich hineinging, traf ich auf einen Mann. Ich stellte mich vor als die Frau von E. Pohl. Er wies auf eine Holzpritsche mit feldgrauen Decken. Ich legte mich darauf, um ein bißchen auszuruhen.

Als mein Mann vom Wald heimkam, war er sehr überrascht. Das war das erste Wiedersehen nach dem letzten Urlaub im Kriege in der Heimat, im Sudetenland! Dazwischen lagen viele Erlebnisse, die man nie vergessen wird.

Mein Ziel war jetzt, die Familie wieder zusammenzubringen. Zunächst mußte ich jedoch zu meiner Anmeldung nach Lübeck-Pöppendorf. Ich fuhr mit der Bahn von Segeberg nach Lübeck. In Pöppendorf war ein Durchgangslager. Bis Mittag waren alle Formalitäten erledigt.

Den Zuzug, wie es damals genannt wurde, in der Tasche, wollte ich wieder zurück nach Segeberg-Schafhaus. Da aber die Straßenbahn so überfüllt war, wartete ich auf die nächste. Als ich dann am Bahnhof ankam, war mein Zug nach Segeberg weg. Wieder mußte ich eine Nacht im Bahnhof verbringen. Diesmal in dem zerbombten Lübecker Bahnhof im Keller. Überall waren Menschen, dennoch ging es sehr still, fast geheimnisvoll still zu. Man sah ihnen an, daß sie Grenzgänger waren, die mit ihren Taschen und Gepäckstücken hinter Lübeck einen Grenzübertritt wagen wollten. Bei einer plötzlichen Kontrolle von englischem Militär wurde eine Person festgenommen.

Verfallene Kate in Bark, der Wohnort der Verfasserin von 1946–1953

Am Morgen konnte ich mit dem ersten Zug nach Segeberg fahren. Mein Mann dachte, sie hätten mich dort behalten, weil ich nicht am selben Tag zurückgekehrt war. Deshalb fuhr er mit einem Kollegen nach Lübeck-Pöppendorf ins Lager. Wir hatten uns verpaßt.

In der Blockhütte mußten mein Mann und ich einige Zeit verbringen. Die Wohnungsnot war durch die vielen Flüchtlinge sehr groß. Mein Mann hatte sich schon eine alte, halb verfallene Kate angeschaut. Diese lag in Bark und gehörte dem Bauern S. Sie wurde als Hühnerstall benutzt. Der Bauer sagte zu meinem Mann, daß andere Flüchtlinge bereits vergeblich versucht hätten, die Kate zum Wohnen herzurichten. Durch die Tätigkeit meines Mannes, der im Wald beschäftigt war, konnte er Holz beschaffen. Damit hat er die Hälfte der dem Verfall preisgegebenen Kate notdürftig abgedichtet. Es fehlten aber Scheiben, Fensterflügel, Türdrücker und Farbe. Trotzdem schaffte er es, den hohen Giebel mit Holz zu verkleiden. Türdrücker erhielten wir aus alten Autos, die gingen nach verschiedenen Richtungen. Da unser Haus einmal eine Räucherkate gewesen war und deshalb keinen Schornstein hatte, konnten wir keinen Ofen aufstellen. Wir bekamen aber eine kleine „Hexe". So nannte man damals eine kleine Tonne auf drei Beinen mit einem Loch oben. Wenn man sie sauber machen wollte, mußte man damit heraus und sie umdrehen. Auf dieser Brennhexe mußte man kochen und Wasser warm machen. Das Ofenrohr ging zum Fenster raus. Weil wir nur grünes Holz hatten und der Rauch in den Novemberstürmen zurückkam, war es fast nicht auszuhalten in dem Raum. Es war nicht zum Wärmen, es war zum Weinen.

Aus einer Munitionskiste und aus einer Platte von einem Panzer bauten wir einen Ofen zum Kochen, sogar mit Backofen darin.

Die Not macht erfinderisch in vielen Dingen.

Im nächsten Jahr erhielten wir einen Schornstein, den uns ein Maurer baute. Unser Wasser mußten wir vom Bauernhof holen.

Die Toilettensituation war eines der ersten Probleme, die mein Mann löste. Zwischen der Kate und Hof stand ein gemauertes Toilettenhäuschen, das mit einem Eimer ausgestattet war. Dieses mußten sich achtzehn Menschen teilen? Natürlich war der Eimer schnell voll und mußte reihum entleert werden.

Mein Mann besorgte uns ein Benzinfaß. Die eine Hälfte wurde draußen zum Wäschekochen auf Ziegeln gestellt. Er baute uns aus Holz eine Toilette innerhalb der verfallenen Kate und stellte dort die andere Hälfte des Fasses hinein.

Aus Kartuschen machten andere Kollegen von meinem Mann Gebrauchsgegenstände wie Töpfe und dergleichen. Zum Waschen der Wäsche diente uns eine Munitionskiste, die lange unsere Badewanne war.

Die Nährmittel, die es auf Lebensmittelkarten geben sollte, blieben in den Geschäften oft aus. Als erzählt wurde, daß es in Seht in einem Geschäft Nährmittel zu kaufen gäbe, bin ich mit dem Fahrrad hingefahren. Ich mußte über Feldwege fahren, die überall viele Wasserlöcher hatten und teilweise über Knicks das Fahrrad tragen. Zum Glück lohnte sich die Fahrt.

Als die Meierei in Bark einen neuen Kachelofen bekam, konnten wir die alten Kacheln haben. Daraus bauten wir einen Wohnzimmerofen.

Zum ersten Weihnachtsfest hatten wir nicht einmal eine Kerze. Wir behalfen uns, indem wir aus gefundenen Stummeln eine selbst machten.

Die Kartoffeln, die wir auf Bezugsschein bekommen hatten, waren ganz klein. Die besseren waren eingemietet, da es November war. Wir kannten das Einmieten im Sudetenland nicht. Bei uns hatte man dafür Keller. Diese Winterkartoffeln waren uns dann in der Kälte erfroren. Was blieb uns übrig, als die süßen Kartoffeln zu verzehren. Im kommenden Jahr wurde ein Kellerloch gegraben.

Es wurde ein Gesetz erlassen, den Flüchtlingen und Vertriebenen Kleingartenland zur Verfügung zu stellen. Dies führte zu Problemen. Mein Mann wurde vom Kreis für diesen Ort als Flüchtlingsbeauftragter bestimmt. Er hatte die Interessen der Flüchtlinge und Vertriebenen zu vertreten. Wir sind immer gut mit den Einheimischen ausgekommen. Nur die Sprache, das Plattdeutsch, war für uns unverständlich.

Als der Kleingartenverein im kommenden Jahr gegründet wurde, ging es uns langsam besser durch die selbst angebauten Lebensmittel.

Es kam die große Tauschzeit. Wir hatten aber wenig zum Tauschen. Für die Zigaretten aber, die bei uns keiner rauchte, besorgte ich mir zwanzig Eier. Mit diesen fuhr ich bis Bad Bramstedt mit dem Rad und dann mit dem Zug bis Wiemersdorf zu einer Brüterei. Nach achtundzwanzig Tagen konnte ich wiederkommen. Ich hatte Glück und konnte die kleinen Kücken jetzt aufziehen.

Die zweitwichtigste Anschaffung war eine Nähmaschine. Ich hatte einige Sachen von meinem Mann durch meine Eltern gerettet. Einen Anzug, der dabei war, konnten wir in Neumünster gegen eine alte Nähmaschine tauschen.

Als die Timbereinheit ihren Abholzungsplan erfüllt hatte, wurde sie nach Hamm verlegt. Mein Mann ließ sich nach Bark entlassen und mußte sich um andere Arbeit bemühen. Er war daraufhin beim Neuanpflanzen des Waldes dabei. So vergingen sieben Jahre, bis wir von einer Möglichkeit erfuhren, daß in Trappenkamp von einer Kaltenkirchner Baugenossenschaft für Vertriebene einige Häuser gebaut werden durften. Nutzungsberechtigt waren Menschen mit Anspruch auf Lastenausgleich. 1953 war es dann soweit. Wir konnten im Juni in ein neues Haus einziehen. Wir mußten allerdings die abgeholzten Stubben aus der Erde graben und den kargen Waldsandboden mit Lupinen urbar machen.

Seit 50 Jahren leben wir in Holstein.

* * *

Stuvenborn – Ursula Langmaack

Plattdeutsch als Heiratsbedingung

Nachdem die russische Armee im Oktober 1944 in Ostpreußen einmarschierte und die meisten Bewohner der Grenzgebiete schon auf der Flucht nach Westen waren, dauerte es nur noch drei Monate, bis auch wir unsere Heimatstadt Lötzen in Masuren am 22. Januar 1945 verlassen mußten. Ich war damals im 18. Lebensjahr und hatte noch drei jüngere Geschwister, 12, 10 und 5 Jahre alt.

In Danzig angekommen, wurden wir in Eisenbahnwaggons verladen.

So ging es mit viel Aufenthalt in Richtung Neustrelitz in Mecklenburg und weiter nach Schleswig-Holstein bis Lübeck. Dort angekommen, brachte man uns 80 Zivil-Verwundete ins Krankenhaus Ost in die Stadt. Meine Mutter hatte einen Bauchdurchschuß und ich einen Lungendurchschuß. Im Krankenhaus etwas zur Ruhe gekommen, dachten meine Mutter und ich schweren Herzens daran, wo meine drei kleineren Geschwister wohl geblieben sein könnten. Es war eine furchtbare Zeit, besonders für meine Mutter, denn auch unser Vater war als Soldat irgendwo an der Ostfront.

Nach etwa zweiwöchigem Krankenhausaufenthalt wurden meine Mutter und ich Mitte März entlassen. Es ging uns einigermaßen gut.

Man brachte uns zum Bahnhof. Von dort aus ging es per Bahn nach Bad Segeberg. In Segeberg wurden wir auf Lastwagen geladen. Wir waren ungefähr 60 bis 80 Personen, Erwachsene und Kinder, und wurden auf die Dörfer des Kreises Segeberg verteilt. Meine Mutter und ich kamen nach Stuvenborn auf den Bauernhof von Frau M. Ihr Mann lebte zu der Zeit nicht mehr. Sie hatte allerdings eine Tochter, Ilse, etwa 12 bis 14 Jahre alt. Frau M. hatte das Gemeinde-Büro sowie die Poststelle in ihrem Haus. Sie war eine resolute, aber gute Frau. Wir kamen mit leeren Händen und hatten nichts, außer dem, was wir am Leibe trugen.

Ein kleiner Schlafraum auf dem Boden sollte nun erst einmal unsere neue Heimat sein. Tagsüber durften wir uns neben der Küche in einem geheizten Raum zusammen mit einem Onkel von Frau M., der in Hamburg ausgebombt war, aufhalten. Eine Zentral-Heizung gab es zu damaliger Zeit nur in den wenigsten Haushaltungen. Frau M. versorgte uns mit Bettwäsche, Handtüchern und auch einigen Kleidungsstücken. Dies war nach fünf Kriegsjahren auch für sie nicht mehr einfach. Unsere Lebensmittelkarten gaben wir Frau M., die uns dafür mit Essen versorgte. Wir fühlten uns ganz wohl bei ihr.

Nach ein paar Tagen wurde im gleichen Ort eine Stelle als Hausgehilfin frei. Ich meldete mich sofort und wurde auch angenommen. Frau S. hatte drei noch nicht schulpflichtige Kinder. Das vierte Kind wurde im Juni geboren. Sie hatte einen schönen, großen Bauernhof. Ihr Mann war auch Soldat und nicht daheim. Frau S. nahm mich herzlich in ihrer Familie auf. Auch in ihrem Haus waren Flüchtlinge untergebracht, welche von ihr, so gut es ihr zu der Zeit möglich war, versorgt wurden. Im gleichen Jahr, Weihnachten 1945, lernte ich meinen jetzigen Mann kennen. Er war einziger Bauernsohn aus dem Nachbardorf Sievershütten. Aus den anfänglichen Treffen bei Tanzabenden im Dorfkrug wurde eine feste Beziehung, was zu damaliger Zeit zwischen Einheimischen und Flüchtlingen sehr selten war.

Im März 1947 wechselte ich meinen Arbeitsplatz und ging im gleichen Ort zur Bäckerei B. Auch da gefiel es mir sehr gut, ich arbeitete im Haushalt und im Geschäft. In meiner Heimatstadt Lötzen war ich ja als kaufmännischer Lehrling tätig gewesen. Mein Freund und ich blieben ein Paar. Auch seine Eltern akzeptierten mich. Der Vater meines Freundes war, als wir uns kennenlernten, im Internierungslager. Als er im Februar 1947 entlassen wurde und von unserer Freundschaft erfuhr, war seine einzige Bedingung, ich müßte „Holsteiner Platt" lernen, was ich zu der Zeit schon ein bißchen konnte.

Am 15. März 1950 zog ich dann in das schöne, reetgedeckte, große Bauernhaus nach Sievershütten. Hier lernte ich dann den bäuerlichen Haushalt von meiner Schwiegermutter kennen sowie das Melken und die Feldarbeit. Die Eingewöhnung fiel mir nicht schwer, denn meine Schwiegereltern und mein Verlobter waren herzensgut zu mir.

Meine Mutter hatte sich bei Familie M. ebenfalls eingelebt. Sie half im Haushalt und in der Landwirtschaft, war sie doch bis zu ihrer Hochzeit auf dem Land groß geworden. Wir fanden durch das Rote Kreuz meinen Vater in Mecklenburg. Er war beinamputiert und wohnte im Kreis Güstrow in einer kleinen Wohnung in Rothspalk. Meine Mutter zog 1947 zu meinem Vater und fand dort auch bald meine Geschwister wieder. Sie waren bei unserer Tante Minna in Lötzen. Sie durften im Jahre 1949 zu unseren Eltern ausreisen.

* * *

Wir waren damals Kinder

Wenn Großmutter uns beschwichtigte, sagte sie: „Kinderchen, die Deutschen haben diesen Krieg angefangen." Es betraf den Zweiten Weltkrieg. Sie versprach uns einen Kringel Wurst, sofern der Krieg zu Ende sei. Den bekamen wir nie, weil wir den Krieg „verloren" haben.

Wir: Mutter, Großmutter und drei Schwestern, zwölf-, zehn- und sechsjährig, wurden mit vielen anderen im Juli 1946 von den Polen aus Elbing vertrieben, da wir uns nicht „einpolen" ließen. Mutter wollte ihre Kinder nicht in die polnische Schule schicken.

Was aus dem übrigen Deutschland geworden war, davon hatten wir keine Ahnung. Dorthin wurden wir aber verfrachtet. Das geschah mit entwürdigenden Transportmitteln. Zunächst fuhren wir im Kohlenkahn. In Danzig erfolgte dann die Umladung in Güterwaggons, und ab Stettin ging es dann im Personenwagen dritter Klasse weiter. Immer war alles überfüllt mit Menschen. Reisegepäck besaßen wir ohnehin nicht.

Unvergeßlich für mich als damals Zwölfjährige ist, daß die Leute bei der Abfahrt aus Elbing das Lied: „Ade, du mein lieb' Heimatland" sangen.

Schließlich kamen wir völlig entkräftet im Flüchtlings-Auffanglager in Bad Segeberg an. Von dort erfolgte die Unterbringung in der Umgebung. Schließlich saßen wir mit fünf weiteren Personen in der Diele einer Bäuerin und harrten der Dinge. Acht Flüchtlinge hatte sie bereits aufnehmen müssen. Jetzt kamen wir auch noch dazu. Wir bekamen eine Kammer zugewiesen mit zwei Bettgestellen und Strohsäcken, einem Schrank, einem Tisch, Stühlen und einer Bank. Unsere Hoffnung, eine Nacht ruhig durchschlafen zu können, bewahrheitete sich. Aber schon am nächsten Morgen versetzte mich unsere Mutter in Erstaunen. Sie machte sich Gedanken darüber, wie wir, neben anderen Dingen, zu Gardinen kommen könnten.

Der Überlebenskampf begann von Neuem. Unser Selbstwertgefühl mußte wieder aufgebaut werden. Mutter half in der Landwirtschaft bei unserem Bauern mit. Dafür bekam sie selbst zu essen und trinken. Für uns fielen hin und wieder Milch oder andere Dinge ab. Oma machte die große Wäsche des Hauses. Wir konnten nach anderthalbjähriger Zwangspause endlich wieder in die Schule gehen. Bei unserer gleichaltrigen Bauerntochter war ich als Schularbeitenhilfe wohlgelitten. So entwickelte sich unser Alltag.

Allmählich spielten sogar die Bauernkinder mit uns. Eine nachhaltige Begleiterscheinung war, daß wir vor der Tür bleiben mußten, wenn sie zum Essen hineingingen. Wir blieben also draußen stehen und warteten wie die armen Sünder.

Wir Kinder waren glücklich, wenn die Erwachsenen, egal ob Flüchtlinge oder Einheimische, zu den Dorffesten wie Ringreiten, Vogelschießen oder Erntedank gingen. Dann machten wir Kinder einträchtig Budenzauber. Die Bauerntochter mit Namen Elke veranstaltete mit uns Tortebacken. Im Nu stellten wir einen Biskuit-Boden her und füllten ihn mit Vanillin-Pudding. Die Zutaten stibitzte Elke aus der Speisekammer.

Das noch warme Gebäck genossen wir in vollen Zügen. Das gemeinsame heimliche Vorhaben und Durchführen war dabei das Entscheidende. Dadurch bauten sich freundschaftliche Bande auf, die fortgesetzt werden sollten.

Dank Muttis Erlaubnis durfte Elke zum Beispiel an unserm wöchentlichen Familienbad teilnehmen. Dazu wurde eine Zinkwanne in unser schäbiges Kämmerlein gestellt und Oma bereitete mühevoll das heiße Wasser auf unserem kleinen Stubenherd. Es gab allerdings für alle ein Badewasser, was für die damalige Zeit nicht ungewöhnlich war. Zu Muttis Gastfreundschaft gehörte, daß das Bauerntöchterlein zuerst in die Wanne durfte, und Elke genoß dies sichtlich.

Es fügte sich eine Begebenheit an die andere, und wir, Heimatverbliebene und Heimatvertriebene, kamen uns mittels allseitiger Toleranz menschlich näher. Als wir nach sieben Jahren in die Stadt zogen, war der Trennungsschmerz beiderseits. Inzwischen sind die Erwachsenen von damals, die die Zeit und Umstände gewiß ganz anders empfanden als wir Kinder, gestorben. Aber wir Kinder sind noch da, und wir pflegen unsere Freundschaft bei jeder Gelegenheit.

* * *

Westerrade – Oskar Dunken

Jugend überwindet die Unterschiede

In Lübeck erfuhren wir erst, daß wir in Westdeutschland, der heutigen Bundesrepublik waren. Aber auch hier wollte noch keine richtige Freude aufkommen, denn wir litten noch sehr unter den Anstrengungen der letzten Wochen und Tage. Hier in Lübeck war die Fahrt noch nicht beendet, es ging weiter über Bad Oldesloe nach Bad Segeberg. Dort endete endlich unsere Reise. Der ganze Menschentransport wurde hier aufgelöst, und es begann die Registrierung im damaligen sogenannten Influxlager. Dies waren Baracken aus Wellblech, allerdings etwas komfortabler ausgestattet.

Der Aufenthalt in Bad Segeberg dauerte drei Tage. Wir wurden wie üblich entlaust und gleichzeitig auch notdürftig neu eingekleidet. Erstmals erhielten wir wieder warme, menschenwürdige Verpflegung. Am 30. Juni 1946 wurden wir, alle Flüchtlinge und Ausgewiesenen, in Gruppen zusammengestellt und auf die vielen Dörfer und Städte in Schleswig-Holstein verteilt.

Wir, meine Mutter mit fünf Kindern, und weitere zwölf Personen wurden mit einem englischen Militärfahrzeug nach Westerrade gebracht. Alle wurden offiziell als Flüchtlinge bzw. als Heimatvertriebene registriert. Der damalige Bürgermeister gab uns im Kuhstall auf der vorderen Diele das erste Quartier in Westerrade. Die ganze Flucht bzw. Vertreibung im Transport von Pommern nach Schleswig-Holstein hatte genau drei Wochen gedauert.

Nach einigen Tagen Aufenthalt in Westerrade hatten wir uns schon wieder gut erholt sowie Land und Leute etwas studiert und Kontakte geknüpft. Da wir völlig mittellos waren, wurden wir und die anderen Ankömmlinge zu einigen Mahlzeiten von den Bauern eingeladen und ausreichend verpflegt. Meine Mutter mit fünf Kindern wurde von der Familie Theo und Elfriede D. einige Wochen gut versorgt. Später hat mir Frau Elfriede D. erzählt, daß sie in der damaligen Zeit täglich bis zu sechzig Personen verpflegt hat. Ich meine, dieses ist für die einheimische Bevölkerung eine anstrengende und aufopfernde Leistung gewesen. Wir Flüchtlinge und Vertriebenen aus den deutschen Ostgebieten, den sogenannten „deutschen Kornkammern", wurden als Menschen einer anderen Rasse angesehen.

Wie sollte es jetzt weitergehen? Diese Frage haben wir uns öfter gestellt. Da einige Flüchtlinge, Aussiedler und Bombengeschädigte sich entschlossen hatten, soweit es nach den damaligen Verordnungen und Gesetzen der Alliierten überhaupt möglich war, zu Verwandten zu ziehen, blieben wir in Westerrade und suchten Wohnraum für mindestens zehn Personen. Unsere Familie zählte insgesamt elf Personen. Es fehlten noch der Vater, der von den Russen verschleppt worden war, und drei Brüder, die noch in Gefangenschaft waren oder durch Verwundungen in Lazaretten lagen oder bei Verwandten zunächst vorübergehend untergekommen waren. Die vorhandenen und zur Verfügung gestellten Wohnräume waren von Flüchtlingen und Ausgebombten, die es zuvor nach Westerrade verschlagen hatte, restlos belegt. Zu dieser Zeit (1946) betrug die gesamte Einwohnerzahl in Westerrade 574 Personen. Hiervon waren mindestens 350 Einwohner Vertriebene oder Ausgebombte.

Wie ich schon erwähnt habe, mußte die gesamte Bevölkerung, auch die Einheimischen, sehr eng zusammenrücken. Alle diese Menschen waren in etwa 35 Wohnhäusern, die Westerrade vorzuweisen hatte, mit ca. 60 Wohneinheiten untergebracht. Es wurde jedes noch leerstehende Einzelzimmer benötigt und auch zur Verfügung gestellt. Uns letzteren Ankömmlingen wurde die obere Etage des Back- und Maschinenhauses, früher auch als Franzosenlager bekannt, vom Bauern Hans B. zur Verfügung gestellt. Aber auch dieses konnte keine endgültige Lösung sein, denn winterfest war diese Behausung nicht. Zunächst war aber Sommer. So gut es ging richteten wir uns erstmal häuslich ein und dachten: „Irgendwie wird es schon weitergehen."

Die Erntezeit auf den Äckern begann. Da im Jahre 1946 nicht alles maschinell betrieben wurde, wurden Arbeitskräfte gebraucht. Wir und viele andere Flüchtlinge, die in der Heimat selbst Landwirtschaft betrieben haben, stellten uns zur Verfügung. So konnten wir uns durch Arbeit bei den Bauern und auf dem Gut in Pronstorf unseren Lebensunterhalt erstmal selbst verdienen. Wer arbeiten wollte und konnte, verdiente sich schon wieder ein paar Reichsmark, wie die damalige Währung hieß.

Der Krieg hat große Wunden hinterlassen. Dieses mußten wir beim Kauf von Nahrungsmitteln feststellen. Die im Kriege eingeführten Lebensmittelkarten mit den rationierten Zuteilungen hatten noch immer Bestand. Rauchwaren wurden nur gegen Abgabe von Raucherkarten verkauft. Kleidung und sonstiges Wohnungsinventar, Wolldecken und Betten, die wir Flüchtlinge dringend brauchten, wurden nur auf Bezugscheine, die der Bürgermeister oder das Gemeindeamt ausstellten, zugeteilt und verkauft. Diese Waren waren nicht mehr vorhanden oder schon ausverkauft. Es war für die gesamte Bevölkerung in Westdeutschland nicht einfach zu überleben.

Nach den Sommerferien im August 1946 wurden ich und einige andere Jugendliche, die noch schulpflichtig waren, noch einmal eingeschult. Nach eineinhalbjähriger Unterbrechung ging es wieder täglich zur Schule und man bereitete sich auf einen Schulabschluß vor, der im März 1947 zusammen mit der Konfirmation sein sollte.

Die Familie vergrößerte sich. Es kehrten zwei Brüder zur Familie zurück.

Ende August 1946 setzte ein 48stündiger Dauerregen ein, der große Teile der Ernte vernichtete. Der Wardersee hatte sich dadurch sehr vergrößert. Die Wiesen von Gut Pronstorf sowie die tiefergelegenen Wiesen der Bauern von Westerrade standen völlig unter Wasser. Selbst in Westerrade bei der Bäuerin Käthe B. reichte das Wasser der übergetretenen Strukau bis an das Stallgebäude.

Der Herbst hielt seinen Einzug ins Land. Für uns und auch die zuletzt angekommenen Flüchtlinge fehlte noch immer die normale winterfeste Wohnung. Durch scharfe Proteste beim damaligen Bürgermeister, dem Flüchtlingsobmann F. sowie der englischen Militärkommission in Bad Segeberg wurde uns endlich ein ca. 36 Quadratmeter großes Zimmer (Saal) beim Bauern Walter D. zugewiesen. Dieser Wohnraum mußte zunächst noch mit einer zweiten Familie geteilt werden.

Wir hatten endlich eine Wohnung. Es fehlten aber alle wichtigen Einrichtungsgegenstände, die noch zusammengetragen und beschafft wurden. Einige Möbel sowie Bettgestelle wurden von der Tischlerei Fohlonn & Klinckmüller angefertigt. Weiterhin mußte für den Winter vorgesorgt werden.

Die Kartoffeln waren das Hauptnahrungsmittel. Diese wurden auf gerodeten Kartoffelfeldern nachgestoppelt. Aus den Städten Lübeck und Bad Segeberg kamen die Menschen in Scharen und nutzten diese Gelegenheit, um an Kartoffeln zu kommen.

Im November 1946 rückte der Winter immer näher. Es mußten Brennmaterial, Holz und Kohlen beschafft werden. Die Wälder wurden restlos von herumliegendem Holz und Reisig gesäubert. Überall, wo sich etwas anbot, wurde gesammelt, beschafft und gehortet. Man sollte auch nicht verschweigen, daß der sogenannte Kohlenklau in dieser Zeit sein Unwesen trieb. Alle Haushalte, besonders die der Flüchtlinge, mußten sehr sparsam kochen. Die einfache Kost, z. B. Steckrüben- und Kartoffelsuppen, gab es öfter in der Woche zu essen.

Im Januar und Februar 1947 wurde es sehr kalt. Es fiel sehr viel Schnee in Schleswig-Holstein. Wie viele Orte wurde auch Westerrade restlos von der Umwelt abgeschnitten. Die Kleinbahn Bad Segeberg–Lübeck fuhr eines Abends bei Arfrade, aus Richtung Lübeck kommend, in eine Schneewehe. An Weiterfahrt war nicht zu denken. Für zwei Tage war der Schienenverkehr unterbrochen. Alle Arbeitslosen und auch andere Arbeitskräfte wurden zum Schneeschaufeln herangezogen, damit die Straßen und Schienenwege wieder frei und passierbar wurden. Im Vergleich zur Schneekatastrophe 1978/79 wurden die Straßen und Schienen nicht mit Schneefräsen und Schaufelladern oder sonstigen Geräten geräumt, sondern von Hand.

Am Pfingstsonntag Ende März 1947 wurde ich wie viele andere Schulentlassene in Pronstorf konfirmiert. So gut es ging wurde dieses Fest im engsten Familienkreis gefeiert. Da ich noch keinen Arbeitsplatz hatte, setzte ich die Schulausbildung mit dem 9. Schuljahr fort. So konnte ich ein unfreiwillig versäumtes Schuljahr nachholen.

Viele Veränderungen gab es noch nicht. Weiterhin wurde jede Arbeitsmöglichkeit wahrgenommen. Feste Arbeitsplätze gab es schon in einigen Berufen in Lübeck, Bad Segeberg und andernorts. Durch die starke Bevölkerungszahl erfolgte täglich reger Pendelverkehr mit der Kleinbahn zwischen Bad Segeberg und Lübeck. Jeder gesunde und schaffende Mensch versuchte, sich irgendwie eine Existenz aufzubauen.

Immer wieder kehrten Kriegsgefangene zu ihren Familien zurück. Mein Vater wurde aufgrund einiger Krankheiten vorzeitig von den Russen aus der Verschleppung entlassen. Durch Verwandte in Berlin erfuhr er, daß es uns nach Westerrade in Schleswig-Holstein verschlagen hatte. So konnten die Eltern im November 1947 mit der fast vereinten Familie Silberhochzeit im engsten Familienkreis feiern.

Im Bereich der Versorgung an Nahrungs- und Bekleidungsmitteln gab es noch immer große Schwierigkeiten, selbst wenn man Geld hatte.

Der Winter 1947/48 rückte heran. Für diese kalten Monate waren wir diesmal besser vorbereitet. Im Sommer waren auf abgeernteten Kornfeldern Ähren gesammelt worden, das gedroschene Korn wurde beim Bäcker gegen Mehl und Brot eingetauscht. Auch Kartoffeln wurden wieder gestoppelt und auf Vorrat gelegt. Für Brennmaterialien wie Kohle und Torf war auch schon rechtzeitig vorgesorgt worden. Im März 1948 wurde ich dann aus der Volksschule entlassen und begann im April eine Schuhmacherlehre in Bad Segeberg, die 1951 mit der Gesellenprüfung beendet wurde.

Im Frühjahr 1948 wurde durch Verhandlungen mit einigen Bauern folgende Vereinbarung erreicht: Die Bauern in Westerrade und auch andere stellten einige Äcker auf ihren Hauskoppeln gegen geringfügige Kostenerstattung zur Verfügung. Hier wurden

den Flüchtlingsfamilien Gartenparzellen abgeteilt. Wer einen Garten erhalten hatte und sich diesen anlegte, konnte in eigener Regie Bepflanzungen tätigen und ernten. Es entstanden richtige Gartenkolonien, die einige Jahre festen Bestand hatten und das Landschaftsbild mitprägten. Zu erwähnen wäre noch, daß außer Gemüse und sonstigen Früchten auch Tabak für den Eigenbedarf angepflanzt wurde.

Am 20. Juni 1948 wurde dann endlich die schon längst fällige „Währungsreform" durchgeführt. Die Reichsmark wurde gegen die Deutsche Mark (DM) ersetzt. Jeder erhielt zunächst 40,– Deutsche Mark, das sogenannte Kopfgeld. Es gab dann einige Wochen später nochmal einen Nachschlag von DM 20,–. Damit hatte die Reichsmark keinen Wert mehr. Mit Durchführung dieser Währungsreform wurden die Lebensmittel- und Raucherkarten abgeschafft. Allmählich gab es wieder alle Waren, Lebensmittel und Kleidung auch ohne Bezugscheine frei zu kaufen. Der Schwarzmarkt, der in den Städten bis dahin wucherte, war plötzlich restlos verschwunden. Der Lohn für jede geleistete Arbeit wurde jetzt auch in DM gezahlt, wenn dieser auch noch gering war. Das Geld hatte wieder seinen Wert. Es ging allmählich im gesamten Bereich aufwärts, auch aufgrund des berühmten Marschallplanes. Selbst in der Bauwirtschaft regte sich etwas. In den Städten wurde der Bombenschutt weggeräumt und es entstanden neue moderne Wohn- und Geschäftshäuser. Viele Arbeitslose erhielten wieder Arbeit, wenn auch vorübergehend in fremden Berufen. Arbeit und Geldverdienen waren wieder sehr wichtig.

Überall, auch in den Dörfern, bestand bei der starken Einwohnerzahl ein Drang nach sportlicher Freizeitbeschäftigung. Der Fußball war Volkssport. In der Gemeinde trafen sich täglich abends einige junge ausgehungerte Fußballer auf dem Dorfplatz in Westerrade. Hier sollte Fußball gespielt werden. Es war jedoch nur ein Gebolze, denn ein richtiger Platz war nicht vorhanden. Es wurden Dorfmannschaften aufgestellt, die dann gegenseitig ihre Kräfte messen und das Können feststellen wollten. So wurde ein erster Kräftevergleich Pronstorf gegen Westerrade im Mai 1948 durchgeführt. Das Ergebnis ist mir heute nicht mehr in Erinnerung, es war auch unwichtig. Die Hauptsache war die spielerische, sportliche Betätigung. So vergingen einige Wochen. Es wurden laufend weitere Spiele gegen die einzelnen Dörfern in der Umgebung durchgeführt. Auf Anregung einiger junger Leute aus Westerrade und der Umgebung – überwiegend waren es Flüchtlinge – wurde der Sportverein Schwarz-Weiß Westerrade am 17. August 1948 gegründet. Die Farben Schwarz und Weiß wurden auf Vorschlag einiger pommerscher Fußballfreunde vom Pommernmeister Viktoria Stolp i. Pom. übernommen. Man einigte sich vielleicht auch darauf, weil eine schwarze Hose und ein weißes Hemd leichter zu beschaffen waren. Ein weißes Hemd hatte jeder. Zur eigentlichen Gründung des Vereins am 17. August 1948 hatten sich mehrere Fußballbegeisterte im Gasthof Schmüser eingefunden. Aufgrund dieser sportlichen Betätigungen wuchs zwischen der Einheimischen- und der Flüchtlingsbevölkerung die Freundschaft. Die damalige Jugend hat viel dazu beigetragen, daß die Unterschiede beseitigt wurden. Wir Flüchtlinge, Vertriebene und Ausgebombte, wurden immer mehr anerkannt.

Glückstadt – Marianne Brühl-Schreiner

Unauslöschliches Erlebnis

„Spring!" rief mir meine Mutter zu.

Wir kamen mit einem Flüchtlingstreck aus Pommern.

Der Lastwagen, auf dem noch viele zusammengedrängte Menschen saßen, fuhr wieder an. Meine Schwester, meine Mutter und ich winkten ihnen lange nach.

Erschöpft standen wir an einer kleinen Birkenallee, die zu einem Bauernhof führte. „Kommt, Kinder!" sagte meine Mutter und nahm den einzigen Koffer auf, in dem sich ein paar Habseligkeiten befanden. Ansonsten hatten wir nur das, was wir auf dem Leib trugen, allerdings aus praktischen Gründen mehrere Kleidungsstücke übereinander.

Es goß in Strömen an diesem frühen Apriltag.

Meine Mutter blieb in angemessener Reichweite stehen und schaute auf das Haus. Neben und unter uns bildeten sich Wasserlachen, die unsere Schuhsohlen aufweichten. Noch heute spüre ich die unangenehm feuchte Kälte, die durch meine Wollsocken in die Füße und immer höher kroch.

Bewegungslos standen wir wie begossene Pudel am Ende der Allee.

Vor der Tür aufgereiht, warteten der Bauer, die Bäuerin und ihre vier Kinder, allesamt in Gummistiefeln. Hinter ihnen schauten die Köpfe der beiden Knechte und der Magd hervor. Sie schienen Kenntnis von unserer Ankunft gehabt zu haben.

Freundlich rief uns die Bäuerin zu: „Bitte kommen Sie doch näher!"

Mit gesenkten Augenlidern, müde und hungrig setzten wir einen Fuß vor den anderen, immer auf der Hut, ja nicht auf dem glitschigen Kopfsteinpflaster auszurutschen. Über das Gesicht der Bäuerin huschte ein warmes, stilles Lächeln. Sie eilte auf meine Mutter zu, umfaßte die ihr zaghaft hingestreckte Hand und drückte sie herzlich. Kinder haben ein sehr feines Gespür, darum fühlte ich damals sofort, das nichts Falsches an dieser Frau war. Erleichtert kam ich hinter dem Rücken meiner Mutter hervor und lief in die ausgebreiteten Arme der Bäuerin.

Lachend umfaßte sie meine Taille und schwang mich ein paarmal um sich herum. Danach drückte sie auch meiner Schwester die Hand und strich ihr liebevoll über das zottelige Haar. Nachdem meine Mutter uns vorgestellt hatte, machte die Bäuerin uns dann mit den anderen Hofbewohnern der Reihe nach bekannt. Danach bat sie uns in die gemütlich warme Küche.

Auf dem riesigen, weißgescheuerten Tisch hatte man für zwölf Personen gedeckt.

Ich stand mit geöffnetem Mund an der Tür und verschlang fassungslos das wunderschöne Bild: blauweißes Bauerngeschirr, daneben Trinkbecher und mitten auf dem Tisch eine riesige Blechkanne mit dampfendem Muckefuck. Aus einem weißen

Milchkrug blitzten mich unzählige Osterglocken an. Meine Mutter stand bewegungslos, mit gefalteten Händen am Tisch und weinte leise. Meine Schwester schwatzte schon aufgeregt mit der einzigen Tochter, die sich ungefähr in ihrem Alter befand.

Unentwegt starrte ich auf den Küchenherd. In meinem Mund sammelte sich das Wasser, denn aus einer gewaltigen Gußeisenpfanne dampften köstliche Bratkartoffeln. Ein Geruch, den ich mein Leben lang in mir trage.

Gleich daneben stand eine Haferflockenmilchsuppe, in die die Bäuerin ein Riesenstück gelbe Landbutter plumpsen ließ. „Herzlich willkommen! – Mögen Sie sich mit ihren Kindern hier ein wenig wohl fühlen, das haben Sie sich wirklich verdient!" wünschte uns der bislang stumm gebliebene Bauer mit sehr viel Wärme in der Stimme. Dann bat er uns aufmunternd zu Tisch.

Meine Schwester und ich schlangen die Milchsuppe hinunter und verbrannten uns die Zunge, doch wir spürten den Schmerz kaum.

Mit einem Schwung stellte die Magd die schwere Pfanne auf den Tisch und zauberte aus dem verheißungsvoll duftenden Backofen einen ungefähr halben Meter langen Hackbraten, den wir von zu Hause als „Falschen Hasen" kannten. Meine Mutter weinte immer noch, wie sie später erzählte, teils aus unendlicher Dankbarkeit, teils aus übergroßer Erschöpfung.

Sie aß wie ein Spatz, trank aber vier Becher „Kathreiner" hintereinander.

Ich hatte mir zuviel zugetraut und rannte noch vor dem letzten Bissen auf den Hof hinaus, um mich qualvoll zu übergeben. Drei Tage lang hatten wir nichts als harte Brotkanten zu uns genommen. Den Vanillepudding mit Kirschsauce mußte ich zu meinem größten Bedauern stehenlassen.

Nachdem wir alle gegessen hatten, brachte uns das Bauernehepaar schonend und verlegen bei, daß im Haus nicht eine einzige Kammer frei wäre. Aber sie hätten die Kühe zusammengetrieben und drei Boxen für uns hergerichtet. Wir sollten einmal in den Stall hinübergehen, um das Quartier zu begutachten. Die Schwester der Bäuerin im Nachbardorf wollte versuchen, eventuell für uns eine kleine Kammer freizumachen. Im Kuhstall war es herrlich warm und roch sehr animalisch nach den vor sich hindampfenden Tieren. Auf dem Stroh lagen drei dicke Steppdecken, die aufgeplusterten Federbetten einladend zurückgeschlagen und für jeden von uns zwei blütenweiße Kopfkissen.

Für meine Mutter lag ein Flanellnachthemd bereit, uns Mädchen hatte man zwei Schlafanzüge der Bauernkinder auf den Kissen ausgebreitet.

Über allen drei Boxen hingen Laternen, auf die meine Mutter besonders achtgeben sollte. Vor einem Feuer hatten die Bauersleute große Angst.

Auf einer umgedrehten Holzkiste standen ein Krug mit frischer Kuhmilch, drei Becher und eine große Schale voll blankgeputzter Äpfel.

Wir haben diesen Anblick unser Leben lang nicht vergessen. Ich rannte sofort zu einer buntgescheckten Kuh und schmiegte mein Gesicht an ihr Fell.

Meine Mutter löste sich endlich aus ihrer Starrheit, lief tränenüberströmt, – jetzt waren es erlösende Tränen, – auf die Bäuerin zu und umarmte sie heftig. Es war der Beginn einer langen, wunderbaren Freundschaft.

Keine zehn Pferde hätten uns aus dem Stall bringen können, in dem wir sechs Monate wohnten und von dem wir schweren Herzens Abschied nahmen, obwohl wir zwei kleine Zimmer mit Küche zugewiesen bekamen.

In dieser Zeit aßen wir mittags stets mit der Bauernfamilie, das war für sie eine Selbstverständlichkeit. Meine Mutter bestand jedoch darauf, daß wir das Frühstück und Abendessen im Stall einnahmen. Die morgendliche Kanne Kaffee sowie abends den Topf Kakao spendierte uns die Bäuerin. Dabei genoß sie es, neben ihrer harten Arbeit mit meiner Mutter ein Schwätzchen von Frau zu Frau halten zu können.

Später habe ich oft Haferflockenmilchsuppe, Bratkartoffeln und Hackbraten zubereitet, doch niemals wieder hat es mir so gut geschmeckt wie damals, obwohl das Essen doch nicht allzulange in mir blieb.

Auch bin ich später nie wieder so sicher irgendwo angekommen und freundlich aufgenommen worden. Es wird für mich immer ein unauslöschliches Erlebnis bleiben, das ich nie gehabt hätte, wenn wir nicht vertrieben worden wären.

* * *

Glückstadt – Gernot Schubert

Neue Lebensart

24. Februar 1945!

Ich bin gerade neun Jahre alt und mit meiner Familie auf der Flucht. Meine Familie: Zwei Schwestern, zwei Brüder (einschl. meiner Person) und natürlich Mutter, die Hauptperson! Ein Bruder – auf der Flucht geboren – überstand die Reisestrapazen nicht; er ruht irgendwo in Ahlbeck. Wir brachten ihn noch in eine überfüllte Leichenhalle – ohne Sarg – und weiter ging die Flucht.

Unser Gepäck: Zwei Seesäcke, die Mutter noch kurz vor Abfahrt genäht hatte. Während der Flucht schliefen wir Kinder abwechselnd auf ihnen, damit sie uns nicht gestohlen wurden. Der Inhalt dieser Säcke bestand lediglich aus Kleidungsstücken für unsere Familie. Wir kamen damals von Königsberg über Pillau nach Swinemünde mit dem Lazarettschiff „Berlin". Mit einem Sammeltransport der Reichsbahn ging die Flucht nach Westen weiter. Bereits im Sammeltransport wurde uns unser Bestimmungsort genannt. Eine kleine Stadt an der Elbe – Glückstadt war es! Jedenfalls sollten wir dort aussteigen – alles andere würde vor Ort geregelt! Mutter meinte, gewiß würde dieser Ort auch uns Glück bringen.

Die erste Nacht verbrachten wir dort auf Stroh in der Logger-Station am Hafen. Eine außergewöhnliche Nacht! Kein Fliegeralarm, alles friedvoll, und zum Abendbrot erhielten wir eine Nudelsuppe mit Fleischeinlage! Welch riesige Portionen verdrückten wir Kinder! Die erste, warme Portion in jeder Menge; all das nach drei Tagen Fahrt von Swinemünde nach Glückstadt!

Am anderen Tag wurden die Unterkünfte verteilt. Uns wurde genannt: „S. – Blomesche Wildnis!" Mit drei anderen Familien ging es per Pferdewagen dorthin. Der Kutscher hatte unsere Unterlagen, und Mutter half beim Lesen der Anschriften, bei denen die Familien abgesetzt werden sollten. Zum Schluß saßen nur noch wir auf dem Wagen. Endlich, nach ca. 6 Kilometern Fahrt, sahen wir ein Einzelgehöft, das wohl unsere Bleibe werden sollte:

Eine lange Auffahrt, ein reetgedecktes rotes Backsteingebäude und eine Frau, die gerade Mist aus einer Schubkarre auf den großen Misthaufen beförderte. Der Kutscher und diese Frau diskutierten in einem Dialekt, den wir alle nicht verstanden. Abschätzende, teils mürrische Blicke trafen uns. Endlich konnten wir den Wagen verlassen!

Unser neues Heim – für eine fünfköpfige Familie – bestand aus einem 4 x 3 Meter großen Raum. Die Ausstattung bestand aus einem winzigen Bollerofen mit Herdplatte, einem Tisch, zwei Stühlen, einem Kinderbett und einem Alkoven. Als Lichtquelle diente uns eine Petroleumlampe! Fließend Wasser gab es nicht. Stattdessen eine Handpumpe, die aus einem Nebenrinnsal des Rhins Wasser förderte! Statt Bad und WC gab es ein Plumpsklosett im Kuhstall. Man mußte an elf Rinderhintern vorbei, um seine Bedürfnisse zu erledigen. Am Abend oder nachts mußte ich Mutter oft begleiten, da große Ratten über die Rinderrücken huschten und sie Angst hatte. So etwas hatten wir verwöhnte Großstadtkinder noch nie gesehen!

In den ersten Wochen hörten wir Kinder Mutter im Alkoven oft weinen; wir Kinder verstanden die Situation nicht so recht. War doch dieser Bauernhof ein Eldorado für uns, mit Pferden, Rindern und Federvieh in allen Arten. Außerdem gab es noch das Lieblingstier der Bäuerin – eine Ziege – deren Milch wir gar nicht mochten! Wie im Paradies! Alles konnte man berühren, streicheln und füttern. Nicht, wie im Königsberger Zoo, wo alles hinter Gittern war und man alles mit Abstand bewundern mußte! Dann war da noch der verwilderte Obstgarten! Heute glaube ich, er war es, der uns mit seinen verschiedensten Früchten – entsprechend der Jahreszeit – vor Krankheiten bewahrte. Bis zum Schulbeginn hätte ich mit keinem tauschen wollen!

Irgendwann 1946 begann die Schule. Auch hier machten wir eine neue Erfahrung: Eine Schule mit zwei Klassenräumen. Die erste bis dritte Klasse und die vierte bis achte Klasse waren in diesen Räumen zusammengefaßt. Der Schulweg – hin und zurück ca. 8 Kilometer – wurde stets zu Fuß zurückgelegt, bei jedem Wetter! Im Spätsommer nahmen wir oft die Abkürzung durch den Rhin. Alles hübsch trocken halten, war stets die Parole. So durchschwammen wir den Rhin – Schulbücher und Kleidung hochhaltend – und gingen dann über Stoppelfelder barfuß zur Schule! Unser Lehrer, ein älterer Herr, disziplinierte uns Jungen noch nach alter Sitte. Sein Rohrstock hatte zwei Funktionen: Zeigestock und Disziplinierungsmittel. In diesen Funktionen hielt er sich die Waage.

Heute bescheinige ich unserem Lehrer eine hohe Fachkompetenz, war er es doch, der uns in allen Fächern unterrichtete – wir Kleinen lernten einfach mit den Großen mit! Später übersprang ich sogar eine Klasse Dank meines damaligen Wissensstandes!

Wir Kinder lernten den norddeutschen Dialekt recht schnell. Auch das Überleben und die Lebensart auf einem Bauernhof hatten wir bald begriffen. Wenn es darum ging, Hühnergelege auf dem riesigen Heuboden aufzustöbern, frisches Obst zum Tausch in den Taschen zu haben, dann waren wir stets die Ersten!

Mutter nahm uns meist als „Übersetzer" mit. Häufig ging es darum, Lebensmittel zu organisieren. So wurde der letzte Schmuck versetzt und in Mehl und Speck umgetauscht. Oft mußten wir – gerade von reichen Bauern hören: „Tscha, gode Fru, wi hebbt sülben nix!"

Aber es gab auch mitfühlende Menschen – meist die nicht so begüterten.

So denke ich öfter an Oma H. Sie besaß einen winzigen Krämerladen am „olen Dieck". Stets hatte sie eine süße Kleinigkeit für uns, wenn wir mal wieder etwas aufschreiben ließen. Oft, wenn wir – von der Schule kommend – an ihrem Laden vorbeitobten, winkte sie uns zum Mittagessen rein und erkundigte sich nach unserer Rasselbande.

Vergessen möchte ich auch unsere Bäuerin nicht. Sie hatte es mit uns in der Tat nicht leicht! Suchte sie doch öfter Gerät, welches wir „verbummelt" hatten. Deswegen gab es immer wieder Ärger unter den Familien. Nichtsdestotrotz hatte unser jüngster Bruder Vollpension bei ihr. Nach Befinden strich sie ihm über den Kopf und sagte abschließend: „Wes man still, min Jung, geiht allens vorbi!"

Heute klingt ihr Ruf in meinen Ohren: „Giselheir, kumm wat eten!" Seinen richtigen Namen sprach sie nie richtig aus: Giselher!

Erst Anfang 1948 wurde der Hof elektrifiziert. Zur gleichen Zeit erhielten wir auch eine Trinkwasserleitung. Wenig später kam mein Vater aus der Kriegsgefangenschaft und wir zogen fort von Schleswig-Holstein. Frau O., unsere Bäuerin, schob uns zum Schluß ein großes Freßpaket in den Wagen. Ja, sie hatte Tränen in den Augen und wendete sich abrupt von uns ab. Im Fahrzeug war es noch lange sehr still – gewiß hing jeder auf seine Art dieser Zeit nach. Übrigens: Das Freßpaket war schon vor Hamburg den Weg alles Irdischen gegangen!

* * *

Horst – Lieselotte Mohr

Meine neue Heimat Schleswig-Holstein

Vor genau 50 Jahren, am 27. 1. 45 mußten wir unsere geliebte Heimat Ostpreußen verlassen. Damals war ich gerade vierzehn Jahre alt geworden, und wir hatten bisher vom Krieg nicht viel mitbekommen.

Dann kam der schreckliche Tag, als mein Vater plötzlich auftauchte und uns schnell zur anderen Seite unserer Stadt holte. Meine Mutter konnte nur das Nötigste mitnehmen. Die anderen Sachen waren in großen Kisten verpackt und mußten dort bleiben. Da mein Vater zwei Ziegen, Hühner und Kaninchen hatte, wurden die noch ordentlich gefüttert, da man glaubte wieder zurückzukommen.

Aber leider kam alles anders.

Wir kamen im offenen Viehwagen über Berlin und Schwerin nach Segeberg.

In Segeberg gab es ein Auffanglager. Von hier aus wurden die Flüchtlinge auf die Dörfer verteilt. Meine Mutter und ich und unsere Tante mit ihrem kleinen Sohn kamen am 15. 12. 45 nach Horst. Als wir am Bahnhof ankamen, standen Bauern mit Wagen bereit, um uns abzuholen.

Meine Mutter und ich kamen zu Frau Sch., die eine Bäckerei hatte. Wir müssen schrecklich ausgesehen haben. Das Letzte, was meine Mutter hatte, wurde ihr von den Polen bei der Durchreise abgenommen, wobei wir zusätzlich geschlagen wurden. Frau Sch. war nicht begeistert, als wir ihr zugeteilt wurden, denn sie hatte selbst fünf Kinder und einen Gesellen, die versorgt werden mußten.

Wir blieben dann auch nur ein paar Tage und kamen dann zu Fr. S., einer alten Dame. Es stand nur ein alter Kanonenofen in der Stube, und da wir kein Heizmaterial hatten, war es natürlich bitter kalt. Die Eiszapfen hingen über uns und selbst im Bett haben wir gefroren. Frau S. war sehr mißtrauisch uns gegenüber, täglich wurden die Schränke nachgesehen. Es war für uns alle sehr bedrückend. Diese Menschen wußten gar nicht, was wir durchgemacht hatten. Wir hatten die Heimat verloren und wurden von den Einheimischen als lästig empfunden. Heute kann man dies vielleicht verstehen. Ich fühlte mich gar nicht wohl in Horst. Mein Vater war verschollen, und wo meine Schwester war, wußten wir nicht. Wir waren in der Fremde und arm wie Kirchenmäuse. Im April hatte meine Mutter eine Stelle für mich auf dem Geflügelhof D. gefunden. Da ich damals erst fünfzehn war, war die ungewohnte Arbeit im Haushalt sehr anstrengend für mich. Aber die junge Frau D. war sehr nett zu mir, und unterstützte mich häufig. Meine Mutter, die Schneiderin war, fand eine Stelle auf Hof Danwisch. Nun hatten wir wenigstens jeden Tag etwas zu essen.

Schließlich fanden wir auch unsere Schwester wieder, die in Hamburg gelandet war. 1948 kam auch unser Vater aus russischer Gefangenschaft. Leider war er nur ein Jahr bei uns. Er starb, durch die Gefangenschaft geschwächt, nach kurzer Zeit.

Da meine Mutter sehr geschickt im Nähen war, bekam ich aus einem alten Bettbezug einen Rock genäht. Woher sie den hatte, weiß ich heute nicht mehr. Wegen Mangels an Brennmaterial ging es bei Nacht und Nebel zum nahe gelegenen Torfmoor. Dort wurden die jungen Birken einfach umgesägt. Zu Hause begann dann allerdings das Drama. Um eine warme Suppe zu bekommen, wurde der Kanonenofen mit nassem Birkenholz gefeuert. Der Ofen qualmte aus allen Fugen. Wieder mußten wir in die kalten Betten, während die Eiszapfen uns über den Nasen hingen. Am nächsten Tag ging es zur Horster Volksküche, wo es wenigstens eine heiße Suppe gab. Bei Schlachter A. gab es eine heißbegehrte Wurstsuppe. Wenn man Glück hatte, bekam man etwas davon ab, denn das kleine Horst war mit 6000 Menschen überfüllt. In Friedenszeiten waren es etwa 2000 Einwohner gewesen. Das Leben begann, sich allmählich zu normalisieren. Wir bekamen Bezugsscheine für einen Kochtopf, Schuhe und Bekleidung, die es aber nur in Tauschgeschäften gab. Wir hatten aber nichts zum Tauschen. Im März sollte ich konfirmiert werden und bekam von Frau D. eine Bluse geschenkt. Außerdem wurde zu meiner Konfirmation Streuselkuchen gebacken. Das waren alle Vorbereitungen zu dem Fest. Zu Hause hätten wir es ganz anders gefeiert.

* * *

Kellinghusen – Ingelore Schonder

Das große Los

Am Sonntag, 4. Februar, war die Ankunft in Kellinghusen im „Stadt Hamburg". Wir durften uns in dem großen Saal auf Stroh und vorbereiteten Decken ausruhen. Für die Kinder gab es Kakao, für die Erwachsenen Tee, und es gab belegte Brötchen. Man hatte sich gut vorbereitet, das war zu spüren. Auch gab es kein wirres Durcheinander, alles lief geordnet ab.

Dann wurden auch wir aufgerufen und zu unserem Schlitten geführt. Dort stand unser Helfer, der sehr freundlich war und uns gleich sagte: „Es ist nicht weit." Mutti und der Herr zogen den Schlitten, ich stapfte todmüde nebenher. Das merkte „unser" Herr L. und setzte mich auf den Schlitten. Mit den Worten: „Schlafe bitte nicht ganz ein, schön festhalten", ging es weiter. Nach etwa zehn Minuten hielten wir vor einem Haus, das die Nr. 30 trug. Es war die Lindenstraße 30. Herr L. läutete an der Haustür, ein Hund bellte und es wurde geöffnet. Vor uns stand eine sehr freundliche Frau. Sie bat uns herein und sprach noch kurz mit Herrn L. Die Koffer wurden vom Schlitten genommen. Meine Mutter und ich und zwei Flüchtlinge aus Danzig waren angekommen. Wir standen im Flur, Mutti und Frau S. umarmten sich. Meine Mutter weinte und auch Frau S. hatte nasse Augen. Eine Tür ging auf und Herr S. begrüßte uns. „Nun wollen wir aber erst mal den kleinen Jungen auspacken", sagte Frau S. Ich war ja mit zwei Mänteln, zwei Kleidern und noch diversen Kleidungsstücken bekleidet. Ich war ein kleines, rundum eingemummeltes „Wesen" und da meine Zöpfe auch verpackt waren, wurde ich für einen Jungen gehalten. Hier kam aber ganz leise mein Protest: „Ich bin ein Mädchen." Inzwischen hatte meine Mutter auch schon meinen ersten Mantel an sich genommen, und nun stand da das kleine 12jährige Mädchen. Ein wenig scheu drückte ich mich an Muttis Seite, sah aber in freundliche Gesichter und wurde von Frau S. innig gedrückt. Sie führte uns jetzt durch die Küche in „unser" Zimmer. Wir traten ein und sahen einen sehr gemütlich eingerichteten Raum. Dieses Zimmer hatte ein großes Doppelbett, ein Sofa, einen Schreibtisch, einen Tisch, Stühle, einen Bücherschrank, zwei schöne Fenster mit hübschen Gardinen und Blumen auf den Fensterbänken. Doch all das Schöne sahen wir ja erst richtig beim Erwachen am nächsten Morgen. Beim ersten Betreten dieses Zimmers spürten wir nur eines: Man hatte uns liebevoll erwartet. Ein Ofen bullerte in einer Ecke, so daß es schön warm war. Unser Bett war schon bereitet und das Federbett aufgeschlagen, damit es sich schön erwärmte für uns! Hier wurden Menschen von Menschen in Fürsorge und mit großem Mitgefühl erwartet. Dies alles strömte sehr viel Liebe aus. Wir waren also willkommen und angenommen!

Wie wichtig diese ersten Momente für uns waren, konnte ich mit zwölf Jahren noch nicht erkennen. Heute aber ist es immer noch da, dieses Gefühl der großen Dankbarkeit für diese ersten Minuten und für die dann folgenden fünf Jahre der Gemeinsamkeit.

Wir konnten uns gleich frisch machen. Ich schlief schon fast, als Mutti mich wusch, wurde dann aber schnell „putzmunter", als wir an einen gedeckten Tisch gebeten wurden. Da gab es Wurst, Schinken und Milch. Ich glaube sogar, eine Suppe wurde uns noch angeboten. Meine Mutter hatte noch immer Tränen in den Augen und wurde von unserer Frau S. gestreichelt und getröstet. Immer wieder bedankten wir uns, und dann endlich konnte ich ins Bett. Als wir am nächsten Morgen erwachten, sahen wir erst so richtig, wie gemütlich und gepflegt unser Zimmer war. Die erste morgendliche Begrüßung mit den lieben Menschen fiel auch sehr freundlich aus, so, als würden wir uns schon Jahre kennen. Wir hatten uns erst gar nicht gerührt und so leise wie möglich unsere Morgentoilette erledigt, bis es dann ganz behutsam klopfte. Frau S. bat uns an den Frühstückstisch. Sie konnte es nicht verstehen, daß wir bereits angekleidet dasaßen und uns nicht rühren mochten. Was an unserem ersten Tag weiter passierte, weiß ich nicht mehr genau. Für mich gab es aber noch einen sehr wichtigen Punkt, denn zu meiner großen Freude war ja ein Hund im Haus. Er hieß Raudi, und wir waren sofort Freunde. Diese Freundschaft half mir, die vielen traurigen Gedanken ein wenig zu vertreiben.

Meine Mutter und ich hatten mit dieser Familie „das große Los" gezogen, und umgekehrt wurde es genauso empfunden, wie wir dann später erfuhren. Frau S. war für uns die Liebe in Person. Wie alle Flüchtlinge damals, aßen wir in der Volksküche. Man gab sich mit der Beköstigung der vielen Menschen sehr große Mühe. Ich frage mich heute noch, wie es damals geschafft wurde, solche Mahlzeiten herzustellen. Es war alles so knapp.

Wir kamen oft hungrig aus der Volksküche zurück, doch wir haben nie geklagt. Meine Mutter hat nie ein Wort darüber verloren, aber unsere Frau S. hat wohl davon gewußt, denn es war immer mittags etwas für mich übrig. Mit dem ihr eigenen zarten Klopfen und mit den Worten: „Hier, Stummel, laß es dir schmecken," stellte sie das Essen in unser Zimmer. Es war aber immer so reichlich für den „Stummel", daß auch Mutti noch davon essen konnte. Frau S. hat uns mit sehr viel Liebe umgeben! Auch bekamen wir immer einen Eimer Torf ins Zimmer gestellt, und immer wieder fragte Frau S., ob wir noch etwas benötigten, wir sollten es ihr unbedingt sagen.

Bei einer Sache konnte sie uns nicht helfen: Uns erfüllte eine unbeschreibliche Angst um meinen Vater, denn inzwischen war Danzig von den Russen eingenommen worden. Wir bangten sehr um ihn. Die Angst wuchs von Tag zu Tag. Dann kam er endlich wieder. Es klopfte und Frau S. brachte uns meinen Vater. Für mich war es wie ein Traum. Papa war da. Gesund stand er vor uns, welch ein großes, unbeschreibliches Glück in damaliger Zeit.

Erwähnen möchte ich noch, daß die Einwohnerzahl Kellinghusens normalerweise 5000 Menschen betrug und man jetzt 7000 geflüchtete Menschen in diese Stadt gebracht hatte. Noch heute ist es für mich wie ein Wunder, daß alles so friedlich und diszipliniert ablief. Man hatte Augen und Herzen füreinander weit offen! Man darf nicht vergessen, daß für die einheimische Bevölkerung eine ganz neue Ära anbrach. Es waren ja alles fremde Menschen, die da plötzlich in das bisher so absolut ruhige Alltagsgeschehen „eingriffen"!

Die Kellinghusener haben uns alle voll integriert, sicher hat es auch hier und da gewisse Spannungen gegeben, aber von schwerwiegenden, harten Begebenheiten ist mir nichts bekannt.

Der Alltag normalisierte sich allmählich ein wenig. Zu unserer Freude bekamen wir eine kleine Garten-Parzelle angewiesen. Es war wirklich so, daß die Menschen in allem einen Neuanfang sahen und glücklich über so ein Stückchen Land waren. Dieses Stückchen Land „bescherte" uns anfangs viele Eimer Steine, bevor wir pflanzen konnten. Aber niemand murrte, alle waren fleißig dabei zu graben und zu säen. Dem Nachbarn „Tips" zu geben, war selbstverständlich. Schließlich war es soweit: wir konnten Mohrrüben, Erbsen und Kartoffeln ernten. Das war ein wunderbares Erleben, nun konnten wir uns selbst ein Mittagessen kochen. Unsere Frau S. hatte uns aber schon vorher sehr oft mit Gemüse aus ihrem Garten versorgt. Jederzeit durften wir unseren Kochtopf mit auf ihren Herd stellen. Welch ein Gefühl mochte es wohl für meine Mutter gewesen sein, daß sich ein kleines Stück Normalität im Alltag eingestellt hatte: wir kochten selbst! Zusätzlich paßierte häufig etwas sehr Wunderbares. Wenn meine Mutter das Essen umrühren wollte, „stieß" sie sehr oft auf ein Stück Speck, eine Wurst oder ein Stück Fleisch. Ich muß nicht erklären, durch wen diese Köstlichkeiten in unseren Kochtopf gelangten!

Nach drei Jahren etwa ergab sich für uns eine ganz neue Situation. Bei unseren Wirtsleuten wurde im oberen Stockwerk eine kleine Wohnung frei. Es war ein großes Zimmer, eine Küche und ein Abstellraum.

Diese Gelegenheit, etwas Eigenes und eine eigene, wenn auch kleine Küche zu bekommen, ergriffen wir. Jetzt bekamen wir auch eine Kochgelegenheit ganz für uns allein, und zwar war es eine Hexe, wie diese kleinen Herde genannt wurden. Man konnte diese Hexe mit Spänen und Ästen „füttern" und eigentlich auch mit jeglichem weiterem Heizmaterial. Späne durften wir uns einmal in der Woche mit einem entsprechenden Berechtigungsschein in einem Sägewerk holen. Die Äste sammelten wir im Wald, die Forstverwaltung gab dafür ebenfalls Scheine aus.

Wir wohnten zwar jetzt „oben" im Haus, der Kontakt zu unseren Wirtsleuten blieb aber trotzdem der gleiche. Wir blieben „ihre Flüchtlinge", und sie blieb „unsere Familie S.".

Als wir am 4. Februar 1945 in Kellinghusen ankamen, bestanden unsere Habseligkeiten aus zwei Köfferchen und einem größeren und einem kleinen Rucksack. In der Heimat hatten wir uns bei unserem Aufbruch doppelt und dreifach angekleidet, um soviel wie möglich zu retten.

Im ersten Jahr war dies noch ausreichend gewesen. Im Jahr darauf aber wurde es vor allem für mich schon schwieriger. Ich wuchs so langsam aus den Sachen raus. So ging „man" damals wieder aufs Rathaus und versuchte, etwas an Kleidung zu bekommen. Die Ausgabestelle dort stand unter der Bezeichnung „Volksopfer". Es waren Spenden, die die einheimische Bevölkerung freundlicherweise für die Flüchtlinge gesammelt hatte. Doch meine Mutter hatte kein Glück, an dem Tag war für mich nichts dabei. Enttäuscht ging man heim, doch dann irgendwann bekam Mutti zwei blau-weißkarierte Bettbezüge aus ehemaligen Wehrmachtsbeständen. Die Schneiderin unserer Wirtsleute nähte aus einem Bezug zwei hübsche Röckchen für mich, eines davon hatte sogar Taschen!

Ich war glücklich. Wo das nette, weiße Blüschen herkam, weiß ich nicht mehr, voller Stolz trug ich meine neuen Sachen. Es machte überhaupt nichts, daß man plötzlich hier und da auf der Straße einem ebenso blau-weiß-karierten Kleidchen oder Röckchen begegnete.

Eine besondere Freude bereiteten meine Eltern mir mit einem warmen Wintermantel. Dieser Mantel wurde aus einer frischgereinigten Wolldecke gefertigt und hatte sogar eine Kapuze. Der so fade Grauton der Decke wurde mit weinrotem Stoff an Taschen und Kragen freundlich aufgehellt. Ich war sehr stolz auf „mein gutes Stück".

Ich hatte später noch einmal Glück in puncto Kleidung.

Am 30. März 1947 sollte meine Konfirmation sein. Woher sollten aber Kleid und Schuhe kommen? Bei der Volksopferstelle bekam meine Mutter ein „sogenanntes Nachmittagskleid" einer Erwachsenen. Es war kornblumenblau und sah eigentlich komisch aus, da es so glatt und so blank war. Frau S.s Schneiderin trat wieder in Aktion. Das Kleid wurde gewendet und mit viel Geschick entstand so mein Konfirmationskleid. Ich war glücklich, ein Kleid zu besitzen. Die schwarzen Schuhe gab's auf Bezugschein. Sie waren zwar mindestens eine halbe Nummer zu groß, aber es kam vorn Watte und dann eine Pappsohle hinein. Eine „Gehprobe" zeigte, daß es so ging.

Meine Konfirmation werde ich nie vergessen, weil alles so schön war. Wir Mädchen und auch unsere Jungen sahen sehr nett aus. Jeder trug, was er hatte. Es spielte keine Rolle, ob jemand Kniestrümpfe oder seidene Strümpfe trug.

Der Tag verlief für meine Eltern und für mich sehr gut. Meine Großmutter väterlicherseits war aus Bremen gekommen. Das war eine besondere Freude, denn nur einige Monate vorher war sie aus einem Flüchtlingslager in Aalborg/Dänemark mit vielen anderen Menschen nach Bremen gekommen. Unsere Familie S. hat meine ganze Konfirmation gestaltet, mit Mittagessen, Kaffeetafel und Abendessen. Wir konnten all das gar nicht richtig fassen. Wir hatten nicht nur eine warme Stube, wir hatten auch die Liebe dieser Menschen, die uns so sehr wärmte.

Auf keinen Fall darf ich vergessen, meine Schulzeit in Kellinghusen zu erwähnen. Ich ging zur Realschule, wo 1945 nur ein provisorischer Unterricht stattfand, denn die Schule wurde noch als Lazarett benötigt. Mit dem Kriegsende trat dann auch in das Schulleben Normalität ein. Wir waren etwa zur Hälfte einheimische Kinder und zur anderen Hälfe Flüchtlingskinder. Vom ersten Tag an wurden wir von unseren Schulkameraden angenommen. Wir hatten auch wunderbare Lehrer, für die es wirklich nicht einfach war, uns mit den wenigen, ihnen zur Verfügung stehenden Mitteln etwas beizubringen. Wenn wir „Ehemalige" wieder einmal zu einem Klassentreffen zusammenkommen, dann denken wir immer in Dankbarkeit an unsere Lehrerinnen und Lehrer. Unsere Klassengemeinschaft war einmalig, es war ein Miteinander und Füreinander!

Nach fünf Jahren und zwei Monaten und nach erfolgreichem Schulabschluß war meine Zeit in Kellinghusen vorbei. Es hieß, Abschied zu nehmen von Freunden und von dieser kleinen, lieben Stadt. Sehr schwer fiel uns der Abschied von unserer Familie S. Fünf Jahre sind eine lange Zeit, nun waren sie vorbei. Die Zeit der Gemeinsamkeit machte Platz für einen Neubeginn. In der folgenden Zeit zog es uns sehr oft zurück nach Kellinghusen zu einem Besuch in der Lindenstraße 30.

Mein Vater hatte mit viel Glück eine kleine Neubauwohnung bekommen. Meine Eltern konnten neu beginnen. Wir waren zusammen und lebten uns sehr schnell in unserem schönen Kiel ein, das für uns nun endgültig zur zweiten Heimat wurde.

Doch unsere Geburtsstadt Danzig bleibt tief in meinem Herzen.

* * *

Kremperheide – Klaus Lehmann

Aufnahme und Trost in Brokreihe

Im Februar 1945 kamen Mutter, Großmutter, Großvater und meine dreijährige Schwester nach sechswöchiger abenteuerlicher Flucht vor der Roten Armee aus Ostpreußen in Itzehoe an.

Primitiver Handziehschlitten, anstrengender Fußmarsch, kurze Mitfahrgelegenheiten auf anderen Trecks, unterbrochen durch Bombenangriffe, Verschiffung über die verminte Ostsee, Transport im Eisenbahnzug mit zerschossenen Fenstern waren unsere „Verkehrsmittel" in die alte holsteinische Kreisstadt.

Reiner Zufall treibt uns hierher. Das Stadttheater ist überfüllt mit zerlumpten, hungrigen Menschen, schreienden Kindern, gezeichneten Erwachsenen und halbtoten Greisen. Tage- und wochenlang hatte man keine Gelegenheit gehabt, sich zu waschen. Gefrorener Schnee war oft das einzige Mittel der „Morgentoilette". Der Zuschauerraum des Stadttheaters, einst von applaudierendem Publikum gefüllt, dient nun den geschundenen Menschen als Sammelstelle für den Weitertransport. Ob die SA-Männer, die uns begrüßen, wohl selber noch an den „Endsieg" glauben? Eine Nacht lang schläft man auf Stühlen, Treppenstufen und in Ecken. Vorher hat man uns aus einer Wehrmachtsfeldküche mit einer dampfenden, aber dünnen Graupensuppe versorgt. Die ungewohnte Köstlichkeit verursacht nachts eine erhebliche Unruhe unter den Schlafenden. Die Toiletten sind ständig überfüllt.

Am frühen Morgen steht draußen eine lange Reihe Pferdefuhrwerke von Bauernhöfen der umliegenden Dörfer. Frauen mit Kopftüchern oder alte Männer sitzen auf den Kutschböcken, die teilweise nur aus einem Brett über einen Ackerwagen bestehen. Die Jungbauern sind Soldaten und an einem der vielen Frontabschnitte vermißt oder gefallen. Es beginnt ein gegenseitiges Abtasten von Wagenbesitzern und denen, die nur das nackte Leben gerettet haben. Wir kommen zu einem älteren Mann, einem „Altbauern", wie man uns zu verstehen gibt. Er deutet uns wortlos mit der Hand an, daß wir auf die Ladefläche seines Wagens aufsteigen sollen. Eine Frau mit drei kleinen Kindern hat bereits Platz genommen.

Mutter erzählt später, daß es ihr in diesem Augenblick so ziemlich egal gewesen sei, in welches Dorf oder Haus sie kommen würde, wenn es dort nur irgendetwas zu essen geben und warm sein würde.

Über Heiligenstedtener Kamp und Herfarth geht es mit dem Pferdegespann über die holperige Landstraße. Verschneite Felder und Wiesen, soweit man sehen kann. Ab und zu ein Drahtzaun am Wegesrand. Unterwegs halten wir an einem zurückliegenden Gehöft. Die Frau mit den drei Kleinkindern steigt ab, ihr einziges Gepäck ist eine zusammengerollte Decke und ein schäbiger kleiner Karton.

Zwei alte Frauen empfangen und begleiten die Ankömmlinge zum Hauseingang. Der alte Mann, der „Altbauer" auf dem Kutschbock, spricht kein Wort. Ab und zu knallt er mit der Peitsche in den frostklaren Tag. Er sieht auch nicht nach links und rechts, sondern starrt schnurstracks auf die holperige Landstraße. Uns kommt ein leeres Pferdefuhrwerk entgegen. Zum Gruß hebt der Altbauer stumm den Peitschenstiel. Wir haben die ersten Häuser von Brokreihe erreicht. Niemand ist zu sehen. Von einem Bauerngehöft vernehmen wir das Blöken von Kühen. Großvater horcht auf, sagt aber nichts. Mir ist von der langen Fahrt ein Fuß „eingeschlafen". Vor einem mächtigen Bauernhaus mit heruntergezogenem Strohdach halten wir. Auf alles gefaßt, müde von der Fahrt auf dem ungefederten Bauernwagen, steigen wir ab. Was wird uns wohl erwarten? „Sie werden ihren Wohnungsvermietern zugeteilt", hatte der SA-Mann im Itzehoer Stadttheater gesagt.

Mutter und Großmutter bedanken sich für das Mitnehmen, keine Antwort. Die Schwester nimmt Mutters Hand, ich selber hänge mich an Opa an. Unser gesamtes Gepäck besteht aus einer abgeschabten Tasche mit unserer kümmerlichen Habe. So trotten wir hinter dem wortkargen Altbauern dem Hauseingang zu. Als die Tür aufgeht, empfängt uns wohlige Wärme. Ein himmlischer Duft nach frischgekochtem Essen schlägt uns entgegen. Eine junge Frau begrüßt erst den Altbauern und dann uns, sogar mit Handschlag, was für uns schon lange völlig ungewohnt ist: „Na Vadder, nu sett ju man erst mal dal", sagt die junge Frau etwas verlegen zum Altbauern, ihrem Vater. Wortlos schleppt dieser einige Sitzhocker herbei und bietet sie uns mit einladender Handbewegung an. Sogar Kissen liegen darauf, eine Wohltat für unsere strapazierten Glieder.

Wir sitzen an einem gedeckten Tisch in der großen Küche und bekommen jeder eine große Schüssel herrlich dampfender und duftender Bohnensuppe. Große Fleischstücke sind darin und Wurstteilchen. Mutter und Großmutter können es nicht fassen und bedanken sich ganz herzlich. Ausgehungert fangen wir alle an zu essen. Weil es meiner Schwester viel zu heiß ist, fängt sie an zu weinen. Hilfsbereit nimmt die junge Frau einen Teller und kühlt den Inhalt durch mehrmaliges Umschütten. Auf dem Tisch steht noch eine größere Schüssel zum Nachfüllen. Uns erscheint dieses wohlschmeckende Mahl als wahres Geschenk des Himmels. Nur Großmutter will es nicht schmecken, sie starrt auf ihren halbvollen Teller. Mutter füllt sich Omas Rest auf. Die junge Frau will uns aufmuntern und fängt an, meiner Schwester und mir etwas zu erzählen. Sie nimmt uns abwechselnd hoch und setzt uns auf ihre Knie. Meiner Schwester holt sie eine Puppe, und mir gibt sie einen Holzkasten voller Bauklötze. Mutter bedankt sich nochmals in unser aller Namen für das gute Essen und die menschliche Aufnahme. Nach sechs Wochen Flucht und Angst, Kälte und Hunger kommt uns diese Bleibe wie eine andere Welt vor. Oma kullern einige Tränen herunter, aufgrund der Gastfreundschaft und der vielen Wohltaten.

Wir werden in zwei kleine, aber blitzsaubere Zimmer gebeten. Zwei Tische, Stühle, ein Schrank, ein Ehebett und zwei weitere Bettstellen stehen darin. Abgekleidet durch einen Vorhang gibt es noch einen weiteren Raum. Auf der weißen Leinentischdecke steht sogar ein Blumentopf. Verglichen mit dem Schmutz, der Ungastlichkeit und Angst der vergangenen Wochen können wir es gar nicht fassen, nun so eine Unterkunft gefunden zu haben. Oma wischt sich mit dem Handrücken die Augen und murmelt ein Dankgebet. Als wir aus dem Fenster zwei Pferde auf dem Hof sehen, wird Opa ganz beklommen und redet sehnsüchtig von seinem „Schimmel", dem schwarz-weiß-gescheckten Pferd, das er in Heinrikau hatte zurück lassen müssen. Opa blieb nach diesem Abschied noch sehr lange nicht ansprechbar. Nun blickt er zu den beiden Pferden und sagt nur: „Schöne Tiere, ganz wie bei uns zu Hause."

Tatsächlich, wir bekommen vier frischbezogene Betten, rot- und blaukarierte saubere Bezüge und sogar einen Bettvorleger. Kein Lager auf dem Fußboden, keinen Stuhl, keine harte Holzpritsche oder Treppenstufe wird uns zum Schlafen angeboten, sondern richtige, einladende Bettgestelle tun sich vor uns auf. Meine Schwester ist inzwischen auf den Knien der jungen Frau eingeschlafen. Erst als ihr Mutter mit einem feuchten Waschlappen ins Gesicht streichelt, schlägt sie ihre Augen wieder auf. Wir werden in das Badezimmer der Familie geführt und können uns erstmals wieder alle richtig waschen, ja sogar baden. Irgendwie begreifen wir das alles immer noch nicht, nach wochenlanger Flucht über das zugefrorene Haff, nachdem wir Tieffliegerangriffen ausgesetzt waren, nachdem wir im Kohlenfrachter über die eisige Ostsee fuhren und nachdem wir im zerschossenen Eisenbahnwagen über rumpelige Bahngleise transportiert worden waren. Abends hatten wir dann irgendwo in Scheunen, Bahnhöfen oder verlassenen Häusern übernachtet. Zum Waschen und Wechseln der Kleider war da nie Zeit gewesen. Und schließlich hatten wir außer den Sachen, die wir am Leibe trugen, sowieso keine „Austausch-Garderobe" dabei. Und nun warmes Wasser in der Badewanne, richtige Seife, saubere Handtücher und ein anheimelnder holzbeheizter Badeofen. Jeder genießt die so lange entbehrte Körperpflege. Oma kämmt uns Kindern die Haare und rubbelt uns mit den frischen Handtüchern ab. Wir kommen uns wie neugeboren vor. Nach dem Bad erhalten wir frisch gewaschene Ersatzkleidung. Mutter bedankt sich immer wieder, und Oma murmelt ein weiteres Dankeschön.

Als ein Flugzeug hörbar wird, bekomme ich panische Angst und fange an zu weinen. Zu gut habe ich das Geräusch und die anschließend krachenden Bomben noch in Erinnerung. Oma beruhigt mich. Am Himmel wird es wieder still.

Angetan mit der frischen Wechselkleidung packen wir unsere kümmerlichen Habseligkeiten aus der abgeschabten Tasche aus: Einige Fotos hastig noch vor der Flucht zusammengesucht und wenige Dokumente: Geburtsurkunde, Heiratsurkunde, Opas Sparbuch mit sehr bescheidenen Eintragungen und einige kleine Tücher, die besser als Lumpen zu bezeichnen sind. Alles zusammen hat reichlich Platz auf einem der kleinen Nachtschränke.

Uns überkommt alle nur ein Gedanke: ausziehen, ausstrecken, schlafen. Um ganz sicher zu gehen, begibt sich Mutter nochmals in die Wohnküche der jungen Frau und fragt nach, ob wir uns erstmal ausschlafen können. Zufrieden kommt sie zurück. Meine Schwester und ich werden in ein Bett gepackt, an jedem Ende einer. Es dauert nur Minuten, dann fallen wir in einen bleischweren Schlaf. Als ich aufwache, ist es bereits elf Uhr des nächsten Tages. Auch die anderen sind gerade erst aufgestanden, als ich die Augen aufschlage. Wahrscheinlich hätte die Ruhe noch länger gedauert, aber uns schreckt der Lärm aus dem Kuhstall, das Geräusch der Kühe und das Geklapper von Türen auf.

Über zwei Jahre wohnen wir bei Bauer B. in Brokreihe. Schon einige Zeit nach unserer Ankunft kommen Großvater und Großmutter zu einem anderen Bauern des Nachbardorfes. Während der beiden Jahre gibt es nicht nur eitel Sonnenschein, sondern auch kleine Spannungen und auch Unstimmigkeiten. Hauptsächlich sind diese wohl verursacht durch die sehr engen Wohnverhältnisse. Aber wir haben während dieser Zeit ein warmes Dach über dem Kopf und haben immer genug zu essen. Die Zuneigung der jungen Frau zu uns Kindern erhält sich während der gesamten zwei Jahre und lange darüber hinaus. Persönliche Gespräche haben anfangs dazu beigetragen, daß man sich gegenseitig respektiert. Meine Schwester und ich genießen auf dem Bauernhof viel Freiheit, um die uns andere Kinder ganz sicher beneidet hätten.

Vater kommt 1947 aus englischer Kriegsgefangenschaft aus einem Lager in Ostholstein. Die Familie des Bauern vermittelt uns ein leerstehendes „Altenteilerhaus" in Heiligenstedtenerkamp. Noch viele Jahrzehnte nach der schrecklichen Flucht pflegen wir Kontakt und gute Beziehungen zu der Familie des Bauern B. Inzwischen sind neue Generationen nachgewachsen, der Kontakt ist jedoch bis heute nie erloschen.

* * *

Neuendorf – Siegfried Podbielski

Erträgliche Situation

Der Fluchtweg aus Ostpreußen, aus dem Kreise Angerapp bzw. Goldap, verlief mittels der letzten Eisenbahn über Pommern bis nach Neuendorf bei Elmshorn. Hier bekamen wir bei einem Bauern eine kleine Einzimmerwohnung zugewiesen. Sie lag im Zentrum und in der Nähe einer Schule. Später tauschten wir die Wohnung mit meiner Tante, weil meine Cousine einen kurzen Schulweg haben sollte. Dies war jedoch ein großer Fehler meiner Mutter, denn später mußte ich einen einstündigen Fußweg – oft bei Eiseskälte oder Regen – machen, so daß ich häufig erkrankte und die Schule versäumte.

Die neue Wohnung bei einem alteingesessenen Bauern bestand aus zwei Zimmern, einem kleinen Wohnzimmer und einer kleinen Küche. Hier wurde auf einer Hexe gekocht und geheizt. Das Plumpsklo war nur über den Hof zu erreichen und mußte mit sämtlichen Flüchtlingen (ca. 10 Personen) geteilt werden. Fließendes Wasser und sanitäre Einrichtungen gab es nicht. Es wurde der sogenannte „Patscheimer" für alles benutzt. Diese beiden Zimmer waren sehr kalt und befanden sich neben dem Pferdestall, was nachts eine gewisse Unruhe bedeutete. Ein Bett gab es nicht, geschlafen wurde auf einem Strohsack, der auf einer Pritsche lag. Diese Pritschen waren mehrere nebeneinandergestellte Apfelkisten. Die Bauersleute waren nette, freundliche Leute, die sehr hilfsbereit waren. Insgesamt gesehen, verbrachten wir eine ruhige Zeit. Wenn ein Militärfahrzeug vorbeifuhr, war das ein großes Ereignis.

Für alle Kinder im Dorf waren die Überschwemmungen im Frühjahr und Herbst besondere Erlebnisse. Dann gingen alle größeren Kinder mit einem Sack oder Eimer in den Händen an den Deich und warteten auf Sturmflut und Hochwasser. Es wurde nach allem Ausschau gehalten, was bei einem Schrotthändler zu verkaufen war, wie zum Beispiel Flaschen, Dosen und Papier, Stoffe, Lumpen und Knochen. Gelegentlich fand man auch etwas Buntmetall, wenn das Wasser zurückgelaufen war. Auch Brennholz wurde gesammelt und nach Hause gebracht. Einmal im Jahr kam ein Schrotthändler mit seinem Dreirad-Tempowagen und kaufte alles auf. Wir kleineren Kinder nahmen uns einen größeren Jungen mit, der uns beim Verkauf behilflich war und aufpaßte, damit der Schrotthändler uns nicht betrog. Zur Belohnung bekamen sie dann kleinere Beträge. Was in unseren Taschen landete, war unser Taschengeld. Dies wurde meist dazu verwandt, um für größere Dinge zu sparen. Ich kann mich noch genau daran erinnern, daß ich ein Fahrrad bekam, als ich 100,–Mark zusammengespart hatte. Ich war sehr stolz darauf.

Ansonsten haben wir Kinder in unserer Jugend viel in den Wettern und in der Aue geangelt. Von dem Erlös des Schrottverkaufs wurden die Angelutensilien, wie Rute, Sehne, Pose, Haken und Blei gekauft. Eine weitere beliebte Spielart war das Grabenspringen am Außendeich, dem Land vor dem Deich und zwischen der Aue. Wir nahmen uns eine haltbare Stange, wie beim Stabhochsprung, steckten sie in die Gräben und schwangen uns auf die andere Seite. Mitunter sackte der Stab auch weg, dann erreichte man die andere Seite nicht und fiel ins Wasser.

Wenn man viel Glück hatte, wurde man von einem Fischer in seinem Boot mitgenommen. Er fuhr auf die Aue und sah nach, ob die Reusen einen guten Fang versprachen. Meistens waren es Aale, Brassen oder Weißfische. Auch Schleie, Hechte, Schollen oder Wollhandkrabben verfingen sich in den Reusen. Ich habe so einiges Brauchbare von den Fischern gelernt.

Eine Begebenheit werde ich wohl nicht vergessen. Wenn ein Fischkutter mit frischem Fisch von der See kam, wurde die Ware sofort verkauft. Die Käufer stiegen aufs Schiff, so daß es manchmal Schlagseite bekam. Dann hieß es: „An Land, an Land, erst kommen die Verwandten." Später hieß es dann: „Frage mal deine Mutter, ob sie Fisch kaufen möchte." So änderten sich die Zeiten.

Bargfeld-Stegen – Margit Garrn

Schwere Jahre

Am 8. 2. 45 ging ein Abschnitt unserer Odyssee zu Ende, die am 22. 1. 45 ihren Anfang in Tapiau genommen hatte, als die „CAP ARCONA" nach achttägiger Fahrt von Gotenhafen endlich in Neustadt/Holstein Anker werfen konnte. Wir, das waren etwa 15 000 Flüchtlinge, darunter meine Mutter (42) und ich (14). Weil der Hafen für so ein riesiges Schiff nicht groß genug war und auch nicht tief genug, mußten alle ausgebootet werden. Das ging sehr geordnet vor sich, immer decksweise, und so waren wir beide erst am nächsten Abend dran. Von freundlichen Marinesoldaten wurden wir in einen großen Saal gebracht, wo jeder ein Etagenbett zugewiesen bekam. Und dann gab es die leckerste Nudelsuppe meines Lebens. Beides war mehr als willkommen nach der langen Reise, während der meine Mutter auf dem Tisch und ich auf den Koffern geschlafen hatte und Verpflegung nur sehr spärlich ausgegeben worden war. Ob wir in Neustadt irgendwie registriert worden sind, weiß ich nicht mehr. Es steht auch nichts darüber in dem Brief, den ich während der Flucht an meinen Vater an die Front geschrieben habe.

Meine Mutter wollte jedenfalls unbedingt zu ihren Verwandten an der Oder, und so machten wir uns am anderen Morgen auf zum Bahnhof. Es war ein sonniger, relativ warmer Tag. Der ganze Kai stand voller Rodelschlitten, von ihren Besitzern nunmehr, mangels Schnee, stehen gelassen. Dann erinnere ich noch die Treppen und den langen Gang im Lübecker Bahnhof, der auch heute noch ziemlich unverändert vorhanden ist. Freundliche Frauen reichten uns Leberwurstbrote und Getränke. Unterwegs im Zug nach Berlin stellte sich dann heraus, daß wir nach Fürstenberg/Oder nicht mehr konnten, da es schon Kampfgebiet war. Dank der einzig möglichen Anschlüsse in Berlin führte uns das Schicksal nach Neuruppin, wo wir bei Cousinen meines Vaters erstmal 14 Tage bleiben und uns ein bißchen erholen konnten. Als dann eine Tante, die von Templin nach Bad Oldesloe evakuiert worden war, schrieb, wir könnten dort mit ihr zusammen eine Wohnung in einem Behelfsheim bekommen, fuhren wir gleich hin. Mit der Wohnung in dem Barackenkomplex in der Hamburger Straße wurde es dann zwar doch nichts, aber wir wurden nun endlich richtig registriert und bekamen Quartier in der Salinenstraße. Die Hausbesitzerin war nicht gerade begeistert, wies uns aber eine Kammer mit einem Bett an, in dem glücklicherweise zwei Matratzen waren. Außerdem durften wir uns in ihrem Eßzimmer aufhalten. Wenn sie abends ausging, durften wir später dann schon mal in ihrem Wohnzimmer sein, das gut geheizt war, und vor allem auch ihre Bücher lesen.

Wir fanden es sehr verwunderlich, daß jeder so für sich lebte, auch die anderen Flüchtlinge im hinteren Flügel des Hauses. Wir hatten in den letzten Jahren in Ostpreußen stets Einquartierung gehabt. Darunter waren Offiziere, der Vertreter meines Vaters und später auch Flüchtlinge. Diese waren immer bei uns im Wohnzimmer gewesen und hatten auch mit uns gegessen. Die Arbeit im Haus und auch die Verpflegungsbeschaffung war selbstverständlich auf alle verteilt worden, aber wir waren doch immer wie eine große Familie gewesen.

Weil es Strom und Gas sehr oft nicht gab, kochten wir in einem von irgendwo beschafften Topf auf unserem kleinen eisernen Ofen. Sehr oft gab es Apfelgrütze, die zum Quellen ins Bett gestellt wurde. Beim Fleischer gab es manchmal Wurstsuppe. Milch und Brot gab es auf Marken noch genug, so daß wir einigermaßen satt wurden.

Als nun das Leben wieder ein bißchen geordnet war, mußte ich auch wieder zur Schule gehen. Die Königin-Luise-Schule selbst war zwar Lazarett, aber der Unterricht fand in einem Gebäude im Salinenpark statt. Als ich dort einige Tage war, kam noch ein Mädchen dazu, mit dem ich einst in Tapiau in die Volksschule gegangen war, das dann aber weggezogen war. Obwohl wir früher nicht viel miteinander anfangen konnten, waren wir nun doch ein Herz und eine Seele, und ich habe sie oft in Pölitz, wohin sie mit Mutter und Bruder verschlagen worden war, besucht. Die Oldesloer Mädchen waren nicht unfreundlich und erklärten uns auch bereitwillig alles Neue, aber sie hatten ihre alten Freundschaften untereinander, und dabei blieb es.

Unsere Habe hatte Platz in drei Koffern und einem Rucksack. Wie freuten wir uns daher, als eines Tages eine Tante, die bei der Wehrmacht arbeitete, Bescheid gab, sie habe mit Hilfe von ein paar Flaschen Schnaps noch einen Koffer und einen großen Reisekorb, die bei ihr ausgelagert worden waren, mit einem Wehrmachtsauto auf die Reise geschickt. Wir sollten zu einer bestimmten Zeit an der Autobahn Lübeck–Hamburg sein. Und das hat auch wirklich geklappt! Nun besaßen wir also wieder Bettzeug und auch Sachen für meinen Vater, wenn der mal wiederkommen würde. Außerdem barg der Reisekorb auch Bestecke und unsere große alte silberne Suppenkelle, die später sehr, sehr wichtig für uns werden sollte.

Als wir uns gerade ein wenig eingewöhnt und eingerichtet hatten, kam im April der große Luftangriff auf Bad Oldesloe. Ich war zum Milchholen unterwegs, als die Sirene ging. Das war schon oft der Fall gewesen, und obwohl ich eigentlich hätte gleich beim Bäcker an der Ecke in den Keller gehen sollen, bin ich doch noch schnell „nach Hause" gelaufen. Ich kam dann gleichzeitig mit der ersten fallenden Bombe in unserem Keller an, d. h. die Bombe landete im Vorgarten und brachte die Vorderwand des Hauses zum Einsturz. Uns Hausbewohnern ist aber nichts passiert. Ich weiß noch, daß ich im Keller neben einem Faß mit eingelegten Heringen hockte, alles schwankte auf dem moorigen Untergrund, und unter einem Regal kam eine leere Flasche nach der andern vorgerollt. Daneben starrte ich fasziniert auf meine zitternden Arme und Beine, und dadurch ist mir meine Angst eigentlich gar nicht bewußt geworden. Schließlich hörte das Krachen draußen auf, es kam Entwarnung, und wir liefen nach oben. Da fehlte die Hauswand vorn, Glasdach und Fenster waren zerborsten, und alles war mit einer dicken Staubschicht bedeckt. Darunter war noch alles da, nur die goldene Armbanduhr meiner Mutter fehlte, und sie blieb Zeit ihres Lebens davon überzeugt, daß unsere Wirtin sie genommen haben müsse. Später stellte sich heraus, daß von dem Bäckerhaus, wo ich hätte Zuflucht suchen sollen, nichts mehr übrig war!

Die nachfolgenden Angriffe waren nicht mehr so stark. Wir rückten alle im Hinterhaus zusammen, aber dann wurde das Haus für unbewohnbar erklärt. Mit vielen anderen Flüchtlingen wurden wir auf einen Lastwagen geladen und auf das Land gebracht.

Uns verschlug es nach Bargfeld-Stegen, wo wir im Häuschen einer 90jährigen Frau unten ein kleines Stübchen zugewiesen bekamen. Es enthielt eine Bettstelle mit Strohsack, einen Strohsack auf dem Fußboden, einen Tisch und zwei Stühle, einen verschlossenen Schrank und einen hohen Kachelofen. Die Schlafgelegenheiten wurden erst vom Neffen unserer Wirtin, dem Bürgermeister des Ortes, gestellt. Da saßen wir nun und kamen uns sehr verlassen, fremd und so ungemütlich vor. Ein Dach über dem Kopf hatten wir zwar, aber wie sollte es jetzt weitergehen? So war uns in der Folgezeit noch sehr oft zumute. Wenn es mal ganz schlimm kam, haben wir untereinander Ostpreußisch gesprochen, was wir eigentlich von Haus aus nicht taten. Dann mußten wir lachen, und es ging wieder.

Was hätten wir nur ohne Kaufmann P. gemacht. Ob mit oder ohne Bezugschein, auf jeden Fall bekamen wir bei ihm zwei tiefe Teller. Diese hatten zwar dicke Warzen und waren eigentlich wohl Ausschußware, aber es waren doch wenigstens unsere. Dazu bekamen wir noch zwei Frühstücksbrettchen aus Steingut und eine große Glaskanne, in der wir Milch holen konnten. Die gab es immer reichlich, besonders, als bei Kriegsende die Meierei nicht arbeitete. Da hat das ganze Dorf von Milch gelebt und sogar gebuttert. Unsere Wirtin zeigte uns, wie man Sahne in einer Flasche solange schütteln mußte, bis sich Butterklümpchen bildeten. Später gab es dann Buttermilch ohne Marken, die zunächst zu Quark und anschließend zu Quarkkuchen verarbeitet wurde. Vor der von den Einheimischen so geliebten Buttermilchsuppe grauste es uns Flüchtlingen, und was ein Mensch an Buchweizengrütze finden konnte, blieb uns auch verborgen.

Schwierigkeiten machte auch die Sprache der Dorfbewohner. Was um alles auf der Welt waren Leuwagen, Feudel, Handeule und Wurzeln, und was nur mochte „eisch" bedeuten? Ganz schwierig war es, wenn Plattdeutsch gesprochen wurde. Zunächst verstand ich kein Wort, aber dann besann ich mich auf das in der Schule gelernte Englisch. Dies half mir. Andererseits schüttelten auch die Dorfbewohner den Kopf über unsere Ausdrucksweise.

Was praktisch bis Kriegsende und auch relativ bald danach klappte, war die Post. Nicht nur die Briefe meines Vaters an uns und umgekehrt kamen fast lückenlos an, auch Post, die ich an meine beste Freundin an eine Fluchtadresse in Pommern geschickt hatte, erreichte sie in Ludwigslust! Nur die Briefe, die ich nach dem Bombenangriff an meinen Vater, der in Holland stationiert war, schrieb, haben ihn nicht erreicht, und so hat er praktisch bis zu seiner Entlassung im Frühjahr '46 nicht gewußt, ob wir noch lebten. Auch wir wußten nichts von ihm, da die Insassen des englischen „Umerziehungslagers" Fallingbostel nicht schreiben durften. Erst als er einmal im Lazarett lag, gelang es ihm, eine kurze Nachricht hinauszuschmuggeln.

Das Zusammenleben mit unserer „Alten", wie wir sie nannten, war nicht leicht. Hantierte sie in der Küche, durften wir uns nicht hineinwagen. Sie kochte in vielen kleinen Töpfchen – in unseren Augen meist gräßliches Zeug – und erst, wenn sie sich zum Essen in ihre Stube hinter der Küche zurückzog, durften wir wagen, uns was zu kochen oder zu backen. Aber man war nie sicher, ob sie nicht doch wieder erschien, unseren Topf beiseite schob oder sich sonstwie zu schaffen machte. Von unseren Sachen und besonders auch unserem Brennmaterial zu nehmen, sah sie als ihr gutes Recht an. Andererseits bekam man auch mal von ihr was ab, und auch aus ihrem Garten durften wir uns hin und wieder Mohrrüben oder Johannisbeeren holen. Schlehen und Fliederbeeren mußten wir sammeln und erfuhren dann von ihr, wie man sie zubereiten müsse.

Zum Waschen durften wir eine große Schüssel borgen, bis wir dann später irgendwann eine mit Blech ausgeschlagene Munitionskiste bekamen. Das Plumpsklo war hinten im Garten beim Holzschuppen. Zum Kochen und Heizen wurden im Wald von Amts wegen Birken gefällt, nur zerlegen und heimschaffen mußten wir sie selber. Ich weiß noch, wie meine Mutter, die so etwas in ihrem Leben noch nie gemacht hatte, und ich mit einer geliehenen Säge an einem heißen Sommertag im Wald gearbeitet hatten. Wir bekamen schrecklichen Durst, und als wir auf dem Heimweg an einem ganz einsamen Gehöft vorbeikamen, wagten wir, um ein Glas Wasser zu bitten. Die Bäuerin war sehr mitleidig und brachte für jeden von uns ein Glas Milch. Für mich war dies eine Labsal, aber meine arme Mutter konnte nun einmal keine Milch trinken, und die freundliche Gabe zurückweisen ging auch nicht!

Als wir dann heimkamen, erzählte uns die junge Frau, die über uns im Haus wohnte, daß inzwischen mal wieder marodierende Polen oder Russen, die im Displaced-Persons-Lager in der Nähe untergebracht waren, im Haus gewesen seien. Da hätte unsere Wirtin die Tür unserer Stube aufgemacht mit den Worten: „Es gehört mir zwar nicht, aber nehmen sie nur!" Aber angesichts unserer armseligen Einrichtung hatten die Männer nur ein Stückchen Leberwurst vom Tisch genommen. Angstvoll wanderten unsere Blicke zum Ofen. Der reichte fast bis zur Decke, hatte aber eine hohle Krone, und dahinein pflegten wir unsere Wertsachen zu legen, besonders einen Reisewecker, unsere einzige Uhr. Jetzt ging uns erst auf, wie laut dieser tickte.

Der erste Sommer war gekennzeichnet von langen Wegen. Wollte man irgendwohin, mußte man laufen. Ob das zum Schuster nach Gut Stegen war oder etwa nach Bad Oldesloe. Nachdem eines Tages der Bruder meines Vaters bei uns erschien, der mit seiner Familie in Schlamersdorf bei Oldesloe untergekommen war, bin ich öfter dorthin gelaufen. Diese Strecke habe ich allerdings nicht an einem Tag hin und zurück hinter mich gebracht.

Man mußte Holz sammeln, eventuell Pilze suchen und natürlich anstehen nach allem und jedem. Viel gab es ja auf Marken gerade nicht, aber das wenige war doch meist erhältlich. Neben dem schon erwähnten Quarkkuchen buken wir auch Kaffeekuchen aus dem, was es so als Kaffee-Ersatz gab. Der Austausch von Rezepten aller Art war sehr rege, da sich ja fast alles um das Essen drehte. Allerdings waren wir auf dem Lande, vor allem wenn der Herbst kam, immer noch besser gestellt als die Städter. Im Herbst gingen wir Flüchtlinge alle zum Kartoffellesen nach Gräberkaten auf das Gut. Dafür bekam dann jeder zwei Zentner Kartoffeln als Deputat, und während der Arbeit gab es auch reichlich Verpflegung. Das dauerte etwa zwei Wochen. Danach bekam ich meine Knie einfach nicht mehr gerade für längere Zeit, denn ich war die ganze Zeit kniend hinter den Kartoffeln hergewesen. Jedes Feld wurde danach

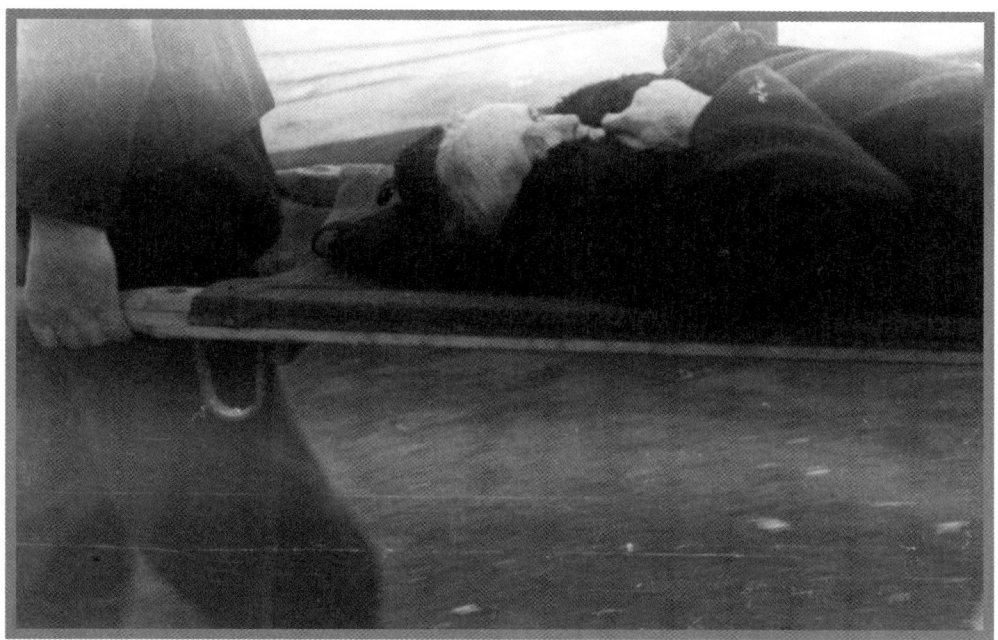

nochmal umgegraben, besonders auch von angereisten Städtern, die auch die letzte kleine Knolle noch rausholten. Auch Ähren wurden nachgelesen und die Körner dann in der Kaffeemühle gemahlen. Alle im Dorf bekamen Zuckerrüben. Die wurden in einer gemeinschaftlichen Waschküche gekocht und dann mit der einzigen Presse des Dorfes ihres Saftes mühsam beraubt. Der wurde dann stundenlang zu Sirup verkocht. Das ging Tag und Nacht so. Jeder war zur Hilfe eingeteilt. Außerdem bekamen wir alle Kohl, später auch Trockenkohl und Trockenzwiebeln.

Der Konfirmandenunterricht begann schon ziemlich früh wieder in der alten Dorfschule bei Pastor K. Bibel und Gesangbuch borgte mir freundlicherweise die junge Frau oben im Haus. Bei ihr auf dem Sofa durfte auch etwaiger Besuch von uns übernachten. Ich will nicht sagen, daß wir alle im Dorf wie eine große Familie lebten, aber es gab doch, vor allem unter den Flüchtlingen, einen guten Zusammenhalt. Woran es sicherlich fehlte, war das gegenseitige Verständnis bei den Einheimischen für das, was uns widerfahren war, und bei uns für die Einschränkungen, die unser Dasein nun einmal bei den Einheimischen nötig machte. Im Armenhaus, einer kleinen Kate mit einem Raum und Lehmfußboden, hauste ein altes Weiblein aus Schlesien, das aus Ginster Besen band und zu jeder Arbeit bereit war. Sie hat mir das Strümpfestricken beigebracht. Weh mir, wenn ich „prunzelte". Sie war sehr fromm und felsenfest davon überzeugt, so schlecht wie es ihr hier ging, so gut werde sie es einmal im Himmel haben. Vielleicht hätte sie auch sonst ihr Dasein nicht ertragen können.

Was haben wir angezogen? Zunächst natürlich das, was wir mitgebracht hatten. Pullover wurden aufgerebbelt und immer wieder neu gestrickt. Aus Bettlaken und Stoffresten entstanden Kleider. Das kleinste Fädchen wurde noch verwendet. Zuckersäcke wurden auseinandergezupft und verstrickt, Wolle von den Zäunen gesammelt und verarbeitet. Aus Stroh flocht man Schuhsohlen. Schuhe waren überhaupt das größte Problem. Ich besaß nur ein Paar alte Stiefel von meinem Vater, die längst nicht mehr dicht waren. Gegen irgendetwas wurden für mich beim Schuster ein Paar Sandalen eingehandelt. In Oldesloe gab es eine Tauschzentrale, wo man Kleider gegen Schuhe, Elektrogeräte gegen Töpfe u. ä. einhandelte.

Als im Januar 1946 die Schule in Bad Oldesloe wieder anfing, mußte ich gegen 6.30 Uhr aus dem Haus. Dann mußte ich eine Stunde einen Knickweg entlang nach Sülfeld laufen und von dort mit dem Zug nach Oldesloe fahren. Dort hatte ich noch einen Schulweg von etwa 20 Minuten. Gegen 16 Uhr war ich wieder zurück und total ausgehungert. Ich vertilgte dann einen ganzen Topf voll Kartoffeln und Trockenkohl. Wegen der vielen Kartoffeln war ich recht kompakt und bekam deshalb keine Schulspeisung.

War die Schule mal früher aus, pflegten wir Fahrschüler uns in einer Gastwirtschaft zu versammeln, um uns mit einem Heißgetränk aufzuwärmen. Was immer das auch war, es war leuchtend rot oder grün, süß, heiß und schmeckte nicht schlecht. Manchmal ging man auch noch zum Friseur in Oldesloe. Dann mußte ein Brikett, Torf oder Holzscheite mitgebracht werden und natürlich auch Handtuch und Seife. In der Schule lasen wir damals „David Copperfield" auf Englisch, ohne Lexikon, lernten Gedichte von Rilke und mußten sehr viel schreiben, denn Bücher gab es ja nicht. Glücklicherweise hatte ich meine Schulmappe mit ein paar Heften darin mit auf die Flucht genommen, so konnte ich doch wenigstens mitschreiben und irgendwie meine Hausaufgaben machen.

Inzwischen waren im Dorf polnische Offiziere einquartiert, die auf Abtransport nach Polen oder Auswanderung nach England oder Amerika warteten. Dafür war auch das noch freie Wohnzimmer unserer Wirtin beschlagnahmt worden. Da diese in ihrem Alter – besonders sauber war sie ohnehin nicht – das Zimmer nicht mehr in Ordnung halten konnte, mußte das meine Mutter übernehmen und auch für den jeweiligen Bewohner die Wäsche machen. Dafür gab es dann für uns hin und wieder ein Kommißbrot oder sonst etwas Eßbares. In Ermangelung von sonstigem Belag aß man damals mit Begeisterung Mostrichstullen mit braunem Zucker! Es blieb nicht aus, daß meine Mutter sich mit der jeweiligen Einquartierung, welches oft recht gebildete Leute waren, unterhielt. Dies blieb im Dorf natürlich nicht unbemerkt. Als Anfang März '46 mein Vater zurückkehrte, wurde er von lieben Leuten mit der Mitteilung empfangen, seine Frau ginge mit Polen! Daran war wirklich nichts Wahres.

Zu der Zeit wohnten vier einfache polnische Soldaten in dem Zimmer neben uns. Sie holten jeden Mittag einen Wassereimer voll Essen. Meistens handelte es sich um ein zusammengekochtes Gericht aus Nudeln mit Kartoffeln und etwas Fleisch. Dies war aber ganz schmackhaft. Den Eimer unserer Wirtin nahmen sie notgedrungen, aber deren ramponierte Emaillesuppenkelle lehnten sie ab. Nun hatten sie irgendwie herausbekommen, daß wir unsere silberne Suppenkelle noch hatten, und die liehen sie nun jeden Tag aus. Dafür bekamen wir den Rest des Essens. Damit haben wir dann meinen Vater, der bei 1,72 Meter Größe ein Entlassungsgewicht von knapp 46 Kilo hatte, wieder aufgepäppelt. Das dauerte lange, denn er war einfach kaputt an Leib und

Seele. Leider habe ich das damals nicht richtig begriffen. Es hatte ja auch bei uns niemand danach gefragt, wie wir mit den veränderten Lebensumständen fertig wurden. Wir mußten einfach. So gut wie Vater und ich uns früher verstanden hatten, so schwer hatten wir es nun miteinander. Er konnte mit der sicher schwierigen 15jährigen nicht fertig werden und ich nicht mit diesem Wrack. Es hat lange gedauert, bis wir wieder einigermaßen zueinander fanden. Immerhin hat er wohl auch Rat und Hilfe bei unserem Pastor gesucht und gefunden.

Palmsonntag 1946 war dann meine Konfirmation in Sülfeld. Während wir in Ostpreußen in weißen Kleidern eingesegnet wurden, war hier nun schwarz gefordert. Das war gräßlich! Es half aber nichts. Ich trug also ein schwarzes Spitzenkleid einer viel kleineren Tante. Zu dritt wanderten wir nach Sülfeld zur Kirche und wieder zurück. Einen Kuchen hatten wir sicherlich gebacken, aber sonst gab es bei uns keine Feier. Ein kleines Neues Testament und von Freunden aus Solingen ein Maniküretui waren meine Geschenke, beides habe ich noch.

Hatten wir im ersten Jahr noch ein Kontingent an Torf zum Heizen und Kochen bekommen, so mußten Vater und ich nun ins Nienwohlder Moor ziehen, um in einem genau abgeteilten Stück unseren Torf zu stechen. Das war schwere Arbeit, und Vaters Kräfte waren noch sehr begrenzt. Aber wir haben es geschafft. Nach dem Trocknen mußte man den Nachbarn um Pferd und Wagen bitten und das kostbare Gut holen. Außerdem wurde für die Flüchtlinge ein ziemlich steiniger Acker an einem Hang abgeteilt, wo jeder ein Stück zugewiesen bekam zur Bearbeitung. Wie es mit Saat stand, erinnere ich nicht mehr, jedenfalls war das Umgraben recht mühsam. Woher sollte man auch die Gartengeräte ausleihen. Immerhin wuchs doch so manches und erleichterte die Versorgung.

* * *

Bargteheide – Helga Heinemeyer

Eine Puppenmutter auf der Flucht

In Bargteheide mußten wir aussteigen. Wir wurden zunächst in der Schule untergebracht. Am folgenden Tag kamen wir in eine Baracke am Sportplatz. Dies war erst einmal unser Zuhause. Tante Ella, meine Mutter, Manfred und ich richteten die Baracke so wohnlich wie möglich ein. Manfred zimmerte für meine Puppe, die den Namen Helmut trug, ein Bett.

Ich nähte aus alten Decken für Helmut eine Bettdecke. So hat Helmut nun mit mir die Flucht überstanden. Inzwischen fehlte Helmut ein Arm, aber er kam in eine Puppenklinik. In Bargteheide spürte man vom Krieg so gut wie gar nichts. Zu Hitlers Geburtstag am 20. April gab es die übliche Sonderzuteilung: Schnaps, Zigaretten und anderes. Meine Mutter und Tante Ella tauschten alles ein, um uns über Wasser zu halten. Als im Mai 1945 der Krieg endlich vorbei war, freuten wir Kinder uns riesig, und die Erwachsenen weinten vor Glück.

Bargteheide war damals ein Dorf. Wir waren bei den Bauern gern gesehen, weil wir billige Arbeitskräfte waren. Wir halfen, so gut wir konnten, in Haus, Garten und auf dem Feld. Es wurde nur in Naturalien gezahlt, was aber in dieser schlechten Zeit sehr viel wert war. Hin und wieder gab es einen Sack Kartoffeln oder Zuckerrüben. Im Herbst sammelten wir Ähren und buddelten Kartoffeln nach. Wir Kinder hatten dabei ein besonderes Vergnügen. Wir zupften die Schafwolle aus dem Stacheldrahtzaun. Ab und zu griffen wir auch mal ins Schaffell, um mehr Wolle mit nach Hause zu bringen. Eine alte Bäuerin hatte ein Spinnrad und zeigte uns, wie man damit spinnt. So haben wir Mädchen die Wolle gesponnen. Ein Geschäft hatte schon Strumpfwolle zu ver- kaufen. Alte Sachen wurden aufgeribbelt. So wurde aus Schafwolle und Resten fleißig gestrickt. Wir strickten im Kuhstall. Da es Winter wurde, war es im Stall schön warm.

Auch mein Puppenjunge Helmut wurde zu Weihnachten neu bestrickt. Mein Cousin Manfred bastelte einen Tannenbaumfuß. Dies war ein Kreuz aus Holz. In der Baracke wurden Vorbereitungen für das erste Weihnachtsfest nach dem Kriege getroffen. Im Gemeinschaftsraum wurde Tannenbaumschmuck gebastelt: aus Zigarettenpapier Ket- ten für den Baum, aus Buntpapier Kugeln und aus Lichterresten Kerzen. Kekse wur- den selbst gebacken und Marzipan stellte man aus Puderzucker, gebrannt mit Strick- nadeln, her. Dies war „Königsberger Marzipan". Bonbons erhielt man aus Zucker und Sirup, wobei der Sirup aus Zuckerrüben gemacht war. Torte gab es aus selbstgemach- tem Mehl. Die Ähren waren ja im Herbst gesammelt worden. Die Torte bestand aus Mehl, Kaffeersatz, Puddingpulver und Marmelade.

Am Heiligen Abend wurden unsere Mütter eingeladen. Wir Kinder führten in der Baracke ein Krippenspiel auf. Ich war die Maria, mein Helmut das Jesuskind und ein Flüchtlingsjunge der Josef. Es gab Hirten und Engel. Wir waren alle mit alten Stoffen verkleidet. Die Bühne war mit einer alten Militärdecke hergerichtet. Unsere Weih- nachtsgeschenke waren selbstgehäkelte Taschentücher. Diese hatten wir aus alten Bettlaken angefertigt. Außerdem gab es Wollhandschuhe, Socken, Mützen, Jacken, alles aus selbstgesammelter und selbstgesponnener Wolle hergestellt. Musik wurde auf einer Mundharmonika gemacht. Als dann zum Schluß die Botschaft gebracht wurde: „Friede auf Erden und den Menschen ein Wohlgefallen", weinten alle vor Glück. Nun war wirklich Friede auf Erden.

Unseren Müttern fehlte noch das letzte Glück, weil Väter gefallen oder in Gefangen- schaft waren. Aber es war ein neuer Anfang.

Leider war es für Helmut das Ende. Einige Monate später spielten wir Puppenmüt- ter und wippten. Mein Puppenjunge fiel von der Wippe. Er zerschellte in tausend Stücke. Für mich brach eine Welt zusammen – ein geliebtes Wesen hatte ich verloren.

* * *

Ankunft im Flüchtlingstreck

Am 28. März l945 erreichen wir das Ziel unseres Marschbefehls: Grabau bei Oldesloe. Unser Treck war angekommen. Meine ersten Eindrücke von Schleswig-Holstein waren: keine zerschossenen Häuser, erstes Grün an den Grabenrändern bricht durch, Veilchen blühen am Dorfteich.

Ich bin überrascht, denn Annemarie H. aus Leck, die bei uns in Ostpreußen ihr Pflichtjahr machte, erzählte uns von hohen Deichen, von Ebbe und Flut, vom Watt und von Sturmfluten. Ich hatte eine schreckliche Vorstellung von diesem Land. Immer Regen und Sturm und Kampf gegen die hohen Wellen der Nordsee, Wasser überall und die hochgewachsenen, blonden Menschen waten in Gummistiefeln über ihr Land! Aber nun gewinne ich ein ganz anderes, viel schöneres Bild: weite Felder und sanfte Hügel, markante Hünengräber verstreut über die Äcker, Wälder in der Nähe und weit am Horizont, hohe Eichen, die die Straßen säumen. Die Landschaft erinnert mich an unser Zuhause!

Wir klettern von den Wagen und recken und dehnen die steifen Glieder. Die Abendsonne wärmt. Wir schälen uns aus den Pelzen und werfen sie auf die Wagen. Die Läuse protestieren. Ich muß mich kratzen. Wie peinlich für ein 16jähriges Mädchen!

Dorfleute umringen uns, bestaunen die schweren, hochbepackten Wagen und die vielen jungen Pferde, die von Remontewärtern geführt werden. Sie sprechen miteinander. Ich verstehe sie nicht. Ihr Platt klingt fremd in meinen Ohren. Dennoch, der Klang der Sprache erinnert mich an Annemarie.

Ich bin in ihrer Heimat angekommen, aber wann fahren wir zurück nach Hause, nach Liesken in Ostpreußen? Diese Frage bewegt mich im Augenblick der Ankunft in Grabau in Schleswig-Holstein. Wann kehren wir zurück in unsere Heimat? Noch stärker jedoch ist das Gefühl einer tiefen Dankbarkeit, der Hölle entronnen zu sein!

Mein Vater – er hatte den Treck geleitet – hat eine harte Auseinandersetzung mit dem Chef des Grabauer Remonteamtes. Rittmeister v. Nagel will uns nicht aufnehmen! Erst ein Telefonat mit dem Oberkommando des Heeres in Berlin schafft Klarheit:

Der Treck aus Liesken muß in Grabau aufgenommen werden, obwohl dies eine Zumutung für ein kleines Dorf ist. 170 Leute müssen untergebracht werden. Die Grabauer müssen zusammenrücken. Zimmer müssen für die Flüchtlinge geräumt werden. Küche und die Toilette müssen mit den Fremden aus Ostpreußen geteilt werden. Die jungen Remonten kommen auf das Vorwerk Schönböken.

Meine Familie – Eltern, zwei jüngere Brüder und ich – erhalten ein Zimmer im Schloß. Doppelbetten werden aufgestellt und Strohsäcke gestopft. Wir haben endlich wieder ein Bett! In der Mitte des Zimmers ist eine Leine gespannt. Wolldecken hängen daran und trennen das Zimmer. Die andere Hälfte des Zimmers gehört der Familie R., die ebenfalls aus fünf Personen besteht. Ein Herd wird aufgestellt und das Ofenrohr aus dem Fenster herausgeführt. Eine Blechplatte schützt den Parkettboden. Kochzeiten werden verabredet. Es gibt nie Streit!

Am 2. Mai sind die Alliierten da. Es fällt kein Schuß! Die Engländer übergeben das Gut Grabau den Polen. Wir stehen nun unter polnischer Verwaltung! Dies ist sicher ein Unikum in Schleswig-Holstein. Es sollte zwei Jahre andauern. Die Polen waren während des Krieges mit einem polnischen Gestüt hierher gebracht worden. Nun sind sie die Herren in Grabau! Erst 1947 reisen sie ab. Sie nehmen auch unsere Remonten mit. Über der Elchschaufel wird den Pferden ein „P" eingebrannt.

Es ändert sich vieles unter der polnischen Leitung. Wir müssen aus dem Schloß ausziehen und bewohnen zwei kleine Zimmer in einer Doppelhaushälfte. Dieses ist vollgestellt mit Doppelbetten. Mein kleiner Bruder schläft auf einem Koffer, seine Matratze ist ein Schaffell. Die anderen vier Zimmer sind ebenfalls alle überbelegt. Bad und WC im Erdgeschoß müssen sich 15 Personen teilen. Die winzige Küche oben benutzen wir zusammen mit der Familie v. Geldern. Es gibt nur eine Schüssel. Ich höre es noch heute: „Ist Ihr Mann fertig mit Füße baden? Ich muß jetzt Gemüse waschen."

Mein Vater muß für ein halbes Jahr in ein Internierungslager bei Eutin. Dafür kommt endlich meine ältere Schwester zurück. Sie war beim Arbeitsdienst und hatte einen anderen Fluchtweg. Schließlich erfuhr sie unsere Adresse. Ich werde von den Polen „dienstverpflichtet" und muß – wie die anderen Mädchen – auf den Feldern arbeiten. Dabei gelingt es uns immer wieder, Kartoffeln und Zuckerrüben im Graben oder im Knick zu verstecken. Im Dunkeln holen wir sie nach Haus und kochen Sirup. Gemüse und Tabak wird im kleinen Garten angebaut. Alle verhalten sich so, da gibt es keine Unterschiede zwischen den Flüchtlingen und den Einheimischen.

Irgendwo hat meine Mutter eine uralte Nähmaschine aufgetrieben. Sie näht für uns und die Grabauer: Kleider aus blaukarierten Bettbezügen und aus Zuckersäcken, Hosen und Jacken aus eingefärbten Uniformen. So entstehen Kontakte. Ich finde Freundinnen unter den Einheimischen. Beim Tanzen fragt bald keiner mehr: „Wo kommst du her?" Meine Brüder sprechen längst Holsteiner Platt. Das Leben hat sich normalisiert.

Ich erlerne den Beruf einer Handweberin und mache 1949 die Gesellenprüfung. 1951 heirate ich einen waschechten Holsteiner. Wir haben zwei Töchter und drei Enkelkinder, und meine Heimat ist jetzt hier im Westen. Ich bin hier glücklich geworden.

Dennoch, meine Wurzeln sind in Liesken in Ostpreußen. Alle zwei Jahre fahre ich dorthin!

* * *

Großhansdorf – Joachim Wergin

„Was ist Stormarn?"

Die letzten Wochen vor der Ausweisung aus Stettin im April 1946 waren voller Not und Entbehrungen. In dem harten Winter nach dem schrecklichen Krieg fehlte es besonders den Deutschen an Nahrung, Kleidung und Feuerung. Die meisten lebten in der schwer zerstörten Stadt in notdürftigen Unterkünften. Auch den Polen, die jetzt in der Stadt lebten, ging es nicht gut. So bemühte sich unsere Familie mit aller Energie, aus der nun polnischen Stadt herauszukommen. Von dem wenigen, was wir sowieso nur noch besaßen, durfte nur ein Bruchteil mitgenommen werden. Pro Person 20 Kilo, wir aber schätzten uns glücklich, daß die ganze Familie, Vater, Mutter und drei Brüder, davon ich der älteste, zusammengeblieben war. Vater war noch im Januar 1945 zum Volkssturm eingezogen, aber schon im August aus russischer Kriegsgefangenschaft entlassen worden.

Vor der Ausreise wurden wir noch einmal gründlich gefilzt, und dann gingen wir auf die Reise mit der Eisenbahn in Güterwaggons in den „Westen".

Die erste Station in der „Freiheit" war ein von der britischen Militärregierung eingerichtetes Barackenlager in Bad Segeberg. Erschöpft fielen wir auf die uns zugewiesenen Strohsäcke in einer Massenunterkunft. An Freude oder gar Jubel dachten wir gar nicht. Hier verbrachten wir nur wenige Tage zur Registrierung und Entlausung. Vater allerdings mußte noch einige Tage länger im Lager bleiben, um entnazifiziert zu werden. Wir übrigen wurden einem Transport zugeteilt, der nach Stormarn führte. Das große Rätselraten darüber, was und wo Stormarn sei, konnte keiner beantworten. Da wir gewohnt waren, uns stumpf zu ergeben, ließen wir uns wieder verfrachten.

Der Zug erreichte in Reinfeld den Kreis Stormarn. Hier und auch in Bad Oldesloe stiegen Menschen aus, wir aber blieben einfach noch sitzen. In Ahrensburg war Endstation, alles mußte raus. Ziemlich verloren standen wir auf dem Bahnsteig, und erst Wochen später sollten wir erkennen, daß wir richtig gehandelt oder auch nicht gehandelt hatten. Waren wir auf diese Weise doch so dicht wie möglich an Hamburg herangekommen. Vor dem Bahnhof wurden wir von einem Empfangskomitee erwartet und in Unterkünfte eingewiesen. Für unsere Familie mit drei Kindern, war kein Platz, wir wurden mit einem Lastwagen in das benachbarte Großhansdorf gebracht.

Hier war auf dem großen Tanzsaal des Dorfkruges eine Massenunterkunft eingerichtet worden. Wir bekamen eine Ecke zugewiesen. Meiner Erinnerung nach war der Saal schon so voll, daß alle zusammenrücken mußten, um uns Neuankömmlingen Platz zu machen. Es dauerte Tage, bis wir uns in dieser Unterkunft und unserer neuen Umgebung einigermaßen zurechtgefunden hatten. Wir schliefen auf Strohsäcken und hatten unsere Koffer, Taschen und Kartons direkt neben uns, wußten aber, wie weit unser Bezirk reichte. Problematisch war das Waschen, und auch die sanitären Verhältnisse waren mangelhaft. Ich erinnere mich aber nicht an irgendwelche ernsthaften Auseinandersetzungen.

Die Dorfbewohner seufzten unter der Last der vielen Flüchtlinge und Vertriebenen, aber es gab viel Hilfsbereitschaft. Wolldecken, Kleidung, Schuhwerk wurden verteilt. Die Menschen in dem Saal fingen an, sich einzurichten. Erste Unterschiede zeigten sich; wer zu den Reichen zählte, zwei Decken oder so etwas wie einen Vorhang besaß, der teilte sich seinen Bereich damit ab und hatte nun schon sein eigenes Reich. Das Mittagessen kam aus einer Großküche. Jede Familie mußte sich täglich ihre Ration in Töpfen oder Eimern dort abholen. Ich glaube, es gab jeden Tag Suppe, und in meiner Erinnerung schmeckte sie immer ganz ausgezeichnet. Ich glaube aber nicht, daß ich jemals genug bekommen habe und satt geworden bin.

Ein großes Erlebnis war für mich die erste Fahrt mit der Hochbahn nach Hamburg. Dabei erinnere ich mich nicht so sehr an die in Schutt und Trümmer liegende Stadt, als vielmehr an die langen Tunnelstrecken, durch die der Zug hindurchratterte. Das war wohl zum ersten Mal ein Gefühl von Freiheit für mich.

Es waren Frauen und Männer der Deutschen Hilfsgemeinschaft in Großhansdorf, die sich um uns kümmerten, und sie haben unter großem Einsatz mit Liebe und Energie, Geschick und Improvisation das Los der Flüchtlinge erleichtert. Dabei hatten die meisten Helferinnen und Helfer selbst nicht viel und hätten mit sich genug zu tun gehabt.

Es dauerte Wochen, bis eine Wohnung für uns gefunden war, und wir waren noch nicht die letzten, die den Tanzsaal verließen. Zwei Dachkammern mit zwei Abseiten in einer schönen Jugendstilvilla wurden uns zugewiesen. Sechs Familien im ersten Stock und Dachgeschoß des Hauses, zusammen 16–18 Personen, teilten sich eine Wasserstelle und Toilette. Den Hausbesitzern blieb das Erdgeschoß, und sie haben uns wahrscheinlich nicht mit offenen Armen empfangen. Wir alle aber haben dann jahrelang zusammengelebt und uns vertragen.

Betten, ein Tisch, ein paar Stühle waren die ganze Einrichtung. Das wichtigste Stück aber war ein Ofen, auf dem gekocht und geheizt wurde. Nun ging es nach und nach aufwärts. Man bekam hier ein Stück Kleidung, dort etwas für die Wohnung, man konnte es sich schon ein wenig gemütlich machen. Der Winter 1946/47 war noch einmal sehr hart mit Hunger und Kälte, aber das Schlimmste hatten wir überwunden. Besonders wir Brüder eroberten uns bald unser neues Zuhause, den Garten, die Nachbarn an der Straße und den Wald. Kurz gesagt, wir fingen an, uns in Großhansdorf zu Hause zu fühlen.

* * *

Trittau – Gertrud Luckmann

„Wi hebbt sülm nix"

Wir waren in Bad Kleinen angekommen. Von dort ging es nach Bad Oldesloe. Dort blieben wir eine Woche in einem Lager mit etwa 200 anderen Flüchtlingen. Nach vier langen Wochen kamen wir in Trittau an.

Wir kamen zu dem Bauern H. in die Lütjenseer Straße.

Für uns sieben waren zwei kleine Zimmer bestimmt. Sie waren recht sparsam eingerichtet. Darin waren vier Stühle, ein Tisch, vier Betten, ein kleines Schränkchen und ein Ofen. Dies genügte uns aber auch, denn wir hatten ja nicht viel mitgebracht.

Eigentlich war es in Trittau ähnlich schön wie in unserer Heimat. Es gab Wald, Heide, Wiesen, Felder und Knicks. Wenn uns auch unser Teich fehlte, so hatten wir hier immerhin den Mühlenteich. Bald gab es ein paar Haushaltsartikel auf Bezugschein, wie eine Waschschüssel, einen Eimer, zwei Kochtöpfe und eine Bratpfanne.

Es wurde langsam Frühling. Vom Krieg war hier nicht viel zu merken. Hin und wieder sah man einen Tiefflieger und hoch oben im Himmel große Bomberverbände. Einmal fiel eine Bombe in das Haus des Zahnarztes Dr. B. in der Bahnhofstraße. Das war schlimm, denn die ganze Familie starb.

Der Krieg kam jetzt auch näher an Trittau heran. Beim Müttergenesungsheim am Ortsausgang nach Grönwohld leistete eine Schar Hitlerjungen heftigen Widerstand gegen die anrückenden Amerikaner. Die Alliierten verkündeten daraufhin, daß bei weiterer Gegenwehr Trittau dem Erdboden gleichgemacht werde.

Der Krieg war zu Ende.

Die Sonne schien, die Schule hatte noch nicht wieder angefangen, der Krieg war vorbei. Es war wunderbar! War es das allerdings wirklich?

Wir hatten nichts zu essen, nichts anzuziehen. Papa war irgendwo in Gefangenschaft, Hans von den Amerikanern abgeholt, obwohl er weder Soldat war, noch beim Volkssturm mitgemacht hatte. Trotzdem wurde er interniert. Ganz Trittau wurde für die Gegenwehr der HJ mit einem Rationsentzug bestraft. Das war für uns besonders hart, denn die Einheimischen konnten sich immer noch untereinander aushelfen, uns half aber niemand. Von uns hatte Norbert es noch am besten, Mama stillte ihn noch, da er erst ein dreiviertel Jahr alt war. Lange sollte das aber auch nicht mehr währen. Auf den Feldern wuchs noch nichts. Von Frau H. war nichts zu bekommen, mit einer kleinen Ausnahme: Weil wir vom Lande kamen und Mama etwas von Landarbeit verstand und die Gefangenen, Fremd- und Ostarbeiter nicht mehr da waren, half sie mit bei der täglichen Arbeit.

Dadurch hatten wir einen dreiviertel Liter Milch für Norbert. Diesen bekam Mama allerdings nicht geschenkt, sondern stahl ihn in einer kleinen Brauseflasche, die sie zwischen ihren Brüsten hatte. Mama war über sich selbst entsetzt und weinte.

Der alte Bauer H. wußte offenbar, wie er seine Schwiegertochter einzuschätzen hatte. War es ihm möglich und war er alleine, holte er etwas Eßbares aus seinem Vorratskeller. Dies war mal ein Glas Marmelade, mal ein Glas eingemachtes Fleisch oder auch einmal eine Handvoll Erbsen.

Es kam, wie es kommen mußte. Beim dritten Viertelliter Milch sagte die hinter Mama stehende Frau H.: „Das geht aber nicht, Frau Riesop, die Milch müssen Sie wieder ausschütten. Herr Gosch von der Meierei sagt, daß alle Milch abgeliefert werden muß!" Dann fügte sie noch hinzu: „Wie hebbt ja sülm nix." Dieser Satz wurde für uns und für viele ein geflügeltes Wort. Ich glaube, ich habe ihn 100 mal gehört, auch mal beim großen Bauern Z. Durch die kleine Scheibe in der Tür zur Küche, von der Diele aus, sah ich die Familie Z. beim Abendbrotessen. Ich klopfte, öffnete die Tür und bat um eine Scheibe Brot. „Nee, wie hebbt sülm nix, und nu rut!" Beim Bauern S. wurde die Tür gar nicht erst aufgemacht, als sie mich als Flüchtlingskind erkannten.

Es gab aber auch Lichtblicke, zum Beispiel bei den K.s. Diese waren in Hamburg ausgebombt worden und wohnten in der Hamburger Straße. Dort bekam ich hin und wieder eine Scheibe Brot und einen Marmeladeneimer zum Auskratzen.

Es wurde Herbst. Wir sammelten Ähren, stoppelten ganz kleine Kartoffeln, die sogenannten Marmelkartoffeln, aßen Suppen von Sauerampfer und jungen Brennesseln, kochten Spinat von Rübenblättern und Melde und probierten sogar Runkelrüben, die aber nicht schmeckten.

Bei den Kartoffeln hatten wir einmal richtig Glück, da uns Bauer W. erlaubte, als erste sein kleines Kartoffelfeld zu stoppeln. Das lohnte sich. Es kamen fast drei Zentner zusammen.

Wir legten sogar eine kleine Miete an, damit wir im Winter auch noch etwas hatten.

Dann kam der Winter. Unsere Kartoffelmiete war eines Morgens leergeräumt, bis auf einen halben Eimer. Am nächsten Tag wurden Mama beim Bäcker H. im Laden alle unsere Lebensmittelkarten aus der Einkaufstasche geklaut. Wir bekamen nicht eine einzige Brot-, Milch-, Fleisch- oder Fettmarke vom Wirtschaftsamt ersetzt. Dies bedeutete, daß wir vierzehn Tage nichts Vernünftiges zu essen haben würden. Das war die Zeit des Satzes: „Wie hebbt sülm nix."

Mein Lehrer, Herr D., steckte mir manchmal ein Stück Käsebrot oder einen Apfel zu, allerdings so, daß es keiner sah. Er stand mir auch bei, wenn andere Kinder „katholische Sau" riefen.

Mama hatte bei vielen Bauern gearbeitet, und dafür Reichsmark bekommen. Geld hatten wir nämlich auch nicht.

Zu essen bekamen wir aber von niemanden. „Wie hebbt nix.", hieß es immer nur.

Im Frühjahr sollte ich beim Bauern W. für einen Zentner Kartoffeln vierzehn Tage seine Kühe hüten. Als die Zeit um war, gab er mir allerdings nur einen halben Zentner.

Es gab noch weitere schlimme Begebenheiten, von denen ich nur noch eine erzählen will. Im Juni 1948 wohnten wir in der Friedburg. Die Währungsreform kam. Altes Geld sollte gegen neues Geld getauscht werden.

Mama hatte aber nicht genug RM und sagte das auch dem Herrn Rechtsanwalt S., der auch in der Friedburg wohnte. Dieser gab ihr die fehlenden 200,– RM. Mama gab das alte Geld ab und wir bekamen 280,– DM für uns sieben Personen. Dann ging sie gleich zu Herrn S. und beglich ihre Schulden. Er nahm die ganzen 200,– Mark ohne auch nur mit einer Wimper zu zucken.

Angenommen worden sind wir nicht. 1950 kam Papa aus russischer Gefangenschaft. 1952 siedelten wir nach NRW. Ab und zu kommen wir einmal nach Trittau und besuchen liebe Freunde.